全国食品药品职业教育教学指导委员会
全国医药中等职业教育药学类规划教材

医药应用文读写

主 编◎蓝慧敏

中国医药科技出版社

内 容 提 要

　　本教材是全国医药中等职业教育药学类规划教材之一，介绍了与医药行业有关的常用应用文 30 余种。全书共有七个单元，内容包括概述、日常应用文、通用公文、事务应用文、医药经济应用文、法律文书、医药专用应用文。每一节设有学习目标、知识链接、目标检验等栏目，附有案例，内容全面具体，形式活泼多样。

　　本教材主要供医药中等职业学校药学专业使用，亦可作为药品行业职工继续教育和培训的教材。

图书在版编目（CIP）数据

医药应用文读写/蓝慧敏主编．—北京：中国医药科技出版社，2011.5
全国医药中等职业教育药学类规划教材
ISBN 978－7－5067－4976－3

Ⅰ.①医…　Ⅱ.①蓝…　Ⅲ.①医药学－应用文－写作－中等专业学校－教材
Ⅳ.①H152.3

中国版本图书馆 CIP 数据核字（2011）第 051339 号

美术编辑　陈君杞
版式设计　郭小平

出版　中国医药科技出版社
地址　北京市海淀区文慧园北路甲 22 号
邮编　100082
电话　发行：010-62227427　邮购：010-62236938
网址　www. cmstp. com
规格　787×1092mm ⅟₁₆
印张　13½
字数　267 千字
版次　2011 年 5 月第 1 版
印次　2013 年 3 月第 2 次印刷
印刷　三河市双峰印刷装订有限公司
经销　全国各地新华书店
书号　ISBN 978－7－5067－4976－3
定价　28.00 元
本社图书如存在印装质量问题请与本社联系调换

全国医药中等职业教育药学类规划教材建设委员会

编 委 会

主　　编　蓝慧敏（山东药品食品职业学院）

副主编　刘效平（河南省医药学校）

　　　　　徐　雯（上海市医药学校）

编　　委　（以姓氏笔画为序）

　　　　　刘效平（河南省医药学校）

　　　　　李　嬿（湖北省医药学校）

　　　　　罗文飞（广东省食品药品职业技术学校）

　　　　　夏景春（山东药品食品职业学院）

　　　　　徐　雯（上海市医药学校）

　　　　　覃利娟（广西卫生职业技术学院）

　　　　　蓝慧敏（山东药品食品职业学院）

出版说明

　　《全国医药中等职业教育药学类规划教材》是由"全国医药中等职业教育药学类规划教材建设委员会"统一组织规划并实施的全国惟一的中职类行业规划教材。"全国医药中等职业教育药学类规划教材建设委员会"由国家食品药品监督管理局组织全国十几所中等医药学校的校长、副校长和中等职业教育专家组建而成；本套规划教材就是在该委员会的直接指导下建设的。

　　本套教材的主要编写依据是：①《国家中长期教育改革和发展规划纲要》相关精神。②《中等职业教育改革创新行动计划（2010～2012）》中关于大力发展职业教育的指示精神。③教育部《中等职业学校专业目录（2010年修订）》的要求。④医药行业技能型人才的需求情况。

　　教材建设是深化中等职业教育改革的重要内容之一，也是学校全面建设的一项核心内容。国家教育部在《中等职业教育改革创新行动计划（2010～2012）》的总体思路中明确指出，当前要"全面推动中等职业教育随着经济增长方式转变"动"，跟着产业结构调整升级"走"，围绕企业人才需要"转"，适应社会和市场需求"变"；着力推进教育与产业、学校与企业、专业设置与职业岗位、教材内容与职业标准的深度对接"。鉴于此，本套教材的具体编写原则为：①科学的反映专业知识的系统性，涵盖教学大纲所强调的知识点，观点要明确、简练、具体、实用、够用。②根据中职教育特点，教材内容包括基本知识、实训实践、趣味学习、职业对接、知识链接等。③根据中职学生年龄轻，青春期思想活跃等特点，多使用图表的形式直接表述，以提高学生的学习兴趣和加强学生的主动参与意识，从而达到学习掌握知识的目的。本套教材首批建设科目按文化基础模块群（5个科目）、技能基础模块群（16个科目）、职业技能模块群（9个科目）分类，共计30个科目（附表）。

教材建设是一项长期而艰巨的系统工程，它还需要接受教学实践的检验。为此，恳请各学校专家、一线教师和学生关注本套教材，及时提出宝贵意见，以便我们进一步的修订。

附表

1	医药应用文读写	16	中药化学基础
2	数学	17	中药学基础
3	医药数理统计	18	中成药商品学
4	医药计算机基础及应用	19	医药商品学
5	医药英语	20	仪器分析概论
6	药事法规概论	21	制药设备概论
7	药用化学基础（一）——无机化学	22	药物制剂技术
8	药用化学基础（二）——有机化学	23	药物分析技术
9	分析化学基础	24	医药市场营销技术
10	生物化学基础	25	药品储存与养护技术
11	应用药理基础	26	中药鉴定技术
12	医学基础	27	中药炮制技术
13	微生物与寄生虫基础	28	中药制剂技术
14	药用植物学基础	29	中药材 GAP 实用技术
15	中医基础	30	中药调剂技术

全国医药中等职业教育药学类规划教材建设委员会
2011 年 4 月 26 日

　　应用文读写能力是信息时代人才必备的核心能力之一。应用文写作课成为许多中等职业学校必须开设的课程，各种版本的教材较多，但是往往直接使用高职院校甚至普通高校的教材，针对医药行业中等职业学校层次的应用文读写教材几乎没有。因此，全国医药中等职业教育药学类规划教材建设委员会组织编写系列教材中就把《医药应用文读写》列入其中，旨在服务医药行业，适合中职学校，以培养行业技能型人才。

　　本书适合于全国医药行业中等职业学校教学使用，可根据不同的专业选择必修课或选修课，同时，也可作为医药管理机关、医药企事业单位和广大医药从业人员的培训用书和参考书。

　　在编写过程中，以适中够用为原则，以便于掌握为目的，精心选取了与医药行业有关的常用应用文30余种。全书共有七个单元，内容包括概述、日常应用文、通用公文、事务应用文、医药经济应用文、法律文书、医药专用应用文。在编排体例上，每一节都设有"学习目标"，让学生明确应了解和掌握的知识要点；在介绍各种文体基础知识的同时辅以案例，通过案例阅读和分析，使学生获得具体的感性认识；"知识链接"栏目的设置，可以拓展和深化对所介绍文种的认识；每一节最后均安排了"目标检验"，旨在使学生通过思考与练习，巩固所学的知识要点，以期活学活用。

　　本教材由来自六所学校的七位具有丰富教学经验的教师共同编写，编写分工为：蓝慧敏编写第一单元和第三单元的第三、四节，刘效平编写第七单元，徐雯编写第二单元，李嬿编写第三单元的第一、二、五、六节，罗文飞编写第六单元，夏景春编写第四单元，覃利娟编写第五单元。

　　感谢中国医药科技出版社领导和编辑为本书付出的辛苦，感谢有关学校对本教材编写工作的大力支持，本教材编写过程中还借鉴了同类教材，在此一并表示感谢。

　　由于时间仓促，水平有限，不当之处在所难免，诚盼各位专家、同仁、读者不吝指正。

编　者
2011 年 5 月

目　录
Contents

▶ **第一单元　医药应用文概述 / 1**

第一节　医药应用文的性质和分类 ……………………………………（1）
一、医药应用文的性质 …………………………………………………（1）
二、应用文的渊源 ………………………………………………………（1）
三、医药应用文的作用 …………………………………………………（2）
第二节　医药应用文的特点和读写要求 ……………………………（3）
一、医药应用文的分类 …………………………………………………（3）
二、医药应用文的特点 …………………………………………………（4）
三、医药应用文的读写要求 ……………………………………………（5）

▶ **第二单元　日常应用文 / 9**

第一节　条据 ……………………………………………………………（9）
一、条据是用来做什么的 ………………………………………………（9）
二、条据的格式是怎样的 ………………………………………………（9）
三、条据有哪些写作要求 ………………………………………………（10）
第二节　启事 ……………………………………………………………（13）
一、启事是用来做什么的 ………………………………………………（14）
二、启事的格式是怎样的 ………………………………………………（14）
三、启事有哪些写作要求 ………………………………………………（14）
第三节　海报 ……………………………………………………………（19）
一、海报是用来做什么的 ………………………………………………（19）
二、海报的格式是怎样的 ………………………………………………（20）
三、海报有哪些写作要求 ………………………………………………（20）
第四节　致辞 ……………………………………………………………（22）
一、致辞是用来做什么的 ………………………………………………（22）
二、致辞的格式是怎样的 ………………………………………………（23）

三、致辞有哪些写作要求 …………………………………………（24）

第五节　书信 ……………………………………………………………（28）

一、书信是用来做什么的 …………………………………………（28）

二、书信的格式是怎样的 …………………………………………（29）

三、书信有哪些写作要求 …………………………………………（29）

第六节　求职信 …………………………………………………………（35）

一、求职信是用来做什么的 ………………………………………（35）

二、求职信的格式是怎样的 ………………………………………（36）

三、求职信有哪些写作要求 ………………………………………（36）

第三单元　通用公文 / 43

第一节　通知 ……………………………………………………………（43）

一、通知是用来做什么的 …………………………………………（43）

二、通知的格式是怎样的 …………………………………………（43）

三、通知有哪些写作要求 …………………………………………（43）

第二节　通告 ……………………………………………………………（47）

一、通告是用来做什么的 …………………………………………（47）

二、通告的格式是怎样的 …………………………………………（47）

三、通告有哪些写作要求 …………………………………………（47）

四、通告的特点是什么 ……………………………………………（47）

第三节　请示 ……………………………………………………………（51）

一、请示是用来做什么的 …………………………………………（51）

二、请示的格式是怎样的 …………………………………………（52）

三、请示的特点是什么 ……………………………………………（52）

四、请示有哪些写作要求 …………………………………………（52）

第四节　报告 ……………………………………………………………（55）

一、报告是用来做什么的 …………………………………………（55）

二、报告是怎样分类的 ……………………………………………（56）

三、报告的格式是什么 ……………………………………………（56）

四、报告有哪些写作要求 …………………………………………（57）

五、报告的特点 ……………………………………………………（57）

第五节　函 ………………………………………………………………（60）

一、函是用来做什么的 ……………………………………………（60）

二、函的格式是怎样的 ……………………………………………（61）

　　三、函有哪些写作要求 ……………………………………………（61）

　第六节　会议纪要 …………………………………………………（65）

　　一、会议纪要是用来做什么的 ……………………………………（65）

　　二、会议纪要的格式是怎样的 ……………………………………（65）

　　三、会议纪要有哪些写作要求 ……………………………………（65）

　　四、会议纪要的特点 ………………………………………………（66）

　　五、会议纪要的写作方法 …………………………………………（66）

▶ **第四单元　事务应用文 / 70**

　第一节　计划 ………………………………………………………（70）

　　一、计划是用来做什么的 …………………………………………（70）

　　二、计划的种类有哪些 ……………………………………………（70）

　　三、计划的格式是怎样的 …………………………………………（71）

　　四、计划有哪些写作要求 …………………………………………（71）

　第二节　总结 ………………………………………………………（75）

　　一、总结是用来做什么的 …………………………………………（75）

　　二、总结的特点 ……………………………………………………（75）

　　三、总结的种类有哪些 ……………………………………………（76）

　　四、总结的格式是怎样的 …………………………………………（76）

　　五、总结有哪些写作要求 …………………………………………（76）

　第三节　规章制度 …………………………………………………（81）

　　一、规章制度是用来做什么的 ……………………………………（81）

　　二、规章制度的种类有哪些 ………………………………………（81）

　　三、规章制度的格式是怎样的 ……………………………………（82）

　　四、规章制度有哪些写作要求 ……………………………………（83）

　第四节　会议记录 …………………………………………………（88）

　　一、会议记录是用来做什么的 ……………………………………（88）

　　二、会议记录的作用有哪些 ………………………………………（89）

　　三、会议记录的格式是怎样的 ……………………………………（89）

　　四、会议记录有哪些写作要求 ……………………………………（89）

　第五节　简报 ………………………………………………………（94）

　　一、简报是用来做什么的 …………………………………………（94）

　　二、简报的格式是怎样的 …………………………………………（94）

　　三、简报的作用 ……………………………………………………（94）

四、简报的特点 ·· （95）

五、简报的种类有哪些 ·· （95）

六、简报有哪些写作要求 ···································· （96）

第五单元　医药经济应用文 / 102

第一节　医药商品广告 ·· （102）

一、医药商品广告是用来做什么的 ···················· （102）

二、医药商品广告的格式是怎样的 ···················· （102）

三、医药商品广告的分类及特点是什么 ·············· （103）

四、医药商品广告的作用是什么 ························· （103）

第二节　招标书 ··· （107）

一、招标书是用来做什么的 ······························· （107）

二、招标书的格式是怎样的 ······························· （107）

三、怎么看招标书 ··· （108）

第三节　医药市场调查报告 ·································· （114）

一、医药市场调查报告是做什么的 ···················· （114）

二、医药市场调查报告的格式是怎样的 ·············· （114）

三、如何写一份医药商品市场调查报告 ·············· （114）

第四节　药品生产销售授权委托书 ······················ （120）

一、药品生产销售授权委托书是用来做什么的 ····· （120）

二、药品生产销售授权委托书的格式怎样的 ········ （120）

三、授权委托书委托的权限范围 ························· （120）

四、签订授权委托书的注意事项 ························· （121）

第五节　医药商品购销合同 ·································· （123）

一、医药商品购销合同是用来做什么的 ·············· （123）

二、医药商品购销合同的格式是怎样的 ·············· （123）

三、签订和阅读医药商品购销合同有哪些注意事项 ··· （124）

第六单元　法律文书 / 131

第一节　起诉状 ··· （131）

一、起诉状就是状纸吗 ······································ （131）

二、起诉状的格式是怎样的 ······························· （131）

三、起诉状有哪些写作要求 ······························· （132）

第二节　上诉状 ··· （136）

一、上诉状是用来做什么的 ······························· （136）

二、上诉状的格式 ……………………………………………… （136）
三、上诉状的填写说明 ………………………………………… （137）
第三节　答辩状 ………………………………………………… （142）
一、答辩状是怎么回事 ………………………………………… （142）
二、答辩状有哪些写作要求 …………………………………… （142）
三、答辩状的格式是怎样的 …………………………………… （143）
第四节　仲裁申请书 …………………………………………… （147）
一、仲裁申请书是什么 ………………………………………… （147）
二、仲裁申请书的格式是怎样的 ……………………………… （148）
三、仲裁申请书有哪些写作要求 ……………………………… （148）

第七单元　医药专用应用文 / 153

第一节　药品说明书 …………………………………………… （153）
一、药品说明书是用来做什么的 ……………………………… （153）
二、药品说明书的基本格式 …………………………………… （153）
三、药品说明书的读写要求 …………………………………… （156）
第二节　药品检验报告书 ……………………………………… （163）
一、药品检验报告书是用来做什么的 ………………………… （163）
二、药品检验报告书的基本格式 ……………………………… （163）
三、药品检验报告书的书写要求 ……………………………… （164）
第三节　医药变更申请书 ……………………………………… （168）
一、医药变更申请书是用来做什么的 ………………………… （168）
二、医药变更申请书的格式 …………………………………… （168）
第四节　医药分析报告 ………………………………………… （173）
一、医药分析报告是用来做什么的 …………………………… （173）
二、医药分析报告的写作要求 ………………………………… （173）
三、医药分析报告的基本格式 ………………………………… （174）
第五节　批生产记录 …………………………………………… （179）
一、批生产记录是用来做什么的 ……………………………… （179）
二、批生产记录的基本格式 …………………………………… （179）
三、批生产记录的填写要求 …………………………………… （180）

附录一　中华人民共和国药品管理法（节选）/ 186

附录二　国家行政机关公文处理办法 / 195

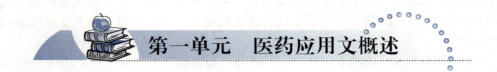

第一单元　医药应用文概述

第一节　医药应用文的性质和分类

通过本节的学习，了解医药应用文的性质及发展过程，体会应用文在生活工作中的重要作用和意义，为今后读写医药应用文打下良好的基础。

一、医药应用文的性质

应用文是人类在长期的社会实践活动中形成的一种实用文体，广泛用于各行各业，伴随着人们生产、生活、工作和学习，是人们处理公私事务、解决实际问题的重要工具。

医药应用文是应用文的一个重要分支，是国家医药管理机关、社会团体、医药企事业单位和广大医药从业人员传递信息、处理事务、交流信息、表述意愿时所使用的具有实用价值和某种惯用体式的文体。

二、应用文的渊源

应用文是人类在长期的社会实践活动中形成的一种文体，可以说，自从有了文字就有了应用文。我国的殷商时期，人们把占卜吉凶的结果、祭祀祖先的活动经过等用符号刻记在龟甲兽骨上，内容包括征伐、祭祀、年成、风雨、农事、渔猎、畜牧等，实用性很强，这种甲骨卜辞可以说是人类历史最早的应用文。随着社会的发展和国家行政制度的强化，应用文逐渐有了分工，形成不同文种。秦始皇统一天下以后，为了加强中央集权，统一了国家行政管理制度，其中就包括文书制度，这对应用文的发展起到很大的促进作用，奠定了整个封建社会的公文体制基础。以后历代应用文文种的沿革都是在秦汉文种的基础上不断发展，不仅文种增加，而且各类文种的分工和要求也越来越明确，形式也随之越来越完备、固定。与公文发展的同时，民间的契约、书信之类的应用文也随着社会经济的发展和人际交往的增多而发展、完善起来。以公文为例，唐宋时期公文文种名称和作用发生了一些变化，下行文有册书、制书、敕旨、论事敕书、敕牒御札、诰命等。上行文有奏钞、奏弹、议、表、状、札子等；平行文有移、咨等。此外还有一种君主用以答复臣下奏疏的批，又称批答，类似现在通用公文中的批复。明清时期公文种类名目繁多，重复混杂，多至几十种，其中平行文数种，上行文和下行文各有十余种。辛亥革命后，白话文替代了文言文，公文文种和写法都发生了根本性的变化。最大的特点是文种大大简化了，废止了繁文缛节、陈词滥调之类的公文弊病。

新中国成立以来，为建立完善和统一的公文制度做了大量的工作。1951 年中央人民政府政务院就颁布了《公文处理暂行办法》，党的十一届三中全会以后，国务院办公厅对机关公文的处理办法又重新做了多次修订。2000 年 8 月 24 日国务院颁布了新的《国家行政机关公文处理办法》，调整了公文的种类及其适用范围，使之更加明确、规范、科学，有利于提高办事效率和信息的传递。

改革开放以来，为适应新的社会政治经济形势，应用文也在其中扮演着越来越重要的角色，经济应用文、法律文书和各行各业专用的应用文体也在不断地细化，发挥着不可替代的作用。

进入 21 世纪，我国医药产业蓬勃发展，广泛适用于医药领域的医药应用文的作用也就日益凸显，医药应用文作为应用文的一个重要分支，既继承了应用文古老的传统，也肩负了应用文在新时期的新使命，成为经济发展中不可或缺的一部分。

三、医药应用文的作用

（一）指导和规范作用

医药行业是一个规范性很强的行业，医药应用文起着制定医药管理政策、发布医药生产和销售法规、宏观指导和规范具体操作工作的作用。《中华人民共和国药品管理法》就是整个医药行业法规性指导文献，专门用来规范药品研制、生产、经营、使用和监督管理的，对于保证药品质量，保障人民用药安全、有效，发挥了重要作用。《药品生产质量管理规范》和《药品经营质量管理规范》等规章对医药产业管理、医药生产和销售工作起到规范和指导作用。

（二）交流和管理作用

医药管理机构、各医药企事业单位和广大医药从业人员在工作和生活中的交往越来越频繁，医药应用文写作已经成为人际交往的重要桥梁和途径。如日常应用文中的条据、书信，公文中的函等。医药应用文还是处理公私事务的必要工具，上下级之间的工作指导与交流、平行机关之间的信息互通与业务往来，都离不开应用文的沟通和桥梁作用，如通用公文中的通知、通告、批复等，事务应用文中的规章制度、计划、总结等。

（三）凭证和依据作用

在日常生活和医药生产经营中，有些应用文起着凭证和依据作用。如借条、收条，是经济往来的凭证；生产中的批生产记录是记载生产过程并且以备日后查询的依据；质量检测报告是关系到药品质量的重要凭证。

综上所述，医药应用文在医药行业起着重要的作用，作为未来的医药工作者，我们必须掌握一定的医药应用文写作技能，为将来的工作和生活做好充分的准备。

 **知识链接**

我国最早的药学专著

　　《神农本草经》又名《神农本草》，简称《本草经》或《本经》，是我国现存最早的药学专著。撰人不详，"神农"为托名。其成书年代自古就有不同考论，或谓成于秦汉时期，或谓成于战国时期。原书早佚，现行本为后世从历代本草书中集辑的。书中总结了秦以前药物学的成就。全书分三卷，载药365种（植物药252种，动物药67种，矿物药46种），分上、中、下三品，文字简练古朴，书中对每一味药的产地、性质、采集时间、入药部位和主治病症都有详细记载。对各种药物怎样相互配合应用，以及简单的制剂，都做了概述。更可贵的是早在两千年前，我们的祖先通过大量的治疗实践，已经发现了许多特效药物，如麻黄可以治疗哮喘，大黄可以泻火，常山可以治疗疟疾等等。这些都已用现代科学分析的方法得到证实。

第二节　医药应用文的特点和读写要求

 **学习目标**

　　医药应用文是医药领域使用广泛、具有特定格式和要求的一种应用文体，通过本节的学习，了解医药应用文的分类、特点和读写要求，初步掌握医药应用文读写的基本技能。

一、医药应用文的分类

　　应用文发展经历了漫长的历史时期，种类繁多，据统计目前常用的应用文达200余种，因此分类比较复杂，到目前为止还没有一个比较权威的分类体系，一般把应用文分为通用应用文和专用应用文两大类。通用应用文，也称通用文书，指不受专业和领域限制，广泛适用于各行各业的常用文书，如国家机关公文、各行各业通用的事务应用文、日常应用文等；专用应用文，也称专用文书，指适合于某个行业或专业领域的应用文，如财经领域用的财经应用文，司法领域的法律文书、外交领域的外交文书等等。

　　广泛使用于医药领域的医药应用文，既包括通用文书，也包括运用于医药行业的专用文书，根据医药领域应用文的用途和性质不同，可以把医药应用文划分为以下六大类：日常应用文、通用公文、事务应用文、医药经济应用文、法律文书和医药专用应用文。

（一）日常应用文

指在日常生活和工作中，人们用来交流信息、沟通协调时常用的应用文，如条据类的请假条、收条、借条等；书信类的贺信、感谢信、自荐书等；致辞类的开幕词、欢迎词、答谢词等。

（二）通用公文

指行政机关在行政管理过程中形成的具有法定效力和规范体式的文书，是依法行政和进行公务活动的重要工具。国务院 2000 年 8 月 24 日发布的《国家行程机关公文处理办法》中列出了十三种公文，即"命令、决定、公告、通知、通告、通报、议案、报告、请示、批复、意见、函和会议纪要"。

（三）事务应用文

指国家医药管理机关、社会团体、医药企事业单位用来交流信息、办理日常事务使用的应用文，如计划、总结、会议记录、简报、规章制度等。

（四）医药经济应用文

指国家医药管理机关、社会团体、医药企事业单位在经济领域中记载和反映经济活动时使用的应用文，包括医药商品广告、投标书、医药市场调查报告、医药购销合同等。

（五）法律文书

指机关团体或个人在刑事、民事、行政诉讼等法律活动中使用的专门文书。在医药领域里经常用的法律文书有起诉状、上诉状、答辩状等。

（六）医药专用应用文

指国家医药管理机关、医药企事业单位在医药管理、生产、经营中使用的具有本行业特色的专门的应用文，如药品说明书、药品质量检测报告、批生产记录、药品生产变更申请书等。

二、医药应用文的特点

（一）目的的实用性

文章的写作都有明确的目的，都是为实现一定的目的而写的。医药应用文的写作目的与其他文章的不同之处是，医药应用文是医药管理机关、医药企事业单位和广大医药工作者为了处理工作和生活中的实际问题而写的，因此实用性强，目的单一。比如写一篇请示，是为了向上级请求批准办理某一事项；写一份总结，目的在总结经验、教训，以利于下一阶段的工作顺利开展；写一篇民事诉状，是为了解决已经发生的民事纠纷；写一篇广告，是为了向公众宣传某种药品或医疗器械。从这个意义上说，医药应用文具有直接的功用性和广泛的实用性。

（二）内容的真实性

应用文的性质和医药行业的特殊性决定了真实性是医药应用文的另一个显著特征，作为解决实际问题的应用文体，它必须如实地反映客观现实，必须准确无误。医药应用文的内容必须是真实的，无论处理公务或私务，都要以诚信、诚实为基础，实事求是，遵守道德，讲求信誉，决不能弄虚作假，虚构编造。比如写会议纪要，不能无中生有，张冠李戴；写医药市场调查报告，必须经过细致的调查研究，不能闭门造车，凭想当然来写；写药品广告必须遵循国家有关法律法规，不能掺杂虚假成分，夸大疗效。

（三）读写的特定性

医药应用文与其他文章不同，记叙文、说明文、议论文等不需要特定的作者和读者，任何人都可以写作、阅读和评论，但应用文却有写作和阅读的特定性。特定是指应用文不仅作者是特定的，连读者都具有特定性。从简单的请假条，到复杂的公文，无论写作者还是阅读者都必须是有关的特定的人或单位，如果不能准确送达阅读者，就不能达到解决问题的目的，如果写作者不明确，也失去了表达的准确性和可信性。如批生产记录每一个环节必须是特定操作人员根据实际情况准确填写，其他人员不允许代笔；公文中的秘密文件在传阅过程中必须严格遵循保密原则，阅读对象具有特定性，不可越权阅读；相反广告则应该最大限度地传达到所有受众，告知面越广效果越好。

（四）格式的规范性

在文学创作中，我们反对格式雷同和程式化，但是，医药应用文恰恰在格式上具有程式化、规范化的特点。规范是指应用文的内容结构和文面格式有规律可循。应用文的内容结构和文面格式一般都是约定俗成的，应用文格式一般都由标题、正文、落款三部分组成，内容也相对比较规范，如写计划，一般先写目的，然后再写具体任务、目标、措施、步骤；调查报告，一般先介绍调查的目的、调查的对象、调查的时间和地点、调查的方式，然后再就调查的问题分项阐述、分析，最后得出结论。

（五）行文的时限性

医药应用文的性质和写作目的决定了其时限性，时限是指应用文的写作与阅读都有时间限制，医药应用文的写作都为了在一定时间内要解决问题，超过了时限就减低甚至失去了效用。所以，要及时发文，按时办理，不可因为拖沓而贻误了工作。

三、医药应用文的读写要求

（一）高度的政治素养

医药行业是一个具有高度规范性、政策性、专业性的行业，我们要做好医药工作，就要不断提高政治理论修养，学会用马克思主义的立场、观点、方法去观察、分析问题，避免在构思写作和使用材料时流于表面化、片面化、绝对化。同时，我们要认真学习药政法规，了解国内外医药形势的发展变化，把握改革开放和经济发展的总目标。如果平时不注重学习或者法制观念薄弱，不能应对工作中出现的新问题、新情况，在认识不清、思想混乱的情况下，仓促成文，必将造成不良的影响，甚至给工作带来巨大的损失。

（二）必要的知识积累

1. 有关医药专业知识　写好医药应用文必须掌握一定的医药专业知识，在写作时，如果缺乏专业训练，不懂业务知识，就很难深入实际，写好一篇专业应用文。因此，作为将来的医药工作者，我们就应该熟悉本系统、本部门、本单位的经营管理业务和工作环节，掌握一定的医药管理与生产经营的专业理论和实践知识，否则，写作时捉襟见肘，难称其职，更谈不上准确地反映问题，切中实际地指导工作。

2. 有关写作基础知识 首先，要具有一般的语言文字知识和写作能力，包括语言、修辞、逻辑等多方面的知识。必要的逻辑思维训练、语言知识和修辞知识，可以提高人们的分析能力，规范地运用语言，准确地传情达意、阐述问题，做到文从字顺，提高语言表达的效果。其次，要掌握必要的写作规律，提高写作技能。医药应用文在长期的实践中形成了一定的格式，只有正确把握之后才能运用自如。

（三）不懈的实践训练

学习医药应用写作一定要与实践相结合。首先，要把有关的医药应用文写作理论运用到生产实践中，与具体生产工作结合，在生产与销售活动中积累丰富的实践经验，并且用理论知识来分析遇到的具体问题，反过来，用具体问题来印证所学的理论，以加深认识。其次，就要多写、多练、多读。在写作理论的指导下，勤于动笔，勇于实践，这样才能把理论转化为写作能力。要有计划地训练，读写结合，有目的有步骤地提高自己的写作水平。

（四）正确的阅读方法

我们学习医药应用文，既包括写作还包括阅读。阅读时要做到以下几点。

1. 准确领会意图 应用文的语言非常规范，在阅读过程中要准确理解词义，深刻领会作者的写作意图。如，阅读生产规章制度要正确理解每一项内容，以确保遵章操作，保证产品质量和生产安全；阅读有关公文则要求深刻体会政策性，以指导和规范工作。

2. 注重把握细节 在阅读过程中要仔细，不要放过细节，如在阅读产品说明书时必须严格按照说明书的细节要求用药，才能正确使用，对症用药；在阅读经济合同时更要不放过任何一个细节，最有效地保障合法权益。

总之，医药应用文的读写与其他技能一样，并不是一朝一夕就能学好并提高水平的，而是要有长期积累、磨练的过程。特别是医药应用文实用性和专业性都有很高的要求，而其构思、起草时间一般都很短，在有限的时间里，既要保证写作的实效，又要确保文稿的质量，必须具备较高的素质和修养以及广泛深厚的积累，并且要在长期生产实践中不断提高。

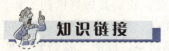 **知识链接**

应用文的语言特点

1. 严谨庄重 应用文中的通用公文代表机关发言，具有法定的权威性，其用语应当严谨、庄重，以体现出公文的严肃性，因此，既不宜使用口语，也不宜运用文学语言。具体要求如下。①使用规范化的书面语言。规范化的书面语言词义严谨周密，正确使用它可使读者准确理解公文，不产生歧义，从而能认真执行。

②使用专用词语。长期以来，人们在公文中沿用一些使用频率较高的专用词语。这些词语虽非法定，但已约定俗成。掌握这些词语，有助于文章表述得简练、严谨并富有节奏感，从而赋予庄重、严肃的色彩。

2. 恰当准确 正确地记载与传递信息是撰写应用文的基本要求，遵循这一要求，应用文的语言表述必须符合客观实际，符合逻辑，既要概念准确而恰当，又要符合语法修辞的规范，要避免使用词义不确定的词语。在表述事物的性质时，也应选用词义确定的词语，如果使用词义不确定的词语，则无法准确地反映客观事物的本质属性、形态以及作者的意图。

3. 朴实得体 应用文是处理、办理事务的工具，又是沟通信息的基本方式，因此，强调用语朴实和得体。朴实，即文风要朴实无华，语言实在，强调直接叙述。不追求华丽词藻，也不必形象描写，更不用含蓄、虚构的写作技巧。得体，指应用文语言应适应不同文体的需要，说话讲究分寸、适度。应用文的语言是为特定的需要服务的，要受明确的写作目的、专门的读者对象、一定的实用场合等条件的制约，因此语言使用一定要得体。

4. 简明精炼 为了加快阅文办事的节奏，应用文用语必须简明精炼，即用尽可能少的文字，浓缩大量的信息，竭力将可有可无的字、词、句、段和空话、套话删去，做到言简意赅。

目标检验

1. 医药应用文与一般应用文有什么相同和不同之处？
2. 你在生活中接触的最多的医药应用文有哪些？
3. 怎样学好医药应用文？

下列哪些文章不属于应用文（　　　）
1.《眼睛与仿生学》
2.《药品说明书》
3.《关于森林防火工作的几点要求》
4.《2008 年全省教育工作报告》
5.《风景谈》
6.《财政违法违纪处理条例》

判断下列说法的正误。

1. 我国最早的应用文是商代甲骨文上的"卜辞"。（　　）

2. 应用文选用材料的要求是真实、贴题、多样、生动。（　　）

3. 实用性是应用文区别于文学作品的主要标志。（　　）

4. 应用文写作者具有特定性，所以，请假条必须本人亲自撰写。（　　）

1. 从电视中的药品广告中选取三个进行点评。

2. 搜集中药、西药和医疗器械三种说明书各一份，比较一下三者有什么不同之处。

3. 结合自己所学专业，选择一个项目，利用假期到医药企业做调查，就药品的生产或者销售写出一份调查报告。

第二单元 日常应用文

第一节 条 据

通过本节的学习，了解、认识一些常用便条和条据的适用场合、形式和写作方法以及撰写注意事项。在学习过程中反复实践，切实掌握各种便条和单据的写法，做到格式规范正确，内容准确无误。

一、条据是用来做什么的

条据是人们在处理日常事务过程中使用的一种简单的应用文书。条据分说明性的便条和凭证性的单据两大类。

人们在学习、生活、工作中，遇到有事要告诉对方，或者有什么请求又难以面谈，或由于手续上的需要，便可写一张说明性的便条。单位或个人之间，在日常钱款、物品交往中为了手续清楚，便于日后有个凭证，便可写张凭证性的单据。

常见的说明性便条有请假条、留言条等。凭证性的单据有借条、收条等。

二、条据的格式是怎样的

（一）便条的格式

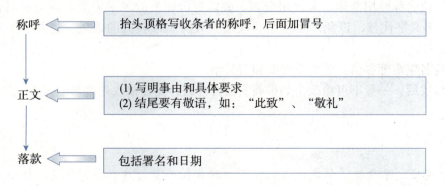

（二）单据的格式

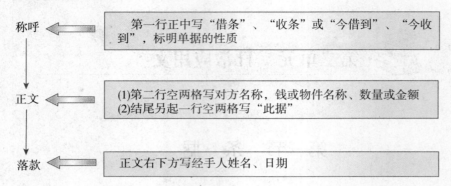

称呼 ← 第一行正中写"借条"、"收条"或"今借到"、"今收到"，标明单据的性质

正文 ← (1)第二行空两格写对方名称，钱或物件名称、数量或金额
(2)结尾另起一行空两格写"此据"

落款 ← 正文右下方写经手人姓名、日期

三、条据有哪些写作要求

（一）便条的写作要求

1. 便条的格式必须写清楚这四点：写给谁、写什么事、谁写的、什么时候写的。

2. 请假条的称呼、具名要写全称。留言条的称呼、具名可视双方的关系而定。

3. 请假条的正文要写明请假的原因和起迄时间。如果是病假还应附上病假证明单。

4. 语言表达要得体，叙述扼要，文字简约。

（二）单据的写作要求

1. 借条正文要写明向谁借、借什么、多少数量、何时归还。如果要求给利息，一定要写明。当所借钱物归还后，应将借条收回作废。

2. 写收条时，务必清点好所收到的钱款、物品的具体数额，做到准确无误、不出差错。如果是替别人代收的，应在标题上写"代收到"字样，在署名时要写"代收人"三个字。

3. 物品要写明名称、规格、数量。钱款、物品的数量要汉字大写。如"壹、贰、叁、肆、伍、陆、柒、捌、玖、拾、零、佰、仟、万"。数字前面不能留有空白，数字后面要写上数量单位，如"元、个、本、台、斤"等。钱、物数目字后面一般还要写上"整"并加句号，以防涂改。

4. 对方单位名称要用全称，人名用全名。要以身份证上的名字为准，避免用同音字、同义字、多义字代替，以免产生误会、歧义。有些款额较大的借条，还要写上双方的身份证号码。

5. 落款具名应亲笔签名。重要单据要加盖公章。

6. 条据写成后，一般不可涂改，如果确实需要修改，需在修改处签名或盖章。

案例 1

李老师：

我因突发高烧，昨晚挂了急诊，医生诊断为病毒性感冒，建议卧床休息。故今天不能到校上课，特向您请假两天（×月×日至×日），请予批准。

此致

敬礼

　　附：医院病假证明单一张

学生：×××

××××年×月×日

案例②

王师傅：

　　今天中午我来您家想和您商谈一下加盟连锁药店的事，不巧您不在家，我准备今晚7点再来您家，不知您是否在家。我约的时间如有不妥，请打电话告知我另行再约。我的内线电话号码是5031。

　　此致

敬礼

张小凡

××××年×月×日

案例③

妈妈：

　　班主任王老师来电话，要我去一趟学校。我中午回来，吃饭不用等我。

悦悦

×月×日

案例④

借　条

　　今借到王晓亮同志人民币伍仟元整，自即日起三个月内还清，不计息。

　　此据

借款人：李明

××年×月×日

案例⑤

今　借　到

　　振华医药学校《生物技术制药专业课程设置》壹份，准于×月×日前归还。

　　此据

南湖医药学校（公章）

经手人：×××

××年×月×日

案例 6

收 条

今收到中药二车间交来的救灾捐款叁万陆仟元整；棉衣贰拾陆件、棉被玖条、毛毯拾条。

此据

华新制药厂办公室

经手人：×××（盖章）

××××年×月×日

知识链接

借条和收条的区别

借条是单位或个人向对方借钱、借物时留给对方的凭证，以供对方日后查考的凭证性单据。借条在当事人之间设立了债权与债务关系，对当事人具有法律上的约束力，实际上借条是一份简化了的借款合同。

收条是收到单位或个人送到的钱、物时写给对方的一种凭证性的单据。用以证明已经收到交付人交付的钱、物。意味着对方完成了一项基于法律或双方约定所确立的义务，并不能证明当事人之间存在债权与债务关系。

目标检验

伍一伍

1. 条据是人们在_____过程中所使用的一种简单的应用文书，包括说明性的_____和凭证性的_____两大类。

2. 单据中所涉及的款项、物品的数字要_____，数字前不能留_____，数字后要写上_____。

3. 请根据条据的格式特点，在横线上填入适当的内容。

_____

今借到学生科录音机壹台，供中药三班排练节目使用，艺术节活动结束后归还。

_____

××医药学校中药三班

_____

_____

1. 便条的格式必须写清楚哪四点?
2. 当所借钱、物如数归还后,借条应如何处理?

1. 请找出下面这则留言条的错误。

王大明师傅:

我刚才来找你,得知你临时有事去总公司了,我只好留下此条,我明天上午再来,不见不散。

你的老朋友

错误(1)＿＿＿＿＿＿＿＿＿＿＿＿＿＿＿＿＿＿＿
错误(2)＿＿＿＿＿＿＿＿＿＿＿＿＿＿＿＿＿＿＿
错误(3)＿＿＿＿＿＿＿＿＿＿＿＿＿＿＿＿＿＿＿
错误(4)＿＿＿＿＿＿＿＿＿＿＿＿＿＿＿＿＿＿＿

2. 请找出下面这则借条的错误并修改。

今有向明学校实习生李小龙借了张师傅的 500 元,下星期归还。

小李子
即日

1. 王小薇上星期有好几天牙疼,打算今天上午上完课后去医院看牙。为此王小薇向班主任李老师请假,说明今天下午的班会不能参加了。请根据此内容拟写一个请假条。

2. ××医药学校要举办璀璨星光艺术节,校舞蹈团排演某个舞蹈节目,需向区文化局借演出服装 10 套,演出以后归还。请根据以上内容,拟写一个借条。

第二节　启　事

　　通过本节的学习,了解、掌握一些常用启事的适用范围、特点、作用和写作方法以及撰写注意事项。通过案例的学习和写作实践,掌握各种启事的写法,做到格式规范正确,内容准确无误。

一、启事是用来做什么的

启事是单位或个人向公众说明某事或希望有关人员协助办理某事时使用的一种告知性文书。

启事具有以下几个方面的特点。

1. 内容的广泛性 启事的应用相当广泛，涉及社会生活的多个方面。可以用于公务中的招生、招聘、开业、单位成立、商标的使用更换等多种事宜。也可以用于个人找寻、征求等一些日常事务。

2. 参与的自主性 启事是要求通过告知得到社会上广泛的回应，以解决单位或个人的某些事宜；但它不具有政策性和法令性，不具有强制性和约束力。对社会公众来说可以参与也可以不参与。

3. 消息的公开性 启事是通过张贴、登报、广播、电视等各种新闻媒体公开传播消息，是广告性消息，具有新闻性质。

常见的启事种类如下。

招寻类启事：如寻人启事、招领启事、招聘启事等。

征求类启事：如征文启事、征订启事、征集启事等。

告白类启事：如开业启事、迁址启事、更名启事等。

声明类启事：如遗失声明、致歉声明、授权声明等。

二、启事的格式是怎样的

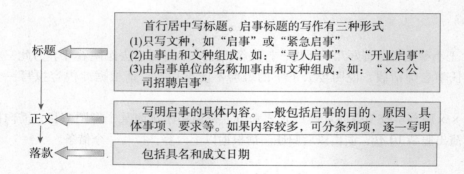

标题 ← 首行居中写标题。启事标题的写作有三种形式
(1)只写文种，如"启事"或"紧急启事"
(2)由事由和文种组成，如："寻人启事"、"开业启事"
(3)由启事单位的名称加事由和文种组成，如："××公司招聘启事"

正文 ← 写明启事的具体内容。一般包括启事的目的、原因、具体事项、要求等。如果内容较多，可分条列项，逐一写明

落款 ← 包括具名和成文日期

三、启事有哪些写作要求

1. 标题要醒目，突出主旨 遇非长不可的标题，须精心设计。

2. 内容要严密、完整，详略相宜 启事的事项要严密、完整，应从实际需要出发，不可遗漏应启之事。

寻人、寻物启事，旨在请求别人的帮助，则应详细提供特征、细节等有关情况，以便别人寻找核对。

招领启事旨在物归原主，则不应提供失物的种种细节，以防冒领。

招聘启事要写明招聘的基本情况，对招聘的岗位、性别、年龄、学历、专业、工作经历、报名办法、需要准备的个人资料及应聘流程等要详细介绍。

征文启事要写明征文的主题、体裁、字数及截稿时间、投寄办法、评奖的办法等。

3. 用语热情恳切、通俗易懂　只有态度诚恳，言词恳切有礼貌，才能使公众产生信任感，达到预期的效果。表达要准确、通俗易懂，不使用模糊、含混、模棱两可或可能产生歧义的语言。

4. 其他　标题中已写单位名称的，具名可以省略不写。重要的启事要加盖公章，并注明联系地址、联系人。报刊上刊登的启事也可以不写日期。

案例①

招领启事

今有同学在学校饭厅拾到一个背包，内有手机、钱包、教材、笔记本等物。请失主前来校学生科认领。

××医药学校学生科
××年×月×日

案例②

××医药有限公司招聘启事

××医药有限公司成立于××××年×月，位于××省××市××区丁香路219号，毗邻××高速，交通便利。公司注册资金1亿元，拥有总资产6亿元，现有员工800余人，各类专业技术人员占公司总人数的85%。公司以医药营销为主业，辅以医药物流配送、零售连锁、电子商务、信息咨询等业务。××医药有限公司在全省及周边省市拥有完善的营销网络和丰富的市场资源，建立了覆盖全省并向周边散发的医药批发营销网络。因业务发展需要，现面向社会诚聘下列人员。

一、招聘岗位及要求

1. 发货员：50名

要求：18~35岁，男女不限。中专及以上学历，药学相关专业。能吃苦耐劳，有责任心。

2. 药店营业员：10名

要求：18~28岁，女性。中专及以上学历，药学相关专业。相貌端正，性格活泼开朗，责任心强。

3. 业务储备：60名

要求：18~35岁，男女不限。热爱销售工作，有一定的沟通协调能力；大专及以上学历，药学、市场营销专业。要求身体健康，能吃苦耐劳，服从分配。

二、薪资待遇及福利

1. 发货员　标准出勤22天，超过出勤按加班计算，实际月均出勤24天以上。月收入 = 底薪 + 加班工资 + 考核奖罚 = 1200元左右。

2. 药店营业员　标准出勤26天，超过出勤按加班计算，每周单休。月收入 = 底薪 + 餐补 + 提成 + 岗位补贴 = 1300元 + 提成。

3. 业务储备　标准出勤 22 天,超过出勤按加班计算。月收入 = 底薪 + 餐补 + 交通补贴 + 通讯补贴 + 加班工资 + 考核奖罚 = 1310 元 + 考核奖罚。

福利:包食宿,降温(取暖)补贴,工龄、学历补贴,驻外春节探亲车费报销,年终奖等。

三、试用期

2 ~ 4 个月。

四、工作地点

以上工作岗位的工作地点均在××省××市。

五、联系方法

1. 招聘截止日期为××××年×月×日。

2. 请将应聘资料以邮寄或电子邮件形式发送至本公司。

公司地址:××省××市××区丁香路 219 号　邮政编码:432100

电子邮箱:whwyy××@163.com(简历中请务必注明应聘岗位及联系电话)。

联系人:何经理　联系电话:027 - 8685×××

××××年×月×日

 案例 3

××医药股份有限公司迁址启事

××医药股份有限公司办公地址于 2009 年 4 月 29 日由原来的黄浦区南京东路××号五楼迁至徐汇区乌鲁木齐南路××号。公司电话变更如下:

办公室联系电话:021—6433×××　传真:021—6433×××

××××年×月×日

案例 4

《我与中医药》征文启事

我国的中医药学历史悠久、博大精深。时至今日,闪亮的银针、灵巧的推拿、浓郁的药香,还有传统的食疗、健身、养性之方,都在造福我们的社会,改变我们的生活,为中华民族的繁衍昌盛做出了巨大的贡献。

改革开放以来,中医药更是得到了空前的发展,取得了举世瞩目的成就,世界医学界对中医药也日益重视,并把攻克癌症、艾滋病等疑难病症寄希望于中医药。为此,××市中医学院在建院 60 周年之际,特举办《我与中医药》征文活动,以弘扬祖国医学,传播中医药防病治病知识,进一步搞好学院的教学与科研服务。欢迎广大师生踊跃投稿。

一、征文对象

全院中医、中药、中西医结合临床、教学、科研人员、学生均可根据自己工作学习体会、典型案例撰写稿件。

二、征文内容

1. 中医药在防治常见病、疑难病、强身健体等方面的亲身体验。
2. 中药食疗、酒疗、茶疗、保健、美容及中医针灸、推拿等传统疗法的运用经验。
3. 中医药在增进健康、防治疾病方面有哪些贡献。
4. 您是如何与中医药结下不解之缘的等。

三、征文要求

投稿文体不限，2000字以内。

四、截稿时间

××××年×月×日（以当地邮戳为准）

五、本次征文设专家评审委员会

征文结束后，将评出一、二、三等奖若干名进行奖励。届时召开颁奖会，为获奖者颁发证书和奖品。获奖征文将在《中国医药报》、《××日报》健康生活版选登。

六、投稿方式

征文作品采用书面稿或电子稿的形式。书面稿请寄学院科研部王娟收。邮编：100078

电子稿统一采用小四、宋体、1.5倍行距，发送至 wcl@zjtcm.net，来稿请注明作者真实姓名。来稿不予退还，请自行保存底稿；同时请在信封面右上角或邮件主题栏注明"征文"字样。

联系人：王娟　联系电话：8761××××　8761××××

××中医药学院
××××年×月×日

 案例⑤

郑重声明

近期，国家食品药品监督管理局陆续收到部分地方药品监管部门和药品生产企业打来电话，反映个别软件开发公司自诩由国家食品药品监督管理局指定，为药品生产企业和经营企业实施药品电子监管提供相关设备及软件升级改造工作。为澄清有关问题，现声明如下：

按照国务院办公厅《关于印发医药卫生体制五项重点改革2010年度主要工作安排的通知》（国办函〔2010〕67号）文件要求，国家食品药品监督管理局正在实施基本药物全品种电子监管工作。目前，涉及电子监管的《中国药品电子监管网使用手册》、《中国药品电子监管网接口规范》和《药品监管码印刷规范》已向社会公布（请从本网站"药品电子监管专栏"中查询）。

自国家食品药品监督管理局实施药品电子监管工作以来，从未指定任何软件开发公司和印刷企业为药品生产、经营企业实施药品电子监管工作提供相关服务。药品生产企业可根据药品电子监管工作要求和自身实际情况自行决定相关技术开发服务企业。

个别软件开发公司的欺骗行为，应承担相应法律责任。

特此声明。

国家食品药品监督管理局办公室（公章）

××××年×月×日

启事写作中常见的错误

1. 混用文种　最常见的是将"启事"写成"公告"。如"开业公告"，"征集公告"等。"公告"是国家机关现行13种公文中的一种，《国家行政机关公文处理办法》表述为：公告是"适用于向国内外宣布重要事项或者法定事项"时使用的公文。它的发布者须是具有一定级别的国家行政机关，发布的内容是"重要事项或者法定事项"，而不是一般性的事务。

2. 标题将"启事"错写为"启示"　这在写作中是最常见的。启示，是指给人以启发和昭示，使人有所领悟。而"启事"则是指为公开声明某事而登在报上或贴在墙上的文字。二者的含义是不同的。

3. 启事的事项不严密、完整　如招聘启事、寻人启事，遗漏联系方式；招领启事将失物写得一清二楚；迁址启事不写明新地址在哪里，如何联系等等。

目标检验

1. 启事是一种告知性文书，根据启事事项不同，常见的启事类型有：＿＿＿＿、＿＿＿＿、＿＿＿＿、＿＿＿＿四大类。

2. 启事的格式一般包括＿＿＿＿、＿＿＿＿、＿＿＿＿三部分。

1. 启事的标题一般有哪些写法？

2. 招聘启事需写明单位性质、人才岗位以外，还要重点写清哪些内容？

1. 请找出下面这则启事的错误并修改。

寻物启示

本人粗心大意遗失了一个皮包，内有一部手机，一个钱包，身份证和伍佰元人民币。请捡到者迅速与本人联系，不甚感激。

失主启×××年×月×日

2. 阅读下面内容，正确的在括号内打"√"，错误的打"×"

（1）声明也是启事的一种。为了加强其力度，可在标题"声明"前加上"郑重"、"严正"等词语。（　　　　）

（2）征文启事除了写明征文的写作要求、投稿方式之外，一般还要写明评奖办法，以鼓励人们踊跃投稿。（　　　　）

（3）招领启事一般要写清楚所拾失物的数量、特征等等，以方便失主认领。（　　　　）

1. 为庆祝教师节，东辉医药学校决定举办"我心目中的好教师'为主题的征文比赛。参赛对象为本校学生。体裁不限，篇幅在 1000 字以内，截稿日期为 9 月 10 日。由校团委干部、语文老师担任评委。奖项设一等奖 2 名、二等奖 5 名、三等奖 15 名。获奖作品将在校报上发表。收稿单位为校团委，联系人李娟老师。请根据以上内容，拟写一则征文启事。

2. 振华医药学校文学社拟创办一本以反映学生生活为主要内容的杂志，取名为《新辰》，准备成立编辑部、记者团、摄影部和评论部。公开在全校学生中招聘各部部长一名，各部工作人员 3～5 名。请你为其拟写一则招聘启事。

3. ××大药房自 2011 年 1 月 26 日起，从海宁路 205 号搬迁至海涛路 350 号，电话变更为 3888××××。请你为其拟写一则搬迁启事。

第三节　海　报

> 　　通过本节的学习，了解、掌握海报的适用范围、特点、作用和写作方法以及撰写注意事项。通过案例的学习和写作实践，掌握海报的写法，做到格式规范正确，内容准确无误。

一、海报是用来做什么的

海报是向公众发布有关影视、戏剧、比赛、报告会、展览会等消息的一种事务文书。是人们日常生活中最为常见的一种招贴形式。它的传播形式常常是用大纸张、大字体醒目地写出内容，张贴于人多的地方，也有的刊登在报纸上，以吸引公众的注意，鼓励人们参与有关事情或活动。

一般说来，常见的海报有以下几种。

1. 电影海报　这是影剧院公布演出电影的名称、时间、地点及内容介绍的一种海报。这类海报有的还会配上简单的宣传画，将电影中的主要人物、画面形象地绘出来，以扩大宣传的力度。

2. 文艺演出、体育比赛海报 这类海报同电影海报大同小异，它的作用是观众可以身临其境娱乐演出或比赛，这类海报一般有较强的参与性。

3. 学术报告海报 这是一种为一些学术性的活动而发布的海报。一般张贴在学校或相关的单位。

二、海报的格式是怎样的

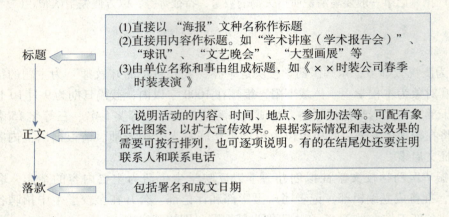

标题 ← (1)直接以 "海报" 文种名称作标题
(2)直接用内容作标题。如"学术讲座（学术报告会）"、"球讯"、"文艺晚会"、"大型画展"等
(3)由单位名称和事由组成标题，如《××时装公司春季时装表演 》

正文 ← 说明活动的内容、时间、地点、参加办法等。可配有象征性图案，以扩大宣传效果。根据实际情况和表达效果的需要可按行排列，也可逐项说明。有的在结尾处还要注明联系人和联系电话

落款 ← 包括署名和成文日期

三、海报有哪些写作要求

1. 标题是海报内容的聚焦点，标题一般写在海报上方正中，能反映海报的核心内容，要新颖别致，引人入胜。

2. 要真实、具体地写明活动的地点、时间及主要内容。

3. 海报文字要求简洁明了，篇幅要短小精悍。为了增强宣传效果，激发公众兴趣，语言力求准确、简明。既要生动有趣，富于鼓动性，又不可夸大事实，哗众取宠。篇幅要短，便于阅读。

4. 海报的版式可以做些艺术性的处理，根据内容配上美术图案，色彩和构图要醒目，具有时代气息和装饰美，以吸引观众。

 案例 **1**

学术报告会

为了让广大师生对中医药学有更深入的了解，我院特邀请××中医药研究所教授苏××来我院作学术报告。

题目：《中医药治疗代谢综合征》。

时间：12 月 8 日 14：00 时整。

地点：××中医药大学教学楼三楼学术报告厅。

欢迎全体师生踊跃参加。

××中医药大学

××××年×月×日

案例 2

海　报

在中医海洋遨游已久的你，是否渴望一展身手，挑战自我？

4月16日我校将举办中医知识竞赛，愿为你搭台建桥。

报名时间：3月11～16日　中午12：00～1：00

报名地点：校学生会

欢迎你的参与！

××医药学校

××年××月××日

 知识链接

启事与海报的区别

　　启事与海报有相同点，都属于告知公众信息或情况，请求人们支持、协助，希望人们参与和合作的告启性文书。但二者又有区别，主要表现在以下方面。

　　1. 期求不同　启事是告知信息但还要求公众知道了以后给予支持，给予协助，而海报主要在于告知上。

　　2. 内容不同　启事的内容较广泛，涉及社会生活的多个方面，而海报则主要涉及文化艺术、体育、学术等方面的内容。

　　3. 形式不同　启事一般只以文字的形式来告知，海报则可以配上照片，图画，图文并茂。

目标检验

1. 海报是向公众发布有关＿＿＿＿＿＿＿＿等消息的一种事务文书。

2. 常见的海报类型有＿＿＿＿＿、＿＿＿＿＿＿＿、＿＿＿＿＿等。

1. 上网查阅"海报"一词的出处。

2. 海报与启事有哪些不同？

1. 找一找这则海报的错误并修改。

好消息！

校团委特邀××中医药大学著名教授李××来校作《中医中药美容》的讲座，希全体学生踊跃参加。

时间：2010 年 6 月 2 日
地点：学院报告厅

　　　　　　　　　　　　　　　　××中医药大学学生会

2. 阅读下面内容，正确的在括号内打"√"，错误的打"×"

（1）海报一定要具体真实地写明活动的地点、时间及主要内容。文中可以用些鼓动性的词语，但不可夸大事实。（　　　）

（2）海报的版式可以做些艺术性的处理，以吸引大众。（　　　）

（3）海报的格式要求是就海报的整体而讲的，实际的使用中，有些内容可以少写或省略。（　　　）

1. 请你拟写一则乒乓球比赛海报，内容如下。
单位：向明职业学校
内容：新生男女单打，双打，混双
地点：学校体育馆
时间：9 月 16 日晚八点
写海报时间：2010 年 9 月 14 日
2. 请你为校园歌手大赛设计一张海报。
3. 请你为某一药品设计一则海报。

第四节　致　辞

　　通过本节的学习，了解、认识一些常用致辞的适用场合、形式和写作方法以及撰写注意事项。在学习过程中能够写出符合要求的致辞，做到主题明确、格式规范，内容准确、措词得体。

一、致辞是用来做什么的

致辞是指单位或个人在举行某些会议或在某种仪式上说的感谢、祝贺、勉励、祝愿、希望的话。是出于礼仪交往需要而使用的一种应用文书，常用的致辞有贺词、欢迎词、欢送词、答谢词、开幕词、闭幕词等。

欢迎词是单位或个人在迎接宾客的仪式上或在集会、庆典、宴会等公共场合主人对客人的来临表示热烈欢迎和由衷谢意时使用的一种文书，多用在对外交往的各种场合中。如：参加某个会议，友好团体的来访等。在欢迎宴会上发表的欢迎词通常又叫祝酒词。

欢送词是单位或个人在欢送集会、欢送仪式或饯行宴会上，对某人或某些人的离开表示欢送、惜别和祝愿的一种文书。如：欢送即将离去的来访宾客，即将毕业离校走上社会的学生等。

答谢词是单位或个人在告别仪式或答谢宴会上所发表的感谢东道主的热情接待、盛情邀请、合作及关照的文书。

开幕词是单位领导人在会议开幕时所作的讲话。旨在阐明会议的指导思想、宗旨、目的、任务、重要意义，向与会者提出开好会议的中心任务和要求，标志着会议或活动的正式开始。开幕词通常起着定调的作用，对引导会议或活动朝着既定的正确方向顺利进行，保证会议或活动的圆满成功具有重要的意义。

闭幕词与开幕词相对应，标志着整个会议或活动的结束。闭幕词通常要对会议或活动作出正确的评估和总结，充分肯定会议或活动所取得的成果，强调会议或活动的主要精神和深远影响，激励有关人员宣传会议或活动的精神实质和贯彻落实有关的决议或倡议。

贺词指在各种喜庆场合如新年、重大节日、重要集会、重要运动、宴请招待、开业、开学、奠基、毕业典礼以及竣工、落成、通车、通航、表彰、庆功、颁奖等场合中对人对事表示祝贺的一种文书。

二、致辞的格式是怎样的

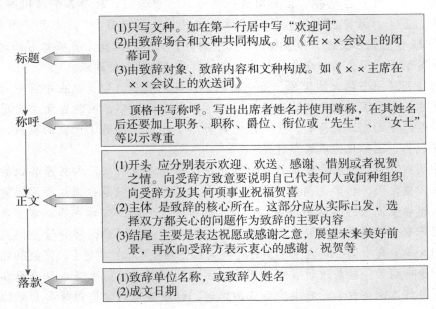

标题←
(1)只写文种。如在第一行居中写"欢迎词"
(2)由致辞场合和文种共同构成。如《在××会议上的闭幕词》
(3)由致辞对象、致辞内容和文种构成。如《××主席在××会议上的欢送词》

称呼←
顶格书写称呼。写出出席者姓名并使用尊称，在其姓名后还要加上职务、职称、爵位、衔位或"先生"、"女士"等以示尊重

正文←
(1)开头　应分别表示欢迎、欢送、感谢、惜别或者祝贺之情。向受辞方致意要说明自己代表何人或何种组织向受辞方及其何项事业祝福贺喜
(2)主体　是致辞的核心所在。这部分应从实际出发，选择双方都关心的问题作为致辞的主要内容
(3)结尾　主要是表达祝愿或感谢之意，展望未来美好前景，再次向受辞方表示衷心的感谢、祝贺等

落款←
(1)致辞单位名称，或致辞人姓名
(2)成文日期

三、致辞有哪些写作要求

1. 致辞的标题 是一种文本形式，一般来说致辞人宣读时不念标题，但写作时不可省略标题不写。

2. 致辞的称呼 主宾姓名要写全名。在主宾姓名前要加上表示亲切或者敬意的修饰词如"尊敬的"、"亲爱的"等，并在其姓名后加上职务、职称、爵位、衔位如"部长"、"教授"、"阁下"、"殿下"等，以示尊重。对到会的其他主、客人，一般用统称。如"女士们"、"先生们"、或"朋友们"、"同志们"等。重要宾客可以单独成行，按照职务高低排列。

3. 篇幅力求简短 致辞贵在短小精悍，通常是主客双方将自己的热情、友好、礼貌、关心、观点作适当表达即可，切忌长篇大论，空洞乏味，说套话、废话，令听者心烦，热情渐消，冲淡和谐、喜庆的气氛。

4. 用语礼貌亲切，言辞力求格调高雅 如：欢迎词、欢送词、贺词等要表现出致辞者的真诚，礼貌。要使对方感到温暖和愉快，多使用祈使句。表示友好颂扬与祝贺要恰如其分、不失原则，过分的赞美之词反而不好。

5. 多用短句 致辞的语言应该简洁、通俗、口语化，读起来容易上口。

6. 注意内容的照应 答谢词、闭幕词要注意与欢迎词、开幕词中的有些内容相照应，这是对主办方的尊重。

案例 1

在世界中医药学会联合会第×届会议上的欢迎词

尊敬的"世界中联"主席、副主席、常务理事、理事：
尊敬的各位领导、专家、代表们：

今天，来自世界各地的"世界中联"的专家、学者们，政府各个部门的领导们，不远千里、万里，聚集在这里，参加"世界中联第×届理事会"，共商"世界中联"和中医药21世纪国际交流、传播和创新发展的方针大计。值此大会隆重召开之际，我谨代表××制药有限公司，向全体与会代表，表示诚挚热烈的欢迎。

中医中药是一个伟大的宝库，是一块愈久弥新的璞玉。但是，在中医中药几千年的发展史中，由于国家、民族的诸多灾难，帝国主义的侵略，民族虚无主义思潮的影响，非科学态度的错误对待等，使中医中药历尽了坎坷，遭遇了严重的挫折，也延缓了自身现代化、国际化的机遇与进程。

新中国成立后，特别是改革开放以来，中医中药在政府部门和在座各位的辛勤耕耘、竭诚传播之下，已经走向世界，取得了长足的进步，但是也面临着深入发展、进一步融入世界主流医药等诸多困难和问题，如标准化问题，有毒中药、重金属和农药残留检测等安全性问题，剂型改革问题，所在国法律法规问题，贸易壁垒问题等。同样，我们××制药有限公司自主研发的"中药配方颗粒"，在其发生、发展和国际化的进程中，也遇到了一些前进过程中的困难、困惑和问题。我们希望在努力承办好本次会议、服务好本次会议、开好本次会议的同时，也能够得到学会领导和专家的悉心指导和大力提携。

回眸中医风雨路，喜看杏林满园春。我们期待本次理事会，为中医中药在更高水平、更高层次走向世界、服务世界、博弈全球医药大市场的进军中，提供新的支持和强劲助力。

东方欲晓，莫道君行早。踏遍青山人未老，世界中联——风景这边独好！

预祝大会圆满成功！

谢谢大家！

制药有限公司总经理

××××年×月××日

案例 ②

在接受救灾粮仪式上的答谢词

尊敬的××领导，远道而来的客人们：

今天，我们怀着无比激动、无比振奋的心情，在这里迎接××红十字会给我们县师生捐赠救灾粮的亲人。

今年7月以来，我国遭受了百年未遇的大旱灾。7、8、9三个月，炎阳连天，滴雨不下，池塘干涸，溪河断流，田地龟裂，禾苗枯死，真是赤地千里！虽经我们奋力抗灾，但自然灾害的肆虐，使10多万人饮水困难，30多万亩田颗粒无收。我们县的中小学生，就有1万多名因受灾辍学，还有几万名同学、教师要靠亲属的接济度日。然而，党和政府没有忘记我们，兄弟县市的乡亲没有忘记我们，省市领导多次亲临，视察灾情，组织救援，市县国家干部职工争相解囊，捐粮捐钱。

今天，我们又接到了你们无私捐助的大批救灾粮食。"一方有难，八方支援"，团结互助，无私奉献，只有在今天优越的社会主义制度下，只有在我们伟大的社会主义中国才能办到！

谢谢你们，远方的亲人！我们全县中小学生、全县人民，一定从你们的援助中吸取力量，奋发图强，重建家园；努力学习，奋勇登攀，以崭新的成绩，来报答党和人民的关怀，报答你们的深情厚谊！

×××

××××年×月×日

案例 ③

××学校校园文化艺术节开幕词

老师们、同学们：

大家好！

在春暖花开、生机勃发的日子里，我校第×届校园文化艺术节隆重开幕了。首先我谨代表×××，对第×届校园文化艺术节的开幕表示热烈的祝贺，对为本届文化艺术节做了大量准备工作的所有老师和同学们表示诚挚的感谢！

校园有了文化，就有了深厚的文明底蕴；校园有了艺术，就有了灵动的精神。文化艺术节是校园文化的浓缩，是学校办学特色的呈现，是全体师生魅力展现的一个平台。我校的文化艺术节已成功举办了两届，作为校园文化内涵的一种外在表现形式和有效载体，已经成为繁荣校园文化，提升学生综合素质的品牌工程，成为我校师生文化生活中不可或缺的一道风景线。

本届校园文化艺术节以"活力青春，和谐校园"为主题，以继承与创新并重，普及与提高并举为宗旨，在为期一个月的时间里，结合同学们的特点、专长组织开展五大板块 12 项文化艺术活动，目的是通过丰富多样的活动，充分构建我校学生发展的文化背景和智力背景，营造健康、和谐、青春、向上的文化氛围，引发同学们的生活激情、学习热情和丰富的想象力。本届文化艺术节将是对我校校园文化的又一次大检阅，它将进一步推进我校的校园文化向更高层次发展。

我希望，全校师生都能以饱满的热情积极参与，在这个创新的舞台上尽情展示，不断发现自我、挑战自我、发展自我，为我校增添一抹亮丽的色彩。

现在，我宣布：××学校第三届文化艺术节隆重开幕！

最后，预祝本届校园文化艺术节圆满成功！谢谢大家！

××××年×月×日

国际奥委会主席罗格在北京奥运会闭幕式上的致辞

亲爱的中国朋友们：

今晚，我们即将走到 16 天光辉历程的终点。这些日子，将在我们的心中永远珍藏，感谢中国人民，感谢所有出色的志愿者，感谢北京奥组委。

通过本届奥运会，世界更多地了解了中国，中国更多地了解了世界，来自 204 个国家和地区奥委会的运动健儿们在光彩夺目的场馆里同场竞技，用他们的精湛技艺博得了我们的赞叹。

新的奥运明星诞生了，往日的奥运明星又一次带来惊喜，我们分享他们的欢笑和泪水，我们钦佩他们的才能与风采，我们将长久铭记再次见证的辉煌成就。

在庆祝奥运会圆满成功之际，让我们一起祝福才华洋溢的残奥会运动健儿们，希望他们在即将到来的残奥会上取得优秀的成绩。他们也令我们倍感鼓舞，今晚在场的每位运动员们，你们是真正的楷模，你们充分展示了体育的凝聚力。

来自冲突国家竞技对手的热情拥抱之中闪耀着奥林匹克精神的光辉。希望你们回国后让这种精神生生不息，时代永存。

这是一届真正的无与伦比的奥运会，现在，遵照惯例，我宣布第 29 届奥林匹克运动会闭幕，并号召全世界青年四年后在伦敦举办的第 30 届奥林匹克运动会上相聚。

谢谢大家！

2008 年 8 月 24 日

"致辞"与"致词"的区别

　　现代汉语里，"词"是指"言词、词语"；"辞"是指"文辞、辞藻"。"致辞"和"致词"是一对异形词，意义是一样的。"辞"文气一点，"词"通俗一点。"致辞"比"致词"更为庄重，主要用于一些非常正式的场合、重大的庆典等。

目标检验

1. 常用的致辞有_____、_____、_____、_____、_____等。

2. 在欢迎宴会上发表的欢迎词通常又叫_____。

1. 致辞称呼的写作有哪些要求？

2. 为什么说答谢词、闭幕词要注意与欢迎词、开幕词中的有些内容相照应？

1. 阅读下面内容，正确的在括号内打"√"，错误的打"×"

（1）致辞的篇幅都力求简短，以免令听者心烦，冲淡和谐、喜庆的气氛。（　　　　）

（2）欢迎词是一些大型会议开始时由会议主持人或主要领导人所作的开宗讲话，是大会的序曲，其重要任务是为会议奠定基调。（　　　　）

2. 从欢迎词的格式、结构、语言等方面，找找这篇欢迎词存在的问题。

先生们、女士们：

　　值此××药厂建厂三十周年之际，我代表××药厂，并以我个人的名义，向远道而来的贵宾们表示衷心的谢意。

　　我厂三十年来能取得今天的成绩，是离不开老朋友们的支持帮助，对此，我们表示诚挚的感谢及热烈的欢迎。

　　"有朋自远方来，不亦乐乎。"在新老朋友相会之际，我提议为我们今后的进一步合作干杯

　　谢谢大家！

1. 在新生入学的开学典礼上，你作为高年级学生代表，致辞欢迎新同学，请您写一篇欢迎词。

2. 你的班主任李老师因工作调动要去另一个城市，全班要为李老师开欢送会。请你拟写一篇欢送词，代表全班同学在欢送会上向李老师致辞。

第五节　书　信

通过本节的学习，了解、认识书信在日常交往和职业活动中的意义、适用场合、形式、写作方法以及撰写注意事项。在学习过程中掌握一般书信和感谢信、倡议书、贺信、介绍信等专用书信的基本写作技巧，做到格式规范正确，内容准确无误。

一、书信是用来做什么的

书信是人们在日常生活、学习和工作中借助文字来交流思想、互通信息或联系各种事务时使用的一种应用文书。在现实生活中，人与人之间的交往越来越密切，人们除了通过面谈、电话和电子邮件联系外，以文字为依托的书信仍然是人际交往中必不可少的媒介。它在传达人们的思想感情、知识信息、职业情报、人际关系、知识传播等方面具有重要的意义。

书信包括一般书信和专用书信。一般书信多用于个人与个人之间，专用书信多用于个人与单位、单位与单位之间的事务往来。常见的专用书信有感谢信、倡议书、贺信、介绍信等。

感谢信是组织或个人在得到对方的支持、关怀、帮助后，为表达感激之情，也为弘扬这种精神所写的一种书信。带有表彰、赞扬、感谢的特性。感谢信的写作没有职位、级别的约束，可以适用任何单位、个人。它分为单位写给单位、单位写给个人、个人写给单位、个人写给个人四种形式。

倡议书是单位、集体或个人提出某项倡议，或提议做某些有意义的事情，以期引起人们响应而使用的一种书信。一般通过公开张贴或利用公众媒体宣传，向广大群众阐明所倡议事项的重要性，取得人们的理解和支持，从而得到响应，以实施倡议事项。倡议书有个人发出的，也有某一集体发出的，也有单位发出的。

贺信是以书信形式对取得胜利、成绩和喜庆之事的有关单位或个人表示祝贺和庆贺的文书。

介绍信是介绍本单位有关人员前往别的单位接洽事情、联系工作、参观学习或出

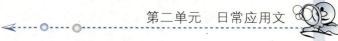

席会议等所写的一种书信，起着介绍和证明的作用。

二、书信的格式是怎样的

（一）一般书信的格式

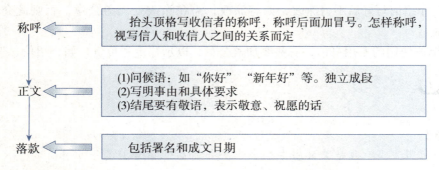

称呼 ← 抬头顶格写收信者的称呼，称呼后面加冒号。怎样称呼，视写信人和收信人之间的关系而定

正文 ← (1)问候语：如"你好""新年好"等。独立成段
(2)写明事由和具体要求
(3)结尾要有敬语，表示敬意、祝愿的话

落款 ← 包括署名和成文日期

（二）专用书信的格式

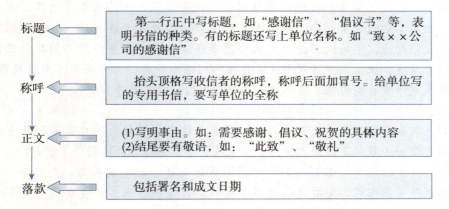

标题 ← 第一行正中写标题，如"感谢信"、"倡议书"等，表明书信的种类。有的标题还写上单位名称。如"致××公司的感谢信"

称呼 ← 抬头顶格写收信者的称呼，称呼后面加冒号。给单位写的专用书信，要写单位的全称

正文 ← (1)写明事由。如：需要感谢、倡议、祝贺的具体内容
(2)结尾要有敬语，如："此致"、"敬礼"

落款 ← 包括署名和成文日期

三、书信有哪些写作要求

1. 一般书信的开头，常另起一行空两格写些问候语。可根据不同的情况写不同的问候语。如"您好"、"新年好"等。可以独立成段。

2. 专用书信一般都要有标题，标明书信的种类。如"感谢信"、"倡议书"等。有的标题还写上单位名称。

3. 感谢信对被感谢的人或单位、事件要写得清楚、具体、真实。表达感情要真诚质朴，评誉要恰当，不可夸大溢美。语言要得体，符合身份，不可堆砌词藻，过分雕饰，否则会给人一种不真实、虚伪的感觉。

4. 倡议书是一种建议、倡导，它本身不具有很强的约束力，有关人员可以表示响应，也可以不表示响应；所以倡议书的写作，要选准倡议的事项，要选择社会需要、群众关心、符合政策的事提出倡议，这样才会激起公众的热情，得到广泛的响应。倡议书的结尾，一般不写表示敬意或祝愿的话。

5. 介绍信的写作，开头习惯用"兹"、"现"等习惯用语。结尾要写上"请予接洽为盼"、"请予接洽为荷"、"请予大力支持为盼"、"请予以协助为感"等习惯用语。结

尾习惯用语的使用，要根据双方单位的隶属关系、被介绍者的身份及具体联系的事宜综合考虑，灵活选择使用。

为了备查，有的介绍信要有文件编号和存根。文件编号由单位简称、年份、文件序号组成。写在标题下一行右边末尾。存根要写明介绍谁、去何处、做什么，以便日后查对。介绍信写好后不得涂改，如有涂改，需在涂改处加盖公章，否则此介绍信被视为无效。

6. 单位使用的专用书信，有些要加盖公章，以示郑重和负责。如介绍信、贺信。

案例 1

张老师：

您好！

您还记得我吗？我是××届中外合作医药商品营销专业的王小林。我于××××年×月到××路××药业连锁店工作。

参加工作将近2年了，让我体会最深的，就是掌握外语的重要。尤其在上海世博会期间，由于本店位于步行街，许多来自世界各国的外宾光临本店。当时老职工只能用汉语与他们交流，但绝大部分外宾只会用英语表达，或只会说几句简单的汉语。当我见到这种情况，便立刻走过来用英语热情地问话，外宾们十分高兴，向我表明意向，而且称赞我英语表达能力强，能迅速且准确地为他们提供服务。

原来，许多外宾听说中国草药出名，并且对此十分感兴趣，一位来自××国的采购员一口气向我订下100斤贝母的订单，还有几位来自阿拉伯的外宾买下几支价格不菲的野山人参……我的工作能力得到了大家的认可，同时为药房创下了很好的业绩。

上海是一个国际化大都市，工作中用到英语的场合还是很多的。在当今，中国与世界各国贸易关系密切，需要我们必须掌握一门以上的外语，才能立足于竞争激烈的社会。这是您以前常常对班里同学说的话，现在我才体会深刻啊。回想起来，非常感谢您当年对我的教育、培养和鼓励；深刻感受到了"书到用时方恨少"的道理。

张老师，在教师节来临之际，请允许我送上深深的祝福。

祝

身体健康，工作顺利

您的学生　王××

××××年×月×日

案例 2

致全国食品药品监管系统的感谢信

2010年4月14日，一场7.1级的强烈地震，突然袭击了青海省玉树县。顷刻间，结古地区处于一片混乱，哭喊声、求救声、呻吟声……交织在一起，瞬间夺去了两千余人的生命，举世为之震惊，无数国人为死难同胞落泪。

然而，地震无情、大爱无疆！这场灾难牵动着每一个中国人的心，更牵动着食品药品监管系统每一位干部职工的心。全国食品药品监管系统各级领导及干部职工纷纷用自己最真挚的感情、最纯朴的爱心、最积极的行动，谱写了一曲众志成城、感人肺腑的动人乐章。

在全国食品药品监管系统中，青海省省局、海南州局、海北州局、黄南州局、海西州局及格尔木市局、四川甘孜州局、云南迪庆局、兰州市局、四川雅安局等单位先后为我局送来了急救药品及生活用品等。能力不分大小，捐款不分多少，善举不分先后，贵在有份爱心。全国食品药品监管系统每一位干部职工的仁爱之心将重燃一个新的生命之星火，你们的点滴之恩将托起一个家庭生存的希望！

对于食品药品监管系统这种慷慨解囊的善举，充分体现了食品药品监管系统的爱国热情和高素质的团队精神，体现了你们对灾区人民的深厚情谊，更体现出了"一方有难，八方支援"、"天灾无情、人间有爱"的高尚情操。

在此，我们玉树州局代表灾区群众，对食品药品监管系统广大干部职工的一片爱心表示深深的感谢！我们坚信：在食品药品监管系统这种大无畏的气势与同情弱者的善举中，在13亿人民的共同努力和帮助下，灾区人民一定能战胜这次地震带来的突发灾难，重建美好的家园！

祖国不会忘记你们！玉树人民不会忘记你们！我们玉树州食品药品监督管理局全体干部职工代表灾区人民衷心地感谢你们！

再次衷心感谢你们的慷慨解囊和无私帮助。

最后我们玉树药监系统广大干部职工，在青海省局和州委、州政府的领导下，将继续发扬青藏高原特别能吃苦、特别能战斗、特别能忍耐、特别能奉献、特别能团结的"五个特别"精神，全力以赴投入抗震救灾工作，积极开展救灾药品、医疗器械的接受、监督管理和发放工作，决不让一粒不合格药流入到灾民手中，并为建设新玉树、新家园做出药监人应有的贡献。

此致

敬礼

玉树州食品药品监督管理局
××××年×月×日

全国医药行业（企业）诚信建设倡议书

医药行业是关系国计民生和治病救人的特殊行业，为加强行业自律，全国医药行业协会向全国医药生产经营企业特发如下倡议。

一、树立诚信意识，营造诚信环境。

讲诚实求信用是医药生产经营企业道德之根、立业之本、发展之源，要弘扬诚信理念，坚守诚信原则，创建诚信企业，营造诚信环境，并自觉接受社会各界的监督。

二、严禁假冒伪劣，深入开展诚信建设活动。

坚持诚信生产（不使用劣质原辅物料）、诚信经营（不销售假冒伪劣产品）、诚信服务（不损害消费者利益）、诚信宣传（准确、适度的广告宣传及营销推广活动）、诚信竞争（不以任何不正当手段打击或诋毁同行与竞争对手）和诚信管理（严格按照法律、法规、规程、标准等组织生产经营活动），以行业自律原则贯穿诚信建设的全过程。

三、反对商业贿赂，纠正和抵制商业贿赂行为。

坚决杜绝腐蚀干部（医生）、损害企业、危害人民的商业贿赂行为，倡导遵纪守法、公平、自律的生产经营活动，规范医药代表行为，在企业品种研发、产品注册、生产工艺流程执行、GMP 与 GSP 认证、药品广告宣传及市场推广等环节，严禁弄虚作假、行贿过关。

四、合理制定价格，规范价格行为，杜绝恶性竞争。

严格执行国家的价格政策和管理制度，在产品定价和药品招投标过程中，合理制定价格，规范价格行为，严禁哄抬药价和价格欺诈行为，杜绝恶性削价等不正当价格竞争，维护企业合法权益与正当利益。

五、严格财务制度，按时交纳税金，重合同守信用。

严格执行国家制订的会计制度，会计结算真实、准确、完整，报表数据可靠，不弄虚作假，不制造假账，不虚计盈亏。在工商、银行、税务部门信用良好，依法纳税，按时还贷，重合同，守信用。

六、建立诚信档案，诚信建设规范化、制度化。

各行业协会、各医药企业行动起来，大力宣传诚信建设的必要性与迫切性，强化诚信自律，营造诚信氛围，建立诚信档案，夯实诚信建设的日常基础工作，使诚信工作持之以恒、深入开展。

诚信建设有利于企业、有利于行业、有利于国家、有利于人民，须常抓不懈，成为企业自觉的行为准则。让我们共同营造诚信氛围，取信于社会、取信于人民，不负医药行业的神圣职责和崇高使命。

全国医药行业协会

××××年×月×日

贺　信

尊敬的××同志：

首先恭喜您在"中医药贡献奖推选表彰活动"中，您的作品获"中医药事业贡献奖"。我们特向您表示热烈的祝贺！

中医药是中华民族的瑰宝，是中国文化的重要体现。中医药以其承载的厚重文化底蕴和医学模式，越来越为世界广大人民群众所了解，中医药所提供的服务越来越为世界各国人民所接受。中医药走向世界、影响世界，正成为历史的潮流。值此中医药发展论坛创办 5 周年之际，中华国际医学交流基金会、中国民族卫生协会决定于××年×月×～×日在北京联合主办"第五届中医药发展论坛暨中医药走向世界（北京）峰会"。

届时将邀请国家有关领导人、相关部委领导、海内外著名专家学者等出席。开幕式上将隆重揭晓"中医药影响力榜"、"中医药贡献奖"等评选结果。有关领导将为在我国中医药领域做出贡献的先进人物和先进单位进行颁奖。

我们相信您在中医药领域所做出的贡献将会得到社会的承认，也坚信您能在强手如林的竞争中脱颖而出，最终获得该奖项！

最后，希望您与我们共同为我国中医药事业的发展做出更大贡献。

衷心祝愿您

身体健康，工作顺利

中华国际医学交流基金会

××××年×月×日

 案例 **5**

介 绍 信

××制药厂：

兹介绍我校×××同志前来你处联系有关安排学生毕业实习等事宜，请予接洽为盼。

此致

敬礼

××学校（盖章）

××××年×月×日

有效日期伍天

 知识链接

1. 书信写作中称呼和祝颂语后半部分为什么顶格　称呼和祝颂语后半部分的顶格，是对收信人的一种尊重，是古代书信"抬头"传统的延续。古人书信为竖写，行文涉及对方收信人姓名或称呼，为了表示尊重，不论书写到何处，都要把对方的姓名或称呼提到下一行的顶头书写。它的基本做法，为现代书信所吸收。

2. 证明信与介绍信的区别

（1）证明信是组织（单位）证明有关人员的身份、经历、学历或某件事情的真象而写的证明。

（2）介绍信是把自方的同事或业务关系介绍给对方，进行联系和沟通的常用信函。

目标检验

填一填

1. 书信是人们在日常生活、学习和工作中广泛使用的一种应用文书，可分为_____和_____两大类。

2. 以书信形式对取得胜利、成绩和喜庆之事的有关单位或个人表示祝贺和庆贺的文书被称为_____。

3. 专用书信一般都要在正文上面加上标题，为了备查，有的专用书信还须有_____。

想一想

1. 倡议书没有确定的具体对象，有关方面或有关人员可以表示响应，也可以不响应，有很大的随意性。因而要吸引大家参加行动，倡议的事项就要具有可行性。这样说对吗？

2. 一般书信和专用书信在写作格式上有哪些区别？

找一找

1. 学校团委组织团员青年下某社区搞调研活动，受到了大力的支持和帮助。活动结束后校团委写了一封信给社区，这封信是（　　　　）

A. 感谢信　　　　B. 介绍信　　　　C. 证明信　　　　D. 慰问信

2. 学校派张老师到海军基地去联系学生军训事宜，张老师应带去的信是（　　　　）

A. 证明信　　　　B. 介绍信　　　　C. 咨询信　　　　D. 自荐信

3. 中国女排在奥运会中取得了优异成绩，国家体育总局发给女排的一封信是（　　　　）

A. 表扬信　　　　B. 感谢信　　　　C. 慰问信　　　　D. 祝贺信

4. 请找出下面这封介绍信的错误并修改。

××医药学校介绍信

为了让学生了解中药生产的过程，我校暑期拟组织50名学生去贵药厂参观，现介绍王娟、李明两位同志前往贵厂联系参观事宜，能否应允？请尽早告知我们。有效期3天

　　此致

敬礼

××医药学校

1. 以"美化校园，争做文明学生"为主题，写一份倡议书，向全校各班发出倡议。

2. ××学校××专业的 30 名学生，暑期到××药厂进行了一个月的社会实践活动，得到了药厂领导和车间员工的关心和具体指导，学到了许多书本上学不到的知识。为了表达谢意，活动结束后，他们写了一封感谢信。请你代为拟写。

3. ××医药学校学生李小明同学在××市教委主办的"星光杯"技能大赛医药商品购销比赛中获得一等奖，请你以主办方的名义给李小明同学写一封贺信。

第六节　求　职　信

　　通过本节的学习，了解、认识求职信的基本形式和写作方法以及撰写注意事项。能够写出有特色、有条理、规范的求职信，为毕业后进入职场做必要的准备。

一、求职信是用来做什么的

　　求职信也称自荐信，它是求职者以书信的方式自我举荐，向用人单位介绍自己的情况、陈述求职的理由、提出求职的要求，以达到任职目的的一种文书。通过求职信，求职者可使用人单位认识、了解自己的知识水平、工作能力、人格魅力等，从而建立起与用人单位之间的密切联系，为择业的成功打下良好的基础。

　　求职信可分应聘求职信和自荐求职信两种。

　　应聘求职信是指求职者有明确的岗位目标，意欲在此单位谋职，这类求职信可根据该单位的用人情况，有针对性的写，以达到用人单位的使用要求。

　　自荐求职信是指求职者无确定的求职单位，写求职信带有"投石问路"的性质。目的是提出想谋职的意向，并不明确知道对方需要哪类人。这类求职信只能根据自己的专长和技能，根据用人单位通常的用人标准进行写作。毕业生普遍使用的是这一种求职信。

二、求职信的格式是怎样的

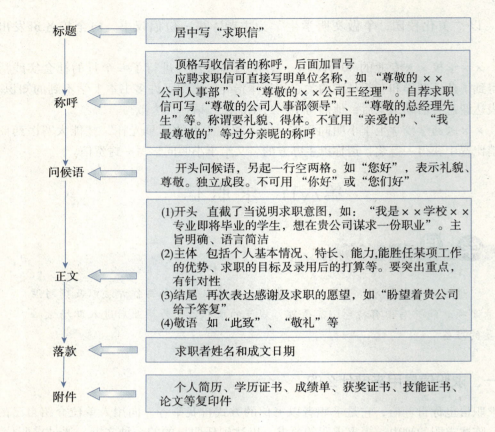

标题	居中写"求职信"
称呼	顶格写收信者的称呼，后面加冒号 应聘求职信可直接写明单位名称，如"尊敬的××公司人事部"、"尊敬的××公司王经理"。自荐求职信可写"尊敬的公司人事部领导"、"尊敬的总经理先生"等。称谓要礼貌、得体。不宜用"亲爱的"、"我最尊敬的"等过分亲昵的称呼
问候语	开头问候语，另起一行空两格。如"您好"，表示礼貌、尊敬。独立成段。不可用"你好"或"您们好"
正文	(1)开头　直截了当说明求职意图，如："我是××学校××专业即将毕业的学生，想在贵公司谋求一份职业"。主旨明确、语言简洁 (2)主体　包括个人基本情况、特长、能力、能胜任某项工作的优势、求职的目标及录用后的打算等。要突出重点，有针对性 (3)结尾　再次表达感谢及求职的愿望，如"盼望着贵公司给予答复" (4)敬语　如"此致"、"敬礼"等
落款	求职者姓名和成文日期
附件	个人简历、学历证书、成绩单、获奖证书、技能证书、论文等复印件

三、求职信有哪些写作要求

1. 目的要明确　求职人要根据用人单位的选拔条件来选择陈述内容，有针对性地提供自己的背景材料。不要没有重点地泛泛而谈，要注意突出技术专长，抓住重点，有的放矢，否则只会弄巧成拙。

2. 内容要实事求是　求职信的核心部分是自己胜任工作的条件，在求职信中应客观表明你的经历、知识、专业技能和特长，不能夸大其词说大话、套话，更不可虚构材料，编造历史。

3. 语言表述要谦和诚恳，措辞得体　写自荐信既要正确评价自己，对自己的特长、优势、能力有具体、充分的介绍；同时也要态度谦虚、语气委婉，做到自信而不妄自尊大，自谦而不妄自菲薄。如果过分的谦虚，会使人怀疑你的能力，过多吹嘘自己，会给人很肤浅的感觉。从自荐资料上不光可以看到一个人的经历，也可以看出一个人的品格。

4. 文风平实、沉稳　求职信要用稳重的语气来写。以叙述、说明为主，不宜过多引经据典、抒情议论。最好用简明的短句。还要注意不要使用拗口的语句和生僻的字词。

5. 杜绝错别字　文如其人。求职信中字词的选择能反映出一个人做事是否仔细、严谨。一篇内容好的求职信往往会因为错别字而起到不好的效果。寄求职信前应仔细审阅内容，不要出现错别字而因小失大。比如将"出生年月"写成"出身年月"，"自己"写成"自已"，"简历"写成"简厉"等等。

6. 附件部分清晰、完整　附件是求职信的重要组成部分，它是求职信以外的其他材料。如：学历证书、成绩单、获奖证书、技能证书、论文等复印件。这些材料是个人专业优势和能力特长的验证，对用人单位来说是反映个人才能、知识的重要证据，如果材料多，依次标上序号。注意每条信息之间分隔清晰，独立成行最好。

求 职 信

尊敬的贵公司各位领导：

　　您好！

　　首先衷心感激您在百忙之中阅读我的求职信，为一位满腔热情的大学生开启一扇希望之门，希望我的到来能给您带来惊喜，给我带来希望！

　　我是××医药高等专科学校药学系 2010 年毕业的大学生。我叫王××，我很平凡，但不甘于平庸，我乐观、自信、上进心强，爱好广泛，为人和善，能够很好的处理人际关系，在校实验小组中团队合作意识强，并且有很强的责任心和使命感。

　　我所学的是药学专业，同时涉及药物制剂技术。三年的大学生活和社会实践使我在思想认识、业务知识和专业技能方面都有了很大的提高。我不仅学习了药物化学、药物分析、药理学、药剂学等专业知识，还学习了其他的基础医学知识，还积极在课外的实践和实习中，提高自己的操作动手能力和技术。并通过了英语三级，具备了一定的英语听、说、读、写能力，熟悉计算机的理论和应用技术，如 OFFICE、WORD 等应用软件的基本操作。

　　除了专业学习之外，我还重视社会实践活动，到校外参加勤工助学工作，暑假期间参加暑假工作，通过社会实践来提高自己的交际能力和工作水平，还常参加各种社会志愿活动等。

　　众所周知，药学专业是 21 世纪的朝阳产业，特别是随着天然药物在全球的悄然兴起，该专业炙手可热，因而在此形式下我还进修了中医药的基本理论，具有一些中药鉴定、中药炮制、中药制剂、质量控制及评价的专业知识。

　　我正处于人生中精力最充沛的时期，我渴望在更广阔的天地里展露本人的才能，我不满足于现有的知识水平，期望在实践中得到更好的锻炼和更大的提高，因而我希望能够加入你们的单位。我会踏踏实实地做好属于本人的一份工作，竭尽全力地在工作中取得好的成绩。我相信经过本人的勤奋努力，一定会做出应有的贡献。

　　最后，愿贵单位事业蒸蒸日上，屡创佳绩，希望各位领导能够对我予以考虑，我热切期盼你们的回音。谢谢！

　　此致

敬礼

林××

××××年×月×日

附：求职简历、毕业证书等复印件三份

1. 求职简历一份

2. 毕业证书复印件一份

3. 成绩单1份

联系地址：××路××号

邮编：×××××

电话：××××××××

● 案例 ②

求 职 信

尊敬的××制药公司领导：

您好！

昨日从《××日报》招聘启事上获悉贵公司正在招聘员工，我非常高兴，真心希望能成为贵公司的一员，尽自己的微薄之力。

我今年20岁，现就读于×××医药学校中药专业。下个月即将毕业。中专三年，我孜孜以求，圆满完成了大部分学业，系统学习了医学基础、药学基础、中药鉴定技术、天然药物化学、中药炮制技术、中药制剂技术、中药调剂技能、中医学基础、中药制剂分析、中药制药技术等课程。较系统掌握中药学基础理论、基本知识、基本技能以及与其相关药学等方面的知识和能力，各科成绩优异，在学好专业课的同时，也努力掌握各项专业技能，并考得了各项技能证书。

我深深的懂得中专生的定位。我明白学好专业课是一回事，而做到学以致用是另外一回事，因此，我在学好专业，打好基础的同时，还利用寒暑假积极参加社会实践活动，得到诸多肯定。

我走出校园时，正值贵单位发展前进，蒸蒸日上之际，我愿到贵单位工作，竭尽所学，与贵单位同呼吸，共命运。在这个崇尚公平竞争的社会里，我相信能够凭自己的能力，为贵公司的发展尽自己的力量。

尊敬的领导，机遇对于一个年轻人来说是多么的重要，我真诚的渴望您能够给予我一个学习、锻炼的机会，也许同您的部下相比，我还缺乏一定的社会实践经验，但我相信时间会弥补这一缺陷。

我是一名中专生，但也是一匹千里马。期盼能得到您的答复。

此致

敬礼

李××

××年×月×日

附：求职简历、毕业证书等复印件五份

1. 求职简历一份

2. 毕业证书复印件一份

3. 计算机中级证书复印件一份

4. 区星光杯技能大赛英语演讲一等奖证书复印件一份

5. 校优秀共青团员荣誉证书复印件一份

联系地址：××路××号

邮编：××××××

电话：×××××××

 知识链接

求职简历

　　求职简历又称个人履历，是求职者将自己与所申请职位紧密相关的个人信息经过分析整理并清晰简要地表述出来的书面求职资料，是一种应用写作文体。

　　求职简历是招聘者在阅读求职者求职申请后对其产生兴趣进而进一步决定是否给予面试机会的极其重要的依据性材料。

　　求职简历一般用表格形式，毕业生求职简历的内容至少应当包括以下五项。

　　其一，求职者的个人信息。如：姓名、性别、地址、邮编、电话、电子信箱等内容。这项内容放在简历第一页的上部，以方便招聘者与自己联系。

　　其二，求职意向。求职者想获得什么岗位的工作。

　　其三，求职者接受教育情况。如：何时、何校获何学历或者学位，把最高的学历或者学位放在最前面，然后依次往前推导。

　　其四，求职者的工作、实习经历、经验，应该是与此申请职位相关的内容。可采取由近及远的顺序安排，也可采取将与所申请职位最相关的内容置前的顺序安排。上述四大项内容是必须具备的，其他内容如知识储备、具体技能、获得荣誉等均可酌情写入简历。

　　其五，自我评价。

目标检验

 填一填

1. 从求职对象看，求职信可分为_____和_____两类。

2. 从格式上讲，求职信由_____、_____、_____、_____、_____组成。

想一想

1. 有人说："求职信不一定要包装得多么精美，而是要注意许多细节"。对这句话你如何理解？

2. 在求职信的结尾，有人这样写"本人期盼×月×日前复信为盼"，"现有多家单位欲聘我，所以请您从速答复我"。你认为恰当吗？为什么？

1. 阅读下面内容，正确的在括号内打"√"，错误的打"×"。

（1）有的求职者无确定的求职单位，投寄求职信存在一定的盲目性，带有"投石问路"的性质，所以可以同时寄给多家单位。（   ）

（2）为了能够顺利求职，求职信要尽量把自己写得完美一些，如果把自己写得一般，会影响录用。（   ）

2. 比较阅读下面这两封求职信，你认为它们有哪些优点或缺点？

尊敬的××公司：

贵公司的招聘启事为一个刚刚离开学校的学生提供了诱人的机会，能进入你公司工作，简直是我梦寐以求的了。

下面谈谈我的情况：

我今年20岁，相貌端正，与人关系融洽。

我喜欢询问，好分析，喜欢将事情问个水落石出。我机灵俏皮，有让人说真话的本事。

这些品质加上开朗的性格、恒心和吃苦耐劳的精神，一定能让我的工作得到你们的满意。

今年七月，我毕业于××医药学校，药品营销专业，我在校学习成绩很好，得过奖学金，我的老师给我写了评价很高的推荐信，我希望能有机会把这封信给你们看看。

我的电话是×××××××，希望你们能用它通知我和你们会晤的时间，我还要去其他单位应聘，所以请您从速答复我。

另附上我在校期间的学习成绩和一些证书的复印件。

此致敬礼

　　　　　　　　　　　　　　　　　　　　　　×××

　　　　　　　　　　　　　　　　　　　　　　××年×月×日

基本信息

姓　　名：王××　　　　　　性别：男　　　　　　民族：汉族

出生日期：××年×月×日　　身份证：310113×××　身　高：175cm

户口所在：××市××丁香苑65号303室

毕业院校：××医药学校　　　政治面貌：团员

最高学历：中专　　　　　　所修专业：药品营销

毕业日期：××年××月

联系电话：　　　　　　　　联系地址：　　　　　　电子信箱：

求职意向

求职类型：全职

应聘职位：普通员工

教育培训经历

××年×月至××年×月 ××就读于××医药学校 药品营销专业

主修课程：药学基础、医学基础、药品采购、医药商品销售、药店零售、药学服务英语、药学信息检索技术

实习经历

在××药业公司做过仓库管理员/药品复核员/药品验收员等

所获奖励

××年×月××医药学校优秀团员

××年××医药学校乙等奖学金

××年××医药学校学生部优秀干事

语言水平、计算机能力

英语 一般 级别 二级

普通话 精通

网页制作

自我评价：做事踏实、勤奋。学习期间尊敬师长，友爱同学，学习能力强。实习期间自觉履行公司赋予的职责，工作尽心尽力，不迟到早退。

1. 阅读下面这则招聘启事，为自己选择其中的一个岗位，写一封求职信前去应聘。

××医药公司招聘启事

××医药有限公司是××省医药物流中心投资创办，立足××市，辐射周边地区大型药品批发企业，现因业务发展需要，特面向社会诚聘下列人员：

一、销售管理人员1~2名，具有药学或相关专业中专以上学历，有三年以上药品批发企业销售管理工作经验，熟悉周边医药市场，有较强的团队管理能力和市场开拓能力，有良好的人际交流、沟通能力。

二、采购部经理2~3名，药学或相关专业中专以上学历，有丰富的上游客户资源，特别是药品厂商客户资源，有较强的沟通交流能力和较好的商务谈判技巧，有强烈的事业心和责任感，廉洁奉公。

三、储运管理人员1~2名，药学或相关专业中专以上学历，熟悉医药公司仓库和车队流程，有储运管理经验者优先。

以上各岗位应聘人员要求爱岗敬业，遵纪守法，责任心强，身体健康，年龄要求在20~35周岁，有相应专业技术职称者年龄可适当放宽，经验丰富者优先聘用。

报名时请携本人身份证、学历证书等相关证件原件及复印件、近期二寸照片2张，待遇面议。

热忱欢迎有志加盟本公司者报名应聘。

公司地址：××市××大道251号

咨询电话：051－8680××× 联系人：刘先生

××年×月×日

2. 根据自己的实际情况，写一封求职信，500字左右。

3. 为自己设计一份求职简历。

4. 在班级组织一次模拟招聘会。

可包括自我介绍、结构化面试和情景化面试三项内容。

（1）自我介绍 1分钟/每人。要求同学主要介绍自己的基本情况，竞聘具体工作岗位的优势。（自我介绍15分）

（2）结构化面试 2分钟/每人。可由多个有代表性的评委组成一个评判小组（老师、学生都可参加），按规定的程序，对应聘同一岗位的考生，用相同的考题进行提问，并按相同的追问原则进行追问，从中评出优胜者。（结构化面试35分）

（3）情景面试 3分钟/每人。本环节设置一定的模拟情况，要求被测试者扮演某一角色并进入角色情景中，去处理各种事务及各种问题和矛盾。评委将对选手进行现场即兴提问。（情景化面试50分）

最后，评委对胜出同学进行点评。

第三单元 通用公文

第一节 通 知

一、通知是用来做什么的

通知是一种使用非常广泛的文体，在企业或公司里，当上级部门对下级部门或个人告知有关事情时所使用的文体，在公司内部布置工作、传达事情、召开会议都常常使用到通知。

根据适用范围的不同，可以分为：发布性通知、批转性通知、转发性通知、指示性通知、任免性通知、事务性通知等。

二、通知的格式是怎样的

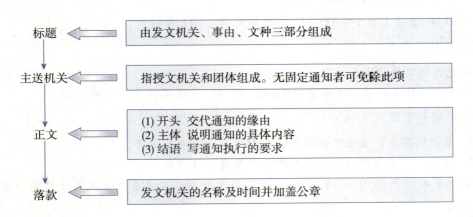

标题 ← 由发文机关、事由、文种三部分组成

主送机关 ← 指授文机关和团体组成。无固定通知者可免除此项

正文 ← (1) 开头 交代通知的缘由
(2) 主体 说明通知的具体内容
(3) 结语 写通知执行的要求

落款 ← 发文机关的名称及时间并加盖公章

三、通知有哪些写作要求

1. 讲求实效性和实用性 由于通知是要求所属部门周知和执行的，因此特别要注

意通知发布的时间以及必要性，以便指导和推动工作进展。

2. 条理清楚，简单明了，通俗易懂　　通知的对象和内容必须明确、具体。如果含糊不清，就会贻误工作，因此通知的文字要简明、准确、有条理，让人一看就明白，这样便于下级单位理解和执行。

3. 通知不可以超越职权范围　　通知是在工作中频繁使用的一种办公文体，在使用的时候不能滥用，既不能超越职权范围，给不相互隶属的部门发文，也不能混淆公文与事务文书的界限，把向公众告知的"启示"写成了"通知"。

● 案例 ①

通　知

各医药公司：

　　为规范医药生产企业质量管理体系，促进医药生产企业规范化管理，提高我省医药生产企业从业人员的素质，省食品药品监督管理局定于近期在××市组织举办医药品生产企业卫生许可培训班。现将有关事宜通知如下：

　　一、内容

　　1. 医药生产企业卫生许可项目与流程；

　　2. 医药生产企业卫生规范；

　　3. 医药标准及产品检验检测标准。

　　二、培训时间

　　2010 年 12 月 2 日 ~ 2010 年 12 月 4 日

　　三、参加人员

　　1. 省内医药生产企业负责人、质量负责人和检验室负责人各 1 人。

　　2. 各市、县食品药品监督管理局食品科（处）长 1 人。

　　四、报到时间以及地点

　　2010 年 12 月 1 日 13：00 ~ 17：00 阳光饭店 311 室报到。

　　五、培训地点

　　阳光饭店二楼 201 会议室。

　　市中央三路 168 号，火车站乘 72 路、33 路、108 路到中央三路下车。

　　六、其他事项

　　1. 培训结束后，由省食品药品监督管理局颁发培训证书。

　　2. 本次培训收取培训费、教材费、食宿费、证书费共 450 元。

　　望有关单位于 2010 年 11 月 20 日之前将参加人员名单报省食品药品监督管理局食品许可处。

　　联系人：张先生　电话传真：027－××××××

××省食品药品监督管理局

2010 年 11 月 15 日

附件1：学习内容
附件2：报名回执
主题词：×× ×× ×× 通知

 案例 ②

通　知

各生产部门、科室、生产车间：

　　为创造一个良好的工作生产环境，防止夏季蚊虫滋生和传染病的发生，现定于本周星期五下午4点（8月11日）进行全公司大扫除。各部门、科室、生产车间按照原定划分的卫生包干区分片打扫。下午5点公司办公室将组织有关人员进行评比检查。希望各位员工做好准备，积极参加。

××公司办公室（公章）
2010年8月8日

 知识链接

通知的特点是什么

　　1. 广泛性　通知的使用范围相当广泛。它不受发文机关级别的限制，任何形式的单位，均可使用通知行文。

　　2. 晓谕性　通知主要用于传达信息、告知事项，是上级部门要求下级部门办理或遵照执行的文体。具有晓谕性。

　　3. 时效性　通知是一种传发比较快捷的文体，通知的事项一般要求尽快让下级部门知晓，及时办理或者执行，不能拖延。

目标检验

填一填

　　1. 通知一般包括_____、_____、_____、_____四部分。

　　2. 通知通常可分_____、_____、_____、_____、_____、_____六大类。

想一想

　　1. 通知需要在什么时候使用？

　　2. 撰写通知时需要注意哪些事项？

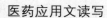

1. 下面是一则××公司发出的通知，请找一找其中有哪些错误？

通　知

全公司各个部门的同志请注意了：

　　为了开展爱国卫生运动，提高公司的环境卫生情况，决定于明天下午在二楼会议室召开动员大会，讨论相关事宜，请务必准时参加，不许请假，否则，后果自负。

2010 - 12 - 1

2. 这是一份会议通知，请找一找错在哪里？

通　知

各公司：

　　为了贯彻药品管理局关于安全生产工作会议精神，研究落实我公司关于安全生产的相关事宜，总公司决定招开2010年度的安全生产工作会议。下面通知有关事情：

1. 参加会议人员：各部门经理以及相关人员。
2. 会议时间：12月12日
3. 报到时间：12月12日
4. 报到地点：公司××宾馆
5. 联系人：李某
6. 各部门报送的经验材料，打印一些，于12月6日前交到公司安全部门。

特此通知。

××总公司
2010年12月1日

1. 为了顺利举行秋季运动会，××医药学校定于2010年10月9号下午2点，在学校大操场举行一次运动会入场式彩排，需要所有班级，全部学生准时参加，请你以学校学生科的名义出一份通知。

2. 近期××公司接到了国家食品药品监督管理局的有关文件，由检测数据表明：抑肽酶注射剂在临床上会引起过敏反应、过敏性休克、心悸、胸闷、呼吸困难、寒战、发热、恶心、呕吐等症状。对于部分患者使用该药的风险弊大于利。特通知各生产和销售部门暂停销售和使用抑肽酶注射剂。请你代总公司办公室出一份通知，下发到各生产部门和销售部门。

第二节 通 告

通过本节的学习，了解国家行政机关公文中通告的适用范围、特点、作用和写作方法以及撰写注意事项。在学习时要理论联系实际，在两个文种的比较中初步掌握撰写不同类型的通知和通告的方法。

一、通告是用来做什么的

通告是一种适用于社会各方面应当遵守或者周知的事项，属于公布性的公文。

根据行文内容，可以分为法规性通告和知照性通告。

法规性通告是用来公布社会各有关方面应当遵守的事项，通常公布政策法令行的事项，向人们公布应当遵守事项中的具体事务。具有强制力。

知照性通告是各个单位为了生产、工作、学习的需要而公布的，人们应当周知的事情。这类通告是为了方便有关机构和群众的某些需要，向人们报告有关消息，让人们知道是怎么一回事，供人们参考。

二、通告的格式是怎样的

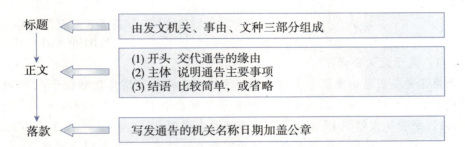

标题 ← 由发文机关、事由、文种三部分组成

正文 ←
(1) 开头 交代通告的缘由
(2) 主体 说明通告主要事项
(3) 结语 比较简单，或省略

落款 ← 写发通告的机关名称日期加盖公章

三、通告有哪些写作要求

1. 符合国家法规、方针政策 由于通告很多事项是针对国家的方针政策和体现国家的法律法规，因此必须以遵守这一原则。

2. 语言要通俗易懂 通告是面向社会和广大人民群众的，因此语言要浅显易懂，做到简洁、通俗、明了。

四、通告的特点是什么

1. 使用的广泛性 通告的使用在单位上非常广泛，上至国家机关，下至基层单位，都可以使用。其次，通告的内容也很广泛，既可适用法规也可以适用一些具体事务，不分大小。

2. 内容的法规性 通告的内容，是在特定范围内的部门、单位和民众都必须执行和遵守的，具有约束力和强制性。有些还规定了惩处办法，违反者要承担相应的责任。因而具有法规性。

3. 事项的行业性 通告往往在特定的部门和单位使用，因此，不少通告都具有鲜明的行业性特定。通告的行文中还要时常引用本行业的法规、规章，也免不了使用本行业的术语。

关于"致力科学改善生命"医药创新论坛举行的通告

同济医大〔2010〕23 号

主办单位：同济医科大学药学院　　　　　　　　　泛美雷诺中国公司

同济医科大学药学院将于 8 月 11 日于逸夫会议楼二层报告厅举办"致力科学改善生命"医药创新论坛暨同济医科大学药学院"泛美雷诺中国精英奖学金"启动仪式。会议共同主办方之一：泛美雷诺公司是一家总部位于美国洛杉矶的全球性医药公司，希望通过此次活动分享药物研发领域的先进理念和成果，介绍医药行业的职业规划，并通过设立奖学金履行企业社会责任。欢迎老师们、同学们踊跃参加并与演讲专家进行现场互动。

活动时间：2010 年 8 月 11 日 13：30～17：30

活动地点：同济医科大学逸夫教学楼二层报告厅

特此通告

同济医科大学药学院
2010 年 8 月 9 日

附件 1　关于泛美雷诺

泛美雷诺是美国雷诺集团旗下的生产药品的分公司。雷诺集团始创于 1777 年，是全球历史最悠久的医药和化工企业。泛美雷诺目前在中国的研发和业务领域的投入超过 21 亿元，经营 9 大领域 17 种药品，业务遍及全中国。

附件 2　"致力科学　改善生命"医药创新论坛演讲人简介及演讲题目

演讲人 1：周教授，北京大学药学院副院长，国家重大研究计划（973）"基于基因密码子扩展的蛋白质标记新方法"的首席科学家。

主题：药物研发过程中的新生物技术

演讲人 2：Frederique Christin 女士，泛美雷诺中国研发中心战略执行总监，在全球医药研发领域拥有近 20 年的经验。

主题：创新医药的研发过程

演讲人 3：张女士，泛美雷诺中国人力资源总监，拥有丰富的医药企业人力资源经验，因在人力资源方面的出色成绩曾获得默克雪兰诺全球"最佳医药"大奖。

主题：医药行业的职业规划

案例 ②

<h1 style="text-align:center">关于湖北天大医院医疗药品采购招标的通告</h1>

鄂天药〔2010〕7号

为规范医疗药品采购程序，确保药品质量，湖北天大医院对2010年4月至2010年9月使用的药品进行公开集中采购，本次集中采购的药品均采用指定品牌、规格、剂型，询价采购药品400多种，另外包括部分医疗器械及化验试剂，总金额约400多万元人民币。具体药品品名、规格、剂型见招标文件，欢迎省内具有药品批发经营资格的投标人携带相关材料，于2010年3月9日中午12时前到湖北天大医院管理科1202室报名，资质审查合格后再领取招标文件，领取标书、投标、开标时间、地点等具体事项另行通知，标书工本费100元。

投标人应提供以下资料：

一、营业执照副本及复印件

二、法定代表人身份证明或法定代表人委托书（一个公司不得委托多人代理、一人不得代理多家公司，否则无效）

三、企业的基本情况

四、银行的资信证明

五、药品经营许可证或医疗器械经营许可证

药品集中采购工作组办公室设在湖北天大医院管理科，负责对本次药品采购有关事项进行答疑，欢迎有关单位前来咨询。

地　　址：武汉市体育馆路

联系人：王主任　电话027-83883××××

湖北省天大医院（印）
2010年2月18日

 知识链接

<h2 style="text-align:center">通知与通告的区别</h2>

1. 概念的区别　通知适用于批转下级机关公文、转发上级机关和不相隶属机关的公文、发布规章、传达要求下级机关办理和有关单位需要周知或者共同执行的事项、任免或聘用干部。通知大多属下行公文。通告是党和国家机关、社会团体、企事业单位在一定范围内公布应当遵守或者周知的事项时使用的下行公文。

2. 种类的区别　通知分为印发、批转、转发性通知。用于印发本级机关，批转下级机关，转发上级机关、同级机关和不相隶属机关的公文以及发布某些行政

法规等。通告的种类：分周知类通告，主要是使受文者了解重要情况、重要消息，因此文中不提直接的执行要求；以及执行类通告。主要向受文者交待需要遵守、执行的政策、措施以及其他行为规范，具有一定的强制力。

3. 写作格式的区别 通知的写作形式多样、方法灵活，不同类型的通知使用不同的写作方法。通告由标题、正文、发文机关和日期等部分组成。

目标检验

1. 通告具有 _____ 、 _____ 、 _____ 的特点。
2. 通告可以分成_____ 、 _____ 两大类。

1. 通告在撰写的时候有注意哪些事项？
2. 通告的标题可以有几种形式？分别使用于什么样的事项？

这是一份通告，请你找一找其中的错误。

××省食品药品监督管理局开展"查禁制售假冒伪劣药品"整治活动的通告

为了认真贯彻落实省、市有关指示精神，维护正常的社会经济秩序，保护消费者利益，促进"制假售假"活动的开展，从现在开始，在全市范围内深入开展"查禁制售假冒伪劣药品"活动，现将有关问题通告如下：

一、检查的范围和内容。检查的范围包括从事生产、经销活动的工商企业、商店和个体工商户。其内容是：

（1）假冒商标、冒牌商品；（2）掺杂使假、以次充好、以假充真商品；（3）过期失效、变质的商品；（4）无厂家、无商标、无出厂日期（食品无保质期）、无产品检验合格证商品；（5）所标明的指标与实际不符的商品；（6）冒充优质或认证标志、伪造许可证标志的商品以及虚假广告；（7）国家法律、法规明令禁止生产、销售的商品等。

二、各生产企业要严把质量关，不许不合格产品出厂，不许生产假冒产品；严格验发报检制度，不许假冒伪劣商品进入流通领域；各经销单位不许销售假冒伪劣商品，一经发现，从重从严处罚并在新闻媒体曝光。各个主管部门要严格检查，抓好典型。

三、这次活动采取宣传动员、自查自报、组织抽查和总结评比的方法进行，各有关单位见报后请于本月30日前到所辖区工商分局领取自查登记表，先进行自查。

××年×月××

某省物价局为全面落实进一步加大投资力度、扩大内需、促进经济平稳较快增长的各项措施，充分发挥价格杠杆的调节作用，推动医药产业结构优化升级，加快新药制剂和高新医疗技术的发展，依据《药品政府定价办法》以及国家发展改革委的相关规定，我局拟定了《药品区别定价条件》、《药品区别定价规则（试行）》和《药品区别定价评审指标（试行）》等有关实施意见，将要在网络上公开向社会征求药品区别定价的意见。截止时间为 5 月 12 日。

　　请你为省物价局写一份向社会发布的通告。

第三节　请　示

　　通过本节的学习，了解国家行政机关公文中的请示、报告的适用范围、特点、作用和撰写注意事项。在学习时要理论联系实际，在两个文种的比较中初步掌握撰写不同类型的请示和报告的方法。

一、请示是用来做什么的

　　在医药生产和经营过程中，如果遇到本单位无权、无力、无法解决的问题，或无章可循的疑难问题，就需要用请示文体，向上级机关请求对某项工作或问题作出指示、对某项政策界限给予明确、对某事予以审核批准。请示属于上行文。

　　根据行文的目的和内容的不同，请示通常可分为请求指示的请示、请求批准的请示、请求批转的请示三类。

　　下级机关在工作中往往会碰到某一方针、政策等不明确、不理解的问题，或者碰到新问题和情况，要弄清楚和解决这些问题，可用请示行文，并提出解决的意见，请求上级机关给予明确的解释和指示。这就是请求指示的请示。

　　下级机关在工作中遇到人力、物力、财力等方面难以解决或无权决定的事项，用请示请求上级机关给予帮助、支持的或审核批准或者开展某项工作请示，属于请求批准的请示。这种请示多用于机构设置、审定编制、人事任免、重要决定、重大决策、大型项目安排等事项。

　　有时职能部门就某一方面的问题提出处理意见和办法，按行文规定不能直接要求某些单位办理，需要上级机关批准并转发有关单位执行，这时候就会用到请求批转的请示。

二、请示的格式是怎样的

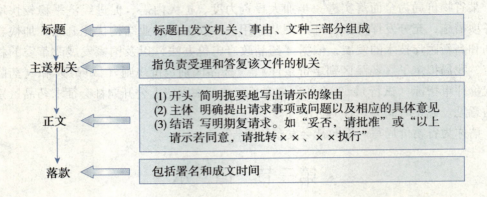

标题 ← 标题由发文机关、事由、文种三部分组成

主送机关 ← 指负责受理和答复该文件的机关

正文 ←
(1) 开头 简明扼要地写出请示的缘由
(2) 主体 明确提出请求事项或问题以及相应的具体意见
(3) 结语 写明期复请求。如"妥否，请批准"或"以上请示若同意，请批转××、××执行"

落款 ← 包括署名和成文时间

三、请示的特点是什么

1. 陈请性 请示是向上级机关请求指示和批准的公文，行文内容是陈请上级对某件事作指示或批复，具有请求性。

2. 期复性 请示的行文目的是请求上级批准，解决某个具体问题，要求作出明确答复，具有期复性。

3. 超前性 请示行文时机具有超前性，必须在事前行文，等上级机关作出答复之后才能付诸实施。

4. 单一性 请示事项具有单一性，要求一文一事，不拖泥带水。

四、请示有哪些写作要求

1. 写请示要一文一事 一份请示只能写一件事，如果一文多事，可能导致受文机关无法批复。如果确有若干事项都需要同时向同一上级机关请示，可以同时写出若干份请示，它们各自都是一份独立的文件，有不同的发文字号和标题。而上级机关则会分别对不同的请示作出不同的批复。

2. 主送一个领导机关，不要搞"多头"请示 请示只能主送一个上级领导机关或者主管部门。受双重领导的机关向上级机关行文，应当写明主送机关和抄送机关，由主送机关负责答复其请示事项。请示如果多头行文，很可能得不到任何机关的批复。

3. 请示的语气要谦和 请示语气要谦和，不可带要挟语气。结语部分一般要用"特此请示，请审批"、"以上意见当否，请指示"、"特此请示，请批复"等。

4. 坚持逐级行文的原则 请示与其他行政公文一样，要逐级行文，不可越级请示。如果因特殊情况或紧急事项必须越级请示时，要同时抄送越过的直接上级机关。另外，除个别领导直接交办的事项外，请示一般不直接送领导个人。

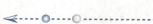

××学校关于增设营销专业的请示

××省教育厅：

为适应社会主义现代化建设的需要，我校拟增设医药营销专业，2006年秋季开始招生。

随着医药行业的发展，厂家和药店对营销人员的需求越来越多。目前部分营销人员，没有受过系统的、严格的专业教育和训练，专业素质不能适应新形势的要求。开设营销专业，培养高层次的营销人才，已是刻不容缓，具有重要的现实意义。

我们将营销专业纳入专科教育，学制三年。每年招生60人，到2009年，使在校学生达到180～200人。

为设立营销专业，我校已成立了筹备小组，成员18人，其中教授3人、副教授6人、讲师9人。近两年，筹备小组自编了一部分教材，并分别与××、××等机构合办过多期营销人员培训班，积累了一定的经验。依靠现有的师资力量，有把握办好营销专业。

以上请示，当否，请批复。

附件：

1.《职业高等学校增设专科专业申请表》一份

2.《××学校营销专业教学计划》一份

3.《××学校营销专业现有教师情况表》一份

××学校（公章）

二〇〇五年六月十日

关于追加苯巴比妥需用计划的请示

××市食品药品监督管理局：

今年以来，我公司生产的去痛片供不应求，截止10月8日共生产去痛片8769万片，使用苯巴比妥1464kg，现有库存0kg。根据市场需求，10～12月份计划生产去痛片2600万片（每片含苯巴比妥15mg），需用苯巴比妥390kg，尚需购买400kg。因此，申请追加苯巴比妥原料药需用计划400 kg。

如无不妥，请转报上级主管部门审批。

特此请示。

附件：第二类精神药品原料药需用计划备案表

××医药公司

二〇××年十月八日

主题词：经济管理　特殊药品　请示

抄送：公司领导××　发展规划部　采购部

知识链接

批 复

批复是用于答复下级机关请示事项的公文，属下行文。批复一般由标题、主送机关、正文、落款构成。根据批复的内容和性质不同，可以分为审批事项的批复、审批法规的批复和阐述政策的批复等三种。其特点如下。

1. 行文具有被动性 批复的写作以下级的请示为前提，它是专门用于答复下级机关请示事项的公文，先有上报的请示，后有下发的批复，一来一往，被动行文，这一点与其他公文有所不同。

2. 内容具有针对性 批复要针对请示事项表明是否同意或是否可行的态度，批复事项必须针对请示内容来答复，而不能另找与请示内容不相关的话题。因此批复的内容必须明确、简洁，以利下级机关贯彻执行。

3. 效用的权威性 批复表示的是上级机关的结论性意见，下级机关对上级机关的答复必须认真贯彻执行，不得违背，批复的效用在这方面类似命令、决定，带有很强的权威性。

4. 态度的明确性 批复的内容要具体明确，不能有模棱两可的语言，使得请示者不知道如何处理。

批复既是上级机关指示性、政策性较强的公文，又是对下级单位请求指示、批准的答复性公文，因此，撰写批复要慎重、及时，根据现行政策法令及办事准则，及时给予答复。同时批复必须有针对性的一文一批复，请示要求解决什么问题，批复就答复什么问题。撰写时，不管同意与否，批复意见必须十分清楚明白，态度明朗。不能含糊其辞，模棱两可，以免下级无所适从。

目标检验

1. 请示一般包括_____、_____、_____、_____四部分。
2. 请示通常可分_____、_____、_____三类。

1. 什么事情应该请示？撰写请示需要注意哪些事项？
2. 请示可以有几个主送机关？为什么？

1. 下列请示标题中的三要素各是什么？各属于哪一类请示？

《某市规划局关于调整新建路段名称的请示》

《某市教委关于成立大学生心理健康咨询中心的请示》

《某药业公司关于清理基本建设项目资金拖欠问题的请示》

2. 以下结语哪些是期复性请示的结语？

"当否，请批示"

"妥否，请批复"

"以上请示，请予审批"

"以上请示如无不妥，请批转有关部门执行"

3. 这是一份请示，请你找一找其中的错误。

关于举办首届药材、药品交流会的请示报告

××市经委：

在深化改革开放的大好形势下，为了不断繁荣医药市场，扩大购销，密切各产地产、购、销关系，满足我市医药单位及人民用药和进出口贸易需要，市医药公司拟于8月8日至18日举行首届药材、药品交流会，推销我系统掌握的中药材、中成药、医药商品，购进急需的医药商品，了解全国各地药材药品产、购、销的情况，提高我市各医药公司的知名度。通过本届交流会，力争购销额达到1500万元（其中销售800万元，购进700万元）。本届交流会拟邀请省内外代表600人。

为组织好本届交流会，我公司在人力、货源、资金等方面都做了安排，预算经费（包括会务费、交通费、代表伙食补贴费等）约5万元。

2006年6月28日

××市医药公司

某药厂销售处办公设备需要更新，以提高办公质量和效率，需要增购电脑5台，打印机、复印机各一台，约需人民币9万元，请代该部门拟一份请示，向上级机关请求拨款。

第四节　报　告

一、报告是用来做什么的

报告是向上级机关汇报工作、反映情况、答复询问时使用的陈述性公文。报告属上行文，是下级机关向上级反映情况、沟通联系、传达信息的主要文种，一般产生于事后和事情过程中。

二、报告是怎样分类的

报告的种类很多，按照不同的标准，报告可以分为不同的类型，以下两种是报告常用的分类方法。

（一）按内容分

1. 工作报告　向上级汇报工作的报告。如向上级机关汇报某一阶段工作的进展、成绩、经验、存在的问题以及今后的打算；汇报上级交办事项的结果等。

2. 情况报告　向上级机关反映情况的报告。这类报告能使上级机关及时了解情况、掌握动态，发现问题，进行及时的指导。如本单位出现了正常工作秩序之外的情况，出现了意想不到的问题，产生一些倾向性的新动态、新风气、新事物等，必要时都应该向上级汇报。

3. 答复报告　对上级机关所询问的问题做出答复的报告。这类报告内容针对性强，上级询问什么，就要在深入调查研究的基础上答复什么，决不能答非所问。

（二）按性质和行文目的分

1. 综合性报告　向上级机关汇报某一时期、某一阶段的全面工作或几方面工作情况的报告。这类报告内容涉及面宽，要把主要工作的方方面面都涉及到，具有综合性特点。

2. 专题性报告　向上级机关汇报某项工作、某个问题或某一方面情况的报告。这类报告内容具有单一性、专题性特点。专题性报告一事一报，迅速及时，比综合性报告使用频率高。

3. 回复性报告　是根据上级机关或领导人的查询、提问作出的报告。

三、报告的格式是什么

报告的格式一般由标题、主送机关、正文、落款四部分组成。不同类型的报告在写法上也有一定的差异，主要差别在正文上。

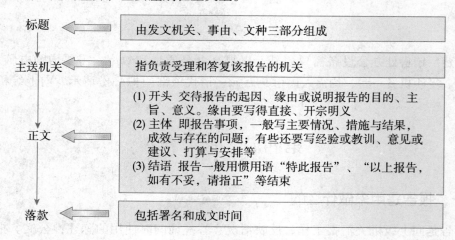

标题 ←	由发文机关、事由、文种三部分组成
主送机关 ←	指负责受理和答复该报告的机关
正文 ←	(1) 开头　交待报告的起因、缘由或说明报告的目的、主旨、意义。缘由要写得直接、开宗明义 (2) 主体　即报告事项，一般写主要情况、措施与结果，成效与存在的问题；有些还要写经验或教训、意见或建议、打算与安排等 (3) 结语　报告一般用惯用语"特此报告"、"以上报告，如有不妥，请指正"等结束
落款 ←	包括署名和成文时间

四、报告有哪些写作要求

1. 写综合报告应注意抓住重点，突出主要矛盾和矛盾的主要方面。在此基础上列出若干观点，分层次阐述。说明观点的材料要详略得当，以观点统领材料。

2. 专题性报告，要一事一报，体现其专一性，切忌在同一专题报告中反映几件各不相干的事项和问题。

3. 切忌将报告提出的建议或意见当作请示，要求上级指示或批准。

4. 报告的内容要全面充分，思路要清晰，观点明确统一。要做充分的调查，将本单位的工作情况研究透彻；文章要结构清楚，条理分明，详略适当，思路连贯；要讲究遣词造句，语言准确。

五、报告的特点

1. 语言的陈述性　报告的内容主要是向上级汇报工作，其表达方式以叙述、说明为主，在语言运用上要突出陈述性，把事情交代清楚，充分显示内容的真实性和材料的客观性。

2. 行文的单向性　报告是下级机关向上级机关行文，是为上级机关进行宏观领导提供依据，一般不需要受文机关的批复，属于单向行文。

3. 成文的事后性　报告是在事情结束或发生以后，向上级作出汇报，是事后或事中行文。

××药业集团环境管理体系内部审核报告

市药监局：

按照《关于下发 2009 年公司环境管理体系内审计划的通知》要求，集团公司组织 41 名内审员于 2009 年 8 月 20 日至 9 月 8 日对我公司环境管理体系所有覆盖单位进行了环境管理体系内部审核。在各单位和内审员的共同努力下，顺利完成了任务。

一、审核目的：验证公司环境管理体系的适用性、充分性和有效性，确保环境管理体系的持续改进。

二、审核范围：公司环境管理体系覆盖的所有单位和 ISO14001：2004 标准中的所有因素。

三、审核依据：ISO14001：2004 标准、公司环境管理体系文件以及适用于本公司的法律法规和其他要求。

四、审核方式：分组集中审核。

五、审核时间：2009 年 8 月 20 日至 9 月 8 日。

六、审核人员及审核单位分组情况

审核组长：×××

分组长：×××　×××

七、审核综述：公司的环境管理体系基本符合 ISO14001：2004 标准的要求，是适宜的。充分的和有效的。公司的重要环境因素处于受控状态，目标、指标和方案均按要求实施，并取得了明显的环境效益和经济效益，各种环境行为基本符合国家、地方的法律法规和相关要求，建立了持续改进机制，确保了环境管理体系的有效运行。主要体现在以下几个方面。

1. 能够遵循环境管理体系的运行要求，不断提高环境绩效。

各产品的原料消耗和能源消耗指标不断下降，污染物排放总量不断下降，公司区域环境质量得到明显改善，工业固体废物管理取得明显进步。

2. 按照活动、产品和服务的过程，识别环境因素和确定重要环境因素，重要环境因素得到了有效控制，今年委托市环境监测站进行监测，监测项目的合格率达100%。

3. 目标、指标和方案的管理成效显著。

4. 注重环境管理体系的日常运行监控。

公司加强了环境管理体系日常的监督、监测，在日常巡回检查的基础上，每月由重点单位自行检查运行情况，每季度 EMS 运行办组织检查。

八、发现问题：本次内审共发现 25 项问题，下发不符合报告 6 项，审核过程中没有发现严重不符合，本次所出具的不符合均为一般不符合（见附表）。本次内审主要发现以下问题。

1. 在环境因素方面 环境因素的识别方面，在组织活动变化后，不能及时更新环境因素，对相关方环境因素的关注程度不够。环境因素的控制和管理有待进一步细化和规范。

2. 在信息交流方面 信息交流和反馈不充分、不全面，不能实现信息交流的闭环管理，未按照去年公司内审后规范的要求进行整改。

九、整改措施：针对本次内审发现的问题，提出以下整改措施。

1. 各单位按照《环境因素识别和确定管理程序》的要求，重新识别环境因素，确定重要环境因素。应当特别关注法律法规和其他要求发生变化以及公司活动、产品和服务发生较大变化（如产品搬迁、工艺改进、材料替代等）后环境因素的更新。

2. 各管理部室按照职责补充识别公司适用的法律法规和其他要求，指定专人汇总后，报 EMS 运行办公室。各单位将重要环境因素的控制与 SOP 有机结合，侧重从设施、技术层面落实控制措施，增加可操作性。

3. 各单位结合实际情况，编制有针对性的岗位、班组、车间级别的重要环境因素控制检查表，提高检查质量。

4. 各单位对照《2009 环境管理体系内审问题汇总》和"不符合报告"，结合自身问题，查找原因，指定整改措施，举一反三，预防同类问题重复发生。

××药业集团

二〇〇九年九月十一日

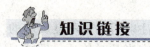

请示与报告的不同点

1. 行文的目的不同　请示的目的是请求上级机关批准某项工作或者解决某个问题；报告的目的是让上级机关了解下情，掌握情况，便于及时指导。

2. 行文的内容不同　请示属于请示性公文，侧重于提出问题和请求指示、批准；报告属于陈述性公文，侧重于汇报工作，陈述意见或者建议。

3. 行文时间不同　请示必须事前行文，须报上级审批才能实行；报告，也许在事后写，也许在事发时写，也许在事发前写。

4. 报送要求不同　请示一般只写一个主送机关；受双重领导的单位，应根据请示的内容注明主报机关和抄报机关，主报机关负责答复请示事项；报告可以报送一个或多个上级机关。

5. 处理结果不同　请示属于"办件"，指上级机关应对请示类公文及时予以批复；报告属于"阅件"，对报告类公文上级机关一般以批转形式予以答复，但也没必要件件予以答复。

目标检验

1. 要对××市下岗职工基本生活状况进行调查，用以反映调查结果的报告是回复性报告。（　　　）

2. 从内容上看，标题为《铁道部关于××次快车发生颠覆重大事故的报告》属于情况报告。（　　　）

3. 题为《我是怎样当企业党委书记的》的总结应属于经验教训型报告。（　　　）

4. 《××医药公司关于2008年年度审计工作情况的报告》属于专题报告。（　　　）

1. 报告的特点是什么？撰写报告需要注意哪些事项？

2. 请示与报告有哪些相同点和不同点？

1. 某地养鸡场发现了禽流感疑似病例，在当地政府的指示下，卫生部门迅速采取了有力措施，保护了当地群众的生命和财产安全，请以此为参考，写一份情况报告。

2. 将下列的材料整理成一份报告（提示：分析哪些是基本情况，哪些是存在的问

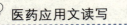

题和原因，哪些是采取的措施）。

（1）所有使用单位应当立即停止使用该批号疫苗，加强对注射后出现不良反应的监测，并协助进口单位做好疫苗收回工作。相关药品经营企业应当及时传达、反馈召回信息，按照召回计划积极协助控制和收回该批疫苗。

（2）国家食品药品监督管理局 2007 年 12 月 13 日接到××（中国）有限公司北京办事处关于美国××公司主动召回××型流感疫苗的情况报告，根据《药品召回管理办法》启动了相应监督工作，密切关注召回工作实施情况。

（3）国家药品不良反应监测中心目前尚未收到涉及该批产品的不良反应病例报告。

（4）根据××（中国）有限公司的报告，由于美国××公司在对该疫苗生产工艺的常规测试过程中，发现灭菌工艺存在问题，可能导致若干批次产品存在潜在质量问题，故对这些批次的产品全部召回。

（5）国家食品药品监督管理局已经要求美国××公司严格按照我国《药品召回管理办法》规定，提交对于该疫苗安全隐患的调查评估报告和详细召回计划，切实落实相关规定要求。

（6）在中国内地仅进口一批该疫苗，批号为 J××××，共计 104930 支，部分已经销往北京、天津、山东、浙江、福建、广东、海南、四川 8 个省市，自 2007 年 10 月起销售使用，××（中国）有限公司及该疫苗进口单位负责对其实施二级召回。目前尚未收到能确认该批产品存在质量问题直接证据的报告。

第五节　函

通过本节的学习，了解国家行政机关公文中函的适用范围、特点、作用和写作方法以及撰写注意事项。在学习时要理论联系实际，了解函的写作方法。

一、函是用来做什么的

函是不相隶属的机关单位之间商洽协议、询问、答复问题、请求批示、答复审批事项的公文，是用来处理公务的信件。

函有不同的分类。

1. 按性质分　可以分为公函和便函两种。公函用于机关单位正式的公务活动往来；便函则用于日常事务性工作的处理。便函不属于正式公文，没有公文格式要求，甚至可以不要标题，不用发文字号，只需要在尾部署上机关单位名称、成文时间并加盖公章即可。

2. 按发文目的分　可以分为发函和复函两种。发函即主动提出了公事事项所发出的函；复函则是为回复对方所发出的函。

3. 按内容和用途分　可以分为商洽事宜函、通知事宜函、催办事宜函、邀请函、请示答复事宜函、转办函、催办函、报送材料函等等。

二、函的格式是怎样的

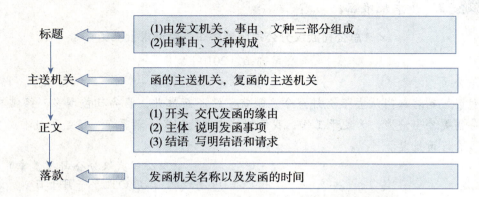

标题	⟵	(1)由发文机关、事由、文种三部分组成 (2)由事由、文种构成
主送机关	⟵	函的主送机关，复函的主送机关
正文	⟵	(1) 开头　交代发函的缘由 (2) 主体　说明发函事项 (3) 结语　写明结语和请求
落款	⟵	发函机关名称以及发函的时间

三、函有哪些写作要求

1. 行文简洁、内容集中　函的行文不能转弯抹角，行文要简洁，开门见山。内容单一集中，一函一事，避免一函多事，便于对方单位的及时处理。

2. 语气诚恳、谦和　函代表单位对外行文，一定要尊重对方。用语措辞要恰当，对上级机关要尊重、谦虚，但也不必恭维和迎奉。对级别低的机关不能冷淡和粗暴，更不能用命令式的口气。对平行机关要以诚相待，积极友好。

案例 1　事宜商洽函

九州通医药公司关于全面建立协作关系的函

××医科大学：

近年来，我公司与你校双方在一些科学研究项目上互相支持，取得了一定的成绩，建立了良好的协作基础。为了巩固成果，建议我们双方今后能进一步在学术思想、科学研究、人员培训、仪器设备等方面建立全面的交流协作关系，特提出如下意见：

一、定期举行所、公司之间学术讨论与学术交流。（略）

二、根据公司、校各自的科研发展方向和特点，对双方共同感兴趣的课题进行协作。（略）

三、根据公司、校各自人员配备情况，校方在适当的条件下，对公司方生产以及科研人员的培训予以帮助。（略）

四、双方科研教学所需要高、精、尖仪器设备，在适当的条件下，予双方提供利用。（略）

五、加强图书资料和情报的交流。

以上各项，如蒙同意，建议互派主管人员就有关内容进一步磋商，达成协议，以利工作。特此函达，务希研究见复。

湖北省九州通医药公司（盖章）

二〇〇九年×月×日

主题词：×× ×× ×× 函

案例 2 请求批准函

××总公司武汉分公司配置轿车一辆请求批准函

××公司鄂函［2010］5号

××总公司：

我公司销售部门从去年十月至今，销售业绩不断攀升，业务日益增多，经常有许多业务需要外出洽谈，为便于工作，我们拟给本部门配备一辆轿车，请给予批准。

可否，请批复。

××公司武汉分公司（盖章）

二〇〇九年一月十日

主题词：×× ×× ×× 批复

答复函

××总公司关于批准销售部门配备轿车的复函

××公司函［××］40号

××公司武汉分公司：

你公司《××总公司武汉公司配置轿车一辆请求批准函》收悉。现复函如下：

你公司销售部门的情况总公司已经悉数了解，对于你们的请求，总公司通过董事会决定，为保证你公司销售部门的业务发展，对你们的请求予以批复。同意本年三月份为你们销售部门配备一辆轿车。

此复

××总公司（盖章）

二〇〇九年一月十七日

主题词：×× ×× ×× 批复

案例 3 征求意见函

中国食品药品监督管理局

《×××药品的生产、经销的办法（草案）》意见的函

国药监局函［××］××号

各省、市食品药品监督管理局：

现将我们草拟的关于《×××药品的生产、经销办法（草案）》送给你们，请组织有关同志讨论修改，并将修改意见于十一月底前告诉我们。

国家食品药品监督管理局（盖章）

二〇〇九年×月×日

案例 ④　催办函

××包装厂：

　　贵厂在 2010 年 10 月为我公司生产的利巴韦林的包装盒，距离 11 月 15 号的交货时期已经超期了一个月，为此我公司曾多次去函催贵厂尽快给予发货，但贵厂一直未明确答复。由于缺少包装，我公司生产的利巴韦林一直无法正常出厂，经济上已造成了很大的损失。为此特再次函请贵厂尽快将我厂的包装盒发往我厂。

×××公司（盖章）

2010 年 12 月 15 日

案例 ⑤　邀请函

关于出席思力华（噻托溴铵吸入剂）药品临床研讨会的邀请函

×××教授：

　　我公司新推出治疗慢性阻塞性肺炎的药品——思力华（噻托溴铵吸入剂），兹定于 12 月下旬在武汉市召开该药品的临床效果研讨会。现将有关事项函告如下：

　　一、会议报到时间：2009 年 12 月 21 日

　　二、会议地址：武汉市新世界广场（中心店）6 楼会议厅

　　三、联系人及电话（略）

特邀请您届时出席。

德国××公司（盖章）

二〇〇九年一二月二十一日

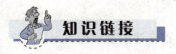

知识链接

函的特点是什么

　　1. 沟通性　函对于不相隶属机关之间相互商洽工作、询问和答复问题，起着沟通作用，充分显示平行文种的功能，这是其他公文所不具备的特点。

　　2. 灵活性　表现在两个方面：一是行文关系灵活。函是平行公文，但是它除了平行行文外，还可以向上行文或向下行文，没有其他文种那样严格的特殊行文关系的限制；二是格式灵活，除了国家高级机关的主要函必须按照公文的格式、行文要求行文外，其他一般函，比较灵活自便，也可以按照公文的格式及行文要求办。可以不编发文字号，甚至可以不拟标题。

　　3. 单一性　函的主体内容应该具备单一性的特点，一份函只宜写一件事项。

目标检验

1. 函主要是在不相互隶属的单位之间 _____、_____、_____、_____、_____ _____ 答复审批事项的公文。

2. 函通常有_____、_____、_____、_____等。

1. 撰写函需要注意哪些事项?

2. 函的主要特点是什么?

1. 下列函的标题各属于哪一类?

《中国医药研究院关于建立全面协作关系的函》

《国务院办公厅关于羊毛产销和质量等问题的函》

《国务院办公厅关于征求＜国家行政机关公文处理办法＞意见的函》

2. 下列哪些事项可以用函来处理?

A. ××药监局拟撰文请求国家药监局拨给干部培训考试费用

B. ××区委拟向市委汇报重大医药事故的调查情况

C. ××市工商管理局拟委托××市药监局调查××厂青霉素注射剂致使××医院3名病人因注射过敏导致死亡的情况

1. 函可以作为向有关部门请示问题,但是函不如请示那么郑重。(   )

2. 写作函的时候通常可以省略标题。(   )

3. 函不是文件,没有约束力和权威性,如同普通信函一样无足轻重。(   )

4. 函既可以上行,也可以下行、平行,所以几乎所有的公文都可以用函来代替。(   )

5. 某医药局拟发邀请函请人事局同意录用××等5人为本单位的工作人员。(   )

6. 请求批准的函用批复作答。(   )

1. ××研究中心定于2010年3月下旬,在××省××市召开一次国家××部××科学研究院批准的,关于××课题研究的项目该项课题的研讨会。决定邀请×××秘书长参加，请你替××研究中心给××秘书长写一份邀请函。

2. ××市卫生局收到人民医院的信函，卫生局准备派人去人民医院学习用醋离子渗透法治疗骨质增生一事，经医院决定，准备同意接收 2~3 人，时间安排在 9~10 月份。请你替××市卫生局写一封回函。

第六节　会议纪要

　　通过本节的学习，了解国家行政机关公文中的会议纪要的特点、作用和写作方法以及撰写会议纪要时的注意事项。在学习时要求条理清楚，明了，初步掌握撰写会议纪要的方法。

一、会议纪要是用来做什么的

　　会议纪要是记载和传达会议情况与议定事项的一种行政公文。在会议过程中，由专门记录人员把会议情况和会议内容如实笔录，形成的一种具有法定行政效力的书面材料。是本单位、本地区、本系统开展工作的依据，会议纪要的精神也可以供其他单位、其他系统参考。

　　会议纪要是根据会议的宗旨、议程、会议记录、会议活动情况等会议有关材料综合整理出来的公文。不能随意更改会议的基本精神，擅自删减或者增加，或者更换与会者议定的事项；不能对会议达成的共识进行修改，也不需要对会议或者会议的某项内容进行分析和评论。

二、会议纪要的格式是怎样的

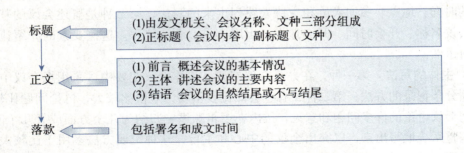

三、会议纪要有哪些写作要求

　　1. 忠实会议实际，全面反映会议精神　会议纪要具有纪实性的特点，一定要忠实于会议内容，不能够脱离会议实际搞再创作和人为的杜撰。内容不但要真实而且要全面并如实反应会议的精神，不能以偏概全。

2. 抓住关键问题、突出重点　会议纪要除了要反映会议全貌之外，还要注意抓住重点问题。在写作中，文字要简练，分清主次，条理要清楚，就算没有参加会议的人看了都能一目了然。

3. 做好问题的概括和总结　会议纪要从总体上是反映与会者的集体意志。表达集体意志时常以"会议"成为做表述的主体。

4. 成文及时　要按照会议要求的时间写好初稿，及时送有关领导审核，便于征求与会者的意见，及时修订和发送。

四、会议纪要的特点

1. 纪实性　会议纪要是根据会议的宗旨、议程、会议纪录、会议活动情况等有关材料综合整理出来的公文。在会议纪要中不能随便篡改会议的基本精神，不能擅自增加或删减会议的内容，不能随便更动与会者议定的事项，不能对会议达成的共识进行修改，也不需要对会议或会议的某项内容进行分析、评论。它要求如实地记载会议的基本情况，对会议存在的分歧意见和问题，也要真实、概括地予以反映。由于会议纪要具有纪实性特点，因而具有历史凭证的作用和查考利用的价值。

2. 概括性　会议纪要不同于会议记录。会议记录是由专人把会议的基本情况如实记录下来的书面材料，会议纪要是根据会议的中心议题、指导思想和议定事项，在会议记录所提供材料的基础上，经过概括、整理、提炼才能形成公文，所以，与会议记录相比，会议纪要能够更集中地反映会议的精神实质，具有高度的概括性。

3. 指导性　会议纪要有两项功能，一项是"记载"，一项是"传达"，并且通过"记载"去"传达"。它所记载、传达的会议情况和议定事项，是与会者及其组织领导者的共同意志的体现，是会议成果的结晶，集中反映了会议的精神实质，因而具有很强的指导性。

五、会议纪要的写作方法

1. 前言的写作方法　第一种就是在会议纪要导语中采用平列式的写法，也就是将会议的时间、地点、参加人员和主持人罗列出来的写法；第二种是概述会议的基本情况：会议名称、开会时间、开会地点、出席人员、会议议程。这些要素的介绍让人看了一目了然。

2. 主体的写法　第一种，在办公会议纪要、工作会议纪要中多采用把会议中一定的事项分条记录的方法；第二种，有些会议比较重要，规模比较大，讨论问题比较多，需要把会议讨论的许多问题和意见，按内在逻辑顺序，归纳为几个方面或者几个问题，比较完整系统地写出来，以突出会议的中心和主旨，这种纪要方法多用于比较大型的会议；第三种，在一些重要的座谈会、学术研讨会纪要中，多采取摘记式的写法，这种写法能比较客观地反映与会人员对有关问题的观点和主张，能比较准确地反映他们对问题的认识和理解，有助于读者了解个人对问题的不同看法。在写作的时候要抓住重点和关键。

案例 ① 平列式前言

×××公司办公室会议纪要

时间：2008 年 11 月 19 日

地点：公司三楼会议室

参加人员：××× ××× ×××

主持人：×××

案例 ② 概述式前言

中国医药学会第八届年会南京国际学术研讨会纪要

中国医药学会第八届年会南京国际学术研讨会于×××年×月×日至×日在南京举行，会议代表有会长王××教授，副会长×××、×××、×××等专家学者共计124 名。南京市副市长×××发表了热情洋溢的讲话，南京药科大学校长×××出席开幕式并致辞。名誉会长×××发表了书面讲话。

本次年会的主要议程是：研究中国医药的发展和开拓问题，研究高等医药学校教学问题；总结本届理事会常务理事会工作；选举新的理事会。

案例 ③

哈尔滨市医学会心血管病学专业委员会学术年会会议纪要

哈尔滨医学会文件 哈医（2008）16 号

2008 年 8 月 30 日，在正明锦江大酒店隆重召开了哈尔滨市医学会心血管病学专业委员会学术年会。会议首先由哈尔滨市医学会心血管病学专业委员会主任委员魏××致辞，由哈尔滨市医学会心血管病学专业委员会副主任委员×××主持。有来自省、市的心血管病学专业同道 100 余人参加了此次会议。

近年来，我国心血管病发生率逐年升高。据 2007 年最新统计，中国高血压患者高达 2 亿人口，高血压已成为人类健康之大敌；同时，对于冠心病的防治也已成为心血管病学医生最为关心的领域之一。针对这两大心血管病学疾病，此次会议特别有幸邀请哈医大一院杨××教授、着重探讨近期在高血压、冠心病治疗领域的新进展以及这些进展的临床意义。并在会上为学员提出的问题现场进行解答，会议充分体现了哈市地区共同交流、共同学习的良好学术氛围。

通过此次会议，使哈尔滨市全市心血管病学专业医护人员的专业知识和技能经验得到加强和提高，特别是在冠心病的预防上有了更进一步的认识，收到了良好的效果和强烈的反响，同时为繁荣我市心血管病学事业的发展起到重要作用。

哈尔滨市医学会
二〇〇八年八月三十日

知识链接

会议纪要与会议记录的区别

1. 性质不同　会议记录是讨论发言的实录，属于事务文书。会议纪要只记要点，是法定行政公文。

2. 功能不同　会议记录一般不公开，无须传达，只做资料存档；会议纪要通常要在一定范围内传达，要求贯彻执行。

3. 内容繁简不同　会议纪要的内容是对会议记录进行整理提炼而形成的会议内容的要点，重点体现会议的宗旨；会议记录是对会议情况的原始、详尽的记录，重点体现会议的过程性和具体性。

4. 形式不同　会议纪要具有一般公文的规范格式，而会议记录的形式则比较灵活自由。会议纪要通常采用总文式结构。而会议记录则采用顺时结构。

目标检验

1. 会议纪要的前言有_____、_____两种写作方法。
2. 会议纪要正文分为_____、_____、_____三个部分。

1. 会议纪要和会议记录有什么区别？
2. 怎样写好会议纪要？

下面的会议纪要有什么问题？

时间：二〇一〇年十一月二十日上午八点半至十二点

××公司第六次党务会议纪要

各公司、厂长：

2010 年 11 月 20 日上午，召集总经理×××、销售部经理××、生产厂长××、×××办公室主任等有关人员开会。会议由×××主持，现在会议纪要如下：

（正文略）

×××大学在 2005 年 10 月 10 第一会议室召开住房建设会议。三要研究：①选址和建设问题；②资金问题；③成本核算问题；④分配问题；⑤组织领导问题。请写一份会议纪要。

第四单元 事务应用文

第一节 计 划

通过本节的学习，了解计划的适用范围、种类、作用和写作方法以及撰写注意事项。在学习时要理论联系实际，掌握撰写计划的方法。

一、计划是用来做什么的

计划是根据党和国家的有关方针政策以及上级的指示要求，依据本部门的实际情况，对未来一定时期内的工作、生产、学习等预先做出安排和打算的一种文书。

二、计划的种类有哪些

1. 综合计划和专项计划　按内容的不同可分为：综合计划和专项计划。综合计划是对某一阶段工作所作的全面计划，涉及各方面的工作，是对全局的统筹，提出的是总体的设想。如年度计划、学期计划。专项计划是就某一项工作、活动所作的具体部署安排，对其提出具体的措施要求，具有专项特点。

2. 文字式计划、表格式计划和综合式计划　按写法的不同可分为：文字式计划、表格式计划和综合式计划。文字式计划是以文字说明计划内容，大多数计划采用这种写法。它的特点是将计划分成几部分来写，也可用条款表示。表格式计划是通过设计表格来显示计划内容。它适用于部门多，数据指标复杂，各阶段时间界限比较明确的计划。一些进程性、指标化、项目化的计划常采用这种写法。如学期（月）计划、日程表。表格式计划的最大优势在于一目了然，便于检查落实，设计时要注意内容的完整性和项目的合理性。综合式计划是文字说明与表格相结合。通常有两种写法：一是主要通过文字阐述计划内容，配以恰当的表格，使相关的内容便于查阅；二是以表格为主，附加少量的文字说明，如在表格开头用一段话说明制订计划的目的、要求。

三、计划的格式是怎样的

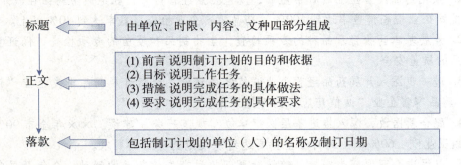

标题 ← 由单位、时限、内容、文种四部分组成

正文 ← (1) 前言 说明制订计划的目的和依据
(2) 目标 说明工作任务
(3) 措施 说明完成任务的具体做法
(4) 要求 说明完成任务的具体要求

落款 ← 包括制订计划的单位（人）的名称及制订日期

四、计划有哪些写作要求

1. 顾及大局，服从整体　下级服从上级，局部服从全局，这是制定计划的原则之一，也是计划写作的基本要求之一。因此，计划的制定和写作，必须从整体利益出发，把本单位、本部门的小计划纳入国家、上级的大计划之中，正确处理好个人与集体、当前与长远、局部与整体的关系。

2. 实事求是，留有余地　计划的制定要依据实际情况，而不能依照个人的主观愿望和意志；要对当时当地现实情况加以具体的科学分析，而不要从抽象的原则出发；要进行认真、深入、系统、全面的调查研究，把调查研究作为制定计划的前提和基础。既要先进又要稳妥；既要积极，又要留有余地。

3. 具体明确，突出重点　计划的目的、任务、指标、措施、办法、步骤、负责单位或相关人员等等，都应写得具体、明确。要根据每一个时期任务的主次、缓急来安排工作的程序，突出中心工作和重点任务。

4. 语言简洁，朴素自然　计划的语言要简洁明了，讲求实用。文风要朴实，以说明、叙述为主，不能铺陈花哨。

案例 1

××市××年药品流通监管工作计划

根据××省食品药品监督管理局全年药品流通监管工作要求和市政府给我局下达的××年工作目标任务，进一步推进药品安全专项整治，完善长效监管机制，确保××市民用药安全有效，促进××市医药流通经济的健康发展，制定××年××市药品流通监督管理工作计划。

一、指导思想

以科学发展观为指导，树立科学监管理念，紧紧围绕深化医药卫生体制改革，建立覆盖全市人民的药品安全保障体系为目标，建立长效科学的监管机制。以基本药物的流通监管为工作重点，以继续推进企业的诚信建设为突破口，采用科学、现代的监管手段，勇于探索，开创我市药品流通监管新局面。

二、工作目标

1. 强化药品经营企业的日常监管，规范企业经营行为，杜绝假劣药品在我市流通。药品批发企业检查覆盖率达到 100%，药品零售企业检查覆盖率达到 80% 以上。

2. 开展基本药物目录品种的专项检查，生物制品和疫苗的专项检查，保证重点监管药品的质量安全。

3. 进一步深入开展药品经营企业诚信体系建设，继续开展药品批发企业"诚信企业"、药品零售企业"诚信药店"的评比工作。

4. 配合新医改，深入推进基层医疗单位"规范药房"建设。××年全市 90% 以上的乡镇卫生院、60% 以上的村卫生室要达到"规范药房"的要求。

5. 以促进合理用药为宗旨，继续开展回收过期失效药品的活动。全年开展集中回收的次数应不少于 4 次。同时进一步探索长效机制，将药品回收工作向农村和社区延伸，扩大定点回收药店分布区域和数量。

6. 积极开展"万家药店无假药"活动，五月份召开动员大会，与药品经营企业签订药品质量承诺书，适时在较大社区开展宣传活动，提高全社会的知晓率，营造全社会参与的良好氛围。

7. 加强药品广告的监管力度。结合××的实际，配合稽查科做好药品和医疗器械广告的监测工作。对违法广告及时移送工商部门处理，对广告品种实行下架退市的强制性措施，保证药品广告的规范有序。

三、工作要求

1. 转变工作观念，适应体制变革，以日常监管为重点，同时探索新的科学监管手段。

（1）以 GSP 跟踪检查和飞行检查为主要手段，强化日常监管，巩固上一年 GSP 再认证获得的成果，阻止企业违规经营现象的发生，继续严厉打击挂靠经营、走票过票、出租柜台等违法违规行为。

（2）探索采用新的科学监管手段，提升流通监管水平和效率，首先探索在药品批发企业实行冷库温度控制的集中远程监控和药品零售企业购进销售的远程电子监控。

（3）继续加强对药品经营企业质量管理人员和药品销售人员的监督管理，及时更新市局网站的相关内容，逐步探索建立药品销售人员的诚信档案。

（4）继续推进医药产业园的建立工作，鼓励药品经营企业重组整合，并进驻产业园。着力发展现代物流，促进药品流通企业管理实现现代化、信息化。

2. 转变工作作风，全面落实监管责任，认真履行职责。

3. 针对食品药品监管体制变化的新要求，加强法律法规和业务理论知识学习，强化业务知识，不断提高发现问题和解决问题的能力和水平，确保全年不发生药品质量事故，确保人民群众用药安全有效和生命安全。

××市食品药品监督管理局（公章）

二〇××年×月×日

××学院××年安全工作计划

一、指导思想

安全工作是保护国家财产和学院财产的安全，保护广大师生的根本利益和生命安全，保障正常教学秩序的需要。我们要充分认识到学院安全工作的重要性和必要性，认真贯彻落实"安全第一，预防为主"的方针，处理好学院安全工作与提高学院教育教学质量的关系，把安全工作纳入学院重要议事日程，采取措施，保障学院安全工作落到实处，为师生营造一个安全祥和的工作和学习环境。

二、具体措施

1. 成立领导小组 学院充分重视安全工作，并从人力、制度上进行落实，确保安全工作的实施。学院成立学院安全工作领导小组，领导小组全体成员要本着对学院负责的思想，要有高度的事业心和责任感，各司其职，配合派出所做好学院周边安全工作，学院聘请派出所原治安队队长为学院的保安，努力清除各种影响学院安全和稳定的隐患，保障全体师生能在良好的环境中工作、学习。

2. 建立健全规章制度 要做好学院安全工作，就必须有章可循。我院通过制订"学院安全工作制度"和"学院消防工作制度"，确定安全工作第一责任人和直接责任人，组织师生学习《中华人民共和国消防法》，定期出版黑板报、专栏，定期开展广播，刊登、播出安全知识，利用升旗仪式、主题班会等开展安全讲座，对学生进行安全教育，提高学生安全意识。

3. 广泛宣传，加强教育，提高安全意识 利用会议、广播、黑板报、宣传橱窗、横幅等形式进行了广泛的宣传，并发动各班广泛开展班团活动、知识讲座、知识竞赛等活动，并以此为载体全体动员、全员参与，把安全工作作为学院日常的重点工作，寓安全教育于活动中，加强安全教育，提高安全意识，养成安全习惯。

4. 贯彻安全第一，预防为主的方针 俗话说，防重于治。做好学院安全工作，关键是要防患于未然。我院将实行定期检查和日常防范相结合的安全管理制度。每天都要组织老师和学生对校门口、校园等地方进行巡逻，每天晚上及节假日都要安排老师值班巡逻，做好防盗、防火等工作，维持好校门口的交通秩序，严禁校外车辆未经同意私自进校，确保师生人身安全。发现重要情况，及时上报。

5. 全面开展安全大检查 开学初对学院每个角落进行地毯式的大搜查，发现隐患，及时整改，特别是教室的门窗、学院围墙、供电、食堂等更要定期检查，对较旧的电气设备、电线、食堂燃具、灭火设施等进行更换，杜绝隐患，每八月进行一次安全检查。

二〇××年×月×日

知识链接

计划的三要素

计划正文的目标、措施、要求被称为计划的三要素。

1. 目标　说明工作任务，回答"做什么"的问题。可以是总体目标，也可以是具体任务和指标，具体说明要达到什么目的，完成什么指标，做好某种工作，开展某项活动。目标应明确并具体，定位要恰当。

2. 措施　说明完成任务的具体做法，回答"如何做"的问题。具体包括组织分工、进程安排、物质保证、方式方法等。计划的措施要具体、切实可行。应具体说明实施计划的领导机构、负责人员、有关分工和责任，如何协调配合等内容。要对工作进程作出明确的时间规定，阐明在工作进程的每一阶段要达到什么指标，以及实施计划的人力、物力、财力安排，完成计划的具体方式方法，包括措施、制度、具体做法及检查执行情况。

3. 要求　主要说明完成工作任务的时间、质量、数量上的要求，回答"做得怎样"、"何时完成"的问题。

目标检验

1. 计划一般由 ＿＿＿＿＿＿ 、 ＿＿＿＿＿＿ 、 ＿＿＿＿＿＿ 三部分组成。
2. ＿＿＿＿＿＿ 、 ＿＿＿＿＿＿ 、 ＿＿＿＿＿＿ 是计划的三要素。
3. 计划按内容的不同可分为 ＿＿＿＿＿＿ 、 ＿＿＿＿＿＿ ；按写法的不同可分为 ＿＿＿＿＿＿ 、 ＿＿＿＿＿＿ 、 ＿＿＿＿＿＿ 。

1. 试分析《××年全省医疗器械生产企业日常监督管理工作计划》标题的构成。
2. 计划的正文部分应包括哪些内容？
3. 写作计划需要注意哪些事项呢？

大新商场 2010 年下半年促销规划

为了繁荣商品市场，促进我市经济发展，特制定本商场今年下半年的促销计划如下。

一、按照市商业局下达的商品销售利润指标，国庆期间开展大规模的让利促销活动。

二、在此次促销期间，各部门要通力合作，凡是成绩突出者，商场将予以精神和物质奖励。

三、全体商场工作人员必须认真遵守本商场制定的文明服务公约，使顾客满意率达到 99% 以上。

望党、团员起带头作用，全体职工共同努力，确保本计划的圆满实现。

大新商场
2010 年 7 月 3 日

1. 计划标题存在什么问题？请改正。
2. 本计划的前言缺漏了什么？请修改。
3. 按照这个计划能否圆满实现下半年的促销工作？为什么？

结合自己的学习实际，制定一份"期末复习计划"。

要求：

1. 格式要符合计划要求。
2. 要写明制定计划的目的意义、具体内容、实施的方法与步骤等。
3. 字数在 500 字左右。

第二节　总　结

通过本节的学习，了解总结的适用范围、种类、作用和写作方法以及撰写注意事项。在学习时要理论联系实际，掌握撰写总结的方法。

一、总结是用来做什么的

总结是对前段工作进行全面回顾、检查、分析、评判，从理论认识的高度概括经验教训，以明确努力方向，指导今后工作的一种机关事务文体。它是党政机关、企事业单位、社会团体都广泛使用的一种常用文体。

总结的写作过程，既是对自身社会实践活动的回顾过程，又是人们思想认识提高的过程。通过总结，人们可以把零散的、肤浅的感性认识上升为系统、深刻的理性认识，从而得出科学的结论，以便发扬成绩，克服缺点，吸取经验教训。

二、总结的特点

1. 自我性　总结是对自身社会实践进行回顾的产物，它以自身工作实践为材料，采用第一人称写法，其中的成绩、做法、经验、教训等，都具有自我性的特征。

2. 回顾性　这一点总结与计划正好相反。计划是预想未来，对将要开展的工作进行安排。总结是回顾过去，对前一段的工作进行检验，但目的还是为了做好下一段的工作。所以总结和计划这两种文体的关系是十分密切的。一方面，计划是总结的标准和依据。另一方面，总结又是制定下一步计划的重要参考。

3. 客观性　总结是对前段社会实践活动进行全面回顾、检查的文种，这决定了总结有很强的客观性特征。它以自身的实践活动为依据，所列举的事例和数据都必须完全可靠，确凿无误。任何夸大、缩小、随意杜撰、歪曲事实的做法都会使总结失去应有的价值。

4. 经验性　总结必须从理论的高度概括经验教训。作为精神成果的经验教训，对今后的社会实践有着重要的指导作用。这一特性要求总结必须按照实践是检验真理的惟一标准的原则，正确地反映客观事物的本来面目，找出正反两方面的经验，得出规律性认识，这样才能达到总结的目的。

三、总结的种类有哪些

根据不同的分类标准，可将总结分为许多不同的类型。

1. 按范围分　有单位总结和个人总结。

2. 按性质分　有工作总结、教学总结、学习总结、科研总结、思想总结、项目总结等。

3. 按时间分　有月度总结、季度总结、年度总结。

4. 按内容分　有综合性总结和专题性总结。

上述分类不是绝对的，相互之间可以相容、交叉。如《××大学 2010 年度工作总结》，按性质讲是工作总结，按范围讲是单位总结，按时间讲是年度总结，按内容讲是综合性总结。

四、总结的格式是怎样的

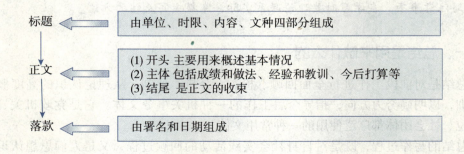

五、总结有哪些写作要求

1. 坚持实事求是原则　实事求是、一切从实际出发，这是总结写作的基本原则。如实评价过去，既要总结成功的经验，也要分析失败的教训，只有具备科学性和可信性的总结，才会对今后的工作有实际的指导意义。

2. 注意共性、把握个性　总结很容易写得千篇一律。要写出个性，总结就要有独到的发现、独到的体会、新鲜的角度、新颖的材料。

3. 突出重点，兼顾全面　写总结时，视野应当开阔远大，要根据写作的目的，突出重点内容，切忌主次不分，详略不当，面面俱到却又处处浮光掠影。

4. 层次清晰，文字简洁　总结可以有上行、平行、下行三种去向，三种阅读对象都要求总结的行文必须层次清晰明了，文字不求华美，以准确简洁为好，以便让阅读者在尽可能短的时间内抓住要领。

××食品药品监督管理局××年上半年工作总结

今年以来，在省局党组的正确领导下，我们坚持以科学发展观统领全局，深入实践科学监管理念，食品药品监管工作迈上新台阶。回顾上半年工作成绩，主要表现在以下几个方面。

一、食品综合监督能力进一步增强

1. 食品药品安全责任全面落实。市政府将"药品远程监管"、"食品放心店"建设纳入十件民生实事之一，"食品药品安全"被列入各级政府及各部门年度目标考核，层层签订食品安全工作责任书，进一步强化了政府、部门的责任。

2. 农村食品"三网"和示范县建设有力推进。截至目前，全市乡镇放心超市128家，覆盖率100%，村级放心店1334家，覆盖率86.08%，食品集中配送率达70%以上。

3. 食品安全专项整治成效显著。先后在全市组织开展了第三个食品安全"春雷行动"、水产品专项整治、生猪肉品质量安全监管等专项行动。到目前为止，我市城市动态定点屠宰率为97%，乡镇动态定点屠宰率为95%，市场销售劣质肉、病害肉基本得到扼制。

二、药品科学监管水平进一步提高

1. 狠抓药品打假治劣和大案要案查处。一是打假治劣取得明显效果。今年以来，全市共查处药品、医疗器械违法案件391件，涉案货值144.45万元；捣毁制假窝点1个，取缔无证经营17户。二是技术支持作用明显。截止6月30日，全市共完成药品抽样549批次，检出487批次，不合格141批，不合格率29%，比去年同期上升7个百分点。

2. 深化药品安全专项整治。一是开展注射剂生产企业专项检查。飞行检查7个注射剂类生产车间，覆盖率62%。二是认真组织开展兴奋剂专项检查。对全市874家生产经营企业检查做到全覆盖。三是开展医疗器械质量体系运行情况专项检查。对全市15家二类以上器械生产企业中的9家进行了检查。对全市25家体外诊断试剂经营企业检查覆盖率达100%。

3. 强化药品日常监管。一是加快推进计算机远程监管。全市608家乡镇以上零售药店中，229家安装了远程监管系统，覆盖率37.7%。二是认真落实驻厂监督员制度。

每月均对四家注射剂和一家特殊药品生产企业进行派驻检查。三是全面落实质量管理规范。按照新的 GMP 认证检查标准进行严格初审。GSP 应认证 86 家，已对 77 家进行了现场检查，完成 89.7%。四是加强特殊药品监管。对重点监管企业每月至少一次，其他特殊药品生产、经营单位每年检查四次以上。

三、队伍和党风廉政建设进一步深入

1. 班子队伍建设有效益。一是实行领导干部分权制。严格按照省局规定，主要领导不直接分管财务与办公室，稽查、法规和市场工作也不由同一位领导分管。二是制定出台机关人员年度考核方案，明确岗位职责目标。三是深入开展学习调研活动。人人撰写调研文章，各单位也结合调研成果，对今年的工作拿出了具体的目标、措施和方案。

2. 文明行业创建有效力。将市省级文明城市创建与本系统新一轮文明行业创建相结合，积极开展各项工作。建好机关食堂，兴建职工之家，组织参加市级机关运动会等活动，增强机关凝聚力。

3. 党风廉政建设有效果。一是狠抓党风廉政建设责任制落实。与各县区局、各处室负责人签订了党风廉政责任书。二是筑牢反腐倡廉的思想防线。在全系统深入学习贯彻科学发展观的思想，继续学习先进典型，开展"学习先进典型，做清正廉洁执法人"学习交流活动。三是进一步落实长效管理机制。进一步规范机关采购行为，进行全系统政府采购大检查。继续完善"两查三访"工作机制和廉政巡查制度。

虽然我局上半年工作取得了一定的成绩，但是还存在不少问题和困难，新的一年，挑战和机遇共存，我们一定要以饱满的工作热情和顽强的拼搏精神，全力打造出公司事业更加光辉灿烂的明天！

××食品药品监督管理局（公章）

二〇××年×月×日

个人总结

今年是我进入大学的第三年。两年来，在各级领导和同学们的关心、帮助下，通过自身不断努力，各方面均取得一定的进步。现总结如下。

思想政治学习方面：始终与党中央保持高度一致，积极参加各类政治学习，不断提高自身的政治素质。坚决拥护独立自主原则及"一国两制"的方针，反对任何形式的霸权主义和分裂主义。政治上要求进步，积极向党组织靠拢。在工作、学习和生活中增强自身的党性原则，按照新党章规定的党员标准来要求自己，虚心向身边的党员学习，并结合国内国际政治生活的大事，定期作好思想汇报。

工作作风方面：在学生会的工作中，我始终以广大同学的共同利益为最基本的出发点，处处从同学们的需要出发，为同学们服好务。两年来，自己严格遵守学校制定的各项工作制度，积极参加学校组织的各项活动，虚心向有经验的同学请教工作上的问题，学习他们的先进经验和知识。敢于吃苦、善于钻研，能按规定的时间与程序办事，较好地完成领导交办的

工作。同时积极主动配合其他部门工作的开展，不断提高工作效率。

知识学习方面：作为21世纪的接班人，社会给我们带来了新的要求。经济日新月异，科技翻天覆地，所以更多、更快、更广地吸收新知识即成了放在我们面前必须解决的一个问题。通过这两年的大学学习，我对于专业方向、节奏、程度、难易度等等，也有所了解，在学习上投入了不少时间，学习刻苦，态度认真，成绩优异。大学的后两年，对学习任务有了更高的要求，在这样的关键时刻，我会加倍努力学习，取得更优异的成绩。所以，如果说这是对我的压力，倒不如说是对我的考验，我一定会全力以赴。

总之，过去的两年，是不断学习、不断充实的两年，是积极探索、逐步成熟的两年。由于参加党校学习的时间较短，政治思想觉悟还有待提高。对大学学习的规律仍需进一步适应，方法也尚需改进。在学生会的工作中，也要弥补不足，尽最大的努力为同学们服务。新的一年里，我一定要认真向党员同学学习，戒骄戒躁、勤勉敬业，在平凡的工作和学习中取得更大的成绩。

×××

二○××年×月×日

知识链接

述职报告与总结的异同点

述职报告和总结既有联系，又有区别。

1. 述职报告与总结的相同之处　都可以谈经验、教训，都要求事实材料和观点紧密结合。从某种程度上说，述职报告可以借鉴总结的某些写作方法。

2. 述职报告与总结的不同之处在于以下三点

（1）要回答的问题不同　总结要回答的是做了什么工作，取得了哪些成绩，有什么不足，有什么经验、教训等。述职报告要回答的则是什么职责，履行职责的能力如何，是怎样履行职责的，称职与否等。

（2）写作重点不同　总结的重点在于全面归纳工作情况。述职报告则必须以履行职责方面的情况为重点，突出表现德、才、能、绩，表现履行职责的能力。

（3）表述方式不同　总结主要运用叙述的方式和概括的语言，归纳工作结果。述职报告则可以采用夹叙夹议的写法，既表述履行职责的有关情况，又说明履行职责的出发点和思路，还要申述处理问题的依据和理由。

目标检验

1. 总结一般由_____、_____、_____三部分组成。
2. 总结的标题一般由_____、_____、_____、_____组成。
3. 总结按范围的不同可分为_____、_____。按时间的不同可分为_____、_____、_____。按内容的不同可分为_____、_____。

1. 试分析《学生会 2010 年度工作总结》的构成。
2. 总结有什么特点？
3. 写作总结需要注意哪些事项呢？
4. 简述述职报告与总结的异同点？

阅读下面这份个人总结，对照总结的写作要求，列条分析其存在的问题（不少于三条）。

2009～2010 学年我的个人总结

炎日当空，天上无一丝云彩，火辣辣的太阳简直叫人不敢出门，空中没有一点风，只有知了在树上不停地叫着，好像在说："放假啦，放假啦。"又一学年过去了，我应该利用暑假对这一学年的学习情况作一些总结，以迎接新学年。

在这一学年里，我学习了成本会计、管理会计、审计原理、经济法、计算机应用、外贸会计、大学英语、应用文写作、体育、职业道德、概率论等课。其中成本会计 82 分，管理会计 86 分，审计原理 77 分，经济法 89 分，计算机应用 90 分，外贸会计 90 分，大学英语 72 分，应用文写作 68 分，体育是中，职业道德是优，概率论是中。总的来说，成绩还是可以的，在班上属中等水平。其中计算机应用和外贸会计成绩好些，而大学英语、概率论和应用文写作差些。下一学期，我要继续努力，争取取得更好的成绩，最好都在 80 分以上，这样就可以获得奖学金，减轻家庭的经济负担，更可以在择业时增加自己的实力。

××××××班×××

分析：

1. _____
2. _____
3. _____

根据自己的实际情况，写一份总结。

要求：

1. 内容可以是学习（某一门课程或课外某一项学习）、班级工作、生活（消费、集体生活）等方面。

2. 正文部分要求小标题提纲挈领，一个小标题即一条经验、一点感受或一个启示。

3. 字数不少于 400 字。

第三节 规章制度

通过本节的学习，了解规章制度的种类、作用和写作方法以及撰写注意事项。在学习时要理论联系实际，掌握撰写规章制度的方法。

一、规章制度是用来做什么的

规章制度是国家机关，社会团体、企事业单位为了建立正确的工作、劳动、学习、生活秩序，依照法律、法令、政策而制订的具体有法规性、指导性和约束力的文件，它是法规、章程、制度、公约的总称。

二、规章制度的种类有哪些

规章制度包括行政法规、章程、制度、公约四大类。不同的类别，反映不同的需要，适用于不同的范围，起着不同的作用。

（一）行政法规

1. 条例 条例是具有法律性质的文件，是对有关法律、法令作辅助性、阐释性的说明和规定。它的制发者是国家最高权力机关、最高行政机关。例如：《失业保险条例》、《中华人民共和国人民币管理条例》。

2. 规定 规定是为实施贯彻有关法律、法令和条例，根据其规定和授权，对有关工作或事项做出局部的具体的规定。它的制发者是国务院各部委、各级人民政府及所属机构。例如：《关于制止低价倾销工业品的不正当价格行为的规定》、《关于出版物上数字用法的试行规定》。

3. 办法 办法是对有关法令、条例、规章提出具体可行的实施措施。它的制发者是国务院各部委、各级人民政府及所属机构。例如：《××工业学校班主任工作考核办法》、《广东省普及九年制义务教育实施办法》。

4. 细则 细则是为实施"条例"、"规定"、"办法"作详细、具体或补充的规定。

它的制发者是国务院各部委、各级人民政府及所属机关。例如：《〈对外汉语教师资格审定办法〉实施细则》、《审批个人外汇申请施行细则》。

（二）章程

章程是政府或社会团体用以说明该组织的宗旨、性质、组织原则、机构设置、职责范围等的纲领性文件。它的制发者是政党或社会团体。例如：《中国共产党章程》、《中国写作学会章程》。

（三）制度

1. 制度 制度是有关单位和部门制订的要求所属人员共同遵守的准则，是机关单位对某项具体工作、具体事项制订的必须遵守的行为规范。它的制发者是机关团体、企事业单位及其部门。例如：《安全生产制度》、《××地区环保局廉政制度》。

2. 规则 规则是机关单位为维护劳动纪律和公共利益而制定的要求大家遵守的关于工作原则、方法和手续等的条规。它的制发者是机关团体、企事业单位及其部门。例如：《全国安全生产委员会专家组工作规则》、《××工业学校图书馆借书规则》。

3. 规程 规程是生产单位或科研机构，为了保证质量，使工作、试验、生产按程序进行而制订的一些具体规定。它的制发者是机关团体、企事业单位及其部门。例如：《车间操作规程》、《计算机操作规程》。

4. 守则 守则是机关团体、企事业单位要求其成员遵守的行为准则，它的制发者是机关团体、企事业单位及其部门。例如：《汽车驾驶员守则》、《高等学校学生守则》。

5. 须知 须知是有关单位、部门为了维护正常秩序，搞好某项具体活动，完成某项工作而制订的具有指导性、规定性的守则。它的制发者是有关单位、部门。例如：《观众须知》、《参加演讲比赛须知》。

（四）公约

公约是人民群众或社会团体经协商决议而制订出的共同遵守的准则。它的制发者是人民群众、社会团体。例如：《居民文明公约》、《北京市各界人民拥军优属公约》。

三、规章制度的格式是怎样的

（一）标题

标题通常由发文机关、事由和文种组成。如《中华人民共和国交通管理条例》，也有的省略发文机关，如《汽车驾驶员守则》、《考生须知》等。

（二）正文

1. 内容复杂的规章制度，诸如条例、章程、办法、规定等，正文的写法有两种格式。

（1）条例式 即由总则、分则、附则三部分组成。总则，常常是第一章，简要说明该规章制度的宗旨、任务、性质，对全文起统领作用。分则，是规章制度的主要部分，分章分条写明有关内容。附则，多是最后一章，一般说明规章制度的生效日期、适用范围，以及修改、解释、批准的权限，以及未尽事宜的补充说明。附则可以单独成章，也可附在最后不单独成章。

（2）条目式 即先写一个前言，说明依据、目的，然后用"特制定本条例（制度、守则)"作过渡语，引起下文。条目是主要部分，一般按先主后次、先原则后具体的顺序，逐条写来。

2. 内容简单的规章制度，诸如守则、公约、须知、制度等，正文多由前言、主体、结尾组成。前言说明目的意义，主体分条叙述，结尾提出执行要求。

（三）落款

即在末尾签署制定本规章制度的单位或机关名称（也可写在标题下方）和发文日期（也可写在标题下方）。

四、规章制度有哪些写作要求

1. 依法定规，按法制度 各类规章制度公布之后，对相关的人和事具有明显的强制性和约束性，起着规范行为的作用。因此，内容及制定过程必须符合党的有关方针、政策和上级指示精神，必须符合政府的法律、行政法规和法令。

2. 实事求是，切实可行 在制定各种规章制度时，一定要坚持实事求是的原则，要进行深入细致的调查研究，制定出符合国情、符合实际的切实可行的规章制度。

3. 结构严谨，内容具体 各种规章制度都是要求有关人员遵照执行的。因此，在写作时就要做到结构严谨、条文清晰、内容明确，便于执行人员理解和操作。同时，语言要准确、严谨、周密，不能有疏漏、含糊和歧义，充分体现出规章制度的严肃性。

4. 定期检查，及时修订 各种规章制度一经发布，都具有相对的稳定性。但是，随着社会的飞速发展，新情况、新问题层出不穷，因此要根据社会的实际发展和需要，修改那些不适应的内容，补充一些必要的新内容，尤其是那些写明"试行"、"暂行"的规定、办法等，都要定期检查，适时地进行修改或补充。

 案例 **1**

医疗器械产品质量管理办法

第一章 总 则

一、凡生产医疗器械产品的企业必须执行本办法。

二、医疗器械产品是救死扶伤的工具，其质量好坏直接关系到人民的身体健康。医疗器械工业必须坚持"质量第一"的方针，加强质量管理，从根本上保证产品质量，提高社会效益和经济效益。

三、质量管理的根本任务是提高产品质量、降低消耗。为此，凡生产医疗器械产品的企业，必须加强质量管理。积极采用科学的管理技能和先进技术，生产出满足用户需要的产品，为我国医疗卫生事业和人民健康作出贡献。

四、加强质量管理的各项基础性工作是提高企业素质、提高劳动生产率的根本途径。企业要健全各项管理制度，要加强标准化工作、计量工作、理化检验工作、质量责任制、质量情报工作等。特别要重视对现场原始数据的采集、整理、分析和质量信息的反馈。要抓好职工的技术培训和全面质量管理教育，全面提高全体职工的素质，这是提高企业素质的关键。

五、全面质量管理是一种科学的质量管理方法，各企业都要积极推行。结合本企业的实际情况，逐步取代传统的管理方式。企业要研究影响产品质量的各种因素，积极开展群众性的质量管理小组活动，逐步建立质量保证体系，以优良的工作质量，保证产品质量。

第二章　机构及职责

六、企业要把质量工作作为企业经济活动的中心，企业的厂长应主管质量工作，对产品质量负全面责任。

七、企业应设置专门的质量管理机构，负责日常质量管理工作。其职责主要是：

1. 贯彻执行国家和上级部门的质量工作方针、政策、协助厂长拟订质量工作长远规划和制订企业年度质量方针、目标、并分解落实到各职能部门。

2. 在厂长直接领导下，负责组织、协调、督促检查各部门的质量管理活动。

3. 组织有关部门编制产品质量升级创优计划、产品质量考核计划，并督促检查计划的执行。

4. 组织指导企业的全面质量管理工作，负责建立和健全质量保证体系，并督促检查各部门的工作。

5. 组织制订本企业的质量经济责任制和奖惩条例。

6. 制订降低质量成本的目标和方案，协同财会部门进行质量成本的汇集，分类和计算，努力降低质量成本。

7. 组织职工开展质量管理小组活动，制订有关的各项制度，帮助选好课题，定期召开成果发表会，做好评审工作。质量管理小组的建立和活动应报请主管部门登记。

八、加强质量检验工作，企业应设立质量检验科，质量检验科科长的任免，须征得上一级领导机关的同意。质量检验科负责监督、检查产品质量标准的贯彻、执行。其职责：

1. 按照标准和有关合同，组织和监督对原材料、外购件、毛坯件、半成品直到成品出厂的质量检验工作，并做好原始记录，建立产品质量档案。

2. 根据产品质量考核计划，提出相应的质量考核指标。检查全厂各道工序的质量检验工作，定期组织对产品质量检查考核，并统计上报全厂质量指标完成情况。

3. 贯彻"预防为主"的方针，在关键工序必须设立质量控制点，加强信息反馈，坚持首件检验、中间检验、最终检验。

4. 贯彻不合格产品、不合格产品批不出厂的原则。负责签发产品出厂质量检验合格证，在质量问题上发生矛盾时，企业领导应以检验部门的检验数据为准。

5. 会同设计部门进行周期检查，以保证生产的产品符合规定的标准和技术要求。

6. 参与新产品、改型产品的设计审查和工艺审查，协助做好新产品的鉴定工作，编写有关试验及检验报告。

九、企业要积极开展对用户的技术服务工作，研究产品使用效果和用户的使用要求，不断改进产品质量。应设置专门机构或专人负责用户服务工作。其职责：

1. 建立用户访问制度，对出厂产品进行使用效果和用户要求的调查。认真及时处理用户来信来访，建立用户对产品意见和处理结果的档案，及时反馈质量信息。

2. 医院设备类或电子仪器类产品，应传授安装、调试、使用和维修技术知识，帮助用户培养使用维修人员，解决使用中的疑难问题。

3. 对于产品中的易损件，应保证提供备品、备件。

4. 有条件的企业要设立服务网点。

第三章　工程质量

十、生产部门要充分做好生产前的准备工作，安排好加工周期和检验周期。认真编制好生产计划，保证正常的生产秩序，防止突击装配、突击检验的做法。

十一、技术部门应保证产品图纸、工艺规程等技术文件正确、完整、统一，并严格贯彻国家标准、专业标准或经上报主管部门批准的企业标准，不得擅自降低标准要求。

十二、新产品经鉴定合格后，应对产品图纸、质量标准、工艺文件、工艺装备等进行必要的整理和完善工作，具备条件后才可投产。

十三、新工艺、新技术用于生产，必须经过鉴定验证，并须经过技术和质量管理部门同意。

第四章　奖　惩

十四、达到各级优质产品要求的医疗器械产品，可申请省、自治区、直辖市和国家优质产品奖。

十五、申报国家优质产品必须是分等办法规定的优等品。

十六、要把提高产品质量与企业职工个人利益结合起来，对在质量管理、提高产品质量、降低消耗上做出成绩的先进集体和个人要给予荣誉奖励和物质奖励。

十七、要建立质量事故报告制度。企业出现质量事故要查明原因，及时上报，杜绝类似事故发生。对于造成重大质量事故的企业必须追究领导责任，并上报中国医疗器械工业公司，对于直接责任者要给予处分。

十八、对于产品质量长期低劣，用户意见很大的企业应限期改进，必要时应停产整顿。在产品质量上若发现弄虚作假欺骗用户的情况，应追究责任严肃处理。

第五章　附　则

十九、本办法自公布之日起执行。医疗器械行业各部门应根据各自情况，制订出相应的质量管理工作细则，并报主管部门备案。

二十、本管理办法在与国家有关规定有矛盾时，以国家规定为准。

二十一、本管理办法解释权属于中国医疗器械工业公司。

×××年×月×日

案例 2

××职业学校安全管理制度

为保证我校正常教学秩序，保护学生健康成长，杜绝或尽量减少安全事故的发生，遵循"注意防范，自救互救，确保平安"的原则，根据我校的实际，制定本制度，要求全校师生认真贯彻执行。

一、进一步加强对学生安全工作的领导和管理

1. 成立安全工作领导小组，校长是学校安全工作的第一责任人，制定学校各类人

员安全责任制和各方面的安全措施。

2. 安全领导小组每月必须集中对全校进行一次大检查，时间定为每月开头第一周星期一，检查后填好《汇报表》上交给组长存档。

3. 学校每学期采用多样化的教育形式对学生进行安全知识教育，各班要对学生进行紧急情况处理方法、自救互救常识教育。

4. 建立假期值班制度，节假日学校行政必须按值班制度轮值。

5. 建立重大事故报告制度。各班学生出现重大伤亡事故要立刻报告校长，对事故的上报要形成书面报告。

6. 实行领导值周、教师值日制度，认真填写学校日志登记表。

二、学生外出活动的安全管理

1. 组织学生外出活动（含社会实践、社会调查、春游、秋游、参加公益劳动、义务劳动、参观访问等）要实行申报制度，制定安全措施，活动方案必须经校长审阅签字同意方可实施。

2. 活动时班主任是各班的具体责任人，跟班教师附连带责任。

3. 活动的路线地点，事前应进行实地勘查，不得组织学生到危险的地方开展活动。

4. 活动来往的交通工具必须向有营运资格证的专业运输部门租用。

5. 每次活动都要有安全、保卫、意外事故的应急预案。特别是野炊、爬山、野餐时要注意防火、防食物中毒。

三、学科教学学生安全管理

1. 各科教师在教学活动时要严格按照学科教学要求保证学生的安全。

2. 上课期间，教师不得要求学生中途离开教室回家、回宿舍或让学生干与该节课教学内容无关的事。

3. 对学生的实验操作，应按安全规定严格要求。实验室应按要求配备消防器材，对带腐蚀性、有毒、易燃、易爆的物品要登记造册，按规定存放，责任落实到人，一旦发生失窃，应及时报告，防止意外事故的发生。

4. 各科教师应重视学生课间休息活动的安全教育，值日行政、教师应加强课间巡视，及时发现和处理危及学生安全的因素，杜绝意外事故发生。

四、后勤工作的安全管理

1. 努力搞好后勤工作，树立为教学服务、为师生服务的思想，保证学校的正常教学秩序。

2. 厨房的卫生必须每天检查一次，发现问题及时反映，立即整改。每天早上必须对叶类蔬菜进行农药残留测试，并做好有关记录。如发现有残毒超标的必须立即退货或销毁。

3. 后勤人员应做好学校的安全保障工作，要经常性地对学校的校舍、围栏、固定设施、水电等进行检查并作记录，保证楼道的照明，发现问题要及时报告学校主管领导，采取措施，及时修缮和处理。

五、集会、做操的安全管理

1. 学校集会、做操应由学校体育教师专人负责统一指挥，保证集会、做操的纪律。

2. 学校集会、做操应以班为单位按学校规定路线排队进退场，进出会场要有序，严防挤压事故的发生。

3. 学校集会、做操应以班为单位，指定安排座位或站队，由班主任负责，避免意外事故发生。

六、不可预见灾害的安全管理

1. 在遭遇不可预见的洪灾、火灾、地震等灾害时，应组织学生紧急疏散和撤离现场，保证学生的生命安全。

2. 加强对学生进行防灾、抗灾的教育，教给学生遇灾后的自救互救的办法，培养学生的生存能力。

3. 遭遇不可预见灾害要及时向有关部门报告，请求有关部门和社会的援助，全力保护学生的安全。

七、加强学校周边环境的安全治理工作

1. 重视学校周边环境的安全治理工作，主动联系派出所、居委会抓好治理工作。

2. 值日行政、教师除做好校内的巡视工作，还要注意对校园附近环境的巡查，发现社会不良分子对学生骚扰，要及时报告"110"，保护学生的安全。

3. 严禁学生携带危险物品进入校园（如刀具、易燃物品、仿真玩具手枪等），不准玩火，不准乱动各种电器设备，不准逞强斗殴。

4. 保安室必须做好来访人员登记。在未获得被访人同意时，不得让来访人员进入校园。

各年级要经常组织师生学习《安全管理制度》，并将《安全管理措施》张贴在班务栏显著位置上。对违反以上规定的行为，要严厉批评教育，情节严重的要给予处分。

×× 职业学校（公章）

二〇××年×月×日

 知识链接

规章制度的特点

1. 约束力强 规章制度是依照法律、法令、政策制定的法规性文书，起到某些行政法规的作用。它一经公布，对有关方面及有关人员就有强制力或约束力，必须贯彻实施，不得违反。

2. 内容具体 规章制度是人们行动的准则，它所涉及的方方面面，都必须做出全面具体的规定。

3. 应用范围广泛 规章制度的应用范围广，党政机关、企事业单位、社会团体为了保证各项工作顺利进行，保证国民经济持续、快速、健康发展，他们在各自的职责范围内制订了不少规章制度，小到一个企业的生产班组的岗位责任、安全生产、工作流程、设备维护、请假等都订立了相应的规章制度，以保证工作正常进行；大到执行党和国家的各项方针、政策，都要结合本地区、部门的实际制订规章制度，以保证国家计划的完成。因此，应用范围广是规章制度特点之一。

4. 分条款式写法 国务院办公厅发布的《行政法规制定程序暂行条例》中规定，"行政法规的内容用条文表达，每条可分为款、项、目，款的前面不加数字，项和目的前面加数字。法规条文较多的，可以分章，章还可以分节。"

测一测

1. 规章制度一般包括_____、_____、_____、_____四大类。
2. 规章制度的格式包括_____、_____、_____三部分。

想一想

1. 规章制度的正文有哪些写法？
2. 简述规章制度的特点。
3. 撰写规章制度需要注意哪些事项？

写一写

1. 根据自己所参加的学校社团或自己的兴趣爱好，拟写一份社团组织的章程或守则。
2. 为学校阅览室拟一份"读者须知"。
3. 根据班级的实际情况，拟写一份班级规章制度。

第四节　会议记录

 学习目标

通过本节的学习，了解会议记录的适用范围、作用和写作方法以及撰写注意事项。在学习时要理论联系实际，掌握撰写会议记录的方法。

一、会议记录是用来做什么的

会议记录是会议文书之一。会议记录是如实记录会议的基本情况、会议中的报告、

讲话、发言、决定、决议、议程以及各方面的意见等内容的一种重要的应用文。机关、企业、事业单位的各种会议都离不开会议记录。

二、会议记录的作用有哪些

1. 重要依据 会议记录可作为研究和总结会议的重要依据。凡属大型会议，后期总要总结，有时"工作报告"和"讲话"等还要根据各组讨论的意见进行修改，这一切的重要依据，都是会议上的各种"记录"。同时，会议记录还可以为日后分析、研究、处理有关问题时提供参照依据。

2. 通报信息 会议记录有的可作为文件传达，以使有关人员贯彻会议精神和决议；有的可以向上级汇报，通报信息，使上级机关了解有关决议、指示的执行情况。

3. 参考资料 会议记录是编写会议纪要和会议简报的基础和重要的参考资料。

4. 档案凭证 会议记录是重要的档案资料，在编史修志、查证组织沿革、干部考核使用以及落实政策、核实历史事实等方面，起着无可替代的凭证作用。

三、会议记录的格式是怎样的

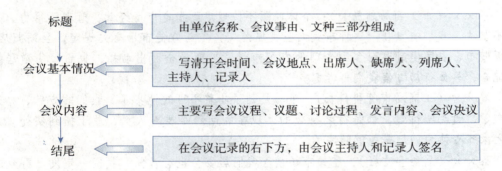

标题 ← 由单位名称、会议事由、文种三部分组成

会议基本情况 ← 写清开会时间、会议地点、出席人、缺席人、列席人、主持人、记录人

会议内容 ← 主要写会议议程、议题、讨论过程、发言内容、会议决议

结尾 ← 在会议记录的右下方，由会议主持人和记录人签名

四、会议记录有哪些写作要求

1. 做好准备 事先要了解会议的议程，以便于在记录过程中注意各有关方面的关系，将一些事宜有机地联系起来，加快记录的速度。

2. 记录方法 会议记录既可采用符号速记，也可采用文字记录。重要会议、重要领导人讲话可速记。一般会议，可使用文字摘要记录的方法。

3. 注意整理 通常情况下，现场记录是原始记录，一般需要整理。整理的要求是，在原始记录的基础上增补遗漏、纠正错误、核实决议、纠正语法错误、合理划定段落。

案例 1

××市城南开发区管委会办公会议记录

时　　间：20××年×月×日上午

地　　点：管委会会议室

主持人：李××（管委会主任）

出席人：杨××（管委会副主任）、周××（管委会副主任管城建）、李××（市建委副主任）、肖××（市工商局副局长）、陈××（市建委城建科科长）及建委、工商局有关科室宣传人员、街道居委会负责人。

列席人：管委会全体干部

记录人：王××（管委会办公室秘书）

讨论议题：

1. 如何整顿城市市场秩序？

2. 如何维护市容市貌？

一、杨主任报告城市现状

我区过去在开发区党委领导下，各职能单位同心协力、齐抓共管，在创建文明卫生城市方面取得了一定成绩，相应的城市市场秩序有了一定进步。可近几个月来，市场秩序倒退了，街道上小商贩逐渐多起来，水果摊、菜担、小百货满街乱摆，一些建筑施工单位沿街违章搭棚。乱堆放材料，搬运泥土撒落大街……这些情况严重地破坏了市容市貌，使大街变得又乱又脏，社会各界反应很强烈。因此今天请大家来研究：如何整顿市场秩序，如何维护市容市貌？

二、讨论发言（按发言顺序记录）

肖××（市工商局副局长）：个体商贩不按规定到指定市场经营，管理不得力、处理不坚决，我们有责任。这件事我们坚决抓落实：重新宣传市场有关规定、坐商归店、小贩归市、农民卖蔬菜副食到专门的农贸市场。工商局全面出动抓，也希望街道居委会配合，具体行动方案我们再考虑。

罗××（工商局市管科科长）：市场是到了非整不可的地步了。我们的方针、办法都有了，过去实行过，都是行之有效的，现在的问题是要有人抓，敢于抓到实处。只要大家齐心协力问题是能够解决的。

秦××（居委会主任）：整顿市场秩序我们居委会也有责任。我们一定发动群众配合好，制止乱摆摊的现象。

李××（市建委副主任）：去年上半年创建文明卫生城市时，市里出了个7号文件，其中规定施工单位不能乱摆乱放。工棚、工场不得临街设置，更不准侵占人行道。沿街面施工要有安全防护措施。今年有的施工单位不顾市里文件，在人行道上搭工棚、堆器材。这些违章作业严重地影响了街道整齐、美观，也影响了行人安全。基建取出的泥土，拖斗车装得过多，外运时沿街散落，到处有泥沙，破坏了街道整洁。希望管委会召集施工单位开一次会，重申市府7号文件，要求他们限期改正。否则按文件规定惩处。

陈××（市建委城建科科长）：对犯规者我们先宣传教育，如果施工单位仍我行我素不执行，那就按文件处理，他们也就无话可说。

周××（管委会副主任管城建）：城市管理我们都有文件、有办法，现在是贵在执行，职能部门是主力军，着重抓，其他部门配合抓。居委会把居民特别是执勤老人都发动起来，按七号文件办事，我们市区就会文明、清洁。

三、决议

与会人员经过充分讨论、协商，一致决定：

1. 由工商局牵头，居委会和其他部门配合，第一周宣传、第二周行动，监督实施，做到坐商归店，摊贩归点，农贸归市，彻底改变市场混乱状况。

2. 由管委会牵头，城建委等单位配合对全区建筑工地进行一次检查。然后召开一次施工单位会议，对违章建筑、违章工场限期改正。一个月内改变面貌。过时不改者，坚决照章处理。

散会。

主持人（签名）

记录人（签名）

案例 2

××中等职业学校学生会2009年第四次会议记录

时　　间：2009年3月26日下午4时

地　　点：校学生会办公室

主持人：王宁伟

出席人：王宁伟（学生会主席）、武大庆（学习部长）、李晓梅（宣传部长）、柏露露（文娱部长）、宁白彬（体育部长）、钱为民（生活部长）

缺席人：周祥生（副主席，因病）

列席人：于老师

记录人：张凯琳（学生会干事）

会议内容：研究纪念五四运动九十周年的活动。

一、主持人讲话

今年5月4日是五四运动九十周年纪念日，如何开展纪念活动，请各位充分发表意见。

二、发言

武大庆：我们学习部准备围绕纪念五四运动九十周年举办题为《反帝反封建的伟大革命运动》的讲座，举办有关五四运动的知识竞赛。

李晓梅：围绕纪念五四运动九十周年，宣传部准备做两件事：一是营造氛围。校园和教室的橱窗、墙报的内容均突出"五四"；校广播站从4月下旬至5月上旬每天在播音时间里播出有关"五四"的知识及歌曲。二是举行《发扬五四精神，迎接世纪挑战》演讲比赛。

柏露露：文娱部准备在5月4日召开的纪念会上献上一台文艺节目。

宁白彬：为纪念"五四"，体育部在一年级举行篮球比赛、二年级举行排球比赛。

钱为民：为搞好这次纪念活动，我们生活部一要搞好后勤服务工作，二要搞好全校的卫生工作，干干净净迎"五四"。

三、决议

1. 由学生会主席草拟一份纪念活动计划，报学生工作处审批。

2. 召开班长会议，布置纪念活动的内容，提出要求。

3. 学校的宣传工作（橱窗、墙报、广播、演讲比赛）由宣传部组织各班宣传委员去做,演讲比赛于4月30日举行。

4. 讲座、知识竞赛由学习部组织各班学习委员去搞,5月2日前完成。

5. 文艺节目由文娱部组织各班文娱委员筹备,在5月4日的庆祝会上演出。

6. 篮、排球预赛由体育部统一安排时间、场地,决赛安排在5月3日下午进行。

7. 为使各项活动、竞赛有序进行,各部长拟一份详细计划报主席处。各项竞赛的成绩于5月3日下午6时前交主席,以便5月4日下午纪念会上宣布、颁奖。

下午5时30分散会。

主持人:王宁伟(签名)

记录人:张凯琳(签名)

 知识链接

会议记录与会议纪要的区别是什么

会议记录有别于会议纪要,二者的主要区别如下。

1. 性质不同 会议记录是讨论发言的实录,属事务文书;会议纪要只记要点,是法定行政公文。

2. 功能不同 会议记录一般不公开,无须传达或传阅,只作资料存档;会议纪要通常要在一定范围内传达或传阅,要求贯彻执行。

目标检验

1. 会议记录一般包括_____、_____、_____、_____四部分。

2. 会议记录的作用是_____、_____、_____、_____。

1. 什么是会议记录?

2. 会议记录有哪些写作要求?

3. 会议记录与会议纪要有什么区别?

下边的这份会议记录有四处缺漏,指出并补上。

××学院第 18 次办公会议

时　间：2010 年 4 月 19 日上午 8 时

出席人：罗斌（院长）、吴凯（总务处长）、黄海生（院长办公室主任）、谢娟（院长办公室秘书）及各系各部门主要负责人

缺席人：朱敏、王浩

主持人：罗斌

记　录：谢娟

一、报告

1. 吴凯报告院基本建设进展情况。（略）

2. 主持人传达省人民政府《关于压缩行政经费的通知》。

二、讨论

我院如何按照省人民政府的《通知》精神，抓好行政费用的合理开支，切实做到既勤俭节约，又不致影响正常教学、科研等活动的开展。

三、决议

1. 利用半天时间（具体时间由各系各部门自己安排，但必须在本周内）组织有关人员集中传达学习《通知》精神，提高认识，统一思想。

2. 各系各部门有关人员根据《通知》的压缩指标，重新审查和修订本年度行政经费开支预算，并于两周内报院长办公室。

3. 各系各部门必须严格控制参加校外会议及外出学习的人数，财务部门要严格把关。

4. 利用学习和贯彻《通知》精神的机会，对全院师生员工普遍开展一次勤俭节约、艰苦朴素的传统教育。

11 时 30 分散会

记录人：谢娟（签名）

根据下边的内容整理一份符合格式的简要会议记录。

化学制药班于×月×日下午 4 时在本班教室召开了一次班委会。班长邵磊主持会议，宋玉担任记录。班委岳峰、韩林、王倩、李从、张浩出席了会议。班主任王老师列席了会议。副班长兼文娱委员王倩传达了学生会关于国庆篝火晚会的四点要求。会议决定，在篝火晚会上，班级出一个小品节目，由王倩进行总体策划，岳峰负责小品的创作，韩林负责物色演员和排练，李从负责布景、道具的设计，张浩负责其他一些组织工作。9 月 24 日晚上进行彩排，听取同学、老师的意见。

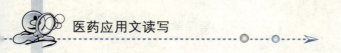

第五节 简 报

　　通过本节的学习，了解简报的种类、作用和写作方法以及撰写注意事项。在学习时要理论联系实际，掌握撰写简报的方法。

一、简报是用来做什么的

　　简报，从字义上说，就是情况的简明报道。它是党政机关、企事业单位、社会团体为及时反映情况、汇报工作、交流经验而编发的一种内部文件。

　　简报是一种比较古老的文体，它的起源可以追溯到汉代。汉武帝初年，就出现了名为"邸报"的手抄报，简明扼要地反映情况、交流信息。邸报发展到现代，形成了公开出版的报纸和内部传阅的简报两种形式。

　　简报有很多种名称，可以叫"××简报"，也可以叫"××动态"、"××简讯"、"情况反映"、"××交流"、"内部参考"等等。简报不能代替正式公文，也不公开出版。

二、简报的格式是怎样的

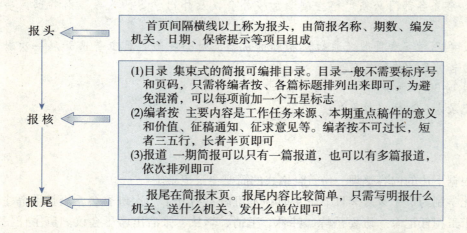

报头 ← 首页间隔横线以上称为报头，由简报名称、期数、编发机关、日期、保密提示等项目组成

报核 ←
(1)目录 集束式的简报可编排目录。目录一般不需要标序号和页码，只需将编者按、各篇标题排列出来即可，为避免混淆，可以每项前加一个五星标志
(2)编者按 主要内容是工作任务来源、本期重点稿件的意义和价值、征稿通知、征求意见等。编者按不可过长，短者三五行，长者半页即可
(3)报道 一期简报可以只有一篇报道，也可以有多篇报道，依次排列即可

报尾 ← 报尾在简报末页。报尾内容比较简单，只需写明报什么机关、送什么机关、发什么单位即可

三、简报的作用

　　1. 向上级汇报工作、反映情况 简报可以上行，迅速及时地向上级反映本单位本系统的日常工作、业务活动、思想状况等，便于上级及时了解情况，分析问题，做出决策，有效地指导工作。

　　2. 平级机关之间交流经验、沟通情况 简报也可以平行，用于平级单位、部门之间交流经验、沟通情况，以便于相互学习借鉴，促进工作。

3. 向下级通报情况，传达上级意图　简报还可以下行，用来向下级通报有关情况，推广先进经验，传达上级机关意图。

四、简报的特点

1. 新闻性　简报有些近似于新闻报道，特点主要体现在真、新、快、简四方面。

"真"，是指内容真实。简报所反映的内容、涉及的情况，必须严格遵循真实性原则，时间、地点、人物、事件、原因、结果，所有要素都要真实，所有的数据都要确凿。

"新"，是指内容的新鲜感。简报如果只报道一些司空见惯的事情，就没有多大价值和意义了。简报要反映新事物、新动向、新思想、新趋势，要成为最为敏感的时代的晴雨表。

"快"，是指报道的迅速及时。简报写作要快，制作的发送也要简易迅速，尽量让读者在第一时间里了解到最新的现实情况。

"简"，是指内容集中、篇幅短小。

2. 集束性　虽然一期简报中可以只有一篇报道，但更多情况下，一期简报要将若干篇报道集结在一起发表，形成集束式形态。这样做的好处是有点有面，相辅相成，加大信息量，避免单薄感。

3. 规范性　从形式上看，简报要求有规范的格式，由报头、报核、报尾等部分组成，而且报头和报尾都有固定的格式。

五、简报的种类有哪些

简报的种类繁多，按照不同的分类标准，可以划分为很多不同类型。

1. 按时间划分，可分为定期简报和不定期简报。

2. 按发送范围分，有供领导阅读的内部简报，也有发送较多、阅读范围较广的普发性简报。

3. 按内容划分，可以分为工作简报、会议简报、科技简报、动态简报等等。

工作简报是为推动日常工作而编写的简报。它的任务是反映工作开展情况，介绍工作经验，报告工作中出现的问题等。工作简报又可分为综合工作简报和专题工作简报两种。

会议简报是会议期间为反映会议进展情况、会议发言中的意见和建议等内容而编写的简报。一些规模较大的重要会议，会议代表并不能了解会议的整体情况，譬如分组讨论时的重要发言、有价值的提案等，需要依靠简报来了解会议的基本面貌。重要会议的简报往往具有连续性的特点，即通过多期简报将会议进程中的情况接连不断地反映出来。会议简报一般由会议秘书处或主持单位编写。

科技简报是为反映最新科学技术研究成果、介绍推广新产品、新工艺、新技术、新理论、新动向而编写的简报。这类简报内容新、专业性强，有的属于经济情报或技术情报，有一定的机密性，必要时需加密级。

动态简报是为反映本单位、本系统的思想、政治、经济、文化等方面情况而编写的综合性简报。动态简报着重反映与本单位工作有关的正反两方面的新情况、新动向、新问题，为领导和有关部门研究工作提供鲜活的第一手资料，向群众报告工作、学习、生产、思想的最新动态。

六、简报有哪些写作要求

1. 选材要准　简报不能有事就报，要注意从党的中心工作和单位阶段工作的需要出发，在众多的事件中选取那些最有指导意义或必须引起重视的经验、情况和问题，予以全面、实事求是地报道。

2. 速度要快　简报也是一种"报"，它有新闻性。这就要求简报的编写应该求快，对于工作中、会议中出现的新动向、新经验、新问题，编写者要及时地予以捕捉，并用最快的速度予以报道。

3. 文字要简　简报的一个"简"字，代表了简报的基本特征。为了体现这一特征，作者在编写简报时首先要注意选材精当，不求面面俱到；其次，要求文字简洁，对事物作概括的反映。一篇简报最好是千把字，至多不超过两千字。篇幅过长，文字过繁的做法，不适于简报的编写。

政协××市六届×次会议简报

（第 24 期）

大会秘书处　　　　　　　　　　　　　　　　2010 年 3 月 18 日

今年政府应办几件实事

××委员说：建议市长要有相应的任期目标，要像×××那样一年办几件实事，年终总结，有哪些完成，有哪些没完成，原因是什么？

改"三公开一监督"为好

×××委员说：报告在谈到廉政建设时，提出实行两公开一监督，我们认为应改为三公开一监督，即再增加公开市、县两级主要领导的经济收入，以便接受人民群众的监督。

不能再走大投入低效益之路

×××委员认为：2009 年我市社会总产值为 180 亿元，国民收入为 74 亿元，而全市的财政收入只有 9.15 亿元，很明显，经济效益是很低的。而 2009 年的计划数字，基本上是按比例同步增长，经济效益无明显提高。这是我市多年来生产发展的一个关键性的问题，即大投入，低效益，致使财政拮据，入不敷出。市领导应着眼长远，从当前入手，立足于大力提高经济效益和增强生产后劲（包括政策、体制、发展规划、产业结构、环境整顿、提高管理水平、提高劳动力的素质、提高劳动生产率、大力发展科技、教育等多方面综合治理）。只有这样，才能使我市的经济进入高一层次的发展，形成良性循环，这才是提高经济效益的真正出路。

案例 ②

<h1 style="text-align:center">××大学"科学发展观"教育简报</h1>

(第×期)

××大学"科学发展观"教育领导小组办公室编　　　　　　2009 年×月×日

目录

★编者按

★党委开展调研活动，征集对学校工作的意见和建议

★查摆突出问题，研究"科学发展观"教育方案

★化学化工学院加大改革力度勇于开拓创新

★计算机系抓突出问题加紧制定青年教师培养计划

编者按：我校被省委确定为全省"科学发展观"教育试点单位之一。为了切实搞好我校的"科学发展观"教育，宣传"科学发展观"教育的重大意义、指导思想和具体做法，我们特编辑了《××大学"科学发展观"教育简报》。《简报》将及时报道我校"科学发展观"教育的工作情况。欢迎各部门、各单位惠赐稿件，并对我们的工作提出宝贵的意见。

<h3 style="text-align:center">党委开展调研活动，征集对学校工作的意见和建议</h3>

20××年×月×日，学校党委召开由中层领导干部、专家学者、优秀中青年教师和离退休职工代表参加的调研会，全面征集对学校党政工作和班子成员的意见和建议。到会代表共 77 人，收回调研表 74 份。参加调研的同志以对学校工作高度负责的精神，结合学校的工作实际和个人的切身感受，对学校近年来取得的积极进展和党政班子的工作给予了充分肯定，同时也对学校工作中存在的问题提出了许多中肯的、建设性的意见和建议。这些意见和建议为学校领导班子查找自身存在的突出问题，并通过"科学发展观"教育切实予以解决，提供了重要的基础和依据。

<h3 style="text-align:center">查摆突出问题，研究"科学发展观"教育方案</h3>

20××年×月×日和×日，党委书记×××同志两次主持召开党政联席会议，会议认真听取了关于"科学发展观"教育调研情况的汇报。

班子成员结合学校的工作实际，根据省委关于开展"科学发展观"教育试点工作的要求，全面分析了广大群众对学校党政工作的意见和建议，实事求是地查摆了工作中存在的突出问题和不足。特别是针对伙食处存放私宰肉问题，班子成员进行了深刻的检查和反省。大家认为，这一事件暴露了我校管理工作中存在的突出问题，是不讲政治、不讲纪律的表现。这一事件给我们的教训是十分深刻的。班子成员一致表示，一定要从这一事件中吸取教训，举一反三，全面检查工作中的问题和不足。经过认真讨论，大家一致认为，在"科学发展观"教育中，校级领导班子要解决的突出问题是：理论学习不深入；深入改革的意识不强；坚持民主集中制不力；管理落后等。班子成员表示，一定要从自己做起，以办好××大学的高度的政治责任心和解决突出问题的决心，把这次"科学发展观"教育搞好。

化学化工学院加大改革力度勇于开拓创新

化学化工学院党政领导班子利用"科学发展观"教育好时机，总结过去的经验，查找存在的问题，提出了推进学院改革发展的整改措施，尤其是在增强改革意识，加大改革力度方面，勇于开拓创新，着实下了一番功夫。

第一，在教学改革方面，该院准备通过对个别专业的有关课程和教学内容进行调整，使课程体系优化重组，力求务实创新，打破原有专业界限，在调研基础上，对毕业班学生在开设必修课之余开设选修课，加大素质教育的力度。同时，准备通过改革现有考试制度和补考制度，参照化学基地班试行动态学籍管理制度和不及格重修制度。对专职教师本着以自愿为原则，以发挥个人作用为目的，将进行教学、科研分流编制。对基础课实行课程组长负责制，质量承包，资金承包。对科研人员进行规范管理，放宽搞活，完善科研分配制度。准备成立工程研究生指导小组，由经验丰富的老师任组长，帮助工科教师指导研究生，提高科研能力；加强工科教学，采取请进来、送出去的办法培养中青年骨干教师，加强师资队伍建设的步伐。同时还对研究生的课程门类、课程体系、实验研究、论文答辩等工作做了有关规定。

第二，在科研改革方面，他们首先考虑成立了学院科研工作领导小组，加强对科研工作的领导、协调和管理。集中力量开展大项目研究，力求在高新技术开发上有所突破，在应用项目上注重高科技、高含量、高效益，力争申报发明奖、科技进步奖。继续支持和鼓励重点学科的研究工作。鼓励产学研一体化，使科研成果尽快转化为实际生产力，为经济建设服务。同时，强化项目立项登记制度，积极向社会介绍推广。

第三，在管理工作改革方面，他们结合实际，以建章立制、规范管理为着眼点，在深入调查研究的基础上，已先后出台并实施了多项管理制度，如关于教室管理办法、实验室使用和仪器设备管理规定、大学生行为规范奖惩考评办法、学生宿舍测评规定等，另外关于《加强学院教学管理意见》、《加强学院科研工作意见》和《关于后勤改革的过渡办法》即将出台。这些办法和措施的出台和实施将为学院的发展起到很好的促进作用。

计算机系抓突出问题加紧制定青年教师培养计划

计算机系党政领导班子通过"科学发展观"教育，结合实际，查找不足，他们从班子自身建设入手，强化改革意识，明确改革思路，针对缺少拔尖学术带头人并在某种程度上已制约学科发展这一最为突出的问题，加紧制定青年教师培养计划。

他们着眼于计算机系的整体发展与社会对人才培养的需要，在政治思想、职业道德、教学科研水平诸方面，拟定了青年教师培养计划和要求。提出把正确处理好教师队伍整体素质提高与教师个性发展的关系，作为最大限度发挥教师队伍积极性的前提。把树立良好的领导班子集体形象作为保证教师队伍建设健康发展的重要因素。同时加大投资力度，关心教师生活等。在对青年教师的培养计划与要求中，他们还进行了一些量化的指标和考核，如政治理论学习的要求，教书育人、与学生交心谈心的具体要求，青年教师入党的有关要求，对青年教师有关开设基础课、专业课、选修课的门类及相应等级水平考试等方面也做了必要的要求。为保证该培养计划的实施与落实，计算机系将成立负责青年教师培养规划的检查和考核小组，建立青年教师政治、业务档案，培养情况与年终考核、晋级晋升挂钩，对认真完成培养规划的优秀教师，系里将有计划地选送到重点院校和科研单位访问、进修或出国学习，并择优列入学科带头人的后备力量。

报：中共××省委"科学发展观"教育领导小组办公室

送：中共××省委高校工作委员会、省直有关单位、校领导

发：各党总支、直属党支部、党委各部门

知识链接

简报正文的写法

1. 导语　导语就是简报的开头语，要用简短的文字，准确地概括报道的内容，说明报道的宗旨，引导读者阅读全文。导语写作的总的要求是，一开始就切入基本事实或核心问题，给人一个明确的印象。导语的具体写法可根据主题需要，分别采用叙述式、描写式、提问式、结论式等几种形式。用概括叙述的方法介绍简报的主要内容，叫做叙述式。把简报里的主要事实或有意义的侧面加以形象的描写，以引起读者的阅读兴趣，叫做描写式。把简报反映的主要问题用设问的形式提出来，以引起读者的思考，叫做提问式。先将结论用一两句话在开头点出来，然后在主体部分再作必要的解释和说明，叫做结论式。这几种导语形式，各有所长，写作时可根据稿件特点选择运用。

2. 主体　主体是简报的主要部分，它的任务是用足够的、典型的、富有说服力的材料把导语的内容加以具体化，用材料来说明观点。写好主体是编好简报的关键。主体的内容，或是反映具体的情况，或是介绍具体的做法，或是叙述取得的成绩和经验，或是指出存在的问题，或是几项兼而有之，要视具体情况而定，没有固定的框框。主体的层次安排有纵式和横式两种形态。纵式结构是按事件发生、发展的时间顺序来安排材料，横式结构是按事理分类的顺序安排材料。如果内容比较丰富，各层可加小标题。

3. 结尾　简报要不要结尾，因内容而定。事情比较单一，篇幅比较短小的，可以不写结尾。事情比较复杂，内容较多的，可以写个结尾，对全文作一个小结，以加深读者印象。有些带有连续性的简报，为了引起人们注意事态的发展，可用一句交代性的话语作为结束，如对事情的发展我们将继续报告，处理结果我们将在下期报告等。

目 标 检 验

1. 简报一般由＿＿＿＿＿、＿＿＿＿＿、＿＿＿＿＿三部分组成。

2. 简报的报头由 _____ 、_____ 、_____ 、_____ 、_____ 组成。

3. 报核包括的项目有 _____ 、_____ 、_____ 。

1. 简报的作用是什么？
2. 简报有哪些特点呢？
3. 简报有哪些种类？
4. 简述简报的写作要求。

××地税简报

（2009）第 12 期总第 131 期

抓改革深化　促征管质量

8 月 10 日至 11 日，全市地税系统深化农村税收征管改革暨单项税收管理办法经验交流会议在××区召开，会议介绍交流了××分局深化农村税收征管改革的经验和各地单项税收管理办法，实地学习考察了××分局改革成果，讨论研究了进一步深化全市农村税收征管改革，加强农村分局征管基础建设的具体工作措施。参加会议的有市局领导，各县（市）局、市直各分局局长及征管科长，省局征管处××处长到会作了重要讲话，市局局长作了总结讲话，××副局长作了会议主题报告。

省局××处长充分肯定了××地税系统征管工作成绩：一是征管改革步伐坚实；二是征管基础工作积极主动；三是个体税收管理严密规范；四是普通发票管理基础牢固。他特别强调，当前加强税收征管，关键要做好四个方面工作：一是"收"，就是要坚持以组织收入为中心，努力完成好收入任务；二是"改"，就是要坚持改革方向，彻底转换征管模式；三是"管"，就是要强化日常管理，堵塞税收漏洞，提高征管质量；四是"查"，就是要发挥稽查作用，打击涉税犯罪，推进依法治税。

会议系统总结了××分局深化农村税收征管改革的经验，认为"××经验"有"5大特色"：一是有高度敏锐的改革意识；二是有切实可行的征管模式；三是有健全规范的运行机制；四是有简明严格的考核措施；五是有持之以恒的务实作风。其综合成效表现为"3 个统一"：局容局貌与干部精神面貌的统一；干部个人素质与队伍整体素质的统一；精神文明建设与物质文明建设的统一。"××经验"有 3 点"可贵之处"：贵在坚持、贵在平时、贵在创新。

市局××局长在会议总结讲话中要求以推广"××经验"为契机，进一步深化全市农村税收征管改革，着重做到四点：一是统一思想，形成改革共识；二是加强领导，明确改革目标；三是完善措施，促进改革落实；四是搞好协调，营造改革合力。要做到目标同向，工作同步，行动一致，合力攻坚，形成齐抓共管的工作局面，保证改革政令畅通，改革任务落实。

报：省局领导及有关处（室）、市委、市政府

送：市局领导、市直有关单位

发：各县市地税局、市直各分局、本局各科室

1. 简报报头存在什么问题？请改正。

2. 请指出简报正文的导语、主体、结尾各是哪一部分？

　　××职业学院为帮助学生更好地完成择业工作，从 2010 年 9 月起开设了《学生生涯发展导航》和《就业指导》两门选修课，由学校具备职业咨询师资格的教师任教。

　　《学生生涯发展导航》集理论性、指导性和实践性于一体，是一门学生生涯教育的入门课程。通过该课程的学习，将掌握生涯发展和生涯选择的相关理论，了解生涯发展的本质与百态，检视与建立自己的生涯规划理念与风格，规划自己的学生生涯，进行深入自我探索与生涯探索。该课程 18 学时，1 学分，共开设 12 个平行班。

　　《就业指导》是一门实践性很强的生涯教育课程，以活动为主进行团体训练，使学生在真诚与接纳的氛围中开放自我、彼此分享真实体验，通过团体训练提高就业竞争力。本课程通过精心设计的活动来创设一定的情境，使学生真实体验就业过程，通过亲身参与增加就业实战经验，从而提高择业技能。该课程 18 学时，1 学分，共开设 12 个平行班。

　　××市教委认为××职业学院新增的这两门选修课对做好学生就业工作有一定的积极意义，也值得其他学校借鉴，便决定根据上述内容出一期简报，请代为编发。

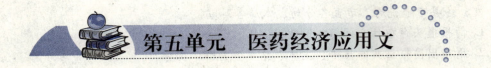

第五单元 医药经济应用文

第一节 医药商品广告

　　通过本节内容的学习，了解医药商品广告的基本知识，学会通过广告了解医药商品的主要信息。学习过程中要注意掌握关于医药商品广告的基本理论知识，学习重点是医药商品广告的解读。

一、医药商品广告是用来做什么的

　　医药商品广告是一种特殊的商品广告，是药品、保健品、医疗器械或医疗设备的生产厂家或销售企业，通过各种媒体，如广播、电视、网络、报刊、杂志等，将自己的产品介绍给消费者，以引起消费者的注意，激发消费者的购买欲望，达到销售目的的广告。

二、医药商品广告的格式是怎样的

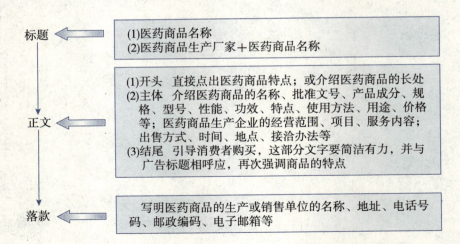

标题 ← (1)医药商品名称
(2)医药商品生产厂家＋医药商品名称

正文 ← (1)开头　直接点出医药商品特点；或介绍医药商品的长处
(2)主体　介绍医药商品的名称、批准文号、产品成分、规格、型号、性能、功效、特点、使用方法、用途、价格等；医药商品生产企业的经营范围、项目、服务内容；出售方式、时间、地点、接洽办法等
(3)结尾　引导消费者购买，这部分文字要简洁有力，并与广告标题相呼应，再次强调商品的特点

落款 ← 　写明医药商品的生产或销售单位的名称、地址、电话号码、邮政编码、电子邮箱等

三、医药商品广告的分类及特点是什么

1. 医药商品广告种类繁多，分类方式也有多种

（1）按广告内容，可划分为三种　①药品广告；②保健品广告；③医疗设备、医疗器械广告。

（2）按传播媒体，可划分为两种　①大众传播媒体广告，即广播、电视、互联网的药品商品广告。②促销广告：户外广告、售点广告、直销广告。

（3）按诉求对象，可划分为两种　①产业广告：宣传对象是医药商品生产厂家或药业公司的广告。②消费者广告：宣传对象是消费者的广告。

2. 与其他广告相比，医药商品广告有以下特点

（1）合法性　就是必须遵守国家发布的关于医药商品广告相关的法律法规。

（2）科学性　就是突出医药商品的特点，而不只是它的优点。

（3）真实性　就是不能弄虚作假，不夸大疗效。

（4）健康性　就是无论是语言表达还是画面，都没有淫秽、迷信、荒诞的内容。

（5）针对性　就是针对不同消费者的不同需求而选择不同的宣传方式。

四、医药商品广告的作用是什么

医药商品广告是医药商品营销的一种重要的手段和工具。同其他的商品广告一样，它也是一门复杂的视听艺术，具有特殊的信息传播功能。作为特殊商品的广告，它的作用可以从以下几个方面分析。

1. 医药商品广告可以帮助医药生产和销售企业开拓市场，树立品牌。广告的信息传播功能可以使消费者了解各种医药商品信息；大规模的医药商品广告可以帮助消费者对医药商品生产和销售企业产生一种独特的吸引力和信心，从而帮助企业开拓市场，树立品牌。

2. 医药商品广告可以帮助医药商品生产和销售企业树立企业形象。企业形象是一笔无形的资产，医药商品广告可以提高医药商品生产、销售企业的知名度；同时，医药商品广告也是企业文化的一种表现形式。

3. 医药商品广告可以帮助企业加快医药商品流通的速度，减少积压。医药商品积压的原因之一就是信息不顺畅，医药商品广告是解决这个问题的最佳途径。

4. 医药商品广告可以传播医药商品信息，激发消费者的购买欲望。特别是医药保健品市场，更应重视医药商品广告的作用。

5. 医药商品广告可以改变消费者的消费观念。如消费者对保健品观念的改变在很大程度上就得益于广告的作用。

6. 医药商品广告可以影响消费者的消费决策。在购买相同用途的医药商品时，广告无疑是消费者决策的重要参谋。

药品生产厂家广告

××制药集团是全国重点药品生产综合制剂企业，制剂手段完备，设备先进，可

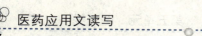

生产12个剂型、140余个产品。

本厂旗下共有"×××"、"××"、"×××"、"××"、"××"等五个全国知名品牌；主导产品××牌高钙片、×××口服液、××口服液、××、××、××均销量过亿，持久不衰；××××、××××××、×××等明星产品后来居上，赢得药品消费市场的青睐。目前，企业正在形成以"×××"驰名商标引领的健康产品系列；以"××"商标引领的儿童产品系列。2008年，国家工商总局将"×××"评定为驰名商标；2010年，由世界品牌实验室及世界经济论坛共同评审，"×××厂"的品牌价值为83.67亿元。新年来临，企业以新战略、新产品、新形象进入了快速发展阶段，争取实现历史性的新跨越。

×制药集团将以更大的热忱竭诚为广大新老客户服务！

厂址：×省×市×路×号　邮编：××××××

服务热线：0×××-5624×××　传真：0×××-5634××

电子邮箱：hflnya××@163.com

案例 2

保健商品广告（电视广告）

××天然维生素E，滋养内在，美颜祛斑，让女人更爱自己；美丽自己，爱施家人，快乐度过每一天！××天然维生素E。

市内各大药店有售。

电话：0××-6248×××

案例 3

医疗器械广告（网络广告）

产品名称：眼部磁疗按摩器

产品分类：医疗器械

主要规格：WE×-1、WE×-2

批准文号：×食药管械（准）字200×第××0369号

用　　途：对防治调节性近视、消除疲劳、黑眼圈、失眠有辅助治疗作用。

产品说明：由主机、磁性按摩触头、电源变换器、耳机等组成。

地　　址：×省×市×区×路×街15号3楼

企业相关：招商信息、供应信息、产品价格

公司名称：×市×科技股份有限公司

联系电话：07××-1456××

传　　真：07××-1457××

电子邮箱：SZQS××@126.com

医药商品广告的禁忌

1. 扩大疗效、恶意隐瞒；

2. 药品的功能疗效宣传不科学不准确；

3. 使用容易引起混淆的医药学术语；

4. 怂恿公众过量购买；

5. 以组织或个人的名义做药品疗效的证明；

6. 涉及公众信息相关联的内容；

7. 含有医疗服务内容。

目标检验

1. 医药商品广告一般包括_____、_____、_____三个部分。

2. 医药商品广告按内容分，可分为_____部分，分别是_____。

3. 把医药商品广告分为产业广告和消费者广告是按_____划分的。

4. 你认为医药商品广告最应该具备的特点是 _____、_____、_____、_____、_____。

5. "眼睛无价宝，顾全须及早"，这是不是医药商品广告？答：_____。

6. "开瑞坦，过敏一粒就舒坦"，这是医药商品广告中的哪一种？答：_____。

1. 如果是药品广告，你应该在广告正文里了解什么信息呢？

2. 是不是所有医药商品广告都要标明生产或销售单位的名称、地址、邮政编码、电话、电子邮箱或网址呢？

3. 作为观众的你和作为药品营销人员的你在看医药商品广告时的侧重点有什么不同？

4. 如果让你去推销药品，你会怎么去介绍产品？

5. 如果让你去推销保健品，你会怎么去介绍产品？

6. 如果让你去推销医疗器械，你会怎么去介绍产品？

1. 请看下面一段广告，回答下列问题。

"入口柔，一线喉！人参？鹿茸？五粮液集团保健酒公司黄金酒…"

"五种粮食，六位补品，好喝又大补！"

"谢谢了啊！"

"嗳～～我女儿送我的，要喝，让你儿子买去！"

送长辈，黄金酒！

（1）黄金酒是保健品还是药品？

（2）黄金酒是哪里出的？

（3）这种酒的口感怎么样？

（4）这种酒的主要成分有哪些？

2. 看一看，找一找。

简单排毒，我反对！有减有加，才是健康排毒！排毒养颜胶囊，减毒素，加漂亮。解决便秘、痤疮、色斑，排毒加养颜，奋斗为容颜！盘龙云海药业。

（1）这是一段什么内容的广告？

（2）从这段广告中你能获得关于排毒养颜胶囊的一些什么信息？

根据下面这则药品说明书找出本药品的卖点及适用范围，并为其编写一段广告宣传语。

黄藤素胶囊说明书

【药品名称】

品名：黄藤素胶囊

汉语拼音：Huangtengsu Jiaonang

【性状】本品为胶囊剂，内容物为黄色的粉末，味苦。

【主要成分】黄藤素。

【功能主治】清热解毒。用于妇科炎症，菌痢，肠炎，呼吸道及泌尿道感染，外科感染，眼结膜炎。

【用法用量】口服成人一次 0.2～0.4g，一日 3 次；儿童每次 0.1～0.2g，每日 3 次，或遵医嘱。

【规格】每粒含盐酸巴马汀 0.2g。

【贮藏】密封，防潮。

【包装】12 粒/板×1 板/盒。

【有效期】1.5 年

【批准文号】国药准字 Z2006×××

【生产企业】×××制药有限责任公司（原××××制药有限公司）

试试为你实习的企业制作一份医药商品的销售海报。

第二节 招标书

通过本节内容的学习，了解招标与投标的常识，掌握招标书、投标书的基本知识，学习重点是招标书和投标书的解读。

一、招标书是用来做什么的

招标书也称为招标通知、招标公告、招标启事，是一种告知性文件。其内容主要是根据招标人的需求全面介绍招标情况及招标的过程的文书，可通过大众传媒公开。

响应招标书的是投标书。

医药商品招标书就是招标内容为医药商品的文书。

招标书有很多种：①按招标的范围可分为国际招标书和国内招标书，按国际惯例国际招标书以英文版本为准，我国向国际招标的招标书为中英文两个版本；②按内容及性质可分为大宗商品货物类招标书、工程类招标书、服务类招标书；③按时间可分为长期招标书和短期招标书。

与其他应用文相比，招标书有以下特点：①广告性，招标书是一种告知性文书，一般要通过大众传媒公开；②竞争性，招标的过程就是吸引众竞争者加入的过程，因此招标书本身也具有了竞争性；③时间性，一般来说，招标书公布以后要在短期内求得结果，所以它又具有时间的紧迫性。

二、招标书的格式是怎样的

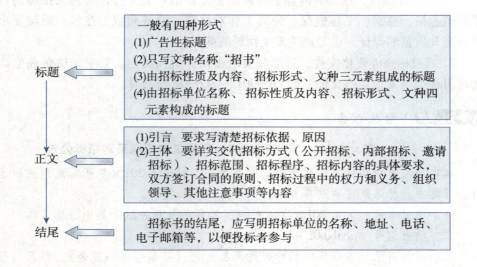

标题 ← 一般有四种形式
(1)广告性标题
(2)只写文种名称"招书"
(3)由招标性质及内容、招标形式、文种三元素组成的标题
(4)由招标单位名称、招标性质及内容、招标形式、文种四元素构成的标题

正文 ← (1)引言 要求写清楚招标依据、原因
(2)主体 要详实交代招标方式（公开招标、内部招标、邀请招标）、招标范围、招标程序、招标内容的具体要求，双方签订合同的原则、招标过程中的权力和义务、组织领导、其他注意事项等内容

结尾 ← 招标书的结尾，应写明招标单位的名称、地址、电话、电子邮箱等，以便投标者参与

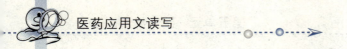

三、怎么看招标书

招标的标的物不同，招标书的内容也不尽相同；一般来说，招标书要包括三大部分：程序条款、技术条款、商务条款。具体包含下列主要几项内容。

1. 看招标邀请函，了解招标的基本情况。招标邀请函的内容一般是简要介绍招标单位名称、招标项目名称及内容、招标形式、售标、投标、开标时间地点、联系人、地址、电话、电子邮箱等。

2. 看投标人须知，这是招标的一项重要内容。须知着重说明本次招标的基本程序，投标者应遵循规定和承诺的义务，投标文件的基本内容、份数、形式、有效期、密封及投标其他要求，评标的方法、原则、招标结果的处理、合同的授予及签订方式、投标保证金。

3. 看标书技术要求及附件，这是招标书最重要的部分。主要内容有：设备规格、技术参数、质量性能指标、自动化程度、工艺流程、检查验收方式及标准，还包括对原材料、零配件、工具、包装的具体要求，以及安全、环保、节能、劳动保护等方面的要求。附件通常包括典型零件加工图纸等。

4. 看投标书格式。投标书格式是对投标文件的规范要求，由招标公司编制提供。内容包括投标方授权代表签署的投标函，说明投标的具体内容和总报价，并承诺遵守招标程序和各项责任、义务，确认在规定的投标有效期内，投标期限所具有的约束力。还包括技术方案内容的提纲和投标价目表格式。

5. 看投标保证文件，这是投标有效的必检文件。保证文件一般采用三种形式：支票、投标保证金和银行保函。采用支票和投标保证金的方式，适用于金额少的项目；投标保函是由银行开具的，是借助银行信誉投标。

6. 看合同条件，这也是招标书的一项重要内容。因为这部分内容是双方经济关系的法律保障。

7. 看设计规范，这部分内容是确保设备质量的重要文件，应列入招标附件中。技术规范包括：总纲、工程概况、分期工程对材料、设备和施工技术、质量要求等，它是标准和质量的保证，也是避免发生纠纷的前提。

8. 看投标企业资格文件，这部分要求由招标机构提出。要求提供企业生产该产品的许可证，及其他资格文件，如 ISO9001、ISO9002 证书等。

案例 1 招标公告

×省×市 201×年流行病防治药品集中招标采购招标公告

×市药品集中招标采购联席会议制度办公室对×市 201×年所需流行病防治药品进行公开集中招标采购，欢迎符合条件的供应商参加投标。

一、项目名称　×市 201×年流行病防治药品及相关服务集中招标采购。

二、项目编号　jnxtlxb02 – lxyp。

三、招标目录　本期集中招标采购药品详见《药品需求一览表》。药品的型号、规格及有关交易条件和要求，详见招标文件。

四、采购周期 共5个月，自201×年×月×日起，至201×年×月×日止。

五、招标文件的获取

时间：201×年×月×日至201×年×月×日（上班时间）。

地点：×市××路市中心医院办公楼三楼302。

标书售价：以投标生产企业为单位每份100元，如需邮寄，另加邮费20元。投标人必须购买标书方可参加投标，标书售后不退。

六、资格预审 本次招标采取资质预审和资料审查相结合的方式，通过资格预审的企业方可投标。资质预审材料递交地点：×市药品集中招标采购联席会议制度办公室，电话：0×××－899×××。

资质预审时间：201×年×月×日至201×年×月×日。

七、投标方式

投标产品的文字资料递交地点：×市××路市中心医院办公楼三楼（×市药品集中招标采购联席会议制度办公室）。

网上资料维护：通过资质预审的投标人到×市药品集中招标采购联席会议制度办公室领取网上操作的用户名和密码，在×市医药招标采购网（网址：http//×××××××）进行信息填报及维护。

八、资料审核与维护时间 201×年×月×日至201×年×月×日。

九、报价 报价采用网上报价的方式，时间为201×年×月×日至×月×日。

十、开标

时间：201×年×月×日上午10：00。

地点：××市××路市中心医院办公楼会议室。

开标方式：通过互联网开标。

十一、其他有关事宜敬请阅读招标文件及浏览×市医药招标采购网。

地址：×市××路市中心医院办公楼三楼。

邮编：×××××

咨询电话：0××6－6741××× 6743×××

联系人：×××－×× 传真：0××6－6743×××

×市药品集中招标采购联席会议制度办公室

二〇一×年×月×日

招 标 书

一、招标单位 ××大学

二、招标方式 公开招标

三、项目名称

西药部分：

中成药部分：

综合部分：

四、质量要求

1. 药品质量标准：凭资料证明认定其相应质量档次。

2. 产品质量可靠性：以两年内国家和省药检部门公布的"药品质量公报"为准。

3. 生产管理质量层次：以投标人提交的证明文件为依据。

4. 药品品牌知名度：以企业形象及品牌的认同程度为依据。

5. 药品包装质量和实用性：以样品（已用药）为依据。

6. 临床评价：以药品临床疗效、安全性评价、文献资料为依据。

五、项目要求

1. 药品质量严格执行国家标准。

2. 提供药品生产许可证、药品质量认证书、药品检验报告等相关资料。

3. 企业法人营业执照复印件。

4. 组织机构代码证复印件。

六、结算及付款方式

药品到货，由招标委员会进行验收，验收合格一月后付款。

七、投标书要求

1. 投标书封面。

2. 报价明细及药品质量认证书（GSP），厂方合格证书（GMP）。

3. 营业执照。

4. 公司情况简介（公司成立时间，公司人员组成，公司业务范围，隶属关系等）。

5. 单位授权投标证明。投标时必须用封面夹包装，正本一份，副本五分，密封。

6. 投标单位可选择全部投标或部分投标。

7. 投标时提供样品，中标后对样品进行封存留样。

八、无效投标与废标

1. 投标方有下列情况之一者，其投标视为无效标：

（1）投标方未按规定提交投标保证金；

（2）投标方提供的投标文件不完整；

（3）投标文件未按招标文件的规定签署；

（4）未按规定报价者；

（5）投标方对招标文件的要求未作出实质性响应；

（6）投标方不参加开标仪式及询标事宜；

（7）法律、法规规定的其他情况。

2. 投标方有下列情况之一，其投标视为废标：

（1）投标方提供的有关资格、资质证明文件不真实，提供虚假投标材料；

（2）投标方在有效期扯回投标；

（3）在整个投标过程中，投标方有企图影响招标结果的任何活动；

（4）投标方串通投标；

（5）投标方向招标方提供不正当利益；

（6）中标人不按规定要求签订合同；

（7）法律、法规规定的其他情况。

九、时间安排

1. 2010年×月×日发售标书（地点：××大学××楼××室），并缴纳资料费×00元（不退），招标押金×000元（中标单位转为合同保证金，未中标单位退还）。

2. 2010年×月×日17：00时前，投标单位将标书密封送达××大学××楼××室。

3. 2010年×月×日14：00时，在××大学校××楼××室开标。

十、本次招标入围品种低于十种的单位不予中标，其入围品种分摊到其他公司。

联系人：×××

联系电话：×××××××

201×年×月×日

 知识链接

1. 关于招标和投标 招标投标是一种特殊的贸易方法，是贸易过程中的两个步骤。

招标就是招标人，即买方，在需要兴建工程、采购大宗商品或需要某种服务、完成一项工作时，以公开的形式向社会公布标准、条件，公开或书面邀请投标人（即卖方）响应、参加的行为。招标方的邀请方是投标方。

招标投标原来只属于经济贸易范畴，现在也被列为法律范畴。

在国际上，招标投标主要用于政府采购和国际金融组织的"公共采购"。我国的招标投标，也主要是在政府或企业中进行。

2. 招标的特点 作为一种特殊的贸易形式，招标有以下不同于其他贸易形式的特点。

（1）买方明确。必须是特定的用户（也可几家用户联合），明确提出需要购买大宗的物品或者建设某项工程，或需要某种服务，才算是"招标人"。

（2）要求明确。招标人，即买方，必须以文字方式（标书），提出自己的具体要求，包括对投标人的资格要求，投标内容的技术要求；交货或者完成工程的时间、地点，付款方式的细节要求等。

（3）招标必须公开竞争，只要具备招标人所提出的条件的都可以成为投标人。

（4）评标必须公平公正，要按照事先确定的评标原则和方法进行，不可随意指定中标人。

（5）招标投标这种贸易形式是"一锤子买卖"，不容许反复讨价还价；评标和中标方确定后，要及时签订合同。

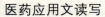

知识拓展

投 标 书

一、投标书是用来干什么的

投标，是指投标人，即供应商或者承包商，按照招标人的要求和条件提出自己的相应条件，以响应招标人的招标的行为。

投标书，是指投标单位按照招标书的条件和要求，向招标单位提交的报价并填具标单的文书，又称标函。它是投标单位在充分领会招标文件，进行现场实地考察和调查的基础上所编制的投标文书，是对招标公告提出的要求的响应和承诺，并同时提出具体的标价及有关事项来竞争中标。

二、投标书写作的原则

1. 全面反映招标人需求的原则；
2. 科学合理的原则；
3. 公平竞争的原则；
4. 维护国家利益和企业商业秘密的原则。

三、投标书怎么写

卖方，即投标方接到招标方的邀请后，按照招标书的条件和要求编写投标书。一般来说，投标书都由招标方以发售的方式提供。招标的内容不同，投标书的写法也不尽相同，但大致包含以下几项内容。

1. 投标函。
2. 投标人简介。
3. 法人代表授权书。
4. 投标人法人代表身份证（复印件）。
5. 投标人资质文件（提供复印件即可），包括：①营业执照；②法人代码证；③税务登记证；④ISO9001 质量认证证书；⑤审计报告及财务报表；⑥银行资信证明。
6. 投标人业绩表及近两年供货合同。
7. 制造厂资格说明。
8. 产品各种认证证书。
9. 投标保证金（收据复印件）。
10. 质量控制计划保证体系和承诺。
11. 售后服务承诺。
12. 售后服务管理程序。
13. 付款方式、包装运输及交货周期方案。
14. 投标单位联系人、地址、联系方式（固定电话、手机、电子邮箱等）。

目标检验

1. 招标投标是一种特殊的＿＿＿＿＿＿＿，是贸易过程中的两个步骤；招标投标原来只属于＿＿＿＿＿＿范畴，现在也被列为＿＿＿＿＿＿。

2. 招标就是招标人，即＿＿＿＿＿＿，在＿＿＿＿＿、＿＿＿＿＿或＿＿＿＿＿、＿＿＿＿＿，以公开的形式向社会公布标准、条件，公开或书面邀请投标人（即卖方）响应、参加的行为。

3. 招标书也称为招标＿＿＿＿＿、招标＿＿＿＿＿、招标＿＿＿＿＿，是一种告知性文件；其内容主要是根据＿＿＿＿＿＿的文书；可通过大众传媒公开。

4. 招标书正文的主体部分要写明＿＿＿＿＿、＿＿＿＿＿＿＿、＿＿＿＿＿＿＿、招标内容的具体要求，双方签订合同的原则、招标过程中的权利和义务、组织领导、其他注意事项等内容。

5. 招标书的结尾，应写明招标单位的＿＿＿＿＿、＿＿＿＿＿、＿＿＿＿＿等，以便投标者参与。

6. 招标书包括＿＿＿＿＿条款、＿＿＿＿＿＿条款、＿＿＿＿＿条款三大部分。

1. 同样都是贸易，招标这种贸易形式有什么特点？
2. 作为应用文，招标书的特点是什么？
3. 招标和投标的关系是什么？
4. 假如你是投标方，在解读招标书时，你认为最重要的内容是什么？
5. 什么情况下会产生无效标和废标？

仔细阅读"案例2"。
1. ×大学的招标书按内容划分，属于哪一类招标书？
2. 招标书中哪些内容属于程序条款？哪些内容属于技术条款、商务条款？

以你所学的专业知识，结合你的社会实践经验，通过网络或其他媒介查找资料，试试给"案例2"×大学的招标书编写一份投标书。

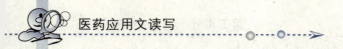

第三节　医药市场调查报告

　　通过本节内容的学习，了解调查报告的相关知识，学会制作以医药商品为主要内容的调查问卷，通过实地的调查和统计，完成一份医药商品类的市场调查报告。学习重点是调查问卷的设计和医药市场调查报告的写作。

一、医药市场调查报告是做什么的

　　调查报告是对某项工作、某个事件、某个问题，经过深入细致的调查后，将调查中收集到的材料加以系统整理，分析研究，以书面形式向组织和领导汇报调查情况的一种文书。

　　医药市场调查报告就是调查对象为医药商品，把对医药商品相关问题的市场调查分析，以书面的形式向上级呈报的一种文书。

二、医药市场调查报告的格式是怎样的

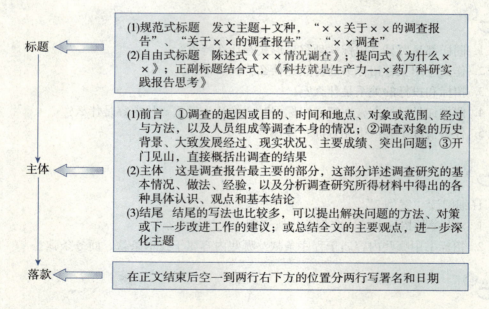

标题　→　(1)规范式标题　发文主题＋文种，"××关于××的调查报告"、"关于××的调查报告"、"××调查"
(2)自由式标题　陈述式《××情况调查》；提问式《为什么××》；正副标题结合式，《科技就是生产力——×药厂科研实践报告思考》

主体　→　(1)前言　①调查的起因或目的、时间和地点、对象或范围、经过与方法，以及人员组成等调查本身的情况；②调查对象的历史背景、大致发展经过、现实状况、主要成绩、突出问题；③开门见山，直接概括出调查的结果
(2)主体　这是调查报告最主要的部分，这部分详述调查研究的基本情况、做法、经验，以及分析调查研究所得材料中得出的各种具体认识、观点和基本结论
(3)结尾　结尾的写法也比较多，可以提出解决问题的方法、对策或下一步改进工作的建议；或总结全文的主要观点，进一步深化主题

落款　→　在正文结束后空一到两行右下方的位置分两行写署名和日期

三、如何写一份医药商品市场调查报告

　　调查报告是应用文的一种，医药商品市场调查报告的特殊性在于它的调查对象是医药商品；所以医药市场调查报告同其他内容的调查报告一样，有四个步骤。

（一）设计调查问卷

调查问卷是调查报告的基础，调查问卷的质量直接关系着调查报告的质量。因此，调查问卷的设计非常重要，设计调查问卷应遵循以下几个原则。

（1）必须有明确的调查主题；

（2）围绕主题设计 10～15 个问题；

（3）采用设问的方式，每个问题的答案不得少于 2 个；

（4）问题设计明确、简单易懂易答；

（5）问题设置和编排循序渐进，逻辑性强；

（6）不触及个人隐私和人身敏感问题等。

（二）确定调查方法

写出一份有分量的调查报告，选择调查的方式方法很重要。

1. 常用的调查方式 有以下几种。

（1）普遍调查 对所有的调查对象进行毫无遗漏的调查。

（2）典型调查 选择一个或若干个具有代表性的调查对象做全面、系统、周密的调查。

（3）个案调查 对社会的某个个人、某个人群、或某个事件、某个单位所做的调查。

（4）抽样调查 是指从调查对象的总体中抽取一些个人或单位作为样本，通过对样本的调查研究来推论总体的状况。

2. 常用的调查方法 有以下几种。

（1）问卷法 合理设计问卷，通过问卷收集信息。

（2）文献法 通过书面材料、统计数据等文献对研究对象进行间接调查。

（3）访问法 通过交谈的方式（例如座谈会）获得资料。

（4）观察法 现场观察，凭借感觉的印象搜集数据资料。

（三）分析调查材料

分析调查材料，是写调查报告的前提。分析调查材料的方法有很多，一般我们采用的比较多的方法是统计分析的方法。统计分析又分为定性分析和定量分析两大类。定性分析一般是给调查的对象定位，准确性稍差一些；定量分析则是通过例如百分比、平均数等方法对调查材料进行分析，这是较深层次的分析。定性分析和定量分析的配合使用，才能使调查结果更准确、更全面和更细致。

（四）写出调查报告

写调查报告时要注意下列问题。

1. 明确读者是谁 调查报告是为特定对象写的，阅读对象不同，调查的方向、撰写的方式方法也不一样。所以写调查报告必须要有针对性。

2. 行文力求简明扼要 对调查对象进行调查是一个复杂的过程，但调查报告只要写出对调查材料的分析和得出的结论就行了，要纠正"报告越长，质量越高"的想法，好的调查报告应该是精炼的、简洁的和有效的。

3. 行文流畅，易读易懂 调查报告应当是易读易懂的。报告中材料的组织要有逻辑性，应使用简短的、直接的、清楚的句子把事情说清楚。

4. 内容客观，资料的解释要充分，要相对准确 调查报告的突出特点是用事实说话，应以客观的态度来撰写报告。在文体上最好用第三人称或非人称代词，如"作者发现……"、"笔者认为……"、"据发现……"、"资料表明……"等语句。行文时，应以向读者报告的语气撰写，同时，报告应当准确地给出项目的研究方法、调研结果的结论，不能有任何迎合用户或管理决策部门期望的倾向。

在进行资料的解释时，注意解释的充分性和相对准确性。"有57.37%的被调查者知道我们的产品"这种说法会让人觉得比"有57%的被调查者知道我们的产品"更精确也更可信。

5. 调查报告中引用他人的资料，应加以详细注释 这是大多数人常忽视的问题之一。通过注释，指出资料的来源，以供读者查证，同时也是对他人研究成果的尊重。注释应详细准确，如被引用资料的作者姓名、书刊名称、所属页码、出版单位和时间等都应予以列明。

6. 切忌将分析工作简单化 数据的分析过程也就是透过现象看本质的过程，所以必须尽量精确。

7. 提出的建议应该是积极的、正面的 调查结论应用简洁而明确的语言来表述，可引用有关背景资料加以解释和论证。尽量用积极的、肯定的建议，少用否定的建议。肯定的建议是告诉对方要做什么，怎么做，而否定的建议只是告诉对方不做什么，效果不大。如"应拓宽对保健品的宣传渠道"就比"不应只是偏重广告对保健品的宣传"要好。

 知识链接

医药市场调查报告是怎样分类的

1. 情况调查报告 是比较系统地反映某种医药商品基本情况的一种调查报告。这种调查报告一般是为了弄清情况，供决策者使用。

2. 典型经验调查报告 是通过分析医药商品的生产或销售的典型事例，总结出新经验，从而指导和推动某方面工作的一种调查报告。

3. 问题调查报告 是针对医药商品生产或销售的问题，进行专项调查，澄清事实真相，判明问题的原因和性质，确定造成的危害，并提出解决问题的途径和建议，为问题的最后处理提供依据，也为其他有关方面提供参考和借鉴的一种调查报告。

 案例 ①

关于目前我国保健品市场的调查报告

随着人们生活水平的提高，消费者的保健意识越来越强，对保健品的需求也越来

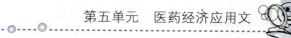

越迫切。那么，各层次的消费者对保健品的认识到底是怎样的？消费者对保健品的关注集中在那些方面？对市场上出现的越来越多的功能几乎被神化的保健品又持怎样的态度？消费者有最起码的维权意识吗？针对上述问题，笔者对保健品市场进行了调查。

调查发现，认为"有必要"和"一般"使用保健品的消费者，共占到67%；"经常"、"偶尔"使用保健品的消费者，共占到66.88%。这表明大多消费者在生活中不同程度地使用着保健品，消费者对保健品消费总体来说是接受、认同的，大部分消费者都认为使用保健品是有必要的，对保健品消费也逐渐趋于理性。但是，有相当数量消费者对保健品缺乏正确认识，也缺乏正确的健康保健的观念，甚至混淆保健和治疗的界限。在被调查对象中，有32.97%的消费者认为"退休的老年人"最应使用保健品，这反映出个别消费者认为保健品的主要使用人群是体弱多病的老年人，认为身体不好才有保健的必要，甚至混淆了保健品和药品两者的概念。

其次，一些消费者对保健品本身的功效、质量和价格存有疑虑，消费者在购买保健品时着重关注保健品实际功效和企业资质，更加谨慎、理性消费。消费者对"什么原因不用保健品"问题，选择"用处不大"、"价位太高"、"品质不过关"，分别占了总人数的33.12%、27.17%、24.54%；"消费者关注的保健品的哪些方面"，调查排序依次为保健品的"功效"、"企业证照和质量标示"、"价钱"。由此可以看出，消费者在保健品消费中更加重视了功效、质量、价格等产品本身的因素，而"别人推荐"、"推销方式、地点"等已不再吸引消费者的眼球。

再次，消费者的维权意识增强，维权途径多样化。在保健品消费中消费者的合法权益受到侵害时，"找消协"、"向行政部门投诉"、"找企业协商"、"找媒体曝光"成为消费者的主要维权途径，分别占38.53%、20.47%、16.07%、12.89%，只有4.63%的消费者选择"忍耐"。

同时，制约消费者维权的因素还较多，"厂家不明或消失"、"无统一的标准规定"、"取证难"、"成本高"是几个主要障碍分别占29.58%、29.34%、26.29%、14.79%，这反映出消费者在维权过程中遇到的困难更多的是一些客观障碍，如找不到人、无理可依、没有证据。

综上，我国保健品市场的拓展应注重两个方面：一是保健品的生产应在提高质量和创立品牌上下功夫；二是拓宽宣传渠道，致力于建立各层次各阶层消费者的保健意识。

（http：//www.dh188.net/d3d3LnppcXRjLm9yZy5jbi96aXF0Yy9hcnRpY2xlMjEyMzkkuaHRtbA%3D%3D/，有改动。）

维生素保健品的市场调查问卷

亲爱的被访者：

您好！感谢您在百忙之中抽出宝贵时间来参与我们的调研，本次调研仅需占用您3分钟时间并匿名统计，您的资料及答案均保密请您放心。

1. 请问你对维生素保健品了解多少

A. 没听说过　　B. 好像听说过　C. 知道　　　D. 了解　　　E. 很熟悉

2. 请问你对"21金维他"了解多少（单选题）

A. 没听说过　　B. 好像听说过　C. 知道　　　D. 了解　　　E. 很熟悉

3. 如果您觉得"21金维他"这个品牌好的话，您会推荐给其他人吗（单选题）

A. 绝不会　　　B. 不会　　　　C. 不知道　　D. 可能会　　E. 一定会

4. 21金维他的质量好，价格再高一点您可以接受吗（单选题）

A. 非常不同意　B. 有些不同意　C. 无所谓　　D. 有些同意　E. 非常同意

5. 21金维他的广告很少见到，导致您不知道这个品牌（单选题）

A. 非常不同意　B. 有些不同意　C. 无所谓　　D. 有些同意　E. 非常同意

6. 使用21金维他非常有利于健康（单选题）

A. 非常不同意　B. 有些不同意　C. 无所谓　　D. 有些同意　E. 非常同意

7. 请问您服用过的维生素保健品品牌（多选题）

A. 安利　　　　B. 养生堂　　　C. 资生堂　　D. 金维他　　E. 其他

8. 当您购买维生素保健品时吸引你购买它的因素（多选题）

A. 功效　　　　B. 品牌　　　　C. 价格　　　D. 包装　　　E. 广告

9. 请问您的年龄（单选题）

A. 25岁以下　　B. 26～35岁　　C. 36～45岁　D. 45～60岁　E. 60岁以上

10. 请问你的性别（单选题）

A. 男　　　　　B. 女

（问卷摘自 http：//www.sojump.com/问卷星）

目标检验

练一练

1. 调查报告是对_____、_____、_____，经过深入细致的调查后，将调查中收集到的材料加以_____，_____，以书面形式向组织和领导汇报调查情况的一种文书。

2. 调查报告的标题有_____种，规范式标题的格式是_____；自由式标题又有_____、_____和_____三种。

3. 调查报告的开头部分可以写调查的_____、_____、_____、经过与方法，以及人员组成等调查本身的情况；也可以写调查对象的_____；大致发展经过、现实状况、_____、_____；还可以直接_____，直接概括出调查的结果。

4. 写一份医药商品市场调查报告一般分四个步骤，分别是_____、_____、_____、_____。

5. 如果用统计分析的方法对调查材料的分析，要注意将_____分析和_____分析结合起来。

6. 写调查报告时若引用他人的资料，应该加以_____，如引用资料的_____、_____、_____、出版单位和时间等都应予以列明。

1. 你认为"案例2"这份调查问卷的调查主题是什么？
2. 说说写调查报告时要注意的问题有哪些？
3. 写调查报告之前要进行充分的调查，调查的方式方法有很多，你碰到过的有哪些呢？
4. 如果让你写一份关于某种保健品市场投放的调查报告，你会怎么写呢？

2010 年中国家庭药箱调查报告

······

根据该项调查报告，在中国居民家庭常备药品中，医疗器械、心血管用药及代谢药的储备比例相对较低，分别为 27.14%、26.91%；感冒药的储备比例最高，为 78.25%。典型城市（北京、上海、广州、南京、武汉、西安、杭州、大连、天津、重庆、成都、长沙、深圳、济南、沈阳、哈尔滨）居民家庭常备医疗器械、心血管药及代谢药、眼科药、抗过敏药的比例明显高于其他城市，而储备感冒药和胃药的比例与其他城市差别不大。

经比较分析发现，居民储备常用药械的比例与受教育程度、家庭收入情况等相关。家庭成员受教育程度越高，常备医疗器械和药品的储备比例相应越高。小学、初中、高中（含中专、职校）、大专、本科、硕士及以上不同教育程度家庭的医疗器械储备比例分别为 19.4%、17.1%、16.0%、26.1%、47.9%、51.1%。不同收入水平的家庭在医疗器械类产品、心血管药及代谢药、抗过敏药和眼科药的储备上，有比较明显的差异，收入水平越高，储备比例越高。1000 元以下、1000～5000 元、5000～10000 元、10000 元以上收入家庭常备医疗器械的比例分别为 21.3%（样本量 122）、25.5%（样本量 877）、39.2%（样本量 334）、38.6%（样本量 88）。（来源《中国医药报》）

······

1. 这份调查报告的调查主题是什么？
2. 在报告的第一段中，最引起你注意的信息是什么？
3. 第二自然段中的统计数据说明什么问题？
4. 根据上述内容，你能得出什么结论？

以学习小组为单位，根据所学知识，选择一种非处方药品或保健品，设计一份调查问卷，然后进行实地调查，分析调查结果后写出一份调查报告。

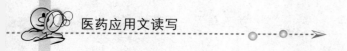

第四节　药品生产销售授权委托书

通过本节内容的学习，了解授权委托在法律意义上的权限范围，了解药品的生产、销售授权委托书的概念及写作格式等相关知识，以及签订授权委托书时的注意事项等。学习重点：药品生产、销售授权委托书的解读。

一、药品生产销售授权委托书是用来做什么的

授权委托书是指委托人为把某种权利授予受托人而制作的一种法律文书。

药品生产销售授权委托书是指委托人把某种药品的生产权或销售权授予受托人而制作的法律文书。

二、药品生产销售授权委托书的格式怎样的

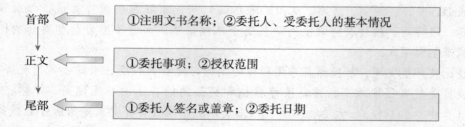

首部 ← ①注明文书名称；②委托人、受委托人的基本情况

正文 ← ①委托事项；②授权范围

尾部 ← ①委托人签名或盖章；②委托日期

三、授权委托书委托的权限范围

作为法律文书，委托人的委托是受托人实施代理行为有效的依据。在民事代理中，委托人授予受托人代理权的范围有三种情况。

（1）一委托　即受托人只能就受托的某一项事务办理民事法律行为。

（2）特别委托　即受托人受托在一定时期内连续反复办理同一类性质的民事法律行为。

（3）总委托　即受托人受托在一定时期内办理有关某类事务或某一种标的物多种民事法律行为。

在民事诉讼代理中，委托代理权分为两种。

（1）一般委托　即委托代理人只能代当事人为一般的诉讼行为，如提出证据、进行辩论、申请财产保全等。

（2）特别委托　即委托代理人受托进行某些重大诉讼行为，如有权代理当事人承认、变更、放弃诉讼请求；有权提起上诉或反诉；有权与对方当事人和解等。

四、签订授权委托书的注意事项

（1）授权委托方法有三种：明示授权、默示授权和追认。

（2）委托的期限一定要写明起与止的时间，不写起止的时间，就容易引起争议。

（3）特别授权委托书如果是公民之间的，应当办理公证，以确保委托行为的真实性、合法性。

案例 1

药品生产企业授权委托书

×××（委托单位）：

我方授权委托自然人 _____ 身份证号码 _____

住址 _____ 联系电话 _____ 为我方生产的 _____

_____（药品名称、剂型、规格，可添加）共 _____ 个药品生产的代理人，并承诺所递交的 _____ 页资料真实有效，我方愿承担由此而引起的一切后果。

授权委托人（药品生产企业名称）（盖章）_____

药品生产企业电话（必须填，单位座机）_____

法定代表人（签字）_____

药品生产企业长期固定联系人 _____

药品生产企业联系人电话 _____

日期：_____ 年 _____ 月 _____ 日

案例 2

药品销售授权委托书

兹委托××××医药有限公司（批发企业名称）负责我公司产品 _____（药品通用名，规格）在××地区的销售及提供售后服务等相关工作。我公司保证承担上述产品的一切质量问题。委托期限：_____ 年 _____ 月 _____ 日至 _____ 年 _____ 月 _____ 日。特此委托。授权企业名称（盖章）：被授权企业名称（盖章）：被授权企业代表姓名及联系电话 _____

日期：_____ 年 _____ 月 _____ 日

 知识链接

> 授权委托书有两种：一种是民事代理授权委托书；一种是诉讼代理授权委托书。

目 标 检 验

填一填

1. 授权委托书是指_____人为把某种权利授予_____人而制作的一种_____文书。

2. 药品生产销售授权委托书的格式包括_____、_____、_____三部分。

3. 药品生产销售授权委托书的要写明药品生产或销售的具体的委托_____及_____。

4. 在民事代理中，委托人授予受托人代理权的范围有三种情况：_____、_____、_____。

5. 委托的期限一定要写明_____，就容易引起争议。

想一想

1. 委托书有民事代理授权委托书和诉讼代理授权委托书，药品生产销售委托书属于哪一种呢？

2. 药品生产授权委托书和药品销售授权委托书在委托事项和委托范围上有哪些不同？

找一找

仔细阅读下面这份委托书，回答问题：

医疗器械生产企业法定代表人授权委托书

××市医药招标代理有限公司：

××医疗器械股份有限公司现授权本公司×××总经理为本公司的合法代理人，参与本次医用耗材集中招标采购的相关事宜，以本公司的名义处理一切与之有关的事务。

授权期限为：××××年×月×日起至本次中标产品采购期结束。

法人代表签字并盖章：_____

被授权人签字并盖章：_____ 身份证号码：_____

被授权人联系电话：_____

手机：_____ 办公电话：_____

日期：××××年×月×日

1. 这份授权委托书的委托方是谁？受托方是谁？

2. 这份授权委托书的授权事项是什么？

3. 你认为这是一份生产授权委托书还是销售授权委托书？

根据所学的知识和教材中的案例，试试自己拟一份药品生产授权委托书和一份药品销售授权委托书。

第五节 医药商品购销合同

通过本节内容的学习，懂得医药商品购销合同的格式、内容及特点，学会看此类合同。学习重点是医药商品购销合同的解读。

一、医药商品购销合同是用来做什么的

合同是两个或两个以上的当事人为共同达到一个目标，按法律规定就确定各自的权利义务关系而达成的一种协议。

购销合同是买卖合同的一种，主要是指供方（卖方）同需方（买方）为了达到共同的目标，根据协商一致的意见，由卖方将产品交付给买方，买方接受产品并按规定支付价款的协议。

依法成立的购销合同，受法律保护。

医药商品购销合同是商品交易的当事人双方交易的产品为医药商品。依法成立的医药商品购销合同同样具有法律效力。

二、医药商品购销合同的格式是怎样的

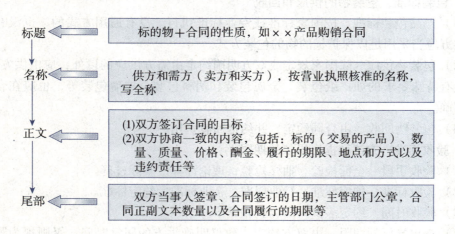

三、签订和阅读医药商品购销合同有哪些注意事项

1. 医药商品名称、商标、规格型号、生产厂家、计量单位、数量、单价、金额、供货时间及数量

（1）填写的名称要与公章名称相吻合。

（2）凡使用品牌、商标的产品，应特别注明品牌、商标和生产厂家。

（3）规格型号，参考相应的物资目录，设备目录。

（4）产品数量和计量方法，按国家或主管部门规定的计量方法执行；没有规定的，按双方商定的计量方法执行。

（5）价格、金额，一般由双方协商确定。

（6）供货期限，可以合同约定；一般来讲，提货的以乙方通知提货日期为准；送货的以送达目的地为准。

2. 质量技术标准、供方对质量负责的条件和期限 有国家标准 GB、部颁标准、企业标准 QB。如果要填写，须有标准代号、编号和标准名称。对于特定产品，或对产品质量有特殊要求的，必须具体约定好标准。

3. 交（提）货地点、方式

（1）交货地点 也是风险转移的分界点。作为合同履行地，它涉及合同纠纷的司法管辖权。当约定的交货地点与实际交货地点不一致时，以实际交货地为合同履行地。

（2）交货方式 工厂交货（提货）、目的站港交货（送货）、货交承运人（代办运输）等等。

4. 运输方式及到达站港和费用负担 运输方式一般由需方提出，也可协商确定运输方式、运输路线、运输工具。总的要求是运费低、运速快、货物安全到达。运输费用的负担，也由双方商定。

5. 合理损耗和计算方式 一般按实际收货量结算。

6. 包装标准、包装物的供应和回收

（1）产品包装标准 按国家标准或专业标准执行。没有通用方式的，也没有约定的，供方应当采用足以保护标的物的包装方式。

（2）包装物供应 除国家规定或双方明确约定由需方供应的以外，应由供方供应。对包装有特殊要求的如：纸包装、金属包装、塑料包装、玻璃包装等，也应在合同中加以明确。

（3）包装物回收 由合同约定，并约定回收费用。

7. 验收标准、方法和提出异议的期限

（1）验收手段 全面检验、抽样检验；理论计算、实际过磅。

（2）验收标准 国家标准，行业标准、企业标准、约定标准。

（3）验收时间 约定多少天内应验收完毕。

（4）提出异议的期限 由双方约定，建议明确供方的回复时间，否则视为默认需方提出的异议和处理意见。

没有约定检验期间的，一般可在到货后 10 天内提出书面异议；需安装运转后才能

发现内在质量问题的产品，应在运转之日起 6 个月内提出异议；也可以详细约定由谁（或由哪个机构）负责验收和试验。

8. 随机备品、配件工具数量及供应办法　对医疗器械产品，应明确规定随主机的辅机、附件、配套产品、易损耗备品、配件和安装修理工具等。对成套供应的设备，应配有设备清单。

9. 结算方式及期限

（1）结算方式　现金、支票、汇票、托收承付（验单付款或验货付款）。

（2）结算期限　预付款、货到付款、分期付款以及时间。

10. 担保　可另立担保合同。

11. 违约责任

（1）供方的违约责任　供方不能交货的，应向需方承担不能交货部分货款的违约金；对违约金数目，双方可以协商或订立在合同中。

（2）需方的违约责任　需方中途退货的，应向供方承担退货部分货款的违约金；需方违反合同拒绝接货的，按退货处理，并承担由此造成的供方的损失。

12. 解决合同纠纷的方式　解决合同纠纷的方式，双方可约定仲裁，也可向法院起诉；如果双方想通过仲裁解决，则应写明由"××仲裁委员会"仲裁，名称不能确定的，视为无效约定；如果对仲裁不服的，有权向人民法院起诉。

13. 其他

（1）送达约定　根据本合同要求所发送的通知或者其他通讯往来应用中文书写并且由专人或传真或以挂号信函的方式送达，双方的法定地址以落款地址为准；

如果送达地点需要变更的，一方将于变更后的次日用书面形式通知对方，否则对方按上述确认的地点所送达的文书，不论是否收到，均视为送达；

（2）合同份数、生效条件　注明几式几份，是否签字盖章生效或附条件生效。

（3）其他约定　本合同为双方的完整协议，以前协议双方或其代理人就本协议适用或涉及的任何事项或事物所做的一切陈述、谈判、信函、承诺、协议、协商、合同，无论是书面的还是口头的，均作废。

14. 落款　单位全称、详细住址、邮政编号、法定代表人、代理人、联系电话；开户银行、帐号、税号；合同签订日期。

 案例 1

药品购销合同

甲方：×市基层医疗卫生机构

乙方：×市基层医疗机构基本药物配送企业

兹有甲方向乙方订购下列货物，经双方协议，订立条款如下。

一、品种、规格及数量

见附件一《×市基层医疗卫生机构基本药品采购批次订单合同》。

二、甲方的权利和义务

1. 甲方必须从公布的《×省×市基层医疗卫生机构采购的基本药物中标药品目录》中采购药品。

2. 负责与配送企业签订书面《药品购销合同》。

3. 为乙方供货提供必要的条件和帮助。

4. 严格执行中标药品目录中规定的价格。

5. 按双方约定及时向乙方结算货款。

6. 除非存在药品质量问题,否则甲方不得以任何理由拒收乙方配送的在合同约定的数量、金额和时限范围内的药品。

7. 遵守法律、法规的其他相关规定。

三、乙方的权利和义务

1. 执行《×省基层医疗卫生机构采购的基本药物中标药品目录》,按照中标药品目录所注明的药品规格和价格向甲方供应药品。

2. 对甲方的订单应当及时响应,保证甲方所需药品配送到位。及时对网上采购单进行接受确认、发货确认及到款确认。药品的配送应做到:急救药品4小时内送到,一般药品24小时内送达,最长不超过48小时,节假日照常配送。

3. 已确认的中标品种,自签订合同之日起至采购周期结束,不得自行弃标和不予供货。

4. 不得在销售药品或者提供服务过程中利用财物或者其他方式进行商业贿赂。

5. 遵守法律、法规的其他相关规定。

四、有效期

生产企业和经营企业提供的药品均应为合理最长有效期内。

五、伴随服务

乙方可能被要求提供下列服务中的一项或全部服务:

1. 药品的现场搬运或入库;

2. 提供药品开箱或分装的用具;

3. 对开箱时发现的破损、近效期药品或其他不合格包装药品及时更换;

4. 在甲方指定地点为所提供药品的临床应用进行现场讲解或培训。

5. 其他乙方应提供的相关服务项目。

六、药品质量

1. 按合同交付的药品质量应符合药典标准或国家药品监督管理部门的规定、与报价时承诺的质量相一致,以确保临床用药安全有效。

2. 医疗机构在接收药品时,应对药品进行验货确认,对不符合合同要求或质量要求的,医疗机构有权拒绝接受。乙方应及时更换被拒绝的药品,不得影响医疗机构的临床用药。

3. 在临床使用中疑有质量问题、需要进行质量检验的药品,可要求乙方送交药品检验部门(或上级检验部门)进行质量检验。

4. 药品质量不符合规定的，医疗机构有权解除合同或根据药品的性质以及损失的大小，要求乙方承担更换、退货、减少价款等违约责任。

5. 经法定机构确认为药品质量原因造成医疗机构损失的，其损失（包括由此造成的其他损失）一律由乙方承担。

七、违约责任

1. 在履行合同的过程中，如果乙方遇到特殊情况不能按时配送药品和提供伴随服务，应及时以书面形式将可能拖延的时间和原因通知甲方。甲方在收到乙方的书面通知后，应尽快对情况进行核实，并由甲方确定是否酌情延长交货时间以及是否收取违约金或终止合同。

2. 如乙方无正当理由拖延交货，将受到加收误期赔偿费或终止合同的处罚。

八、争议的解决

因合同引起的或与本合同有关的任何争议，由双方当事人协商解决；也可以向有关部门申请调解。协商或调解不成，当事人可依照有关法律规定将争议提交仲裁，或向人民法院起诉。

九、合同生效

1. 本合同经甲乙双方签字后生效。

2. 本合同一式三份，甲乙双方各自存档一份、一份由甲方报大连市药品集中采购工作领导小组办公室备案。

甲方：（加盖公章）　　　　　　乙方：（加盖公章）

甲方法定代表人：（签字）　　　乙方法定代表人：（签字）

日　期：　　　　　　　　　　　日　期：

本合同自 201×年×月×日起至 201×年×月×日有效。

● 案例 ②

药品购销合同

销方：　　　　　　　　　　　　合同序号：

购方：　　　　　　　　　　　　合同编号：

经双方友好协商，达成如下协议：　签订地点：

签订日期：　　年　　月　　日

品名	规格	单位	单价	数量	金额	备注

金额合计（大写）：	佰　拾　万　仟　佰　拾　元　角　分		
付款方式及期限			
交货方式及期限	到站		

1. 验收 产品质量符合国家药典或地方标准，对产品质量问题，购货方应在收到货物之日起，一个月内提出异议，经药检所认定为销方质量问题方可退货，其他非质量原因不予退货，由于购方未经销方同意擅自退货，由此造成的一切损失由购方承担。

2. 担保 担保可采用①质押②抵押③保证④定金方式进行，上述方式可单独使用也可合并使用，并另附担保合同书，如选质押或抵押方式应依法办理登记手续，作为本合同组成部分。

3. 索赔 由销方负责发运的货物因承运人造成的货物破损、丢失等，购方可直接向承运人索取责任事故证明，并在自货到之日起7日内将责任事故证明交销方处理，否则视为购方已如数收到货物。

4. 违约责任 按《合同法》规定承担责任。

5. 其他约定事项 略。

6. 争议解决方式 发生合同纠纷，协商不成，可向×省仲裁委员会申请仲裁，或向销方所在地法院提起诉讼。

7. 上述条款双方已仔细阅读，并予以接受，签字盖章后即对双方产生法律效力。

销方单位（章）：	购方单位（章）：
地址：	地址：
法定代表人：	法定代表人：
委托代表人：	委托代表人：
邮编 电话	邮编 电话
开户行	开户行
账号	账号
税号	税号
公（鉴）证意见：	
公（鉴）证人：　　　　公章　　　年　　　月　　　日	

目标检验

练一练

1. 医药商品购销合同是一种＿＿＿＿＿＿＿＿合同，只要是依法成立的，都有法力效力。

2. 医药商品购销合同的结构包括＿＿＿＿＿个部分，分别是＿＿＿＿＿＿、＿＿＿＿＿＿＿＿、＿＿＿＿＿＿＿、＿＿＿＿＿。

3. 医药商品购销合同的名称一定要＿＿＿＿＿＿＿＿。

4. 医药商品购销合同的正文包括＿＿＿＿＿＿和＿＿＿＿＿＿＿＿＿两部分。

1. 医药商品购销合同的结构跟我们以往学过的应用文的结构相比有哪些不同？这些不同体现了此类应用文的什么特点？

2. 如果让你去签订一份药品购销合同，你会在哪些方面特别留心？

3. 如果让你去签订一份医疗器械产品的购销合同，你会在哪些方面特别留心？

仔细阅读下面这份合同，回答问题：

医疗器械购销合同

甲方：

乙方：

甲、乙双方本着平等互利的精神，经友好协商，就乙方向甲方提供_____设备的配置、价格及其售后服务等事项达成一致，具体条款如下：

一、成交价格：乙方愿以报价_____，优惠成交价_____提供给甲方_____型号_____设备，具体配置内容详见配置清单。该设备生产厂商为：_____，生产国为：_____。上述成交价若有其他用户（在同等配置条件下）比其低者，则乙方愿意向甲方提供必要的差额补偿。

二、质量保证：乙方按配置清单要求，提供原装全新设备，对该设备实行三包（即包用、包修、包调换），以确保其产品质量性能可靠稳定。若产品质量性能存在问题，则甲方有权向乙方提出退换和索赔。

乙方保证向甲方提供的有关资质材料真实有效，由此引起的责任或费用均由乙方承担。如因提供设备发生医疗器械不良事件，乙方愿承担全部责任和所有费用。

三、售后服务：乙方同意此设备自安装、调试、验收合格后正常使用日起，免费保修期为_____个月，保证在接到甲方报修通知_____小时内到现场检修。保修期要确保该系统正常运行的开机率不低于_____%，如达不到此标准造成了甲方的经济损失，乙方应予以调换部分或整个设备，保修期作相应延长，并承担期间甲方的经济和其他损失。保修期满后，由乙方负责实行终身优质服务，检修更换的零备件按标准报价_____折的优惠价提供，人工差旅费_____。乙方应负责该机型系统错误改进，在_____年内对软件的免费更换或升级。如以后产品的升级换代，乙方愿为甲方以优惠价格提供。

四、随机资料：乙方随设备提供详细的操作手册、维修手册、保养手册、中英文原版资料、设备总图、电子线路图、机械结构图等所有的应用和维修资料。

五、付款方式：甲方在合同生效后_____内先以_____方式预付全款_____计_____；设备（包括赠送部分）安装调试验收合格正常使用_____内以_____方式付全款的_____，计_____；余款_____内以_____方式在_____付清。

六、交货时间：乙方负责采用_____运输方式，保证在_____之内将设备运到_____；并负责卸货安装到位，在_____之内调试完毕投入使用，其间费用由乙方承担。如不能按时完成，乙方愿作相应补偿给甲方，按每天_____乘以耽误天数作为补偿计算标准。

七、赠送条款：为进一步加强技术合作，体现"友好协作"的精神，乙方同意免费赠送甲方_____。

八、人员培训：_____。

九、其他：_____。

十、双方愿意在公平合理和平等互利的基础上，共同遵守本协议之条款。若有未尽事宜，双方通过友好协商解决。此"购销合同书"甲乙双方各执贰份，具有同等效力。

甲方（盖章）：   乙方（盖章）：

甲方代表（签字）：   乙方代表（签字）：

签订日期：   签订日期：

1. 这是一份什么内容的购销合同？

2. 这份购销合同正文部分的主要内容是什么？

3. 按照合同正文的写作要求，这份购销合同的内容完整吗？

4. 你认为这份购销合同缺少了什么内容？它重要吗？

5. 请在这份购销合同的原文上划出双方的责任和义务的相关内容。

通过媒介（网络或书籍）找一份医药商品购销合同，然后按我们学习过的知识给同学们分析一下所找的合同的内容。

第六单元 法律文书

第一节 起诉状

　　通过本节的学习，了解法律文书中起诉状的基本概念和写作方法以及撰写注意事项，提高法律意识和维权意识。

一、起诉状就是状纸吗

　　起诉状是向法院提起公诉或自诉的法律文书。

　　自诉的法律文书通常称为诉状、状子、状纸等，指的是公民个人以及机关、团体、企事业单位作为原告向人民法院提起诉讼的法律文书。

　　公诉的法律文书通常称为起诉书或公诉书，指的是人民检察院代表国家按照审判权限的规定，对依法应当追究刑事责任的被告人向同级人民法院提起公诉时所制作的法律文书。

　　起诉状依据起诉对象的不同，分为刑事起诉状、民事起诉状和行政起诉状三类。

　　刑事起诉状是刑事案件的自诉人或其法定代理人直接向人民法院提起诉讼，控告被告人的犯罪行为，要求追究被告人的刑事责任或者附带民事责任的法律文书。

　　民事起诉状是民事案件的原告或其法定代理人，为维护自己的民事权益，就有关民事权利和义务的纠纷，向人民法院提起诉讼的法律文书。行政起诉状是公民、法人、其他组织或其法定代理人认为行政机关和行政机关工作人员在行使行政权力时侵犯了其合法权益，依据行政诉讼法和其他有关法律法规的规定，依法向人民法院提起诉讼的法律文书。

二、起诉状的格式是怎样的

　　各类起诉状的格式和写法基本相同。

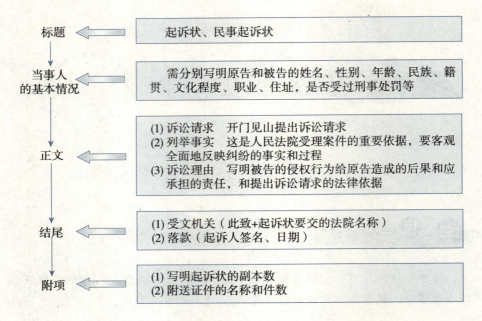

三、起诉状有哪些写作要求

1. 写作格式要符合规范 要严格依照有关格式的规定，不能随意增减项目，也不能随意安排结构。

2. 诉讼事实要真实可靠 "以事实为依据，以法律为准绳"是法院进行案件审理工作的基本原则。歪曲事实，弄虚作假，有碍于审判工作的顺利进行，要承担法律责任。

3. 诉讼证据要确凿无误 无论是物证、书证还是其他证明材料，都要认真查对后使用。有意提供伪证是要受到法律处罚的。

4. 语言表达要得体 诉讼文书在语言表达上有较高的要求：遣词造句要准确；表述要简洁明确，逻辑要严密；用词质朴庄重，言之有物。

起 诉 状

原告：北京×××医药有限公司

地址：北京朝阳区×××街××号长建办公楼　法定代表人：李××（总经理）

被告：北京市朝阳区××医院（原北京市朝阳区慧×医院）

地址：北京朝阳区亚运村××北路××里×××号　法定代表人：张×

诉讼请求：

1. 请求法院判决北京××医院偿还对我公司的欠款9.7万元；

2. 请求法院判决被告北京××医院赔偿违约金8000元人民币。

事实与理由：

北京朝阳区××医院的前身是北京慧×医院，当时的法人代表为王××，自2004

年以来截至 2005 年 11 月 1 日止，北京慧×医院（现北京××医院）拖欠我公司购药款共计 10 万元整。根据我公司和北京慧×医院（现北京××医院）于 2005 年 11 月 4 日签订的还款协议，被告方应于 2006 年 4 月 16 日前还清所有欠款，付款方式为每月还 2 万元整。但我公司经多方努力，只在 2005 年 12 月 20 日得到 3000 元的还款，经办人为北京慧×医院的院长王××，他同时承诺按还款协议尽快清偿欠款。但此后院方一直回避接触我公司代表，或以各种理由不还欠款。

根据以上事实，北京××医院（原北京慧×医院）违反合同约定，拖欠货款在先；后又违反还款协议，不及时清偿欠款，致使我公司因收款事项耗费了大量人力物力。依照《中华人民共和国民法通则》第 108 条的规定，北京××医院（原北京慧×医院）应当及时还清对我公司的欠款 9.7 万元人民币；依照《中华人民共和国民法通则》第 111 条、112 条的规定，以及《中华人民共和国合同法》第 107 条的规定，被告方应当赔偿我方违约金 8000 元整以补偿我公司的支出损失。恳请法院早日解决此案。

此致
北京市朝阳区人民法院

起诉人：北京×××医药有限公司
二○○六年八月十六日

附项：1. 起诉状副本一份；
　　　2. 被告与原告签署的还款协议一份；
　　　3. 被告的部分还款凭据。

 案例 2

起 诉 状

原告：赵××，性别男，汉族，生于 19××年×月×日，原在××公司工作
住址：上海市××区××路××号，电话：×××××

被告：黎××，性别男，汉族，××公司驾驶员

被告：××有限公司　　　　　　　　法定代表人：王××

邮编：200030　　　　　　　　　　电话：×××××

诉讼请求：

1. 判令被告向原告支付人身损害赔偿金 80000 元（具体详见清单）；

2. 判令被告向原告支付精神损害赔偿费 10000 元；

3. 赔偿原告助动车损失费 6000 元；

4. 本案诉讼费由被告承担。

事实与理由：

2009 年 4 月 1 日下午一时许，当原告在上班途中，骑助动车正常行经××市××路与××路交叉路口时，遭遇被告胡×驾驶的小客车（牌号为×××××，是××有限公司车辆）右转弯撞击，致使原告头部直接坠地及身体多处受伤，并致使原告的助动车严重损坏。事故发生后原告被送往××医院治疗，经门诊诊断，造成原告头部颅底骨折、左颞顶头皮下血肿、压痛、耳聋等。后经××公安分局交警支队认定，被告

对上述事故承担全部责任，原告无责任（见证据1）。原告又于2009年6月18日，经××鉴定中心伤残评定，确认"道路交通事故致颅底骨折，遗留头痛、头晕，左耳伟导功能障碍，属十级伤残"（见证据2）。又于2009年7月30日，双方不能达成一致意见，交警出具了道路交通事故损害赔偿调解终结书。

原告颅脑受伤，医院于2009年5月9日曾出具入院通知书，要求原告应住院手术检查，但由于住院手术检查费用高达1万余元，且当时原告经济窘迫而被告拒绝作任何赔偿的情况下，原告不得不放弃了住院手术治疗的机会（见证据4）。现已造成原告留有后遗症，经常头痛、头晕、耳鸣等，不得不被原单位解雇，至今不能正常上班。

另外，由于事故原因，原告助动车损坏严重，至今仍在被告处。且由于被告未履行修缮和归还义务，现已造成助动车报废，使原告经济损失6000元。

综上所述，原告认为：被告的行为显然构成对原告的侵权，并且直接给原告造成了人身损害和经济损失，据此，原告为维护自身合法权益，依法提起诉讼，恳请法院支持原告的诉讼请求。

此致
上海市××区人民法院

起诉人：赵××（签名或盖章）
二〇〇九年×月××日

附项：1. 起诉状副本2份；
　　　2. 证据10份，共13页；
　　　3. 原告的身份证复印件；
　　　4. 被告的信息资料。

知识链接

什么人都可以写状纸告状吗?

我国法律规定，任何公民、法人和其他组织，认为自身合法的权益受到侵犯和损害时，都依法享有起诉权，请求人民法院通过审理予以保护。

《中华人民共和国民事诉讼法》第108条规定：

"起诉必须符合下列条件：

1. 原告是与本案有直接利害关系的公民、法人和其他组织；

2. 有明确的被告；

3. 有具体的诉讼请求和事实、理由；

4. 有必要的证据；

5. 属于人民法院受理民事诉讼的范围和受诉人民法院管辖。"

起诉状的当事人，起诉的一方称为原告或原告人，被诉的一方称为被告或被告人。原告、被告只是"法律术语"，不带有任何褒贬的意思。

目标检验

填一填

1. 起诉状一般包括_____、_____、_____、_____、_____五个部分。

2. 起诉状一般分为_____、_____、_____三类。

选一选

1. 经济纠纷起诉状的核心内容是（　　　　）
A. 当事人的基本情况　　　　　　B. 请求事项
C. 事实和理由　　　　　　　　　D. 阐明道理

2. 起诉状的尾部在写所送交人民法院一行的上面写上（　　　　）
A. 此致　　　　B. 致　　　　C. 送　　　　D. 呈

辨一辨

1. 起诉状必须由自己亲自撰写，法院才会予以受理。（　　　　）
2. 证据是证明案件事实的合法性、有罪性的依据。（　　　　）
3. 有意提供伪证是要受到法律处罚的。（　　　　）

找一找

这是一份起诉状，请你找一找其中的错误。

离婚起诉状

原告李某，女，45岁，汉族，住××市×××路×××号。电话：×××××××

被告陈某，男，48岁，汉族，职工，电话：×××××××

诉讼请求：

请判令我们尽快离婚。

原、被告在1990年上半年经人介绍认识，1991年5月18日在××镇人民政府办理结婚登记手续，1993年2月1日生一女。

婚后，原、被告感情尚好，共同生活一段时间后，被告丑陋皮气暴露无遗，每次酗酒后就动手殴打原告。在原告怀孕5个月时，原告去叫被告回家，被告不顾原告有孕在身，动手殴打原告，还用刀吓原告。2000年3月8日，被告在×××出租私房嫖娼时被×××派出所警察抓住。1998年9月2日，被告又因琐事殴打原告，致使原告头部、鼻出血，左足多处软组织错伤，全身乌青。2000年11月9日，被告又乘酒兴殴打原告，还用菜刀背敲打原告头部，至今原告头部常常疼痛。2000年11月19日，被告跑到原告上班处叫原告回家，遭原告拒绝，被告就把原告拉到本市人民路上殴打，致使原告多处皮血肿，软组织挫伤。

原告认为：被告的种种恶劣行径严重伤害了原告的感情，致使原本脆弱的夫妻感情完全破裂，绝对不可能再和好了。今原告为解除痛苦，特根据《婚姻法》第32条之规定，向贵院起诉，请判我们尽快离婚，我将感激万分。

此致
敬礼

起诉人：李××

××市龙威贸易公司负责人口述材料：今年3月5日，通过招标，我单位与××市华远公司签订了安装单位内部局域网的合同。所需电脑50台和1台服务器，及安装网线、调试运行均由该公司负责，总计设备费58万元，工程费5万元，共合计63万元。3月10日，市华远公司来安装，3月20日完工。4月1日我公司付款。安装后，自4月中旬，设备就开始三天两头出问题，开始打电话，市华远公司还来修理、调整，后来干脆不来，让我们自己解决。可合同上说"设备硬件保修一年，在一年内无偿更换"，可他们根本不履行。我们觉得损失太大，所以要起诉它，不仅要退货，还得赔偿我们损失。

根据上面的××市龙威贸易公司负责人口述材料，写一份起诉状。

第二节　上诉状

　　通过本节的学习，了解法律文书中上诉状的概念、作用、写作方法，以及撰写时需注意的事项。初步掌握上诉状与起诉状的区别。

一、上诉状是用来做什么的

上诉状，是指诉讼当事人对地方各级人民法院作出的第一审判决或裁定不服，按照法定的程序和期限，向上一级人民法院提起上诉时使用的文书。

上诉是一项重要审判制度，也是当事人的重要诉讼权利。这既体现了人民法院慎重处理案件的精神，也有利于保护当事人的合法权益。

上诉状可分为刑事上诉状、民事上诉状和行政上诉状等几种类型。

二、上诉状的格式

各类上诉状的格式和写法基本相同。

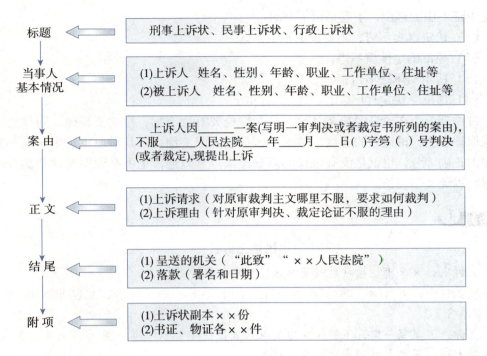

标题	←	刑事上诉状、民事上诉状、行政上诉状

当事人基本情况 ← (1)上诉人　姓名、性别、年龄、职业、工作单位、住址等
(2)被上诉人　姓名、性别、年龄、职业、工作单位、住址等

案　由 ← 上诉人因_____一案(写明一审判决或者裁定书所列的案由)，不服_____人民法院____年____月____日( )字第( )号判决(或者裁定),现提出上诉

正　文 ← (1)上诉请求（对原审裁判主文哪里不服，要求如何裁判）
(2)上诉理由（针对原审判决、裁定论证不服的理由）

结　尾 ← (1) 呈送的机关（"此致""××人民法院"）
(2) 落款（署名和日期）

附　项 ← (1)上诉状副本××份
(2)书证、物证各××件

三、上诉状的填写说明

1. 当事人基本情况　首先列写上诉人，然后列写被上诉人。并根据案情需要，列写其与上诉人之间的关系。被上诉人不止一个的，依次列写他们的基本情况。列完被上诉人之后，如有第三人的，再列写第三人。

2. 案由　依次写明案由、原审人民法院名称、原判决或裁定时间、文书的字号以及裁判文书名称，作上诉的表示等内容。这一段，只要把上述几个内容表述清楚，文字通顺就可以了。

3. 上诉请求　写明对原判全部或哪一部分不服，是要撤销原判、全部改判还是部分改判。

依次写明三项内容：

（1）十分简要地综合叙述一下案情全貌，使看诉状的人知道本案是怎么一回事；接着全文写明原审裁判结果（即结论）的内容。

（2）对原审裁判主文是全部不服，还是对哪一部分不服？

（3）说明具体的请求目的，是要求撤销原审裁判，全部改变原审的处理决定，还是要求对原审裁判作部分变更。

请求目的，变更要写得明确、具体、详尽。想达到什么目的，就一针见血地提出来，不能含糊其辞地说："请求上级法院俯予照顾，适当变更原判"、"请求上级法院依法作出公正判决"，或者是"请求上级法院给我做主"等类的空话。同时，要把请求目的全部写出来，有几条就写几条，不要疏漏。当然，如果属于考虑不周，在上诉审理过程中再提出补充或变更诉讼请求，也是允许的。

4. 上诉理由　主要是针对原审裁判而言，而不是针对对方当事人。针对原审判决、

裁定论证不服的理由,主要是以下方面:

(1) 认定事实不清,主要证据不足;

(2) 原审确定性质不当;

(3) 适用实体法不当;

(4) 违反了法定程序。

理由部分,在论证时应当注意:一是驳论要有理有据,措词要得体,同样要求坚持采取摆事实,讲道理的态度,遣词用语切忌无限上纲;二是对原审认定事实和适用法律的正确部分,也就是没有争议的部分无须重复叙述,也不必说明对这些部分表示同意,以免文字冗长。

民事上诉状

上诉人:××市运输站站长王××。(原系被告人)

被上诉人:史××,男,28岁,汉族,本市第一中学教师,住本市×路20号。(原审原告人)

上诉人因车祸一案,不服××市××区人民法院19××年×月×日×号民事判决,特提起上诉。现将上诉理由和请求陈述如下。

原审判决认定:史××之子史×,8岁,因扒乘市运输站4吨解放牌汽车受伤。司机姜××明明知晓,却不停车予以制止,而是照开快车,致使史×摔断肋骨,判令被告人赔偿史×全部医疗费用。

上诉人认为上述认定与事实真相不符。

一、史×在×日×时×分曾扒乘被告人4吨解放牌汽车。司机姜××发现后,曾停车劝其不要扒车,史×当场下车。后当车子开动,史×又偷偷地在后车厢铁杆上吊爬汽车。司机姜××发现后准备刹车,严令其不要爬汽车。不料史×害怕受斥,急从车上跳下,摔在地上。此时正逢一男青年骑自行车急驰而过,来不及刹车,撞在史×身上,致使其肋骨折断。而该青年因害怕追究事故责任,骑车飞快逃逸。此事有现场目击者居民施××老太太可以证明。出事后,施××老太太曾喊过:"脚踏车撞人了!脚踏车撞人了!"

二、根据市第××人民医院检查证明,史×的肋骨折断,是外物严重撞击所致,而非开快车从车上摔到地上所致。

三、为顾惜原告人遭此不幸,在史×住院期间,被告人一方司机姜××曾携带50元营养品去医院慰问。被告人也派员至医院捐助人民币200元,帮助原告人减轻医药费负担。但原告竟将此认定被告人做贼心虚,投诉××市××区人民法院,控告被告,请求法院判令被告人赔偿全部医药费。上诉人认为原告的请求和原审法院判决是无理的。

基于上述事实和理由,恳请××市人民法院深入调查,弄清事实真相,作出公正而合理的判决。

此致

××市××区人民法院转致
××市中级人民法院

上诉人：××市运输站法定代表人
王××（盖章）
二○××年×月×日

附项：1. 本上诉状副本1份
2. 人证：施××，女，55岁，居民，住本市××路××号

● 案例 ②

民事上诉状

上诉人（一审原告）：温×× 男 197×年×月××日出生 户籍地：××××
常居地：湖南×××公司 联系电话：××××× 系死者温××之父

上诉人（一审原告）：刘×× 女 197×年×月××日出生 户籍地：××××
常居地：湖南×××公司 系死者温××之母。

被上诉人（一审被告）：望×县高×岭镇卫生院 法定代表人：苏×院长。

上诉人因医疗损害赔偿纠纷一案，不服望×县人民法院（2008）望民初字第×××号民事判决，特提起上诉。

上诉请求

撤销望×县人民法院（2008）望民初字第×××号民事判决，依法改判支持上诉人的诉讼请求。

上诉事实和理由：

一、一审判决认为："受害人是婴儿，系农业人口。虽然父母在城镇打工，受害人不存在工资收入来源和经常居住地等综合因素，所以原告要求以城镇居民标准计算损失没有法律依据。"上诉人认为，一审判决的此观点是错误的。

上诉人在本案中所诉求的死亡赔偿金应以城镇居民标准计算。

最高人民法院颁布的于2004年5月1日生效的《关于审理人身损害赔偿案件适用法律若干问题的解释》第29条规定："死亡赔偿金按受诉法院所在地上一年度城镇居民人均可支配收入或农村居民人均纯收入标准，按20年计算。"一审判决对一审中上诉人提供的旨在证明两上诉人2003年起在湖南××钢构公司上班，在城镇居住多年，靠在城镇打工为生活来源的证据的真实性予以了肯定和采信，死者温××系上诉人的儿子，是随父母一起生活的，其经常居住地也应认定为城镇。正如最高人民法院民一庭《关于经常居住地在城镇的农村居民因交通事故伤亡如何计算赔偿费用的复函》（2006年4月3日 [2005] 民他字第25号）所明确的："受害人虽为农村户口，但在城市经商、居住，其经常居住地和主要收入来源均为城市，有关损害赔偿费用应当根据当地城镇居民的相关标准计算"。

二、一审判决认为："关于精神抚慰金的计算，因被告在本损害事实中，不存在故意也没有恶劣情节，只是疏忽大意，且死者的自身原因是导致其死亡的主要和直接的原因"，且仅判决赔偿精神抚慰金5000元。上诉人认为此判决有违法律、规定，对上诉人有失公平、公正。

上诉人在一审中所主张的精神损害抚慰金金额，是参照《医疗事故处理条例》第五十条（十一）的规定：精神损害抚慰金的赔偿标准，按照医疗事故发生地居民年平均生活费计算。及《2007年湖南省国民经济和社会发展统计公报》公布的全省城镇居民人均可支配收入12293.54元，全省城镇居民人均消费性支出8990.72元为依据计算的，且充分的考虑了被上诉人责任。

根据《关于审理人身损害赔偿案件适用法律若干问题的解释》第30条的规定："赔偿权利人举证证明其住所地或者经常居住地城镇居民人均可支配收入或者农村居民人均纯收入高于受诉法院所在地标准的，残疾赔偿金或者死亡赔偿金可以按照其住所地或者经常居住地的相关标准计算"。即使按农村居民标准计算损失，也应按《2007年××省国民经济和社会发展统计公报》所公布的"全年农民人均纯收入4098元"计算损失额，可一审法院既未按此计算损失额，也未"释明"要求上诉人提交《2007年江西省国民经济和社会发展统计公报》作为证据。

综上，敬请二审法院依法改判，以维护上诉人的合法权益。

此致
××市中级人民法院

上诉人 温×× 刘××

2008年×月×日

附项：本上诉状副本1份

 知识链接

1. 上诉小常识

（1）上诉只能采用书面形式　如果当事人仅在一审判决、裁定送达时口头表示上诉而未在法定期间内递交上诉状，则视为未提出上诉。

（2）上诉是当事人享有诉权　除当事人外，一审原、被告及被判决承担责任的第三人均有权上诉。

（3）要注意文书的时效　当事人不服地方人民法院的一审判决，有权在判决书送达之15日内，向上一级人民法院提起上诉；不服地方人民法院一审裁定的，有权在裁定书送达之日起10内，向上一级人民法院提起上诉。上诉状在上述时效内向人民法院提交才可以引起二审程序。

2. 上诉状与起诉状的区别

（1）诉讼原因不同　起诉状针对的是被告侵犯原告的合法权益的行为，向人民法院提起诉讼。上诉状则是针对原审人民法院尚未发生法律效力的判决或裁定，向原审人民法院的上一级人民法院提起诉讼。

（2）受文机关不同　起诉状一般向基层人民法院提交。上诉状向原审人民法院的上一级人民法院提交。

（3）处理程序不同　起诉状由受理人民法院进行审理，依法作出判决、裁定。上诉状必须由上诉人民法院进行二次审理，依法作出终审判决、裁定。

目标检验

1. 上诉状正文部分应写明_____、_____两方面内容。
2. _____是一项重要审判制度，也是当事人的重要诉讼权利。
3. 当事人不服地方人民法院的一审判决，有权在判决书送达之_____日内，向上一级人民法院提起上诉；不服地方人民法院一审裁定的，有权在裁定书送达之日起_____内，向上一级人民法院提起上诉。

请找出下面上诉状的错误之处，并修改。

上诉状

上诉人：李某，女，55 岁，已退休，现住本市仁德路 16 号××房，是被告的母亲。

我是被告人陈某的母亲，我儿子没有挪用公款不还，他只是为支付我的医疗费才借用一下单位保管在他手上的一些钱。他想以后赚到后再填上去，反正那些钱目前单位放着不会立即用掉。他没有想不还。他的确是有困难才走到这一步的。因为他向其他人借过也借不到，难道他看着我病死吗？请法院查清楚，体谅他的一片孝心，我们愿意卖掉房子还钱给单位。请判决他无罪吧。

此致

×区人民法院

上诉人：李某

××年××月

案情：被告人李某，男，25 岁，农民。2009 年 7 月 20 日上午，被告人李某到同村张某承包的鱼塘内挑水淋秧苗。挑第三担水时，被张某看见。因为当时天旱水不多，张不让李继续挑水，并用手中的铁镐将李某的一只水桶砸烂。李某大怒，就向张某家走去，要拿张某家的一只水桶抵数。张某尾随其后，行至村边时，追上李某，并打了李某两拳，然后转身就跑，当张某转身时，李某举起手中的扁担朝张某打去，恰好打中张的头部，张立即倒地。李某意识到事态的严重，当即将张送至乡医院抢救，并拿出 1000 元作抢救费用。张因头颅内出血，当晚便死去。此后李某筹借 3000 元给张某家属料理后事。一审法院于 1999 年 12 月 5 日判决，认定李某犯故意杀人罪，依据刑法的有关条款，判处李某死刑，剥夺政治权利终身。李某不服，要求上诉。

请根据以上事实为李某撰写一份上诉状。

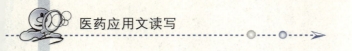

第三节 答辩状

学习目标

通过本节的学习，了解法律文书中答辩状的基本概念、写作方法以及撰写时需注意的事项。

一、答辩状是怎么回事

答辩状是指在刑事、民事或行政诉讼活动中，被告或被上诉人对原告、上诉人的起诉状或上诉状内容，作出答复和辩解的书状。它是与起诉状或上诉状相对应的一种法律文书。是诉状中使用频率最高的文种之一。

答辩状的使用，有利于法院全面查明案情，做到兼听则明，公正判决或裁定，防止误判，有利于维护当事人的合法权益。

答辩状是法律赋予处于被告地位的案件当事人的一种权利，其有处置答辩权的自由，可以答辩，也可以沉默。但由于答辩状具有不可忽视的意义，即答辩状有利于保护被告（人）的正当合法权益；有利于人民法院在全面了解案情的基础上，判明是非，做出正确的判决。因此应该对答辩权给予足够重视，积极以答辩状的形式提出答辩。写作答辩状的目的是回答、反驳对方诉状的诉讼请求，以减免答辩人的责任。

答辩状一般可分为民事答辩状、刑事答辩状和行政答辩状三类。

民事答辩，是民事被告、被上诉人针对原告或上诉人的起诉或上诉，阐述自己认定的事实和理由，予以答复和辩驳的一种书状。

刑事答辩状，是刑事自诉案件被告人针对自诉人的控诉向人民法院以书面的形式提交的辩解材料。

行政答辩状，是被告或被上诉人针对原告或上诉人在起诉状或上诉状中提出的起诉或上诉请求事项、事实和理由向人民法院作出的书面答复。

二、答辩状有哪些写作要求

1. 要有针对性 原告人或上诉人在诉状或上诉状中列出的事实和理由，是其提出诉讼请求的论据，驳倒其所列论据，他的请求自然不能成立。因此，答辩状一定要有针对性，针对对方提出的事实和理由进行辨析和反驳。切不可抛开对方提出的问题另做文章。

2. 要尊重事实 事实是判案的基础。事实是客观存在的，如原告无理，就一定会歪曲事实，或者隐瞒事实真相。答辩状对此最有力的反驳，就是揭示事实真相情况，并列举出证据。原告有时采用避重就轻，为我所用的办法陈述事实，答辩状要准确进行揭露，把不利对方的事实部分突出出来。如果原告尊重客观事实，真实反映事实真

相，答辩状就应承认，决不能无理狡辩。

3. 要熟悉法律　法院判决和裁定，以法律为准绳。撰写答辩状应当熟悉并熟练运用有关法律条文，使自己的理由和主张建立在合法的基础之上。同时，要揭露起诉状或上诉状中引用法律上的谬误，指出其行为的不合法性。"打官司"就是在弄清事实的基础上，让法院判断谁的行为合法，谁的行为违法。

4. 要抓住关键　一个案件常常涉及到许多人和事，时间可能跨度很大，但无论多么繁冗复杂，总有一个或几个关键部分。撰写答辩状是针对起诉状或上诉状的诉讼请求而进行的答复和反驳，应当避开枝节，抓住双方在案件中争执的焦点，在关系到胜诉和败诉的关键问题上下功夫，争取主动。这就要求答辩状的撰写者，充分研究事实，掌握证据，分清主次，言简意赅，一语破的。

5. 要尖锐犀利　"打官司"要赢，关键是要有理合法。在有理合法的前提下，语言要讲究尖锐犀利。尖锐犀利不等于挖苦骂人，而是要深刻准确地揭露对方，理直气壮地陈述己见，语言精练，不拖泥带水，具有一种战斗性。

6. 要善于概括　答辩状在进行答复和反驳后，要正面提出对诉讼事实焦点的主张和看法。这一部分要高度概括，用精练准确的语言归纳出答辩人的观点。这需要高度的概括能力，必要时可以分条表述。

三、答辩状的格式是怎样的

各类答辩状的格式和写法基本相同。

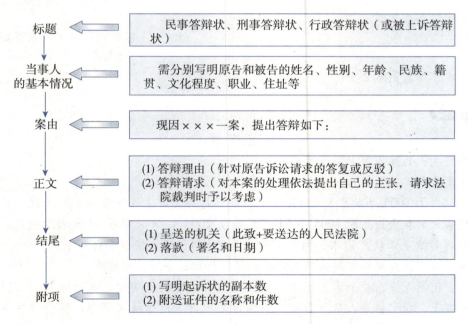

标题	←	民事答辩状、刑事答辩状、行政答辩状（或被上诉答辩状）
当事人的基本情况	←	需分别写明原告和被告的姓名、性别、年龄、民族、籍贯、文化程度、职业、住址等
案由	←	现因×××一案，提出答辩如下：
正文	←	(1) 答辩理由（针对原告诉讼请求的答复或反驳） (2) 答辩请求（对本案的处理依法提出自己的主张，请求法院裁判时予以考虑）
结尾	←	(1) 呈送的机关（此致+要送达的人民法院） (2) 落款（署名和日期）
附项	←	(1) 写明起诉状的副本数 (2) 附送证件的名称和件数

案例 **1**

答　辩　状

答辩人：××人民医院

住　址：××市××路七号

因李××要求××人民医院人身损害赔偿一案，现提出答辩意见如下：

一、答辩人与李××之间不存在直接的合同关系，答辩人1998年6月10日与市第二建筑安装工程公司订立了一份口头合同，由市第二建筑安装工程公司负责把答辩人的一个高压电表柜拆除，李××是受市第二建筑安装工程公司的委托来拆除高压电表柜的，与答辩人之间不存在直接合同关系。

二、李××的伤害赔偿应由市第二建筑安装工程公司负责，其一，根据我国法律和有关司法解释规定，市第二建筑安装工程公司对其职工在履行合同的范围内所受到伤害应负责任，李××的伤害并不是由于合同客体以外的事物造成的。其三，受市第二建筑安装工程公司委托的李××在拆除高压电表柜的过程中，存在着严重违反操作程序的行为，未尽一个电工应尽的注意。

三、答辩人对李××伤害赔偿不应承担责任。根据我国《民法通则》的规定，从事高度危险作业的人致他人损害的，应负赔偿责任。而本案中答辩人与市第二建筑安装工程公司订有合同，高度危险来源已通过合同合法地转移给市第二建筑安装工程公司。市第二建筑安装工程公司成为该危险作业物的主体，李××在操作过程中受到伤害，这是市第二建筑安装工程公司在履行合同过程中，合同客体造成自己员工的伤害行为，与答辩人无关。

综上所述，××人民医院为不适合被告，请贵院依法驳回原告起诉。

此致

××市中级人民法院

答辩人：××人民医院

一九九×年四月二日

附项：本答辩状副本2份

 案例 2

答 辩 状

答辩人：福建省××县卫生局

法定代表人：张××

答辩人于2005年6月3日收到人民法院送达的上诉人（一审原告）王建（健）不服福建省××县人民法院2005年5月15日（2005）××字第03号行政判决，提起上诉的《行政上诉状》副本，阅后认为上诉人上诉无理。依法答辩如下：

一、一审法院维持答辩人做出的具体行政行为是合法、有效的。

二、上诉人提出被上诉人工作人员在对上诉人进行检查时，未出示合法有效的证件。事实上，我们执法人员9位中，有两位向上诉人出示执法证件，符合《中华人民共和国行政处罚法》规定，在询问笔录中有记录。至于执法证件不一致是因执法人员按照上级要求重新更换新证过程中，新旧证号有变动的缘故，还有着装是按卫生监督所规范规定的。

三、上诉人提出被上诉人未规定向上诉人发出《听证告知书》，未告知上诉人享有的权利，违反法定程序。答辩人于 2004 年 9 月 22 日向上诉人发出行政处罚听证通知书并于 2004 年 9 月 30 日举行听证，已经充分给予上诉人听证的权利，而且也完成了听证过程。

四、上诉人提出被上诉人在法定的期限内未提交《行政处罚事先告知书》、《行政处罚听证通知书》、《送达回执》程序性证据是错误的，答辩人是在法定期限 10 日内已经将实体证据和程序证据及法律依据全部提交给一审人民法院（详见证据清单）。

五、上诉人提出原审判决认定：上诉人未取得《医疗机构执业许可证》和执业医师资格对外实施诊疗活动，其认定错误。答辩人认为上诉人的《医疗机构执业许可证》在 1996 年 11 月 12 日届满已经失效了，而且上诉人在《中华人民共和国执业医师法》生效后，按《中华人民共和国执业医师法》就不具备执业医师资格，依法不得行医。

六、答辩人认为一审法院判决适用法律是正确的。上诉人在《中华人民共和国执业医师法》生效后，上诉人没有取得执业医师资格，依照《福建省医疗机构管理条例实施办法》第十一条的规定，上诉人没有取得《医疗机构执业许可证》上诉人在未取得《医疗机构执业许可证》和执业医师资格情况下一直擅自开展诊疗活动，其行为违反了《医疗机构管理条例》，答辩人是在依法履行公务，按照法定程序取缔上诉人非法行医，给予上诉人行政处罚是合法的，也是保护人民身体健康和生命安全的需要。

综上所述，上诉人的上述理由无一成立，一审判决适用法律正确。请求二审维持原判。

　　此致
××市中级人民法院

答辩人：××县卫生局
二〇〇五年六月九日

附项：1. 答辩状副本 2 份；
　　　2. 本案证据××件。

答辩状什么时候用

1. 答辩状一般在这样两种情况下使用　一是原告人向第一审人民法院起诉后，被告人在法定期限内，就起诉状提出答辩；二是案件经第一审人民法院审理终结后，一方当事人不服判决或裁定，依法向二审法院提出上诉，被上诉人针对上诉状提出答辩状。

2. 答辩状必须在法定的期限内提出　《民事诉讼法》规定，人民法院对民事案件的起诉状或上诉状应当在立案受理五日内，分别将其副本送交对方当事人，对方当事人收到副本后，应在十五日内提出答辩状。

1. 答辩状一般针对_____提出的，主要用于_____起诉状中的事实和主张，从而进一步提出自己的要求和主张。

2. 答辩状通常可分_____、_____、_____三类。

3. 民事诉讼法规定，当事人不提交_____，不影响人民法院对案件的审理。

1. 被告收到人民法院送达的起诉状副本后_____日内应该提交答辩状。

A. 5　　　　　B. 10　　　　　C. 15　　　　　D. 20

2. 民事诉状的证据_____。

A. 需要原告列举，并加以详细分析　　　　B. 需要原告列举，不需要分析

C. 不需要原告列举，不需要分析　　　　　D. 需要原告列举，并进行初步分析

这是一篇答辩状，请你找一找其中的错误。

答 辩 状

答辩人：××市公安局××分局　　　　地址：××区××大街34号

法定代表人：王××　　　　　　　　　职务：局长

委托代理人：李××　　××分局法制办干部

委托代理人：张××　　××分局法制办干部

被答辩人：夏××　　女　　住××市××区小红门龙爪村

案由：被答辩人夏××于1995年10月26日7时许，在××区××早市因交税问题与××区国税局二所干部曹××（女，34岁）发生矛盾，同年10月27日7时30分许，××区国税局二所领导将夏××找到税务所谈话时，夏××用花盆将曹打伤，经医院诊断：胸腰段软组织挫伤，软组织轻度淤血。依照《中华人民共和国治安管理处罚条例》第22条第一款，××公安分局对夏××处以行政拘留7天的处罚。后夏××于2000年4月10日向我局提出赔偿要求，经我局审查，其要求不符合《中华人民共和国国家赔偿法》的规定，故作出不予赔偿决定。现夏××又对我局提起诉讼，对此，特答辩如下：

1. 夏××因纳税问题用花盆将税务干部打伤，侵犯他人人身权利，造成伤害结果，事实清楚，证据充分，我局依照《中华人民共和国治安管理处罚条例》对其处以行政拘留7天的处罚程序合法，裁决得当，适用法律准确。

2. 我局依法对夏××进行处罚，没有触犯《国家赔偿法》的规定，故对夏××不予赔偿。

综上，我局要求法院依法驳回夏××的诉讼请求，同时诉讼费用由夏××承担。

答辩人：××市公安局××分局

2000 年 7 月 14 日

案情介绍：2004 年 11 月 29 日下午，谭××请民工杨×等人在××市××大市场停车坪装卸货物时，卸货后谭×因为走得较急，将携带公文包（其中有现金 2 万元，金额为 10 万元的银行转帐支票一张）遗忘在草地上。杨×在完成卸货工作后发现一个公文包并带回家去了。事后，谭××通过第三者寻找拾得者，并承诺将给拾得者 1 万元作为酬金。后杨×得知公文包是谭××所遗失的，并将包（银行支票及 1 万元）还给谭××，对另 1 万元，杨×认为是谭××答应的报酬，不肯退还给原告，双方为此发生纠纷。由于杨×一直不愿意返还 1 万元，谭××向法院提起诉讼，诉称杨×拾得自己遗失的包而扣留其中的 1 万元属于不当得利，依照《民法通则》的有关规定应当返还。

请你为其写一份向法院提交的民事答辩状。

第四节 仲裁申请书

通过本节的学习，了解法律文书仲裁申请书的基本概念和写作方法以及撰写时需要注意的事项。

一、仲裁申请书是什么

仲裁申请书就是指发生了合同纠纷或其他财产权益纠纷，为维护其合法权益，根据事前或事后达成的仲裁协议，依法向约定的仲裁委员会提请仲裁解决纠纷的书面请求。根据我国仲裁法的规定，发生争议的双方当事人要求通过仲裁机构解决争议，必须由其中一方向仲裁机构提交书面的仲裁申请书。因此，仲裁申请书即是仲裁机构受理争议案件的书面依据，也是引起仲裁活动的前提条件。

我国《合同法》第 128 条规定："合同发生纠纷时，当事人可以通过和解或调解解决合同争议。当事人不愿通过协商、调解解决或者协商、调解不成的，可以依据合同中的仲裁条款或者事后达成的书面仲裁协议，向仲裁机构申请仲裁。"

仲裁属于准司法性质的民间社团裁决活动。争议发生后，只要是当事人双方在合同中立有仲裁条款或争议发生后双方达成书面仲裁协议的则必须向仲裁机构申请仲裁，不能向人民法院起诉（劳动争议则无论有无仲裁条款和协议只能申请仲裁）。仲裁申请书制作即标志着仲裁程序的开始，它既是仲裁机构受理争议案件，公正决断的书面依据，也是引起仲裁开始的法定手续。

二、仲裁申请书的格式是怎样的

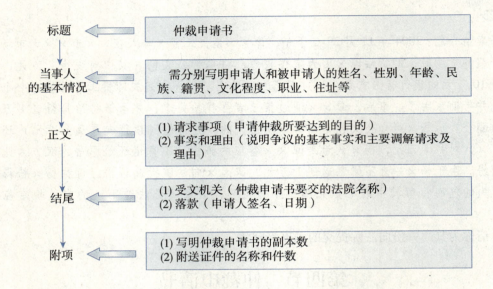

标题 ← 仲裁申请书

当事人的基本情况 ← 需分别写明申请人和被申请人的姓名、性别、年龄、民族、籍贯、文化程度、职业、住址等

正文 ← (1) 请求事项（申请仲裁所要达到的目的）
(2) 事实和理由（说明争议的基本事实和主要调解请求及理由）

结尾 ← (1) 受文机关（仲裁申请书要交的法院名称）
(2) 落款（申请人签名、日期）

附项 ← (1) 写明仲裁申请书的副本数
(2) 附送证件的名称和件数

三、仲裁申请书有哪些写作要求

1. 实事求是，分清是非　应坚持实事求是，严格忠于事实真相，不编造、不夸大、不缩小，不得将道听途说、查无实据的材料写进申诉书。在实事求是地叙述案情事实的基础上，还要阐明道理，分清是非明确责任，分析被诉人的行为是否侵权违法，有何过错，根据事实和法律被诉人应负什么责任，应负多大责任等。

2. 有法可依，以理服人　要坚持摆事实、讲道理，坚持以理服人，而不能谩骂攻击，以势压人。特别要注意以法律作为依据，注意准确恰当地援引法律条文进行论证，阐明自己主张的合法性，以求得仲裁庭的认同。在引用法律上要注意防止牵强附会，乱引错引，更不能断章取义。

3. 层次分明，详略得当　应高度重视表述的条理性、层次性以及内容详略的安排。全篇的结构要按照固定的格式，有次序地展开，不得前后颠倒或者相互混淆。陈述案情事实要线条清晰，或是按争议发生、发展的顺序，按时间先后来写；或是先交代争议当事人之间的关系，争议标的的情况，再写争议的原因与焦点等等。在内容安排上还要做到突出重点，详略得当。关键性的问题要说清说透，枝节问题、次要问题则可写得概略一些。切忌关键性问题没有说清楚，与案件无关或者关系不大的内容又说得过多。

案例 1

工伤仲裁申请书

申请人：陈××，男，26 岁，驾驶员，住四川××县××镇××村四组

电话：×××××××

被申请人：四川某医药商贸有限公司　地址：成都市迎宾路××号

法定代表人：李某　职务：经理　电话：×××××××

请求事项：

1. 要求被申请人支付申请人一次性伤残补助金 15000 元。

2. 要求被申请人支付申请人一次性伤残就业补助金和一次性工伤医疗补助金 53497 元。

3. 要求被申请人支付申请人停工留薪期间工资 23600 元、后续医疗费 8000 元、住院伙食补助费 2300 元、护理费 2760 元、交通费 3000 元。

以上共计 108157 元。

事实和理由：

陈××系四川某医药贸易有限公司成都办事处的驾驶员，2008 年 4 月 19 日上午，陈××驾驶公司车辆为单位送药品，当车辆行使至成都市三环路航天立交至成渝立交桥外侧主道时发生交通事故，导致陈××受伤。经成都军区联勤部机关医院诊断为：右股骨骨折、右胫骨骨折。

2009 年 3 月 21 日成都劳动和社会保障局认定为工伤，并经劳动能力鉴定为 8 级伤残。现要求解除劳动合同。并请求上述事项。

此致

成都市××区劳动争议仲裁委员会

申请人：陈××

2009 年 6 月 12 日

附项：1. 申请书副本 1 份

2. 劳动合同一份

3. 医疗证明材料及相关医药发票

4. 正常上班的工资条

5. 工伤认定书一份

6. 工伤证复印件

案例 2

劳动争议仲裁申诉申请书

申诉申请人：××（市）××房地产有限公司　地址：××市天河东路××号

法定代表人：刘王心　电话：×××××××

被申诉人：张三思

申请要求：

1. 裁决被申诉人支付申诉人培训费 35 万元。

2. 被申诉人承担仲裁费用。

理由与事实：

1998 年 10 月，申诉人与被申诉人签订一份《员工培训协议书》，合同约定由申诉人联系美国××大学房地产开发学院，选送被申诉人前往进修学习并支付一切费用，学成必须为公司服务 8 年。2000 年 10 月被申诉人学成回国后，未到本公司就业，而是到香港驻内地某公司工作，现根据合同要求被申诉人赔偿 35 万元的损失。

此致

××市天河劳动仲裁委员会

××（市）××房地产有限公司

2001 年 11 月 5 日

附项：1. 协议一份。

2. 出国证书一套。

3. 费用支出票证。

 **知识链接**

几个要注意的小问题

1. 当事人申请仲裁的条件：①有仲裁协议；②有具体的仲裁请求和事实、理由；③属于仲裁委员会的受理范围。

2. 劳动争议申请仲裁的时效期间为一年。仲裁时效期间从当事人知道或者应当知道其权利被侵害之日起计算。超过劳动争议申请仲裁时效期间提出申请的，劳动争议仲裁委员会不予受理。

3. 当事人对仲裁裁决不服，应自裁决书送达之日起 15 日内向人民法院起诉。期满不起诉，仲裁裁决即具有法律效力。一方当事人不履行，另一方可向人民法院申请强制执行。

目标检验

 填一填

1. 仲裁申请书是指发生了＿＿＿＿或＿＿＿＿，为维护其合法权益，根据事前或事后达成的仲裁协议，依法向约定的＿＿＿＿提请仲裁解决纠纷的书面请求。

2. 根据我国仲裁法的规定，发生争议的双方当事人要求通过仲裁机构解决争议，必须由其中一方向仲裁机构提交＿＿＿＿的仲裁申请书。

1. 当事人制作仲裁申请书向仲裁机构申请仲裁必须依据（　　　　）

A. 法律规定　　　　　　　　B. 合同规定

C. 仲裁条款或仲裁协议　　　D. 国际惯例

2. 仲裁申请书当事人部分写作（　　　　）

A. 申请人与被申请人　　　　B. 原告与被告

C. 申诉人与被申诉人　　　　D. 仲裁人与被仲裁人

请找出以下仲裁申请书的错误，并修改。

仲裁申请书

申诉人：××市××学院。

地址：××市××路×号。

法定代表人：××（院长）。

被申诉人：×市×设计事务所。

地址：××市××路×号。

法定代表人：××（主任）。

申请要求：

1. 撤销申诉人与被申诉人签订的《××教学、生活用房工程设计合同》。

2. 被申诉人退还预付设计费×万元。

3. 仲裁费用由被申诉人承担。

事实和理由：××××年10月5日申诉人与被申诉人签订了《××教学、生活用房工程设计合同》，随即预付设计费×万元。以后发现被申诉人是丙级设计单位，根据×建设（××××）第××号通知，申诉人这项工程中有一级工程，按照规定应当由甲级设计单位承接设计。

被申诉人未经市建委批准，超越规定的设计范围承接这项工程的设计任务，显然是不妥的。

被申诉人由于设计人员少，不能按合同规定的进度完成设计，致使方案设计推迟了两个月才交出。在设计费方面，被申诉人依据收费标准也属过高。双方为此曾于×××年4月和7月间就调整设计费标准，加快设计进度以及明确设计权限等问题进行两次会谈，但是未能取得一致意见。

××教学、生活用房工程的进展和质量如何是关系到申诉人今后能否提高教学、科研成果的大问题。目前情况确实无法适应申诉人教学、科研的急需。××××年1月5日申诉人根据双方签订的设计合同第×条规定："甲方中途停止设计，应及时书面通知乙方，并按国家规定付清相应设计阶段的设计费。"通知被申诉人停止这项工程设计任务的委托，并对其以前所做的设计给予补偿，不料被申诉人竟将通知退回。为此，

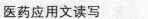

请求依法仲裁。

　　此致
×××仲裁委员会

申诉人；××学院

法定代表人：××

××××年×月×日

　　根据下列材料，拟写一份仲裁申请书。

　　××市振华中学与该市福星家具厂订有加工定做学生课桌500张的加工合同。合同规定于2001年8月15日交货，每张加工费80元，木料费100元，并要求每张桌面加贴塑料贴面。塑料贴面由学校供应。合同中订有仲裁协议，即："在合同执行过程中如发生纠纷，先由双方自行协商，协商不成时，申请××市仲裁委员会仲裁。"在合同执行过程中，福星家具厂因故晚供货三周，影响了学校安排新生使用的工作。为此，双方发生争执，学校要求福星厂赔偿违约金（加工费的3%），福星厂以学校提供的塑料贴面迟到5天为由，拒绝支付违约金。双方自行协商不成，振华中学决定向××市仲裁委员会提出仲裁申请，并委托××律师事务所代书一份仲裁申请书。

　　申请人与被申请人的基本情况如下：

　　申请人：××市振华中学

　　地址：××市××区××路×号

　　法定代表人：温××（校长）

　　被申请人：××市福星家具厂

　　法定代表人：刘××（厂长）

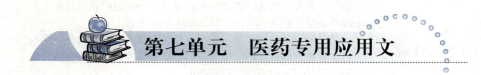

第七单元　医药专用应用文

第一节　药品说明书

熟悉《药品管理法》等相关法规中对药品说明书的规定；掌握药品说明书的格式；按照格式要求，会写具体品种的药品说明书。注意：①不同种类的药品说明书的异同点；②药品说明书与其他行业的产品说明书在内容及格式上的异同点。

一、药品说明书是用来做什么的

药品说明书是介绍药品的通用名称、成分、规格、生产企业、批准文号、产品批号、生产日期、有效期、适应证或者功能主治、用法、用量、禁忌、不良反应和注意事项等内容的产品说明书。

药品说明书通过重要科学数据、结论和信息说明药品安全性、有效性，指导患者安全、合理使用药品。

根据药品性质不同，药品说明书可以分为中药说明书、天然药物处方药说明书、化学药品说明书、生物制品说明书、放射性药品说明书、非处方药说明书等类型。

二、药品说明书的基本格式

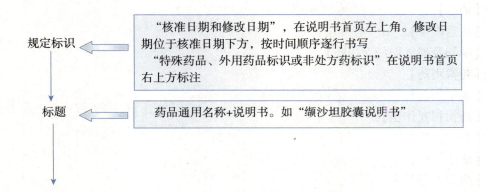

规定标识　←　"核准日期和修改日期"，在说明书首页左上角。修改日期位于核准日期下方，按时间顺序逐行书写

"特殊药品、外用药品标识或非处方药标识"在说明书首页右上方标注

标题　←　药品通用名称+说明书。如"缬沙坦胶囊说明书"

忠告语
（警示语）

忠告语：处方药为"请仔细阅读说明书并在医师指导下使用"，非处方药为"请仔细阅读说明书并按说明使用或在药师指导下购买和使用"等，位于标题下方
警示语为对药品严重不良反应及其潜在的安全性问题的警告。有该方面内容的，应当在忠告语下以醒目的黑体字注明。无该方面内容的，不列该项

正文

主要有以下内容：药品名称、成份、性状、功能主治或适应症、规格、用法用量、不良反应、禁忌、注意事项、孕妇及哺乳期妇女用药、儿童用药、老年用药、药物相互作用、临床试验、药理毒理、药代动力学、贮藏、包装、有效期、执行标准、批准文号等

落款

包括企业名称、生产地址、邮政编码、电话号码、传真号码、注册地址、网址、电子邮箱等，以方便联系

以下是部分药品说明书的标准格式。

1. 化学药品与治疗用生物制品

核准和修改日期

特殊药品、外用药品标识位置

ＸＸＸ说明书

请仔细阅读说明书并在医师指导下使用。

警示语位置

【药品名称】

【成份】

【性状】

【适应症】

【规格】

【用法用量】

【不良反应】

【禁忌】

【注意事项】

【孕妇及哺乳期妇女用药】

【儿童用药】

【老年用药】

【药物相互作用】

【药物过量】

【临床试验】

【药理毒理】

【药代动力学】

【贮藏】

【包装】

【有效期】

【执行标准】

【批准文号】

【生产企业】

2. 中药、天然药物处方药

核准日期和修改日期

特殊药品、外用药品标识位置

ＸＸＸ说明书
请仔细阅读说明书并在医师指导下使用
警示语

【药品名称】

通用名称：

汉语拼音：

【成份】

【性状】

【功能主治】／【适应症】

【规格】

【用法用量】

【不良反应】

【禁忌】

【注意事项】

【孕妇及哺乳期妇女用药】

【儿童用药】

【老年用药】

【药物相互作用】

【临床试验】

【药理毒理】

【药代动力学】

【贮藏】

【包装】

【有效期】

【执行标准】

【批准文号】

【生产企业】

企业名称：

生产地址：

邮政编码：

电话号码：

传真号码：

注册地址：

网　　址：

3. 非处方药

非处方药、外用药品标识位置

ＸＸＸ说明书

请仔细阅读说明书并按说明使用或在药师指导下购买和使用

警示语位置

化学药品正文	中成药正文
【药品名称】	【药品名称】
【成份】	【成份】
【性状】	【性状】
【作用类别】	【功能主治】
【适应症】	【规格】
【规格】	【用法用量】
【用法用量】	【不良反应】
【不良反应】	【禁忌】
【禁忌】	【注意事项】
【注意事项】	【药物相互作用】
【药物相互作用】	【贮藏】
【贮藏】	【包装】
【包装】	【有效期】
【有效期】	【执行标准】
【执行标准】	【批准文号】
【批准文号】	【说明书修订日期】
【说明书修订日期】	【生产企业】
【生产企业】	如有问题可与生产企业联系
如有问题可与生产企业联系	

三、药品说明书的读写要求

1. 内容必须包括对安全和有效用药所需的重要信息，应尽可能完善。

2. 内容应尽可能来源于可靠的临床试验（应用）的结果，以及与人体安全有效用药密切相关的动物研究信息。

3. 文字表述应客观、科学、规范、准确、简练，不能带有暗示性、误导性和不适当宣传的语言。

4. 对药品名称、药学专业名词、疾病名称、临床检验名称和结果的表述，应采用国家统一颁布或规范的专用词汇，度量衡单位应符合国家标准的规定。

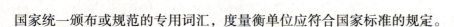 **案例 ❶　处方药　化学药品说明书**

核准日期：200×年×月×日

修改日期：

缬沙坦胶囊说明书

请仔细阅读说明书并在医师指导下使用

【药品名称】

通用名称：缬沙坦胶囊

商品名称：×××

英文名称：Valsartan Capsules

汉语拼音：Xieshatan Jiaonang

【成份】

1. 本品主要成分为缬沙坦

化学名称：（略）

化学结构式：（略）

分子式：（略）

分子量：（略）

2. 本品辅料名称：微晶纤维素、低取代羟丙基纤维素、十二烷基硫酸钠、硬脂酸镁。

【性状】本品为胶囊剂，内容物为白色颗粒和粉末。

【适应症】轻、中度原发性高血压。

【规格】80mg。

【用法与用量】口服。每日1次，每次80mg，对血压控制不满意者可增至160mg，或遵医嘱。本品可单独使用，也可与其他抗高血压药物或利尿剂联合使用。抗高血压作用通常在服药2周内出现，4周时达到最大疗效。肾功能不全或非胆汁瘀积型肝功能不全患者无需调整剂量。

【不良反应】不良反应少见、轻微且为一过性。

1. 偶见轻度头痛、头晕、疲乏、腹痛、干咳，体位性血压改变少见。

2. 偶见血钾增高、中性粒细胞减少、血红蛋白和红细胞压积降低、血肌酐和转氨酶增高。

3. 有腹泻、鼻炎、咽炎、关节痛、恶心等不良反应报道。

【禁忌症】对本品过敏者禁用。妊娠妇女禁用。

【注意事项】

1. 对存在血容量和电解质异常的患者，应当注意预防低血压。

2. 严重肝、肾功能不全者慎用。

【孕妇及哺乳期妇女用药】妊娠妇女禁用，哺乳期妇女慎用。

【儿童用药】本品用于儿童的有效性和安全性尚无相关研究。尚无儿童用药经验。

【老年用药】尚不明确。

【药物相互作用】本品与氨氯地平、阿替洛尔、西咪替丁、地高辛、呋塞米、格列本脲、氢氯噻嗪、吲哚美辛之间没有明显的相互作用。本品与阿替洛尔联合应用的降压效果高于二者单独应用，但与阿替洛尔单独用药相比不能进一步降低心率。与华法令联合应用时本品药代动力学没有改变，华法令的抗凝作用也不受本品影响。与保钾利尿剂、钾制剂或含钾的盐代用品合用时，可使血钾升高。

【药理毒理】本品为血管紧张素 II（Ang II）受体 AT_1 拮抗剂。通过选择性阻断血管紧张素 II 与肾上腺和血管平滑肌等组织细胞 AT_1 受体的结合，抑制血管收缩和醛固酮分泌，产生降压作用。

本品对 AT_1 受体的亲和力比对 AT_2 受体约高 20000 倍。本品不影响缓激肽的作用和离子通道功能，也不与其他对心血管功能发挥重要调节作用的激素的受体结合。

本品无致癌、致畸、致突变毒性，无生殖毒性。

【药代动力学】本品口服后可迅速吸收，2～4 小时后达血药峰值，其中 94%～97% 与血清蛋白结合，主要分布在血浆内，在组织中分布很少。口服用药时本品经粪便（70%）、尿（30%）主要以原形排泄，仅 20% 转化为代谢产物排出，半衰期为 4～6 小时。本品吸收量差异很大，平均绝对生物利用度为 23%。

【贮藏】避光，置阴凉处（不超过20℃）保存。

【包装】铝塑包装：7 粒 ×1 板／盒。

【有效期】24 个月

【执行标准】国家药品标准 WS1 –（X – ×××）– 200 ×Z

【批准文号】国药准字 H2001 ×××

【生产企业】

企业名称：×××××××

生产地址：××市××路××号

邮政编码：×××××

电话号码：×××－×××××××

传真号码：××××××××

网　　址：www.×××.com

案例 2　处方药　中成药说明书

核准日期：200×年 ××月 ××日

修改日期：200×年 ××月 ××日

龙胆泻肝软胶囊说明书

请仔细阅读说明书并在医师指导下使用

【药品名称】

通用名称：龙胆泻肝软胶囊

汉语拼音：Longdan Xiegan Ruanjiaonang

【成分】龙胆、柴胡、黄芩、栀子（炒）、泽泻、木通、车前子（盐炒）、当归

（酒炒）、地黄、炙甘草。

【性状】本品为软胶囊，内容物为棕褐色膏状物；气特异，味苦。

【功效主治】清肝胆，利湿热。用于肝胆湿热，头晕目赤，耳鸣耳聋，耳肿疼痛，胁痛口苦，尿赤涩痛，湿热带下。

【规格】每粒装 0.45g。

【用法用量】口服。一次 4 粒，一日 3 次。

【不良反应】少数患者可见恶心、腹痛、腹泻等消化道反应。

【禁忌】高血压危象者，肾病综合征、尿毒症者，肝功能不全者，阴虚火旺表现为午后潮热，手足心热，夜寐盗汗者，脾胃虚寒表现为倦怠乏力，食欲不振，大便溏泄者禁用。孕妇忌服。

【注意事项】

1. 过敏体质者慎用。

2. 儿童、年老体弱者应在医师指导下服用。

3. 儿童必须在成人监护下使用。

4. 方中含有活血、淡渗利湿之品，有碍胎气，孕妇慎用。

5. 尿路感染者注意多饮水，勤排尿。

6. 头痛患者注意休息，保持环境安静，光线不宜过强。

7. 急性黄疸型肝炎患者临床症状消失后注意休息，定期复查 1~2 年。

【药物相互作用】不宜在服药期间同时服用滋补性中药。

【药理毒理】药理作用：具有保肝利胆作用。龙胆泻肝丸对四氯化碳和 D - 半乳糖胺引起的实验性肝损伤有一定的保护作用，可使升高的谷丙转氨酶（ALT）、碱性磷酸酶（ALP）和总胆红素（T - BIL）降低，可以改善四氯化碳和 D - 半乳糖胺引起的肝细胞胞浆疏松化和气球样变，以及肝细胞的脂肪变性和肝细胞坏死。大鼠十二指肠给药，有明显的利胆作用。

【贮藏方法】密封，置阴凉（不超过20℃）干燥处

【包装】铝塑泡罩包装，每板 12 粒，每盒 3 板。

【有效期】24 个月

【执行标准】国家食品药品监督管理局国家药品标准

【批准文号】国药准字 Z200×××××

【生产企业】

企业名称：×××××××

生产地址：××市××路××号

邮政编码：×××××

电话号码：×××－××××××

传真号码：×××－××××××

网址：www.××××.com

案例 3 非处方药说明书

OTC
乙类

六味地黄丸说明书
请仔细阅读说明书并按说明使用或在药师指导下购买和使用

【药品名称】

通用名称：六味地黄丸

汉语拼音：Liuwei Dihuang Wan

【成份】熟地黄、山茱萸（制）、牡丹皮、山药、茯苓、泽泻。辅料为蜂蜜。

【性状】本品为棕黑色的水蜜丸。

【功能主治】滋阴补肾。用于肾阴亏损，头晕耳鸣，腰膝酸软，骨蒸潮热，盗汗遗精。

【规格】每100粒重20g。

【用法用量】口服，水蜜丸一次30粒（6g），一日2次。

【不良反应】尚不明确。

【禁忌】尚不明确。

【注意事项】

1. 忌辛辣食物。

2. 六味地黄丸不宜在服药期间服感冒药。

3. 服六味地黄丸期间出现食欲不振，胃脘不适，大便稀，腹痛等症状时，应去医院就诊。

4. 服六味地黄丸二周后症状未改善，应去医院就诊。

5. 按照用法用量服用，孕妇、小儿应在医师指导下服用。

6. 对六味地黄丸过敏者禁用，过敏体质者慎用。

7. 六味地黄丸性状发生改变时禁止使用。

8. 儿童必须在成人监护下使用。

9. 请将六味地黄丸放在儿童不能接触的地方。

10. 如正在使用其他药品，使用本品前请咨询医师或药师。

【药物相互作用】如与其他药物同时使用可能会发生药物相互作用，详情请咨询医师或药师。

【贮藏】密封。

【包装】塑料瓶装，每瓶装360粒

【有效期】48个月

【执行标准】《中华人民共和国药典》2005年版一部

【批准文号】国药准字Z×××××××

【说明书修订日期】200×年0×月××日

【生产企业】

企业名称：×××××××××

生产地址：××市××路××号

邮政编码：××××××

电话号码：××××－×××××××

传真号码：××××－×××××××

网址：www.×××××.com

如有问题可与生产企业联系。

知识链接

与药品说明书相关的法律规章

1. 《中华人民共和国药品管理法》
2. 《药品管理法实施条例》
3. 《中华人民共和国药典》
4. 《药品说明书和标签管理规定》
5. 《化学药品和治疗用生物制品说明书规范细则》
6. 《预防用生物制品说明书规范细则》
7. 《中药、天然药物处方药说明书格式》
   《中药、天然药物处方药说明书内容书写要求》
   《中药、天然药物处方药说明书撰写指导原则》
8. 《化学药品非处方药说明书规范细则》
9. 《中成药非处方药说明书规范细则》
10. 《放射性药品说明书规范细则》

目标检验

1. 药品说明书有什么用途？
2. 药品说明书为什么要有规定标识？

1. 化学药品说明书和中成药说明书在格式上有哪些异同？
2. 查找与药品说明书相关的法律规章，认真阅读并体会其对药品说明书的要求。

搜集处方药如罗红霉素片、清开灵注射液和非处方药如 VC 银翘片、逍遥丸说明书各一份，分析它们在格式和写作方式方面的异同。

　　请按照非处方药药品说明书的格式，修改下列说明书。

　　××口服胶囊是最新出产的广谱抗菌药。本产品疗效好，使用方便，无毒副作用。

　　使用方法：成人口服每次 150mg，每日两次。20～40kg 的儿童每次 100mg，每日两次。12～20kg 的儿童每次 50mg，每日两次。

　　产品规格：150mg/粒。

　　产品有效期：有效期暂定 1 年半。

　　生产厂家：××药业股份有限公司

　　地址：××市××街××号

　　电话：××××××××

　　根据下列材料，按照药品说明书的格式和写作要求，为大山楂丸写一份说明书。

大山楂丸介绍

　　大山楂丸是按国药准字 Z41020959 生产的乙类非处方药，为棕红色或褐色的大蜜丸；味酸、甜。组成为山楂、六神曲（麸炒）、麦芽（炒）。辅料：蔗糖、蜂蜜。开胃消食。用于食积内停所致的食欲不振、消化不良、脘腹胀闷。

　　每丸重 9g，口服。一次 1～2 丸，一日 1～3 次；小儿酌减。

　　注意事项为饮食宜清淡，忌酒及辛辣、生冷、油腻食物；不宜在服药期间同时服用滋补性中药；脾胃虚弱，无积滞而食欲不振者不适用；有高血压、心脏病、肝病、糖尿病、肾病等慢性病严重者应在医师指导下服用；儿童、孕妇、哺乳期妇女、年老体弱者应在医师指导下服用；服药 3 天症状无缓解，应去医院就诊；对本品过敏者禁用，过敏体质者慎用；本品性状发生改变时禁止使用；儿童必须在成人监护下使用；请将本品放在儿童不能接触的地方；如正在使用其他药品，使用本品前请咨询医师或药师。不良反应和禁忌尚不明确。

　　本品如与其他药物同时使用可能会发生药物相互作用，详情请咨询医师或药师。

　　密封贮藏。包装为药用 PVC 硬片、药用 PTP 铝箔，10 丸/盒。有效期 24 个月。

　　本品执行《中国药典》2005 年版一部标准。说明书于 2007 年 05 月 21 日修订。

　　企业名称：××××××××××　　生产地址：×××××××

第二节　药品检验报告书

　　明确药品检验报告书的用途、特点、种类，掌握药品检验报告书的内容和格式，熟悉药品检验报告书的书写细则，能规范书写检验报告书。了解药品生产企业、药品使用单位和药品检验机构所书写药品检验报告书的异同。

一、药品检验报告书是用来做什么的

　　药品检验报告书是对药品质量所作的技术鉴定，是具有法律效力的技术文件。它关系到药品生产经营企业的利益和声誉，甚至影响其生存。《药品管理法》规定，药品生产企业必须对其生产的药品进行质量检验，不符合国家药品标准的不得出厂。第十七条规定，药品经营企业购进药品，必须建立并执行进货检查验收制度，验明药品合格证明和其他标识（《药品管理法实施条例》中指药品生产批准证明文件、药品检验报告书、药品的包装、标签和说明书），不符合规定要求的，不得购进。

　　药品检验报告书具有科学性、准确性、公正性、有效性等特点。

　　按药品生产地域不同，药品检验报告书可分为国内检品的药品检验报告书和进口药品检验报告书两种。

二、药品检验报告书的基本格式

　　药品检验报告书一般格式：

×××药品检验所

药品检验报告书

报告书编号：

检品名称		
批号		规格
生产单位或产地		包装
供样单位		效期
检验目的		检品数量
检验项目		收检日期
检验依据		报告日期

检验项目　　　　　　　　标准规定　　　　　　　　　　　检验结果

结论：

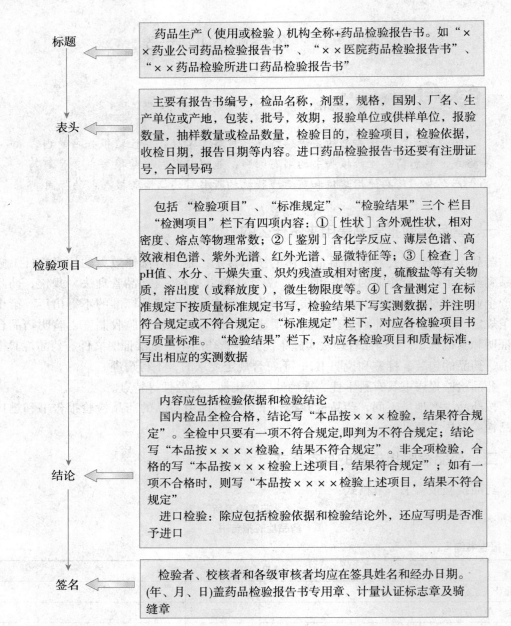

标题	药品生产（使用或检验）机构全称+药品检验报告书。如"××药业公司药品检验报告书"、"××医院药品检验报告书"、"××药品检验所进口药品检验报告书"
表头	主要有报告书编号，检品名称，剂型，规格，国别、厂名、生产单位或产地，包装，批号，效期，报验单位或供样单位，报验数量，抽样数量或检品数量，检验目的，检验项目，检验依据，收检日期，报告日期等内容。进口药品检验报告书还要有注册证号，合同号码
检验项目	包括"检验项目"、"标准规定"、"检验结果"三个栏目 "检测项目"栏下有四项内容：①［性状］含外观性状，相对密度、熔点等物理常数；②［鉴别］含化学反应、薄层色谱、高效液相色谱、紫外光谱、红外光谱、显微特征等；③［检查］含pH值、水分、干燥失重、炽灼残渣或相对密度，硫酸盐等有关物质，溶出度（或释放度），微生物限度等。④［含量测定］在标准规定下按质量标准规定书写，检验结果下写实测数据，并注明符合规定或不符合规定。"标准规定"栏下，对应各检验项目书写质量标准。"检验结果"栏下，对应各检验项目和质量标准，写出相应的实测数据
结论	内容应包括检验依据和检验结论 国内检品全检合格，结论写"本品按×××检验，结果符合规定"。全检中只要有一项不符合规定，即判为不符合规定；结论写"本品按×××检验，结果不符合规定"。非全项检验，合格的写"本品按×××检验上述项目，结果符合规定"；如有一项不合格时，则写"本品按×××检验上述项目，结果不符合规定" 进口检验：除应包括检验依据和检验结论外，还应写明是否准予进口
签名	检验者、校核者和各级审核者均应在签具姓名和经办日期。(年、月、日)盖药品检验报告书专用章、计量认证标志章及骑缝章

三、药品检验报告书的书写要求

1. 数据完整　药品检验报告书中的每一个检验项目都有具体的标准规定。按照规定检验，得出的具体数据必须书写完整。如报告书编号为 8 位数字，前 4 位为年号，后 4 位为流水号，要求书写完整，不能将年份的前 2 位数字省略。再如检验数据的有效位数必须按照规定书写完整，不得随意增减。

2. 用语规范　在药品检验报告书中，书写用语要规范。如报验单位或供样单位，应写单位的全称。再如检品名称应按药品包装上的品名填写。品名如为商品名，应在

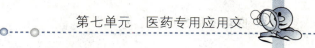

商品名之后加括号注明法定名称。书写时不得采用习用语。如将片剂的"重量差异"写成"片重差异"。将"崩解时限"写成"崩解度"等。

3. 结论明确 药品检验报告书中的结论包括检验依据和检验结论。全检合格，结论写"本品按×××检验，结果符合规定"。全检中只要有一项不符合规定，即判为不符合规定，结论写"本品按×××检验，结果不符合规定"。如非全项检验，合格的写"本品按×××检验上述项目，结果符合规定"；如有一项不合格时，则写"本品按×××检验上述项目，结果不符合规定"。

案例 1 药品检验机构检验报告书

××省药品检验所药品检验报告书

报告书编号：20100083

检品名称	六味地黄丸		
批号	090906	规格	每10丸重1.8克（每8丸相当于原药材3克）
生产单位	××制药有限公司	包装	塑料瓶及纸盒
供样单位	××市食品药品监督管理局	有效期至	2012年03月
检验目的	抽检（基本药物流通专项）	检品数量	200丸/瓶×10瓶
检验项目	部分检验	收检日期	2010年5月7日
检验依据	国家食品药品监督管理局标准（试行）YBZ29052005	包装规格	200丸/瓶
		报告日期	2010年5月15日

检验项目	检验标准	检验结果
【性状】	本品应为棕褐色浓缩丸味微甜、酸、略苦	本品为棕褐色浓缩丸，味微甜、酸、略苦。符合规定。
【鉴别】		
（1）显微鉴别	应具规定的显微特征	具规定的显微特征
（2）薄层色谱	应与丹皮酚对照品主斑点一致	与丹皮酚对照品主斑点一致
（3）薄层色谱	应与熊果酸对照品主斑点一致	与熊果酸对照品主斑点一致
【检查】		
水分	不得超过9.0%	6.5%
重量差异	应符合规定	符合规定
溶散时限	应在2小时内全部溶散	42分钟全部溶散
微生物限度	应符合规定	符合规定
【含量测定】		
牡丹皮	本品含牡丹皮按丹皮酚（$C_9H_{10}O_3$）计，不得少于0.18%	0.22%

结论：本品按国家食品药品监督管理局标准（试行）YBZ29052005检验，结果符合规定。

案例 2 药品生产企业检验报告书

××药业有限公司药品检验报告书

报告编号：CD – 20100605

产品名称	玉屏风滴丸	规格	2.4 克/袋
产品批号	A××××××100602	包装规格	12 袋/盒×300 盒/箱
成品数量	46 箱283 盒	取样量	34 袋
来源	滴丸车间	取样日期	2010 年 06 月 24 日
检验项目	全检	报告日期	2010 年 06 月 29 日
检验依据	国家食品药品监督管理局标准 YBZ18162005 –2009Z		

检验项目	标准规定	检验结果
【性状】	应为棕色至紫黑色滴丸；味微甜、涩	棕黑色滴丸；味微甜、涩
【鉴别】		
（1）	应检出防风	检出防风
（2）	应检出白术	检出白术
【检查】		
重量差异	应符合规定	符合规定
装量差异	应符合规定	符合规定
溶散时限	应在 30 分钟内完全溶散	符合规定
微生物限度	应符合规定	符合规定
【含量测定】	本品每 1g 含黄芪以黄芪甲苷（$C_{41}H_{68}O_{14}$）计，不得少于 0.25mg	0.84mg/g

结论：本品按国家食品药品监督管理局标准 YBZ18162005 –2009Z 检验，结果符合规定。

质检负责人：××× 复核人：××× 检验人：×××

 知识链接

1. 与药品检验报告书相关的法律规章

（1）《中华人民共和国药品管理法》

（2）《中华人民共和国药品管理法实施条例》

（3）《药品检验所实验室质量管理规范（试行）》

2. 药品质量监督检验机构出具的药品检验报告书与药品生产企业及药品使用单位出具的药品检验报告书的异同

（1）相同点 都是对药品质量作出的技术鉴定，具有科学性、准确性、客观性、有效性等特点，要求数据完整、用语规范、结论明确。

（2）不同点 首先，检验范围不同。药品生产企业及药品使用单位出具的药品检验报告书一般是对本单位生产或使用的药品的质量作出的技术鉴定。而药品检验机构是药品质量监督检验的专业机构，面向所有药品生产、经营和使用单位。

其次，权威性不同。药品质量监督检验机构出具的药品检验报告书是药品监督管理部门行政执法的技术依据，直接影响药品监督管理部门对药品生产、经营企业的药品质量的分析、定性和行政处理决定，权威性更强。再次，格式不同。药品生产企业及药品使用单位出具的药品检验报告书必须要求相关人员签具姓名。而药品质量监督检验机构出具的药品检验报告书是对外出具对某一药品检验结果的正式凭证，不需要检验者、校核者和各级审核者签具姓名。

目标检验

国家为什么对药品检验报告书的格式和书写作出具体、明确的规定？

1. 找药品生产企业、药品使用单位和药品质量监督检验机构的药品检验报告书各一份，比较它们在格式上的异同。

2. 查找与药品检验报告书相关的法律规章，认真阅读并体会其对药品检验报告书的要求。

分成小组，找几种常用剂型的药品，仔细观察其外观性状，各自描述观察结果，讨论后对照药典或药品检验报告书的描述进行比较。

根据治伤胶囊的下列检验结果，对照标准规定，按照格式要求，请为××药业有限公司书写一份药品检验报告书。

治伤胶囊的生产批号是091105，规格为0.25g/粒，铝塑纸盒包装12粒/板×3板，检品量为6盒，检验来源为胶囊车间，检验项目为全检，检验依据在卫生部药品标准新药转正标准第九册，收检日期为2010年5月8日，报告日期为2010年5月14日。

检验项目：【性状】结果为胶囊剂，内容物为浅黄色粉末，味苦，稍有麻舌感。【鉴别】结果为①纤维特征符合规定；②薄层色谱供试品所显示主斑点颜色及位置与对照药材相同。【检查】结果为水分为6.6%，符合不得超过9.0%的规定；装量差异符合规定，未超过±10.0%；崩解时限为14分钟，符合不得超过30分钟的规定；微生物限度符合规定。【含量测定】每粒含总生物碱1.68mg，符合每粒含总生物碱以关附甲素（$C_{24}H_{31}NO_6$）计，应为1.20～2.00mg的规定。检验结论为按卫生部药品标准新药转正标准第九册检验，结果符合规定。

检验员张××，复核员卫××，质检科长李××。

第三节 医药变更申请书

熟悉《药品管理法》等相关法规中对医药变更申请书的规定，掌握医药变更申请的范围。正确填写医药变更申请书。注意区别：①药品生产企业和经营企业《许可证》变更申请书的内容要求；②GMP 和 GSP 证书变更申请书的内容要求。

一、医药变更申请书是用来做什么的

医药变更申请书是指医药企业和医疗机构在生产、经营过程中为变更本单位已经被药品监督管理部门批准的事项而提出的书面申请书。

《药品管理法实施条例》规定，药品生产企业、药品经营企业和医疗机构变更药品生产经营许可事项，向原发证机关申请变更登记。一是为了提高药品质量，更好地保障人民身体健康；二是为了降低成本，提高生产经营效益；三是为了加强监督管理，推进医药生产经营科学发展。

医药企业和医疗机构在生产、经营过程中的变更事项、变更范围、变更程序，《药品管理法实施条例》、《药品生产质量管理规范》（简称 GMP）、《药品经营质量管理规范》（简称 GSP）等相关法规及相关行政公文中都有明确规定。

二、医药变更申请书的格式

医药变更申请书有条文式和表格式两种。现多用药品监督管理机构绘制的表格式变更申请书，基本格式如下。

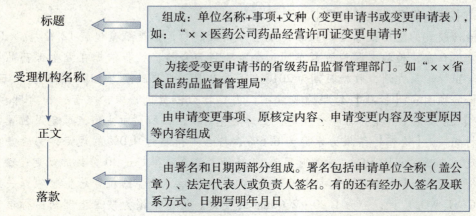

标题 ← 组成：单位名称+事项+文种（变更申请书或变更申请表），如："××医药公司药品经营许可证变更申请书"

受理机构名称 ← 为接受变更申请书的省级药品监督管理部门。如"××省食品药品监督管理局"

正文 ← 由申请变更事项、原核定内容、申请变更内容及变更原因等内容组成

落款 ← 由署名和日期两部分组成。署名包括申请单位全称（盖公章）、法定代表人或负责人签名。有的还有经办人签名及联系方式。日期写明年月日

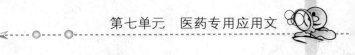

变更申请书样本：

××省药品生产许可证事项变更申请表

项目	原核准登记事项	申请变更登记事项
企业名称		
注册地址		
生产地址		
法定代表人		
企业负责人		
生产范围		
企业类型		
投资者（隶属关系）		
许可证编号		
许可证有效期		本次变更是第（　　）次变更
企业申请变更理由	法定代表人：	（公章） 年　月　日
企业电话		联系人
有关主管部门意见		（公章） 年　月　日
接受变更企业或有关部门的意见		（公章） 年　月　日

注：有关部门指企业主管部门或董事会。

××省药品经营质量管理规范证书变更申请表

企业名称				（盖章）
变更项目				
变更原因				
企业名称	原名称			
	现名称			
注册地址	原地址			
	现地址		邮编	
经营范围	现经营范围			
仓库地址	现地址一			
	现地址二			
仓库情况	总面积（m^2）	常温库（m^2）	阴凉库（m^2）	冷库（m^2）

续表

审批部门意见	市局意见		年 月 日
	承办人意见	签字:	年 月 日
	处长意见	签字:	年 月 日
	局领导意见	签字:	年 月 日

 案例 1

××省药品生产许可证事项变更申请表

项目	原核准登记事项	申请变更登记事项
企业名称	××制药有限公司	××制药股份有限公司
注册地址	××市××路15号	无
生产地址	××市××路15号	无
法定代表人	李××	无
企业负责人	万××	向××
生产范围	粉针剂、冻干粉针剂（均含青霉素类、激素类、抗肿瘤类）、小容量注射剂（含激素类、抗肿瘤类）、片剂、胶囊剂、颗粒剂、干混悬剂（均为头孢菌素类）、无菌原料药、原料药、中药提取	粉针剂、冻干粉针剂（均含青霉素类、激素类、抗肿瘤类）、小容量注射剂（含激素类、抗肿瘤类）、片剂、胶囊剂、颗粒剂、干混悬剂（均为头孢菌素类）、无菌原料药、原料药、中药提取、大容量注射剂（含激素类、抗肿瘤类）
企业类型	有限责任公司	股份有限公司
投资者（隶属关系）	××集团医药控股有限公司××药业有限公司	无
许可证编号	×HabZb20××00××	无
许可证有效期	20××年××月×日	本次变更是第（×）次变更
企业申请变更理由	进一步加强企业管理，规范和完善现代企业制度，扩大规模，科学发展。 　根据公司董事会决议：聘任向××先生为××制药有限公司总经理，同时免去原企业负责人万××先生的总经理职务。 （公章） 法定代表人：李××　　　　　　　　　　20××年××月×日	
企业电话	0××-××××××××	联系人 ×××

案例②

××市××医药有限公司《药品经营许可证》变更申请书

××市药品监督管理局：

　　××市××医药有限公司系你局批准从事药品批发的股份有限公司。因公司发展需要，拟更换负责人。现申请变更《药品经营许可证》。

　　企业名称：××市××医药有限公司

　　法定代表人：王××

　　企业负责人：李××（原负责人为卫××）

　　经营范围：中成药，化学药制剂，抗生素制剂，生化药

　　注册地址：××区××大街××号

　　仓库地址：××区××大街××号

　　特此申请

　　附：

　　1. 新任企业负责人身份证明、学历证明、执业资格或职称证明、GSP培训合格证书、体检健康证明、药品从业人员基本情况登记表。

　　2. 劳动合同和任职文件。

　　3. 公司作出的变更决议。

××市××医药有限公司（盖章）

法定代表人：王××（签字）

××××年×月×日

 知识链接

医药变更申请书的应用范围

　　1. 凡变更企业名称、注册地址、生产地址、法定代表人、企业负责人、企业经济性质、企业生产范围等许可事项之一者，变更《药品生产许可证》。

　　2. 凡变更企业名称、经济性质、法定代表人、企业负责人、质量负责人、注册地址、仓库地址、隶属单位、经营范围等许可事项之一者，变更《药品经营许可证》。

　　3. 药品生产企业变更原辅料、包装材料、质量标准、检验方法、操作规程、厂房、设施、设备、仪器、生产工艺和计算机软件等，均需向原发证机关提出变更申请。

　　4. 药品研发部门变更研制新药、生产药品和进口药品已获批准证明文件及其附件中载明事项需要变更的，必须向原发证机关提出变更申请。

　　5. 医疗机构变更名称、法定代表人、制剂室负责人、新增制剂剂型、变更制剂室地址者，必须提出变更申请。

目标检验

1. 药品生产、经营中的许多事项，生产经营企业或医疗机构可以随意变更吗？

2. 为什么药品监督管理机构对药品变更作出明确规定？

3. 一个制药企业，如果法定代表人变更，要进行哪些变更申请？

比较下列两组证书变更许可事项，哪些相同，哪些不同？

1. 药品生产许可证和药品经营许可证。

2. 药品生产质量管理规范证书和药品经营质量管理规范证书。

上网查找下列法律、规章，认真阅读、理解相关规定和要求。

1.《药品管理法实施条例》

2.《药品生产质量管理规范》

3.《药品经营质量管理规范》

4. 所在省市自治区药品监督管理机构有关变更申请的行政规定

请根据下列材料，为江南市光明大药房写一份药品经营许可证变更申请书。

光明大药房注册地址在向阳区中山路 36 号，营业场所使用面积 754 平方米，因政府规划拆迁，房屋不能继续使用，拟迁至湖滨区朝阳路 263 号，营业场所使用面积 805 平方米。

附：

1.《药品经营许可证》正、副本原件、复印件。

2. 工商执照原件及复印件。

3. 房屋租赁合同原件、复印件。

4. 标明具体尺寸及使用面积的营业室平面图（图中标明 OTC、RX）及所在街路位置示意图。

5. 企业自我保证声明。

6. 变更后的电子信息材料。

第四节 医药分析报告

　　掌握医药分析报告的格式和内容。能按照要求，结合医药生产经营实际，正确读写医药分析报告。熟悉医药分析报告的写作要求。了解医药分析报告的作用、种类。

一、医药分析报告是用来做什么的

　　医药分析报告是医药行业或其他机构对医药生产、经营、使用、监督管理等情况进行回顾、分析研究，以探索规律、评价得失、寻找对策后写成的总结性书面报告。

　　医药分析报告有三个方面的作用。①为领导决策提供依据。医药分析报告是在相关情况进行充分调查、认真分析研究后写成的，可以给本单位、上级机关或有关部门提供参考材料，以利于作出比较科学的决策。②沟通交流信息。通过医药分析报告可以在企业或部门之间相互沟通情况，交流信息，促进工作的开展。③指导作用。通过医药分析报告可以反映工作中的问题、隐患或失误，以引起本单位或上级有关部门的关注，便于及时采取措施，解决问题，消除隐患或纠正失误。对于普通人来说，药品使用情况分析可以指导我们合理、科学用药；通过对药品生产（经营）效益分析，可以指导股民理性投资。

　　医药分析报告的种类很多，可以从不同的角度来分类。①按分析范围分，有综合性医药分析报告和专题性医药分析报告。②按时间分，有月度医药分析报告、季度医药分析报告、年度医药分析报告。③按内容分，有药品生产分析报告、药品质量分析报告、药品使用情况分析报告、药品（药材）价格分析报告、药品市场分析报告、药品成本分析报告等。

二、医药分析报告的写作要求

　　1. 深入医药生产经营的实际，充分了解真实情况，掌握各种材料。

　　深入实际，尽可能多的了解情况，掌握材料，是写好医药分析报告的基础。报告中提到的情况和事实、引用的数据和资料，引证的事例和观点，都应当客观真实，如实反映客观事物的本来面目。同时，这些情况和材料还必须具有全面性和代表性，能真实反映客观事物发展的内在规律。从一定意义上说，情况、材料是否真实准确，选用材料是否充分得当，直接影响报告的质量。

　　2. 分析报告"重在分析"。

　　分析是关键。要结合实际，灵活运用多种分析方法时间序列分析法、比较分析法、方差分析法、因素分析法、动态分析法等，分析影响事例或数据变化的因素及程度，变化原因，从中总结规律，寻找解决问题的途径。

3. 结构严谨，表述准确，语言简洁。

三、医药分析报告的基本格式

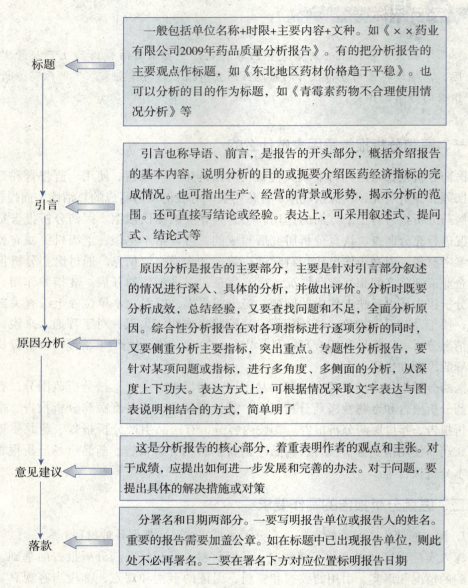

标题 ← 一般包括单位名称+时限+主要内容+文种。如《××药业有限公司2009年药品质量分析报告》。有的把分析报告的主要观点作标题，如《东北地区药材价格趋于平稳》。也可以分析的目的作为标题，如《青霉素药物不合理使用情况分析》等

引言 ← 引言也称导语、前言，是报告的开头部分，概括介绍报告的基本内容，说明分析的目的或扼要介绍医药经济指标的完成情况。也可指出生产、经营的背景或形势，揭示分析的范围。还可直接写结论或经验。表达上，可采用叙述式、提问式、结论式等

原因分析 ← 原因分析是报告的主要部分，主要是针对引言部分叙述的情况进行深入、具体的分析，并做出评价。分析时既要分析成效，总结经验，又要查找问题和不足，全面分析原因。综合性分析报告在对各项指标进行逐项分析的同时，又要侧重分析主要指标，突出重点。专题性分析报告，要针对某项问题或指标，进行多角度、多侧面的分析，从深度上下功夫。表达方式上，可根据情况采取文字表达与图表说明相结合的方式，简单明了

意见建议 ← 这是分析报告的核心部分，着重表明作者的观点和主张。对于成绩，应提出如何进一步发展和完善的办法。对于问题，要提出具体的解决措施或对策

落款 ← 分署名和日期两部分。一要写明报告单位或报告人的姓名。重要的报告需要加盖公章。如在标题中已出现报告单位，则此处不必再署名。二要在署名下方对应位置标明报告日期

 案例 ①

第二代头孢称雄一方

抗感染类药物一直是我国医药市场中的领军品种，尤其在突发事件来临时更显示出其重要性。而作为抗感染类药物的主要品种，头孢菌素已占据了抗感染类药物的半壁江山。随着头孢菌素上游原料药国产化进程的全面提速，具有实力的企业正向着集

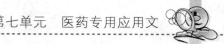

约化、规模化方向发展，从而带动了第二、第三代大宗头孢菌素产量的增长。

据国家食品药品监督管理局南方医药经济研究所公布的数据显示，2009 年主要年产量过百吨的 26 个抗生素品种总量为 4.02 万吨，2010 年预计将达到 4.4 万吨，将比上一年增长 9.45%，其中 8 大头孢类药物将占总量的 24.55%。

从药品制剂终端市场方面统计数据来看，2009 年，国内头孢抗感染药市场总规模为 280 亿元，从 2005～2009 年这 5 年里，头孢类药市场销售规模平均增长率 25.36%。另据中国化学工业协会信息部数据显示，2009 年，国内 22 个城市样本医院用药中，全身用抗感染药物用药金额达到了 157.33 亿元，其中头孢类药物为 86.06 亿元，占据了全身用抗感染药物市场的 54.70%，比上一年增长了 22.54%。头孢菌素类药物的前 5 位品种分别是：第二代品种头孢替安、头孢呋辛、头孢孟多；第三代品种头孢米诺、和头孢哌酮/舒巴坦钠。数据显示，第二代品种在前 5 位品种中占据 3 席，用药金额占前 5 位品种的 62.23%，表现出特有的竞争力。

头孢替安再拔头筹

第二代头孢的特点是引入了肟基，提高了对 β - 内酰胺酶的稳定性。比第一代头孢抗菌谱广，虽说对革兰阳性菌的作用与一代头孢类药物难分高低，而对革兰阴性菌的抗菌范围比第一代头孢类药物作用机制好，对流感嗜血杆菌、大肠杆菌、克雷白菌、奇异变形杆菌等的作用比较强，对肠杆菌、枸橼酸杆菌、吲哚阳性变形杆菌等也有抗菌作用。对肝肾的毒性也较小。因此，在临床上多用在病原菌不太明确，不能肯定是革兰阳性菌还是革兰阴性菌，或者属于混合感染的情况。尤其是头孢替安的临床特点对流感嗜血杆菌较第一代具有优势。

近两年，在国内城市、广大农村医疗保障体系的逐渐完善、人们对疾病高度重视和不断提高新思维的推动下，素有刚性需求的医药市场呈现出进一步升温的局面。抗生素骨干企业的传统品种销售量和销售额同步增长，部分品种仍有供不应求的现象。在新老头孢类药物激烈竞争角逐下，2009 年，国内 22 个城市样本医院前 5 大畅销头孢类药物排行榜在上一年的基础上，形成了新的稳定格局。在第二代产品头孢替安领衔下，头孢菌素类药物普遍表现出较好的形势。已成为医药市场发展和新产品开发未来趋势的风向标，对头孢类前瞻性发展有一定的借鉴意义。

在第一代头孢类品种逐渐从主流医院让出席位后，第二、三代品种成为中坚骨干力量，而第四代品种仅有头孢吡肟以其优势稳居其中。头孢替安冠冕堂皇地排在了抗生素类的第一位，年销售额近 6 亿元人民币，占据了抗感染药物用药市场份额的 3.75%（见图）。

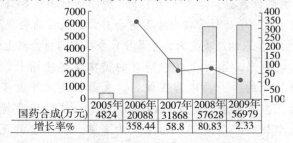

	2005年	2006年	2007年	2008年	2009年
国药合成(万元)	4824	20088	31868	57628	56979
增长率%		358.44	58.8	80.83	2.33

图　国内 22 城市样本医院头孢管胺用药

我国头孢替安研制开发较早，上海四药于 1994 年已获准生产粉针制剂，现是上海新先锋药业旗下和骨干品种，以商品名"锋替新"上市。2004 年，哈药集团制药总厂的原料药和粉针剂也获准生产，商品名为"萨兰欣"。与此同时，韩国大熊化学公司的"海替舒"、韩国韩美药品公司的"复仙安"也进入我国市场，分别由重庆市庆余堂制药、北京韩美药品分装生产。从市场份额分析，今年国产药占据了 80% 的市场，而进口药及国内分装产品占 20% 左右。目前国内仍有厂家在申报这个品种，已进入临床的有海南天煌制药的头孢替安葡萄糖输液和头孢替安氯化钠输液。

头孢孟多增长迅猛（略）

头孢呋辛挺进高中端市场（略）

　　进入 20 世纪末，头孢类药物有了长足发展，这也是全球头孢菌素类进展期的黄金时段。这一类抗生素是临床使用最多、应用最广、品种最全、疗效最好状、评价最高的抗生素，在抗感染药品中占据重要地位。随着人们对药物认识度的加强，为了避免交叉感染和药物副作用的影响，将逐渐回避和减少注射剂的使用，在多种现代口服释药技术推广应用下，分散片、泡腾片、糖浆剂、溶液剂的开发将有较好的市场前景。

——节选自 2010 年 12 月 3 日《医药经济报》撰稿　蔡德山

解析 84% 中药材涨价背后的深层次矛盾

　　据报道，各地的中药材价格一路上涨，全国市场 537 种中药材，有 84% 正在涨价。涨幅之大、涨价面之广前所未有。在目前国内外中药需求量每年翻倍增长的大背景下，是什么原因促使中药材价格的不断狂飙？掩藏在价格背后，又有哪些深层次的矛盾？

　　家住济南市市中区的赵女士一向有失眠的老毛病，时不时需要用中药进行调理，但去药店抓同样一幅药，今年她所要支付的费用比往年多了不少。同样对中药价格感到吃惊的还有济南市七里山诊所的老中医刘谟桐，"现在中药的价格飞涨，桃仁这味药，原来的时候一公斤才十几块，现在一公斤到了 80 块钱，再一个比方讲，咱们常用的金银花，3 年以前十几块钱一公斤，现在翻了 10 倍还多，200 多块钱一公斤了。"

　　中药材价格的上涨，使很多药店感受到了压力。齐鲁颐康大药店的店长陈英说："从今年一开始，中药就在陆陆续续地涨钱，尤其是中药饮片的价格，基本上翻倍的涨的比较多。在进货之中就发现了，基本上 100 个品种就有 50 个品种在涨价。"

　　据中国中药协会的统计数据，全国市场上 537 种中药材中有 84% 涨价，涨幅在 5% ～ 180% 之间。一向不温不火的中药材价格今年为何会有如此反常的表现？深入调查之后，记者发现，药材短缺、供求关系的严重失衡，才是导致今年中药材价格上涨的根本原因。

　　首先，看需求。近年来，国际上对中药材的需求量迅速增长，同时在国内，随着人们对中药保健效果认识的提升，中药在饮料、食品、洗化等诸多领域的应用愈加广泛，需求量越来越大。在我国金银花主产地的临沂，一位经销商就告诉记者，他们的金银花大部分是被大型饮料厂买走了。由原来的老牌，加多宝的王老吉，还有广药医药的王老吉，现在又出现了和其正、娃哈哈，这些比较大型的饮料厂，都起来了，用量而且很大。

其次，看供应。近些年来，随着工业化进程的加快，人类活动的加剧，很多野生药材赖以生存的环境遭到破坏。有调查显示，我国野生药材的蕴藏量，从 2000 年起每年递减 30% 以上，药材总产量年均递减 20% 左右。国家林业局野生动植物保护处处长王维胜说，资源的过度消耗，给中医药的发展增加了危机。以前，麝香年消耗量要接近 4 吨，但是现在国家消减到，每年只允许利用 500 公斤。其根本的原因就在于，我们的资源状况，已经不允许过度的消耗了，这样的话，确实给中医药的发展，资源的来源面临一个危机。

在正常情况下，野生药材产量不足，可以用家种药材来替代或作为主流原料。但近几年由于多种原因，家种药材的产量也在减少，如：青壮年劳力进城务工，药材生产缺少主要劳动力；药价低、成本高、效益差，农民积极性不高。有专家估算，2008 ~ 2009 年全国药材种植面积较最高时期的 2002 ~ 2005 年减少 40% 以上。中国中药商品协会会长张贵君说，农民种完以后得不到实惠，再种就没有意义了。

一方面，国内外市场需求在不断增加，另一方面，无论是野生药材还是家种药材的产量都在缩小，缺口越来越大，中药材市场形成卖方市场，价格的全面上涨就成为一种必然。

因此，很多业内人士呼吁，保护珍稀濒危中药资源迫在眉睫。政府要采取法律、政策等措施，加强珍贵野生药材的产地保护，企业要增加科技研发力度，并加强与农民的联系，扩大种植养殖面积，确保中药这种宝贵的历史财富不至于在我们这代人手里萎缩，乃至消失。

——节选自中国广播网　作者张聪

 知识链接

医药分析报告与调查报告的异同

1. 相同点

（1）写作要素相同　两种报告都是对某事项或工作进行调查，得到丰富的材料后，做科学的研究分析，然后揭示事物本质，找出规律，做出结论的总结性报告。它们都强调调查研究，文章中都要有事实材料、分析、结论这几个不可或缺的要素。

（2）写作目的相同　都是通过对具体对象的分析，从政策、规律、得失、对策或趋势等方面加以研究思考，总结经验，揭露问题，提出建议，给有关机构或个人作参考。

2. 不同点

（1）写作时间不同　医药分析报告是对过去一定时期里医药生产、经营、使用及管理等情况的回顾与总结。一般医药分析都在年终或一个生产周期、一个经营环节告一段落之后进行的，因此医药分析报告常常作为年度、季度、月度报表资料的文字说明部分。调查报告在写作时间上则比较灵活，为了及时发现和反映现实生活中的新事物、新经验、新矛盾，在事前、事中、事后，都可对调查对象进行研究分析，写出报告。

（2）写作内容不同　医药分析报告只着眼于医药行业，要求根据医药生产、经营、管理、使用的材料，进行计算、分析、比较。强调从调查对象本身出发去分析其经济效益和社会效益，专业技术性较强。而调查报告所涉及的范围要比医药分析报告广泛得多。调查报告重在通过典型找出普遍规律，以点带面去指导全局的工作。

（3）表达方式不同　医药分析报告数据分析较多，一般与表格结合，表达方式主要是说明。说明方法是特定的经济分析方法。在语言表述上，经济活动分析报告中较多地运用专业术语，科学严密性和理论性要求较高。调查报告的表达方式较灵活，常以记叙为主，兼以说明和简要的议论。它的语言要求朴素自然，但也要求生动活泼，可用多种修辞手法来增强文章的表现力。

（4）写作角度不同　医药分析报告可以是单位自我检查分析，用第一人称写作。也可以是其他单位人员进行调查分析研究后以第三人称撰写。而调查报告一般以第三人称写作。

目标检验

1. 药品分析报告有哪些特点和种类？
2. 药品分析报告对普通人有用吗？
3. 联系案例，具体说说撰写医药分析报告应注意哪些事项？

1. 上网查找一些医药生产、销售和使用方面的分析报告实例，认真阅读，体会例文中是如何体现分析报告的格式和内容要求的。

2. 查阅一些医药报刊，参照"知识链接"内容，比较关于医药生产、营销、使用等方面的特稿、综述和医药分析报告有哪些异同点。

利用假期，选择下列某一选题，分成小组到药店或医院调查、访问，了解其治疗常见疾病药物的销售或使用情况，讨论分析具体原因，并按照格式写一份药品分析报告。

1. 治疗感冒的药物，如复方阿司匹林片、白加黑、康泰克、VC 银翘片、清热解毒口服液等，哪些价格低、疗效好、患者使用率高。

2. 抗生素类药物的不合理使用情况。

3. 近年来，既可做食材又可做药材的农产品，如大蒜、绿豆、生姜、花椒等价格飞涨。它们被戏称为"蒜你狠"、"豆你玩"、"姜你军"、"椒你疯"的原因何在。

第五节　批生产记录

　　　　熟悉《药品生产质量管理规范》对批生产记录的规定；掌握批生产记录的内容。按照格式要求，会填写某一批次的批生产记录；明确批生产记录的填写要求。了解批生产记录的作用。

一、批生产记录是用来做什么的

　　批生产记录是药品生产企业生产依据现行批准的工艺规程制定的，记录一个批次的待包装品或成品的所有生产文件，提供该批药品的生产历史、技术、质量和经济活动情况。

　　批生产记录能为药品质量管理部门进行批次审查，确定该批药品能否放行，提供真实客观的依据；能提供有缺陷的药品或用户投诉的药品进行调查和追溯的证据和信息；能进行回顾性评价和回顾性验证，便于发现生产设备、生产工艺及管理程序的不足。

二、批生产记录的基本格式

　　批生产记录通常是一种表格式的文件。

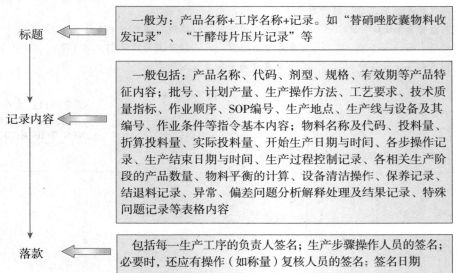

三、批生产记录的填写要求

1. 要及时填写，数据完整，内容真实，字迹清晰，不得用铅笔填写。

2. 不得撕毁或任意涂改。

3. 按表格内容填写，不得有空格，如无内容填写是一律用"－"表示。内容与上项相同的应重复抄写，不得用"//"或"同上"表示。

4. 药品名不得简写。

5. 操作者、复核者均应写全姓名，不得只写姓氏。

6. 填写日期一律横写，如9月6日，不得写成6/9或9/6。

● 案例 **10** ××药业有限公司琥乙红霉素颗粒部分批生产记录

琥乙红霉素颗粒洁净度检查记录表

文件编号：SP－××－××－×××

检查单位、工序：颗粒剂车间

检查地点：制粒间、湿法制粒机（压缩空气使用点）　洁净度级别：30万级

检查目的：压缩空气洁净度日常监测

检查日期：2009年10月10日

标准依据：《药品生产质量管理规范》1998年版

固体制剂车间：

　　根据公司生产计划，于2009年10月14日按琥乙红霉素颗粒的工艺规程及其岗位标准操作规程组织生产该品种，各有关部门按照生产计划，积极组织原辅料、包装材料的供应、备货及生产前的各项检验工作。生产车间应严格按生产指令执行，确保产品符合STP的要求。

批号：20091005　　　规格：0.1克（10万单位）

剂型：颗粒剂　　　　计划量：15万袋

生产本批产品所需要原辅料数量：

琥乙红霉素×0.0千克　　　蔗糖×××千克　　　　磷酸二氢钠×××千克

磷酸氢二钠××千克　　　甜蜜素××千克　　　　羧甲基纤维素钠××千克

甜橙香精×××千克　　　羟丙甲基纤维素××××千克

签发部门：生产部

签发人：李××

2009年10月13日

抄送部门：生产车间、仓储部、质量部

检验结果

结果 \ 项目 \ 测试次数	尘埃粒子数（个/m³）		微生物数（个/皿）	结论
	≥0.5μm	≥5μm		
标 准	≤10500000	≤60000	≤100	
第一次	36359	353	<1	合格
第二次	－	－	－	－
第三次	－	－	－	－

判定：

符合规定

负责人：彭×× 复核人：邱× 检验人：常××

前处理岗位（程序）清场检查记录

文件编号：SP－××－××－××× 2009 年 10 月 13 日

检查项目		检查内容	检查结果
检查内容	厂房设施	是否有上批产品清场合格证（副本）	有
		上次清场时间是否超过有效期限	超过，经清吉后检查合格
		设备是否有相应状态标志	有
		计量器具及仪器是否校验并有合格证	有
		各种器具是否清洁、消毒并有状态标志	有
	卫生	个人卫生是否符合要求	符合要求
		工艺卫生是否符合要求	符合要求
		设备及容器具卫生状态是否符合要求	符合要求
	清洁度	尘埃粒子	见本批洁净度检查记录表
		沉降菌	见本批洁净度检查记录表

检查结论及处理意见：

生产条件符合工艺要求

检查人：向×× 质量监督员：康×

制粒工艺操作记录

文件编号：SP－××－××－×××   2009 年 10 月 14 日

产品名称	琥乙红霉素颗粒		产品批号	20091005
生产日期	2009 年 10 月 14 日		规格	0.1 克（10 万单位）
制粒设备名称、型号	SHK－220 型湿法混合颗粒剂、YK－160 型摇摆式颗粒剂			
原辅料名称	第一锅数量（kg）	第二锅数量（kg）	第三锅数量（kg）	第四锅数量（kg）
琥乙红霉素	9.921	9.921	－	－
蔗糖	91.868	91.868	－	－
磷酸二氢钠	0.022	0.022	－	－
磷酸氢二钠	0.600	0.600	－	－
甜蜜素	1.500	1.500	－	－
羧甲基纤维素钠	0.750	0.750	－	－
尾料	2.900	2.900	－	－
－	－	－	－	－
－	－	－	－	－
项目	技术参数			
干混挡速	I	I	I	－
干混时间	600 秒	600 秒	600 秒	－
粘合剂用量	0.135 kg	0.135 kg	0.135 kg	－
湿混挡速	I	I	I	－
湿混时间	300 秒	300 秒	300 秒	－
制颗粒筛目	16 目	16 目	16 目	－

备注：

操作人：夏××   复核人：邱×   质量监督员：康×

固体制剂总混岗位操作记录

文件编号：SP－××－××－×××　　　　　　　　　　　2009 年 10 月 15 日

产品名称	琥乙红霉素颗粒	规格	0.1 克（10 万单位）
产品批号	20091005	生产日期	2009 年 10 月 14 日
上工序交来颗粒量	205.95kg	总混使用设备名称、型号	EYH－100A 型二维运动混合机

外加物料名称：

（1）甜橙香精：0.750kg

（2）－

容器编号 / 类别	(1)	(2)	(3)	(4)	(5)	(6)	(7)	(8)	(9)
毛重（kg）	46.4	47.7	45.3	47.9	20.0	－	－	－	－
皮重（kg）	0.2	0.2	0.2	0.2	0.2	－	－	－	－
净重（kg）	46.2	47.5	45.1	47.7	19.8	－	－	－	－

混合前物料重量：206.7kg　　　　　　　混合时间：4 分钟

混合后物料重量：206.3kg　　　　　　　总混收率：99.81%

废料量：0.2kg　　　　　　　　　　　　物料平衡：99.90%

总混后称量使用的设备名称、型号：TGT－100 型磅秤

备注：

$$收率 = \frac{混合后物料重量}{上工序交来物料量 + 外加香精量 + 上批尾料} \times 100\% = 99.81\%$$

$$物料平衡 = \frac{混合后物料重量 + 废料量}{上工序交来物料量 + 外加香精量 + 上批尾料} \times 100\% = 99.90\%$$

操作人：牛××　　　　复核人：邱×　　　　质量监督员：康×

知识链接

1. 与批生产记录相关的法律规章：《药品生产质量管理规范》

2. ××药业有限公司生产的琥乙红霉素颗粒批生产记录目录

（1）生产指令

（2）环境洁净度检测记录

（3）纯净水检验记录

（4）主要原辅料检验报告书及审核放行单

（5）制备前基本条件确认

(6) 主要原辅料及检测结果记录

(7) 生产前前处理岗位（工序）清场记录

(8) 固体制剂前处理岗位操作记录

(9) 固体制剂前处理换批清场记录附清场合格证

(10) 生产前配料岗位清场记录

(11) 工艺处方卡

(12) 固体制剂配料岗位操作记录

(13) 固体制剂配料换批清场记录附合格证

(14) 生产前制粒、烘干、整粒、筛分岗位清场记录

(15) 固体制剂制粒、烘干、整粒、筛分岗位操作记录

(16) 固体制剂制粒、烘干、整粒、筛分岗位换批清场记录附合格证

(17) 生产前总混岗位清场记录

(18) 固体制剂总混岗位操作记录

(19) 固体制剂总混岗位换批清场记录附合格证

(20) 生产前中间站岗位清场记录

(21) 固体制剂中间站进料记录

(22) 半成品取样证和半成品检验报告书及审核放行单

(23) 固体制剂中间站出料记录

(24) 固体制剂中间站岗位清场记录

(25) 内包装材料检验报告书及审核放行单

(26) 内包装材料检测结果及使用记录

(27) 生产前内包装岗位清场记录

(28) 固体制剂内包装岗位装量通知单

(29) 固体制剂内包装岗位操作记录

(30) 固体制剂内包装岗位换批清场记录附合格证

(31) 包装指令

(32) 外包装材料检验报告书及审核放行单

(33) 包装材料及检测结果记录

(34) 生产前外包装岗位清场记录

(35) 固体制剂外包装岗位操作记录

(36) 外包装岗位换批清场记录附清场合格证

(37) 产品取样证和成品检验报告书及审核放行单

(38) 成品入库单

(39) 质量监控检查记录

(40) 各工序物料平衡收率记录汇总表

目标检验

1. 什么是批生产记录？
2. 批生产记录在生产实践中有什么用途？

查找并认真学习《药品生产质量管理规范》，详细了解有关"批生产记录"的规定。

利用假期到药品生产企业开展实践活动，通过参观、走访、咨询、见习等了解批生产记录在生产实践中是如何应用的？

分别找一些不同生产企业、不同剂型药品的批生产记录表，比较它们在格式和内容上有哪些异同点。

利用到学校实训室或校外实习基地见习的机会，根据自己的实训实践，按照要求认真填写本岗位的生产记录。

中华人民共和国药品管理法（节选）

第一章　总　则

第一条　为加强药品监督管理，保证药品质量，保障人体用药安全，维护人民身体健康和用药的合法权益，特制定本法。

第二条　在中华人民共和国境内从事药品的研制、生产、经营、使用和监督管理的单位或者个人，必须遵守本法。

第三条　国家发展现代药和传统药，充分发挥其在预防、医疗和保健中的作用。

国家保护野生药材资源，鼓励培育中药材。

第四条　国家鼓励研究和创制新药，保护公民、法人和其他组织研究、开发新药的合法权益。

第五条　国务院药品监督管理部门主管全国药品监督管理工作。国务院有关部门在各自的职责范围内负责与药品有关的监督管理工作。

省、自治区、直辖市人民政府药品监督管理部门负责本行政区域内的药品监督管理工作。省、自治区、直辖市人民政府有关部门在各自的职责范围内负责与药品有关的监督管理工作。

国务院药品监督管理部门应当配合国务院经济综合主管部门，执行国家制定的药品行业发展规划和产业政策。

第六条　药品监督管理部门设置或者确定的药品检验机构，承担依法实施药品审批和药品质量监督检查所需的药品检验工作。

第二章　药品生产企业管理

第七条　开办药品生产企业，须经企业所在地省、自治区、直辖市人民政府药品监督管理部门批准并发给《药品生产许可证》，凭《药品生产许可证》到工商行政管理部门办理登记注册。无《药品生产许可证》的，不得生产药品。

《药品生产许可证》应当标明有效期和生产范围，到期重新审查发证。

药品监督管理部门批准开办药品生产企业，除依据本法第八条规定的条件外，还应当符合国家制定的药品行业发展规划和产业政策，防止重复建设。

第八条　开办药品生产企业，必须具备以下条件：

（一）具有依法经过资格认定的药学技术人员、工程技术人员及相应的技术工人；

（二）具有与其药品生产相适应的厂房、设施和卫生环境；

（三）具有能对所生产药品进行质量管理和质量检验的机构、人员以及必要的仪器设备；

（四）具有保证药品质量的规章制度。

第九条 药品生产企业必须按照国务院药品监督管理部门依据本法制定的《药品生产质量管理规范》组织生产。药品监督管理部门按照规定对药品生产企业是否符合《药品生产质量管理规范》的要求进行认证；对认证合格的，发给认证证书。

《药品生产质量管理规范》的具体实施办法、实施步骤由国务院药品监督管理部门规定。

第十条 除中药饮片的炮制外，药品必须按照国家药品标准和国务院药品监督管理部门批准的生产工艺进行生产，生产记录必须完整准确。药品生产企业改变影响药品质量的生产工艺的，必须报原批准部门审核批准。

中药饮片必须按照国家药品标准炮制；国家药品标准没有规定的，必须按照省、自治区、直辖市人民政府药品监督管理部门制定的炮制规范炮制。省、自治区、直辖市人民政府药品监督管理部门制定的炮制规范应当报国务院药品监督管理部门备案。

第十一条 生产药品所需的原料、辅料，必须符合药用要求。

第十二条 药品生产企业必须对其生产的药品进行质量检验；不符合国家药品标准或者不按照省、自治区、直辖市人民政府药品监督管理部门制定的中药饮片炮制规范炮制的，不得出厂。

第十三条 经国务院药品监督管理部门或者国务院药品监督管理部门授权的省、自治区、直辖市人民政府药品监督管理部门批准，药品生产企业可以接受委托生产药品。

第三章 药品经营企业管理

第十四条 开办药品批发企业，须经企业所在地省、自治区、直辖市人民政府药品监督管理部门批准并发给《药品经营许可证》；开办药品零售企业，须经企业所在地县级以上地方药品监督管理部门批准并发给《药品经营许可证》，凭《药品经营许可证》到工商行政管理部门办理登记注册。无《药品经营许可证》的，不得经营药品。

《药品经营许可证》应当标明有效期和经营范围，到期重新审查发证。

药品监督管理部门批准开办药品经营企业，除依据本法第十五条规定的条件外，还应当遵循合理布局和方便群众购药的原则。

第十五条 开办药品经营企业必须具备以下条件：

（一）具有依法经过资格认定的药学技术人员；

（二）具有与所经营药品相适应的营业场所、设备、仓储设施、卫生环境；

（三）具有与所经营药品相适应的质量管理机构或者人员；

（四）具有保证所经营药品质量的规章制度。

第十六条 药品经营企业必须按照国务院药品监督管理部门依据本法制定的《药品经营质量管理规范》经营药品。药品监督管理部门按照规定对药品经营企业是否符合《药品经营质量管理规范》的要求进行认证；对认证合格的，发给认证证书。

《药品经营质量管理规范》的具体实施办法、实施步骤由国务院药品监督管理部门规定。

第十七条　药品经营企业购进药品，必须建立并执行进货检查验收制度，验明药品合格证明和其他标识；不符合规定要求的，不得购进。

第十八条　药品经营企业购销药品，必须有真实完整的购销记录。购销记录必须注明药品的通用名称、剂型、规格、批号、有效期、生产厂商、购（销）货单位、购（销）货数量、购销价格、购（销）货日期及国务院药品监督管理部门规定的其他内容。

第十九条　药品经营企业销售药品必须准确无误，并正确说明用法、用量和注意事项；调配处方必须经过核对，对处方所列药品不得擅自更改或者代用。对有配伍禁忌或者超剂量的处方，应当拒绝调配；必要时，经处方医师更正或者重新签字，方可调配。药品经营企业销售中药材，必须标明产地。

第二十条　药品经营企业必须制定和执行药品保管制度，采取必要的冷藏、防冻、防潮、防虫、防鼠等措施，保证药品质量。药品入库和出库必须执行检查制度。

第二十一条　城乡集市贸易市场可以出售中药材，国务院另有规定的除外。

城乡集市贸易市场不得出售中药材以外的药品，但持有《药品经营许可证》的药品零售企业在规定的范围内可以在城乡集市贸易市场设点出售中药材以外的药品。具体办法由国务院规定。

......

第五章　药品管理

第二十九条　研制新药，必须按照国务院药品监督管理部门的规定如实报送研制方法、质量指标、药理及毒理试验结果等有关资料和样品，经国务院药品监督管理部门批准后，方可进行临床试验。药物临床试验机构资格的认定办法，由国务院药品监督管理部门、国务院卫生行政部门共同制定。

完成临床试验并通过审批的新药，由国务院药品监督管理部门批准，发给新药证书。

第三十条　药物的非临床安全性评价研究机构和临床试验机构必须分别执行药物非临床研究质量管理规范、药物临床试验质量管理规范。

药物非临床研究质量管理规范、药物临床试验质量管理规范由国务院确定的部门制定。

第三十一条　生产新药或者已有国家标准的药品的，须经国务院药品监督管理部门批准，并发给药品批准文号；但是，生产没有实施批准文号管理的中药材和中药饮片除外。实施批准文号管理的中药材、中药饮片品种目录由国务院药品监督管理部门会同国务院中医药管理部门制定。

药品生产企业在取得药品批准文号后，方可生产该药品。

第三十二条　药品必须符合国家药品标准。中药饮片依照本法第十条第二款的规定执行。

国务院药品监督管理部门颁布的《中华人民共和国药典》和药品标准为国家药品标准。

国务院药品监督管理部门组织药典委员会，负责国家药品标准的制定和修订。

国务院药品监督管理部门的药品检验机构负责标定国家药品标准品、对照品。

第三十三条　国务院药品监督管理部门组织药学、医学和其他技术人员，对新药进行审评，对已经批准生产的药品进行再评价。

第三十四条　药品生产企业、药品经营企业、医疗机构必须从具有药品生产、经营资格的企业购进药品；但是，购进没有实施批准文号管理的中药材除外。

第三十五条　国家对麻醉药品、精神药品、医疗用毒性药品、放射性药品，实行特殊管理。管理办法由国务院制定。

第三十六条　国家实行中药品种保护制度。具体办法由国务院制定。

第三十七条　国家对药品实行处方药与非处方药分类管理制度。具体办法由国务院制定。

第三十八条　禁止进口疗效不确、不良反应大或者其他原因危害人体健康的药品。

第三十九条　药品进口，须经国务院药品监督管理部门组织审查，经审查确认符合质量标准、安全有效的，方可批准进口，并发给进口药品注册证书。

医疗单位临床急需或者个人自用进口的少量药品，按照国家有关规定办理进口手续。

第四十条　药品必须从允许药品进口的口岸进口，并由进口药品的企业向口岸所在地药品监督管理部门登记备案。海关凭药品监督管理部门出具的《进口药品通关单》放行。无《进口药品通关单》的，海关不得放行。

口岸所在地药品监督管理部门应当通知药品检验机构按照国务院药品监督管理部门的规定对进口药品进行抽查检验，并依照本法第四十一条第二款的规定收取检验费。

允许药品进口的口岸由国务院药品监督管理部门会同海关总署提出，报国务院批准。

第四十一条　国务院药品监督管理部门对下列药品在销售前或者进口时，指定药品检验机构进行检验；检验不合格的，不得销售或者进口：

（一）国务院药品监督管理部门规定的生物制品；

（二）首次在中国销售的药品；

（三）国务院规定的其他药品。

前款所列药品的检验费项目和收费标准由国务院财政部门会同国务院价格主管部门核定并公告。检验费收缴办法由国务院财政部门会同国务院药品监督管理部门制定。

第四十二条　国务院药品监督管理部门对已经批准生产或者进口的药品，应当组织调查；对疗效不确、不良反应大或者其他原因危害人体健康的药品，应当撤销批准文号或者进口药品注册证书。

已被撤销批准文号或者进口药品注册证书的药品，不得生产或者进口、销售和使用；已经生产或者进口的，由当地药品监督管理部门监督销毁或者处理。

第四十三条 国家实行药品储备制度。

国内发生重大灾情、疫情及其他突发事件时，国务院规定的部门可以紧急调用企业药品。

第四十四条 对国内供应不足的药品，国务院有权限制或者禁止出口。

第四十五条 进口、出口麻醉药品和国家规定范围内的精神药品，必须持有国务院药品监督管理部门发给的《进口准许证》、《出口准许证》。

第四十六条 新发现和从国外引种的药材，经国务院药品监督管理部门审核批准后，方可销售。

第四十七条 地区性民间习用药材的管理办法，由国务院药品监督管理部门会同国务院中医药管理部门制定。

第四十八条 禁止生产（包括配制，下同）、销售假药。

有下列情形之一的，为假药：

（一）药品所含成份与国家药品标准规定的成份不符的；

（二）以非药品冒充药品或者以他种药品冒充此种药品的。

有下列情形之一的药品，按假药论处：

（一）国务院药品监督管理部门规定禁止使用的；

（二）依照本法必须批准而未经批准生产、进口，或者依照本法必须检验而未经检验即销售的；

（三）变质的；

（四）被污染的；

（五）使用依照本法必须取得批准文号而未取得批准文号的原料药生产的；

（六）所标明的适应症或者功能主治超出规定范围的。

第四十九条 禁止生产、销售劣药。

药品成份的含量不符合国家药品标准的，为劣药。

有下列情形之一的药品，按劣药论处：

（一）未标明有效期或者更改有效期的；

（二）不注明或者更改生产批号的；

（三）超过有效期的；

（四）直接接触药品的包装材料和容器未经批准的；

（五）擅自添加着色剂、防腐剂、香料、矫味剂及辅料的；

（六）其他不符合药品标准规定的。

第五十条 列入国家药品标准的药品名称为药品通用名称。已经作为药品通用名称的，该名称不得作为药品商标使用。

第五十一条 药品生产企业、药品经营企业和医疗机构直接接触药品的工作人员，必须每年进行健康检查。患有传染病或者其他可能污染药品的疾病的，不得从事直接接触药品的工作。

第六章 药品包装的管理

第五十二条 直接接触药品的包装材料和容器，必须符合药用要求，符合保障人体健康、安全的标准，并由药品监督管理部门在审批药品时一并审批。

药品生产企业不得使用未经批准的直接接触药品的包装材料和容器。

对不合格的直接接触药品的包装材料和容器，由药品监督管理部门责令停止使用。

第五十三条 药品包装必须适合药品质量的要求，方便储存、运输和医疗使用。

发运中药材必须有包装。在每件包装上，必须注明品名、产地、日期、调出单位，并附有质量合格的标志。

第五十四条 药品包装必须按照规定印有或者贴有标签并附有说明书。

标签或者说明书上必须注明药品的通用名称、成份、规格、生产企业、批准文号、产品批号、生产日期、有效期、适应症或者功能主治、用法、用量、禁忌、不良反应和注意事项。

麻醉药品、精神药品、医疗用毒性药品、放射性药品、外用药品和非处方药的标签，必须印有规定的标志。

......

第九章 法律责任

第七十三条 未取得《药品生产许可证》、《药品经营许可证》或者《医疗机构制剂许可证》生产药品、经营药品的，依法予以取缔，没收违法生产、销售的药品和违法所得，并处违法生产、销售的药品（包括已售出的和未售出的药品，下同）货值金额二倍以上五倍以下的罚款；构成犯罪的，依法追究刑事责任。

第七十四条 生产、销售假药的，没收违法生产、销售的药品和违法所得，并处违法生产、销售药品货值金额二倍以上五倍以下的罚款；有药品批准证明文件的予以撤销，并责令停产、停业整顿；情节严重的，吊销《药品生产许可证》、《药品经营许可证》或者《医疗机构制剂许可证》；构成犯罪的，依法追究刑事责任。

第七十五条 生产、销售劣药的，没收违法生产、销售的药品和违法所得，并处违法生产、销售药品货值金额一倍以上三倍以下的罚款；情节严重的，责令停产、停业整顿或者撤销药品批准证明文件、吊销《药品生产许可证》、《药品经营许可证》或者《医疗机构制剂许可证》；构成犯罪的，依法追究刑事责任。

第七十六条 从事生产、销售假药及生产、销售劣药情节严重的企业或者其他单位，其直接负责的主管人员和其他直接责任人员十年内不得从事药品生产、经营活动。

对生产者专门用于生产假药、劣药的原辅材料、包装材料、生产设备，予以没收。

第七十七条 知道或者应当知道属于假劣药品而为其提供运输、保管、仓储等便利条件的，没收全部运输、保管、仓储的收入，并处违法收入百分之五十以上三倍以下的罚款；构成犯罪的，依法追究刑事责任。

第七十八条 对假药、劣药的处罚通知，必须载明药品检验机构的质量检验结果；

但是，本法第四十八条第三款第（一）、（二）、（五）、（六）项和第四十九条第三款规定的情形除外。

第七十九条 药品的生产企业、经营企业、药物非临床安全性评价研究机构、药物临床试验机构未按照规定实施《药品生产质量管理规范》、《药品经营质量管理规范》、药物非临床研究质量管理规范、药物临床试验质量管理规范的，给予警告，责令限期改正；逾期不改正的，责令停产、停业整顿，并处五千元以上二万元以下的罚款；情节严重的，吊销《药品生产许可证》、《药品经营许可证》和药物临床试验机构的资格。

第八十条 药品的生产企业、经营企业或者医疗机构违反本法第三十四条的规定，从无《药品生产许可证》、《药品经营许可证》的企业购进药品的，责令改正，没收违法购进的药品，并处违法购进药品货值金额二倍以上五倍以下的罚款；有违法所得的，没收违法所得；情节严重的，吊销《药品生产许可证》、《药品经营许可证》或者医疗机构执业许可证书。

第八十一条 进口已获得药品进口注册证书的药品，未按照本法规定向允许药品进口的口岸所在地的药品监督管理部门登记备案的，给予警告，责令限期改正；逾期不改正的，撤销进口药品注册证书。

第八十二条 伪造、变造、买卖、出租、出借许可证或者药品批准证明文件的，没收违法所得，并处违法所得一倍以上三倍以下的罚款；没有违法所得的，处二万元以上十万元以下的罚款；情节严重的，并吊销卖方、出租方、出借方的《药品生产许可证》、《药品经营许可证》、《医疗机构制剂许可证》或者撤销药品批准证明文件；构成犯罪的，依法追究刑事责任。

第八十三条 违反本法规定，提供虚假的证明、文件资料样品或者采取其他欺骗手段取得《药品生产许可证》、《药品经营许可证》、《医疗机构制剂许可证》或者药品批准证明文件的，吊销《药品生产许可证》、《药品经营许可证》、《医疗机构制剂许可证》或者撤销药品批准证明文件，五年内不受理其申请，并处一万元以上三万元以下的罚款。

第八十四条 医疗机构将其配制的制剂在市场销售的，责令改正，没收违法销售的制剂，并处违法销售制剂货值金额一倍以上三倍以下的罚款；有违法所得的，没收违法所得。

第八十五条 药品经营企业违反本法第十八条、第十九条规定的，责令改正，给予警告；情节严重的，吊销《药品经营许可证》。

第八十六条 药品标识不符合本法第五十四条规定的，除依法应当按照假药、劣药论处的外，责令改正，给予警告；情节严重的，撤销该药品的批准证明文件。

第八十七条 药品检验机构出具虚假检验报告，构成犯罪的，依法追究刑事责任；不构成犯罪的，责令改正，给予警告，对单位并处三万元以上五万元以下的罚款；对直接负责的主管人员和其他直接责任人员依法给予降级、撤职、开除的处分，并处三万元以下的罚款；有违法所得的，没收违法所得；情节严重的，撤销其检验资格。药品检验机构出具的检验结果不实，造成损失的，应当承担相应的赔偿责任。

第八十八条　本法第七十三条至第八十七条规定的行政处罚，由县级以上药品监督管理部门按照国务院药品监督管理部门规定的职责分工决定；吊销《药品生产许可证》、《药品经营许可证》、《医疗机构制剂许可证》、医疗机构执业许可证书或者撤销药品批准证明文件的，由原发证、批准的部门决定。

　　第八十九条　违反本法第五十五条、第五十六条、第五十七条关于药品价格管理的规定的，依照《中华人民共和国价格法》的规定处罚。

　　第九十条　药品的生产企业、经营企业、医疗机构在药品购销中暗中给予、收受回扣或者其他利益的，药品的生产企业、经营企业或者其代理人给予使用其药品的医疗机构的负责人、药品采购人员、医师等有关人员以财物或者其他利益的，由工商行政管理部门处一万元以上二十万元以下的罚款，有违法所得的，予以没收；情节严重的，由工商行政管理部门吊销药品生产企业、药品经营企业的营业执照，并通知药品监督管理部门，由药品监督管理部门吊销其《药品生产许可证》、《药品经营许可证》；构成犯罪的，依法追究刑事责任。

　　第九十一条　药品的生产企业、经营企业的负责人、采购人员等有关人员在药品购销中收受其他生产企业、经营企业或者其代理人给予的财物或者其他利益的，依法给予处分，没收违法所得；构成犯罪的，依法追究刑事责任。

　　医疗机构的负责人、药品采购人员、医师等有关人员收受药品生产企业、药品经营企业或者其代理人给予的财物或者其他利益的，由卫生行政部门或者本单位给予处分，没收违法所得；对违法行为情节严重的执业医师，由卫生行政部门吊销其执业证书；构成犯罪的，依法追究刑事责任。

　　第九十二条　违反本法有关药品广告的管理规定的，依照《中华人民共和国广告法》的规定处罚，并由发给广告批准文号的药品监督管理部门撤销广告批准文号，一年内不受理该品种的广告审批申请；构成犯罪的，依法追究刑事责任。

　　药品监督管理部门对药品广告不依法履行审查职责，批准发布的广告有虚假或者其他违反法律、行政法规的内容的，对直接负责的主管人员和其他直接责任人员依法给予行政处分；构成犯罪的，依法追究刑事责任。

　　第九十三条　药品的生产企业、经营企业、医疗机构违反本法规定，给药品使用者造成损害的，依法承担赔偿责任。

　　第九十四条　药品监督管理部门违反本法规定，有下列行为之一的，由其上级主管机关或者监察机关责令收回违法发给的证书、撤销药品批准证明文件，对直接负责的主管人员和其他直接责任人员依法给予行政处分；构成犯罪的，依法追究刑事责任：

　　（一）对不符合《药品生产质量管理规范》、《药品经营质量管理规范》的企业发给符合有关规范的认证证书的，或者对取得认证证书的企业未按照规定履行跟踪检查的职责，对不符合认证条件的企业未依法责令其改正或者撤销其认证证书的；

　　（二）对不符合法定条件的单位发给《药品生产许可证》、《药品经营许可证》或者《医疗机构制剂许可证》的；

　　（三）对不符合进口条件的药品发给进口药品注册证书的；

　　（四）对不具备临床试验条件或者生产条件而批准进行临床试验、发给新药证书、发给药品批准文号的。

第九十五条　药品监督管理部门或者其设置的药品检验机构或者其确定的专业从事药品检验的机构参与药品生产经营活动的，由其上级机关或者监察机关责令改正，有违法收入的予以没收；情节严重的，对直接负责的主管人员和其他直接责任人员依法给予行政处分。

药品监督管理部门或者其设置的药品检验机构或者其确定的专业从事药品检验的机构的工作人员参与药品生产经营活动的，依法给予行政处分。

第九十六条　药品监督管理部门或者其设置、确定的药品检验机构在药品监督检验中违法收取检验费用的，由政府有关部门责令退还，对直接负责的主管人员和其他直接责任人员依法给予行政处分。对违法收取检验费用情节严重的药品检验机构，撤销其检验资格。

第九十七条　药品监督管理部门应当依法履行监督检查职责，监督已取得《药品生产许可证》、《药品经营许可证》的企业依照本法规定从事药品生产、经营活动。

已取得《药品生产许可证》、《药品经营许可证》的企业生产、销售假药、劣药的，除依法追究该企业的法律责任外，对有失职、渎职行为的药品监督管理部门直接负责的主管人员和其他直接责任人员依法给予行政处分；构成犯罪的，依法追究刑事责任。

第九十八条　药品监督管理部门对下级药品监督管理部门违反本法的行政行为，责令限期改正；逾期不改正的，有权予以改变或者撤销。

第九十九条　药品监督管理人员滥用职权、徇私舞弊、玩忽职守，构成犯罪的，依法追究刑事责任；尚不构成犯罪的，依法给予行政处分。

第一百条　依照本法被吊销《药品生产许可证》、《药品经营许可证》的，由药品监督管理部门通知工商行政管理部门办理变更或者注销登记。

第一百零一条　本章规定的货值金额以违法生产、销售药品的标价计算；没有标价的，按照同类药品的市场价格计算。

　　　　　　　……

注：药品管理法分为十章共106条。本文节选第一章总则、第二章药品生产企业管理、第三章药品经营企业管理、第五章药品管理、第六章药品包装的管理、第九章法律责任。

附 录 二

国家行政机关公文处理办法

第一章 总 则

第一条 为使国家行政机关（以下简称行政机关）的公文处理工作规范化、制度化、科学化，制定本办法。

第二条 行政机关的公文（包括电报，下同），是行政机关在行政管理过程中形成的具有法定效力和规范体式的文书，是依法行政和进行公务活动的重要工具。

第三条 公文处理指公文的办理、管理、整理（立卷）、归档等一系列相互关联、衔接有序的工作。

第四条 公文处理应当坚持实事求是、精简、高效的原则，做到及时、准确、安全。

第五条 公文处理必须严格执行国家保密法律、法规和其他有关规定，确保国家秘密的安全。

第六条 各级行政机关的负责人应当高度重视公文处理工作，模范遵守本办法并加强对本机关公文处理工作的领导和检查。

第七条 各级行政机关的办公厅（室）是公文处理的管理机构，主管本机关的公文处理工作并指导下级机关的公文处理工作。

第八条 各级行政机关的办公厅（室）应当设立文秘部门或者配备专职人员负责公文处理工作。

第二章 公文种类

第九条 行政机关的公文种类主要有：

（一）命令（令）

适用于依照有关法律公布行政法规和规章；宣布施行重大强制性行政措施；嘉奖有关单位及人员。

（二）决定

适用于对重要事项或者重大行动做出安排，奖惩有关单位及人员，变更或者撤销下级机关不适当的决定事项。

（三）公告

适用于向国内外宣布重要事项或者法定事项。

（四）通告

适用于公布社会各有关方面应当遵守或者周知的事项。

（五）通知

适用于批转下级机关的公文，转发上级机关和不相隶属机关的公文，传达要求下级机关办理和需要有关单位周知或者执行的事项，任免人员。

（六）通报

适用于表彰先进，批评错误，传达重要精神或者情况。

（七）议案

适用于各级人民政府按照法律程序向同级人民代表大会或人民代表大会常务委员会提请审议事项。

（八）报告

适用于向上级机关汇报工作，反映情况，答复上级机关的询问。

（九）请示

适用于向上级机关请求指示、批准。

（十）批复

适用于答复下级机关的请示事项。

（十一）意见

适用于对重要问题提出见解和处理办法。

（十二）函

适用于不相隶属机关之间商洽工作，询问和答复问题，请求批准和答复审批事项。

（十三）会议纪要

适用于记载、传达会议情况和议定事项。

第三章　公文格式

第十条　公文一般由秘密等级和保密期限、紧急程度、发文机关标识、发文字号、签发人、标题、主送机关、正文、附件说明、成文日期、印章、附注、附件、主题词、抄送机关、印发机关和印发日期等部分组成。

（一）涉及国家秘密的公文应当标明密级和保密期限，其中，"绝密"、"机密"级公文还应当标明份数序号。

（二）紧急公文应当根据紧急程度分别标明"特急"、"急件"。其中电报应当分别标明"特提"、"特急"、"加急"、"平急"。

（三）发文机关标识应当使用发文机关全称或者规范化简称；联合行文，主办机关排列在前。

（四）发文字号应当包括机关代字、年份、序号。联合行文，只标明主办机关发文字号。

（五）上行文应当注明签发人、会签人姓名。其中，"请示"应当在附注处注明联系人的姓名和电话。

（六）公文标题应当准确简要地概括公文的主要内容并标明公文种类，一般应当标明发文机关。公文标题中除法规、规章名称加书名号外，一般不用标点符号。

（七）主送机关指公文的主要受理机关，应当使用全称或者规范化简称、统称。

（八）公文如有附件，应当注明附件顺序和名称。

（九）公文除"会议纪要"和以电报形式发出的以外，应当加盖印章。联合上报的公文，由主办机关加盖印章；联合下发的公文，发文机关都应当加盖印章。

（十）成文日期以负责人签发的日期为准，联合行文以最后签发机关负责人的签发日期为准。电报以发出日期为准。

（十一）公文如有附注（需要说明的其他事项），应当加括号标注。

（十二）公文应当标注主题词。上行文按照上级机关的要求标注主题词。

（十三）抄送机关指除主送机关外需要执行或知晓公文的其他机关，应当使用全称或者规范化简称、统称。

（十四）文字从左至右横写、横排。在民族自治地方，可以并用汉字和通用的少数民族文字（按其习惯书写、排版）。

第十一条　公文中各组成部分的标识规则，参照《国家行政机关公文格式》国家标准执行。

第十二条　公文用纸一般采用国际标准 A4 型（210mm×297mm），左侧装订。张贴的公文用纸大小，根据实际需要确定。

第四章　行文规则

第十三条　行文应当确有必要，注重效用。

第十四条　行文关系根据隶属关系和职权范围确定，一般不得越级请示和报告。

第十五条　政府各部门依据部门职权可以相互行文和向下一级政府的相关业务部门行文；除以函的形式商洽工作、询问和答复问题、审批事项外，一般不得向下一级政府正式行文。

部门内设机构除办公厅（室）外不得对外正式行文。

第十六条　同级政府、同级政府各部门、上级政府部门与下一级政府可以联合行文；政府与同级党委和军队机关可以联合行文；政府部门与相应的党组织和军队机关可以联合行文；政府部门与同级人民团体和具有行政职能的事业单位也可以联合行文。

第十七条　属于部门职权范围内的事务，应当由部门自行行文或联合行文。联合行文应当明确主办部门。须经政府审批的事项，经政府同意也可以由部门行文，文中应当注明经政府同意。

第十八条　属于主管部门职权范围内的具体问题，应当直接报送主管部门处理。

第十九条　部门之间对有关问题未经协商一致，不得各自向下行文。如擅自行文，上级机关应当责令纠正或撤销。

第二十条　向下级机关或者本系统的重要行文，应当同时抄送直接上级机关。

第二十一条　"请示"应当一文一事；一般只写一个主送机关，需要同时送其他机关的，应当用抄送形式，但不得抄送其下级机关。

"报告"不得夹带请示事项。

第二十二条　除上级机关负责人直接交办的事项外，不得以机关名义向上级机关负责人报送"请示"、"意见"和"报告"。

第二十三条　受双重领导的机关向上级机关行文，应当写明主送机关和抄送机关。上级机关向受双重领导的下级机关行文，必要时应当抄送其另一上级机关。

第五章　发文办理

第二十四条　发文办理指以本机关名义制发公文的过程，包括草拟、审核、签发、复核、缮印、用印、登记、分发等程序。

第二十五条　草拟公文应当做到：

（一）符合国家的法律、法规及其他有关规定。如提出新的政策、规定等，要切实可行并加以说明。

（二）情况确实，观点明确，表述准确，结构严谨，条理清楚，直述不曲，字词规范，标点正确，篇幅力求简短。

（三）公文的文种应当根据行文目的、发文机关的职权和与主送机关的行文关系确定。

（四）拟制紧急公文，应当体现紧急的原因，并根据实际需要确定紧急程度。

（五）人名、地名、数字、引文准确。引用公文应当先引标题，后引发文字号。引用外文应当注明中文含义。日期应当写明具体的年、月、日。

（六）结构层次序数，第一层为"一、"，第二层为"（一）"，第三层为"1."，第四层为"（1）"。

（七）应当使用国家法定计量单位。

（八）文内使用非规范化简称，应当先用全称并注明简称。使用国际组织外文名称或其缩写形式，应当在第一次出现时注明准确的中文译名。

（九）公文中的数字，除成文日期、部分结构层次序数和在词、词组、惯用语、缩略语、具有修辞色彩语句中作为词素的数字必须使用汉字外，应当使用阿拉伯数字。

第二十六条　拟制公文，对涉及其他部门职权范围内的事项，主办部门应当主动与有关部门协商，取得一致意见后方可行文；如有分歧，主办部门的主要负责人应当出面协调，仍不能取得一致时，主办部门可以列明各方理据，提出建设性意见，并与有关部门会签后报请上级机关协调或裁定。

第二十七条　公文送负责人签发前，应当由办公厅（室）进行审核。审核的重点是：是否确需行文，行文方式是否妥当，是否符合行文规则和拟制公文的有关要求，公文格式是否符合本办法的规定等。

第二十八条　以本机关名义制发的上行文，由主要负责人或者主持工作的负责人签发；以本机关名义制发的下行文或平行文，由主要负责人或者由主要负责人授权的其他负责人签发。

第二十九条　公文正式印制前，文秘部门应当进行复核，重点是：审批、签发手续是否完备，附件材料是否齐全，格式是否统一、规范等。

经复核需要对文稿进行实质性修改的，应按程序复审。

第六章　收文办理

第三十条　收文办理指对收到公文的办理过程，包括签收、登记、审核、拟办、批办、承办、催办等程序。

第三十一条　收到下级机关上报的需要办理的公文，文秘部门应当进行审核。审核的重点是：是否应由本机关办理；是否符合行文规则；内容是否符合国家法律、法规及其他有关规定；涉及其他部门或地区职权的事项是否已协商、会签；文种使用、公文格式是否规范。

第三十二条　经审核，对符合本办法规定的公文，文秘部门应当及时提出拟办意见送负责人批示或者交有关部门办理，需要两个以上部门办理的应当明确主办部门。紧急公文，应当明确办理时限。对不符合本办法规定的公文，经办公厅（室）负责人批准后，可以退回呈报单位并说明理由。

第三十三条　承办部门收到交办的公文后应当及时办理，不得延误、推诿。紧急公文应当按时限要求办理，确有困难的，应当及时予以说明。对不属于本单位职权范围或者不宜由本单位办理的，应当及时退回交办的文秘部门并说明理由。

第三十四条　收到上级机关下发或交办的公文，由文秘部门提出拟办意见，送负责人批示后办理。

第三十五条　公文办理中遇有涉及其他部门职权的事项，主办部门应当主动与有关部门协商；如有分歧，主办部门主要负责人要出面协调，如仍不能取得一致，可以报请上级机关协调或裁定。

第三十六条　审批公文时，对有具体请示事项的，主批人应当明确签署意见、姓名和审批日期，其他审批人圈阅视为同意；没有请示事项的，圈阅表示已阅知。

第三十七条　送负责人批示或者交有关部门办理的公文，文秘部门要负责催办，做到紧急公文跟踪催办，重要公文重点催办，一般公文定期催办。

第七章　公文归档

第三十八条　公文办理完毕后，应当根据《中华人民共和国档案法》和其他有关规定，及时整理（立卷）、归档。

个人不得保存应当归档的公文。

第三十九条　归档范围内的公文，应当根据其相互联系、特征和保存价值等整理（立卷），要保证归档公文的齐全、完整，能正确反映本机关的主要工作情况，便于保管和利用。

第四十条　联合办理的公文，原件由主办机关整理（立卷）、归档，其他机关保存复制件或其他形式的公文副本。

第四十一条　本机关负责人兼任其他机关职务，在履行所兼职务职责过程中形成的公文，由其兼职机关整理（立卷）、归档。

第四十二条　归档范围内的公文应当确定保管期限，按照有关规定定期向档案部门移交。

第四十三条 拟制、修改和签批公文，书写及所用纸张和字迹材料必须符合存档要求。

第八章 公文管理

第四十四条 公文由文秘部门或专职人员统一收发、审核、用印、归档和销毁。

第四十五条 文秘部门应当建立健全本机关公文处理的有关制度。

第四十六条 上级机关的公文，除绝密级和注明不准翻印的以外，下一级机关经负责人或者办公厅（室）主任批准，可以翻印。翻印时，应当注明翻印的机关、日期、份数和印发范围。

第四十七条 公开发布行政机关公文，必须经发文机关批准。经批准公开发布的公文，同发文机关正式印发的公文具有同等效力。

第四十八条 公文复印件作为正式公文使用时，应当加盖复印机关证明章。

第四十九条 公文被撤销，视作自始不产生效力；公文被废止，视作自废止之日起不产生效力。

第五十条 不具备归档和存查价值的公文，经过鉴别并经办公厅（室）负责人批准，可以销毁。

第五十一条 销毁秘密公文应当到指定场所由二人以上监销，保证不丢失、不漏销。其中，销毁绝密公文（含密码电报）应当进行登记。

第五十二条 机关合并时，全部公文应当随之合并管理。机关撤销时，需要归档的公文整理（立卷）后按有关规定移交档案部门。

工作人员调离工作岗位时，应当将本人暂存、借用的公文按照有关规定移交、清退。

第五十三条 密码电报的使用和管理，按照有关规定执行。

第九章 附 则

第五十四条 行政法规、规章方面的公文，依照有关规定处理。外事方面的公文，按照外交部的有关规定处理。

第五十五条 公文处理中涉及电子文件的有关规定另行制定。统一规定发布之前，各级行政机关可以制定本机关或者本地区、本系统的试行规定。

第五十六条 各级行政机关的办公厅（室）对上级机关和本机关下发公文的贯彻落实情况应当进行督促检查并建立督查制度。有关规定另行制定。

第五十七条 本办法自 2001 年 1 月 1 日起施行。1993 年 11 月 21 日国务院办公厅发布，1994 年 1 月 1 日起施行的《国家行政机关公文处理办法》同时废止。

医学生职业生涯规划与就业指导

主编　刘立富　季春元
主审　王立国

中国医药科技出版社

内 容 提 要

本书主要介绍医学生求职择业的方法和技巧，也将医学生的大学生涯规划、职业生涯规划列专章讲述，以便使医学生在学业、自我管理、社会实践等方面早做规划，珍惜大学时期的美好时光，不断改进自身的不足。

本书可供医药类各层次医学及相关专业使用，也可作为相关人员的参考书。

图书在版编目（CIP）数据

医学生职业生涯规划与就业指导 / 刘立富，季春元主编. —北京：中国医药科技出版社，2013.9

ISBN 978-7-5067-6296-0

Ⅰ.①医… Ⅱ.①刘… ②季… Ⅲ.①医学院校－大学生－职业选择

Ⅳ.①G647.38

中国版本图书馆CIP数据核字（2013）第190310号

美术编辑 陈君杞
版式设计 郭小平

出版　中国医药科技出版社
地址　北京市海淀区文慧园北路甲22号
邮编　100082
电话　发行：010-62227427　邮购：010-62236938
网址　www.cmstp.com
规格　789×1092mm $\frac{1}{16}$
印张　13 $\frac{3}{4}$
字数　276千字
版次　2013年9月第1版
印次　2015 年 8 月第 2 次印刷
印刷　廊坊市广阳区九洲印刷厂
经销　全国各地新华书店
书号　ISBN 978-7-5067-6296-0
定价　25.00元
本社图书如存在印装质量问题请与本社联系调换

编委会

毕业生就业，既是民生工程，也是衡量学校办学质量的重要指标。当前，医学毕业生就业的总体状况不容乐观，既有用人单位新增岗位不足，对学历层次要求提高等客观原因，也与学生择业观及就业技巧、就业心理准备不足等因素有关。因此，如何帮助医学生树立科学就业观，提高医学生的就业能力，拓展就业思路，提高就业率，增加就业信心，显得急迫而重要。对学校而言，解决这一难题的根本之道，除了培养适应社会行业要求的人才外，还有一点，就是编写好就业指导教材，上好就业指导课程。

近几年来，大学生就业、创业指导教材多如雨后春笋，但可供医学专科院校选用的教材却不多。因此，在《国务院办公厅关于加强普通高等学校毕业生就业工作的通知》（国办发〔2009〕3号）"强化高校医学生就业服务和就业指导，提升医学毕业生就业能力"的精神指导下，湖北中医药高等专科学校教材建设委员会组织经验丰富的一线教师，结合医学专科教育教学实际，编写了这本《医学生职业生涯规划与就业指导》教材。

本教材立足于医学生的实际需要，内容具有普适性。在传授医学生求职择业方法和技巧的同时，将医学生的大学生涯规划、职业生涯规划列专章讲述，以便使医学生在学业、自我管理、社会实践、职业规划等方面早做规划，利用好大学时期的宝贵时光，不断完善自我。另一方面，使医学生关注国家医药事业的发展趋势，增强学习动力，树立自主学习、终身学习观念，实现可持续发展的职业教育目标。

本教材的另一特色是充分汲取了教学研究成果。除了编写者教学、就业管理工作经验丰富之外，本教材还是刘立富同志主持、全就业指导教研室参与的全国教育科学规划课题《医学专科生就业心理研究与实践》（批准号：FFB108225）的重要成果之一。教材内容具有很强的医学专科生就业针对性，如当代医学生应对立的职业价值取向，医学生专业能力与综合素质的培养，医学生的社会适应与职业发展等内容，都是当代医学生们渴望了解和掌握的。此外，本书对如何改善医学生的消极认知，疏导不

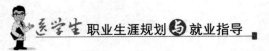

良情绪，调整就业心态，提高挫折承受能力也有具体指导。

　　当今，医学生职业规划与就业指导的理论和实践仍有待丰富，还有许多开拓性的工作需要去探索。希望本教材编写组成员再接再厉，在教材使用过程中不断发现新问题，补充新内容，使教材不断完善，更加有利于学生的职业发展。

湖北中医药高等专科学校校长　吕文亮

2013年6月15日

目录
CONTENTS

第一章 绪 论

第一节 职业的相关概念 ·· （1）
一、职业、职业生涯、就业 ·· （1）
二、行业 ··· （5）
三、职位 ··· （6）
四、岗位 ··· （6）
第二节 就业形势 ·· （7）
一、世界就业形势发展的一般趋势 ·· （7）
二、"十二五"规划与大学生就业 ·· （10）
三、我国医学类毕业生的就业 ·· （12）
第三节 大学生就业政策 ·· （15）
一、大学生就业政策 ·· （15）
二、国家职业资格证书制度 ·· （20）
第四节 学习本课程的方法和意义 ·· （22）
一、学习本课程的意义 ·· （22）
二、本课程的主要内容 ·· （23）
三、学习本课程的主要方法 ·· （25）
思考与练习 ·· （25）

第二章 医学生大学生涯规划

第一节 解读大学 ·· （26）
一、大学的含义 ·· （26）
二、大学的任务 ·· （27）
三、医学生在大学阶段重点培养的素质 ···································· （28）
第二节 树立正确的价值观 ·· （29）
一、当代大学生价值观的基本特征 ·· （29）

二、不良价值取向的形成原因 ···················· （30）

三、当代医学生应树立的价值取向 ················ （31）

第三节 制定医学生大学生涯规划 ················· （34）

一、大学专业分类 ···························· （34）

二、大学生的知识结构 ························ （34）

三、制定大学生涯规划的前提 ·················· （34）

四、合理规划大学生涯 ························ （36）

思考与练习 ································ （45）

附表（一） 大学生涯规划总表 ·················· （46）

附表（二） 大学生涯规划实施方案 ·············· （46）

附表（三） 大学生涯规划评估修正表 ·············· （48）

第三章　医学生职业生涯规划

第一节 医学生职业生涯规划的概述 ··············· （49）

一、医学生职业生涯规划的含义 ················ （49）

二、医学生职业生涯规划的特点 ················ （52）

三、医学生职业生涯规划的作用 ················ （53）

第二节 职业生涯规划的制定 ···················· （56）

一、制定职业生涯规划应遵循的原则 ·············· （56）

二、制定职业生涯规划的方法 ·················· （57）

三、制定职业生涯规划的基本步骤 ················ （61）

四、医学生职业生涯规划方案的撰写 ·············· （65）

五、医学生职业生涯设计中的常见问题 ············ （69）

思考与练习 ································ （72）

第四章　医学生能力与综合素质的培养

第一节 医学生能力的培养 ····················· （74）

一、专业能力的培养 ·························· （74）

二、实际操控能力的培养 ······················ （75）

三、创造能力的培养 ·························· （76）

四、自信能力培养与潜能开发 ·················· （78）

第二节 医学生综合素质的培养 ·················· （81）

一、医学生综合素质的含义 ···················· （81）

二、医学生综合素质的现状分析 ···（82）

三、医学生综合素质的培养途径 ···（83）

思考与练习 ··（90）

第五章　医学生毕业前的准备

第一节　心理准备 ···（91）

　　一、树立科学的就业观 ··（91）

　　二、调试就业心理 ···（93）

第二节　材料准备 ···（98）

　　一、求职材料所包括的内容及装订要求 ···（99）

　　二、求职信的写作方法及注意事项 ··（101）

　　三、个人简历的写作方法及注意事项 ···（106）

　　四、推荐表(推荐信)及其他材料的准备 ···（113）

思考与练习 ··（115）

第六章　医学生的求职技巧

第一节　就业信息的搜集与筛选 ··（116）

　　一、医学生就业信息的收集 ··（116）

　　二、医学生就业信息的筛选 ··（118）

　　三、医学生就业信息的利用 ··（119）

　　四、医学生网络求职技巧 ··（121）

　　五、网上求职应注意的法律问题 ···（122）

第二节　笔试技巧 ···（123）

　　一、笔试的目的 ···（123）

　　二、笔试的种类 ···（123）

　　三、笔试的准备 ···（123）

　　四、笔试的答题方法与技巧 ··（125）

第三节　面试技巧 ···（126）

　　一、面试的特点 ···（126）

　　二、面试的准备 ···（128）

　　三、面试的策略 ···（133）

思考与练习 ··（139）

第七章　大学毕业生就业的法律知识与维权

第一节　就业协议·····················（140）

　　一、就业协议的含义 ···············（140）

　　二、就业协议的主要条款 ···········（140）

　　三、就业协议订立的程序 ···········（141）

　　四、签订就业协议时应注意的法律问题 ·······（141）

　　五、违反就业协议的法律责任 ·······（141）

第二节　劳动合同·····················（143）

　　一、劳动合同的含义 ···············（143）

　　二、劳动合同与就业协议的区别 ·····（143）

　　三、劳动合同签字前应注意的法律问题 ·······（143）

　　四、劳动合同的主要内容 ···········（144）

　　五、劳动合同的解除及其法律责任 ···（146）

　　六、违反劳动合同的法律责任 ·······（148）

第三节　识别求职陷阱，规避求职风险·····（149）

　　一、全面解读招聘广告 ·············（149）

　　二、正确认识与合理利用中介机构 ···（151）

第四节　依法维护大学毕业生就业权益·····（155）

　　一、毕业生的就业权益 ·············（155）

　　二、就业权益的法律保护 ···········（156）

　　三、劳动纠纷的解决 ···············（157）

　　思考与练习·······················（159）

第八章　医学生的社会适应与发展

第一节　大学生的社会适应能力·········（160）

　　一、大学生人际适应中的社会认知偏见 ·······（160）

　　二、大学生的社会角色冲突 ·········（161）

　　三、大学生自我意识发展的矛盾性 ···（163）

　　四、大学生社会适应心理误区的几种表现类型 ·······（164）

　　五、学生心理适应的不良表现 ·······（166）

　　六、大学生要超越自我——提高适应社会发展的能力 ·······（166）

第二节　医学生上岗前的准备工作·······（168）

　　一、了解医疗卫生行业的特点 ·······（168）

　　二、熟悉用人单位的基本情况 ·······（172）

第三节 工作初期的角色适应 ……………………………………… （174）

　一、从医学生到医务工作者的角色转变 ………………………… （174）

　二、建立良好的人际关系 ………………………………………… （175）

　三、正确处理医患关系 …………………………………………… （178）

思考与练习 …………………………………………………………… （181）

第九章 创业教育与实践

第一节 自主创业意识的培养与必备的基本素质 ………………… （183）

　一、自主创业意识的培养 ………………………………………… （183）

　二、创业者应具备的基本素质和条件 …………………………… （184）

第二节 自主创业准备 ……………………………………………… （188）

　一、心理、心态准备 ……………………………………………… （189）

　二、耐心、态度准备 ……………………………………………… （189）

　三、思想、观念准备 ……………………………………………… （190）

　四、竞争意识准备 ………………………………………………… （191）

　五、规律、法律准备 ……………………………………………… （191）

第三节 把握创业机会 ……………………………………………… （192）

　一、创业机会的来源及形式 ……………………………………… （193）

　二、创业机会识别 ………………………………………………… （195）

　三、如何提高识别有价值机会的能力 …………………………… （197）

第四节 创业团队 …………………………………………………… （199）

　一、互补型的团队 ………………………………………………… （199）

　二、相似型的团队 ………………………………………………… （199）

　三、相似互补型团队 ……………………………………………… （200）

　四、失败的团队 …………………………………………………… （201）

思考与练习 …………………………………………………………… （203）

附 录 大学毕业生就业程序

　一、相关表格的填写 ……………………………………………… （204）

　二、毕业生报到与改派 …………………………………………… （204）

　三、人事代理手续的办理 ………………………………………… （206）

参考文献 ……………………………………………………………… （207）

第一章 绪 论

学习目标

1. 了解国内外就业的形势，树立正确的就业观
2. 熟悉与职业相关的概念
3. 掌握大学毕业生就业政策
4. 理解本课程的学习意义、内容和方法

第一节 职业的相关概念

一、职业、职业生涯、就业

（一）职业

1. 职业的含义

职业是人类社会发展到一定阶段的产物，是指人们从事相对稳定的、有收入的、专门类别的社会劳动。职业是人的一种社会活动和生活方式，又是一种经济行为，也是人们从社会中谋取多种利益的资源，它对于每个人都极为重要，是一个人社会地位的一般性表现，也是一个人的权利、义务、职责。

人们从不同的角度出发，对职业的概念有不同的论述。中国自古就有"职业"一词，从词义的角度解释，"职"有"社会责任"、"权利与义务"的含义，而"业"是以某种特殊的技能"从事某种业务"、"完成某种事业"。美国社会学家塞尔兹认为，职业是一个人为了不断地取得收入而连续从事的具有市场价值的特殊活动。这种活动决定着从事它的那个人的社会地位。杜威从实用主义哲学观点出发，认为职业是人们可以从中得到利益的一种生存活动。日本职业专家保谷六郎认为，职业是有劳动能力的人，为了生活而发挥个人能力，向社会贡献而连续从事的活动。

2. 职业分类

世界各国国情不同，其划分职业的标准有所区别。

（1）根据西方国家的一些学者提出的理论，在国外一般将职业分为三种类型：

第一，按脑力劳动和体力劳动的性质、层次进行分类。这种分类方法把工作人员划分为白领工作人员和蓝领工作人员两大类。白领工作人员包括：专业性和技术性的工作，农场以外的经理和行政管理人员、销售人员、办公室人员。蓝领工作人员包

括：手工艺及类似的工人、非运输性的技工、运输装置机工人、农场以外的工人、服务性行业工人。这种分类方法明显地表现出职业的等级性。

第二，按心理的个别差异进行分类。这种分类方法是根据美国著名的职业指导专家霍兰德创立的"人格—职业"类型匹配理论，把人格类型划分为六种，即现实型、研究型、艺术型、社会型、企业型和常规型。与其相对应的是六种职业类型。

第三，依据各个职业的主要职责或"从事的工作"进行分类。这种分类方法比较普遍，以两种代表示例。其一是国际标准职业分类。国际标准职业分类把职业由粗至细分为四个层次、8个大类、83个小类、284个细类、1506个职业项目，总共列出职业1881个。其中8个大类是：①专家、技术人员及有关工作者；②政府官员和企业经理；③事务工作者和有关工作者；④销售工作者；⑤服务工作者；⑥农业、牧业、林业工作者及渔民、猎人；⑦生产和有关工作者、运输设备操作者和劳动者；⑧不能按职业分类的劳动者。这种分类方法便于提高国际间职业统计资料的可比性和国际交流。其二是加拿大《职业岗位分类词典》的分类。它把分属于国民经济中主要行业的职业划分为23个主类，主类下分81个子类，489个细类，7200多个职业。此种分类对每种职业都有定义，逐一说明了各种职业的内容及从业人员在普通教育程度、职业培训、能力倾向、兴趣、性格以及体质等方面的要求，有较大的参考价值。

（2）根据我国不同部门公布的标准分类，主要有两种类型：

第一，国家统计局、国家标准总局、国务院人口普查办公室1982年3月公布，供第三次全国人口普查使用的《职业分类标准》。该《标准》依据在业人口所从事的工作性质的同一性进行分类，将全国范围内的职业划分为大类、中类、小类三层，即8大类、64中类、301小类。其8个大类依次为：各类专业技术人员；国家机关、党群组织、企事业单位的负责人；办事人员和有关人员；商业工作人员；服务性工作人员；农林牧渔劳动者；生产工作、运输工作和部分体力劳动者；不便分类的其他劳动者。

第二，国家发展改革委员会、国家统计局、国家标准局批准，于1984年发布，并于1985年实施的《国民经济行业分类和代码》。这项标准主要按企业、事业单位、机关团体和个体从业人员所从事的生产或其他社会经济活动的性质的同一性分类，即按其所属行业分类，将国民经济行业划分为门类、大类、中类、小类四级。门类共13个，依次为：农、林、牧、渔、水利业；工业；地质普查和勘探业；建筑业；交通运输业、邮电通信业；商业、公共饮食业、物资供应和仓储业；房地产管理、公用事业、居民服务和咨询服务业；卫生、体育和社会福利事业；教育、文化艺术和广播电视业；科学研究和综合技术服务业；金融、保险业；国家机关、党政机关和社会团体；其他行业。

这两种分类方法符合我国国情，简明扼要，具有实用性，也符合我国的职业现状。根据不同标准的职业，可有不同的分类方法。如：从行业上划分，可分为一、二、三产业；从工作特点上划分，可分为务实（使用机器、工具和设备的工种）、社会服务、文教、科研、艺术及创造、计算及数学（钱财管理、资料统计）、自然界、管理、一般服务性等10多种类型的职业。每一种分类方法，对其职业的特定性都有明确的解释，这对我们更好地掌握某一职业的特点，去选择适合自身职业有指导作用。

3．职业基本特征

根据职业产生和发展历史及其对人类社会发展的影响，职业具有以下特征。

（1）产业性 一个国家，一个社会，就大的方面可以分为三类产业。第一产业和第二产业都是物质生产部门，第三产业虽然并不生产物质财富，但却是社会物质生产和人民生活必不可少的部门。在传统农业社会，农业人口比重最大；在工业化社会，工作领域中的职业数量和就业人口显著增加；在科学技术高度发达和经济发展迅速的社会，第三产业职业数量和就业人口显著增加。

（2）行业性 行业是根据生产单位所生产的物品或提供服务的人不同而划分，或是按企业、事业单位、机关团体和个体从业人员所从事的生产或其他社会经济活动性质的同一性来分类。某行业的职业内部，其劳动条件、工作对象、生产工具、操作内容相同或相近。由于环境的同一，人们就会形成同一的行为模式，有共同的语言习惯和道德规范。不同职业间存在着很大的差异，劳动条件、工作对象、工作性质等都不相同。随着社会的进步和发展，新的职业（如经纪人等）将会不断涌现，各种职业间的差异也会不断变化。

（3）职位性 所谓职位是一定的职权和相应责任的集合体。职权和责任是组成职位的两个基本要素。职权相同，责任一致，就是同一职位。在职业分类中每一种职业都含有职位的特性。从社会需要角度来看，职业并没有高低贵贱之分，但是，现实生活中由于对从事职业的素质要求不同以及人们对职业的看法或舆论的评价不同，职业便有了层次之分，这种职业的不同层次往往是由于不同职业体力、脑力劳动的付出、收入水平、工作任务的轻重、社会声望、权力地位等因素决定的。

（4）组群性 无论以何种依据来划分职业都带有组群特点。如科学研究人员中包含哲学、社会学、经济学、理学、工学、医学等工作者，再如咨询服务事业包括科技咨询工作、心理咨询工作、职业咨询工作等。

（5）时空性 随着社会的发展和进步，职业变化迅速，除了弃旧更新外，同一种职业的活动内容和方式也会发生变化，所以职业的划分带有明显的时代性，不同时代有不同的热门职业。我国曾出现过的"当兵热"、"从政热"，后又发展到"下海热"、"外企热"等，都反映出特定时期人们对某种职业的热衷程度。

4．职业的要素

根据职业的定义，职业由下列因素构成。

（1）职业名称 职业的符号特征，它一般由社会通用的称谓来命名，如医生、教师。

（2）职业主体 从事一定社会分工的劳动者，必须具有承担该职业活动所需要的资格和能力。

（3）职业客体 职业活动的工作对象、内容、劳动方式和场所等。

（4）职业报酬 通过职业活动所取得的各种报酬。

（5）职业技术 劳动者在从事职业活动中所运用的自然技术、社会技术和思维技术的总和。

职业要素体现了职业是整体与个体的连接，社会整体依靠个体通过职业活动来推动和实现发展目标，个体则通过职业活动对整体做出贡献，并索取一定的回报以维持生活。整个社会因众多的职业分工和劳动者的工作而构成人类共同生活的基本结构。

5. 职业与专业的对应关系

由于社会的分工，人们从事着不同的工作，在国民经济不同的产业、行业领域中有成千上万种不同的职业。专业是学业门类，它是从学科与技术的角度进行划分的。尽管专业和职业有很大的不同，但两者之间是密切相连的。不管学什么专业，大体上可以知道将来要从事的职业领域。如学工科的可以在不同的产业或行业中当技工、技术员、技师等；学服务的可以当服务员、营业员、售票员等；学医疗卫生专业的，可以当医生、护士、药剂师等。

一个具体的专业，它可以是社会上一个具体的职业，更多的情况是，一个专业可以对应一个职业群，甚至是几个相关的职业群。如医药院校的临床医学专业，可以在医院做临床医生、保健师，也可以从事预防检验、卫生防疫、卫生科普宣传等相关工作，还可以个体开诊所，当个体医生。

职业群一般由基本操作技能相通，工作内容、社会作用以及从业者所应该具备的素质接近的若干个职业所构成。作为一个医学院校的大学生，我们所学的专业所对应的职业群有如下诸项。

临床医学专业所对应的职业群：临床医生、保健师、预防检验、卫生防疫、卫生科普宣传等。

护理专业所对应的职业群：临床护理、家庭护理、康复保健、预防检验、卫生防疫、卫生科普宣传等。

药剂专业所对应的职业群：门诊药房、病区药房、生产制药、药品化验检验、药品营销、药品科普宣传等。

影像、影技专业所对应的职业群：医学影像诊断、医疗器件维修、卫生影像科普宣传、电器维修等。

康复治疗技术专业所对应的职业群：康复保健、个体诊所、康复保健指导、康复科普宣传等。

医疗美容技术专业所对应的职业群：美容技师、美容导师、美容讲师和美容督导等。

（二）职业生涯

1. 广义的职业生涯

职业生涯是个人一生职业经历的总称，即个人终生发展的历程。

一个人的职业生涯是一个漫长的、动态的过程，可以遵循传统观念，一生只从事一种职业，持续而稳定地在该岗位上晋升；也可以根据个人的兴趣、能力、价值观及工作环境的变化而经历不同的岗位、职业甚至行业。当然，大多数人还是希望从事一种相对稳定、适合自己的职业。中国台湾学者林幸台认为，职业生涯包括个人一生中所从事的工作，以及所担任的职务、角色，同时也涉及其他非工作或非职业的活动和个人生活中衣食住行、娱乐各方面的活动与经验。

职业生涯是一个人职业经历的总称。由于每一个人受到不同家庭、民族、国度等环境的影响，接受的教育不同，产生了思想、观念、素质和价值观等方面的差异，因而，造成人的职业生涯也是五彩斑斓的。

2. 职业生涯的意义

英国著名剧作家、诗人莎士比亚认为，人生就是一部作品。谁有生活理想和实现的计划，谁就有好的情节和结尾，谁便能写得十分精彩和引人注目。职业生涯是人生中追求自我实现的重要阶段。人的生命价值，在一定意义上说，就在于其职业生涯方面的成就和成功。在一个人有限的生命中，职业生涯往往占有绝对重要的位置。有统计资料显示，大部分人职业生涯时间占可利用社会时间的70%～90%，伴随我们的大半生，甚至更长，拥有成功的职业生涯才可能实现完美人生。因此，职业生涯对人生具有重要意义。具体表现如下：

首先，它是满足人生需求的重要手段。现代人大部分时间是在社会组织中度过的。作为个人生命中投入时间和精力最多的人生组成部分，职业生涯使我们体验到幸福和快乐。相对而言，人的素质愈高，精神需求就愈多，对职业生涯的期望也就愈大。

其次，职业生涯是促进人的全面发展的重要手段。现代人追求全面发展，随着生活水平的提高，人们的自我意识逐步增强。人们在渴望拥有健康、知识、能力、良好的人际关系的同时，也渴望事业上有所建树，并享有幸福和谐的家庭生活和丰富多彩的休闲时光。

（三）就业

就业是指具有劳动能力的公民在法定的劳动年龄内，依法取得从事某种比较稳定的有报酬的社会劳动的过程。大学毕业生是接受过高等教育并取得相应资格证书的公民，是具有较高文化层次和一定专业技术能力的劳动者。

大学生就业指导，是为了帮助大学生根据个人的特点和社会发展的需要，做出合理的职业规划，建立相应的专业知识基础，选择能发挥自己才能的职业，以实现人生的个人价值和社会价值。

二、行业

（一）行业的含义

行业一般是指其按生产同类产品或具有相同工艺过程或提供同类劳动服务划分的经济活动类别，如饮食行业、服装行业、机械行业等。

行业是指从事国民经济中同性质的生产，及其他经济社会的经营单位和个体的组织结构体系，如林业，汽车业，银行业等。

（二）行业发展的规律

行业的发展必然遵循由低级的自然资源掠夺性开采利用和低级的人工劳务输出，逐步转向规模经济、科技密集型、金融密集型、人才密集型、知识经济型；从输出自然资源，逐步转向输出工业产品、知识产权、高科技人才等。

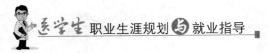

（三）行业的分类

2008年6月22日，《财富中国》根据发达国家的行业界定与行业演变规则，将中国的行业重新分为23类.

①机构组织（政府机构，各国驻华行政机构，贸易公司，经济组织，协会，其他机构）；②农林牧渔；③医药卫生（保健用品，减肥增重产品，个人保养，药材，中药饮片，康复产品，制药设备，医疗器械制造设备，计生用品）；④建筑建材；⑤冶金矿产；⑥石油化工；⑦水利水电；⑧交通运输；⑨信息产业；⑩机械机电；⑪轻工食品；⑫服装纺织；⑬专业服务；⑭安全防护；⑮环保绿化；⑯旅游休闲；⑰办公文教；⑱电子电工；⑲玩具礼品；⑳家居用品；㉑物资专材；㉒包装用品；㉓体育用品。

三、职位

（一）职位的含义

职位是指工作单位赋予每个员工的工作职务及其所承担的责任。它是企业人力资源管理的基础性工作，是人力资源管理的基本单位。

职位以"事"为中心，因事设人，将不同工作任务、责任分配给与此要求相适应的不同的员工。凡是某项工作需要有专人执行并承担责任，就应设置一个职位，并随工作任务的变化，职位也相应变化，而不是一成不变的。

（二）职位的构成

职位由以三要素构成：

（1）职务　指规定承担的工作任务，或为实现某一目标而从事的明确的工作行为。

（2）职权　指依法或按工作单位的规定所赋予职位的相应权利，以提供完成某项工作任务的保障。

（3）责任　指承担一定职务的员工，对其工作标准与要求的同意或承诺。

（三）职位的特点

职位具有以下几个特点：

（1）人与事结合　即因事设人，是任务与责任的统一。换而言之，人们从事某项具体工作，就要有明确的工作目标，以及保证该目标实现的工作标准、原则与具体要求。

（2）数量有限　企业行为受预算约束，追求经济合理性，才能保证其投入与产出保持最佳比例关系，以实现良好的经济效益。职位的数量有限体现成本最低原则。因此，职位设置不可能是无限制的。职位数量又被称作编制。

（3）类别性　职位虽有千差万别，但可依据业务性质、工作难易、所需教育程度及技术水平高低等尺度进行分类，以此作为人力资源管理的依据。

四、岗位

（一）岗位的含义

岗位是指组织为完成某项任务而确定的，由工种、职务、职称和等级内容组成。

（二）岗位与职位的区别

岗位与职位有明显的不同。首先，按照"职位"的定义，职位是组织重要的构成部分，泛指一个阶层(类)，面更宽泛，而岗位则具体得多。职位是按规定担任的工作或为实现某一目的而从事的明确的工作行为，由一组主要职责相似的岗位所组成。职位是随组织结构来定，而岗位是随事定的，也就是我们常说的因事设岗。岗位是组织要求个体完成的一项或多项责任以及为此赋予个体的权力的总和。一分职位一般是将某些任务、职责和责任组为一体；而一个岗位则是指由一个人所从事的工作。

岗位与人对应，通常只能由一个人担任，一个或若干个岗位的共性体现就是职位，即职位可以由一个或多个岗位组成。比如：医院的护理部门的护士是一个职位，这个职位由很多岗位的员工担任。如果具体到某个科室就是岗位了。如外科护士、内科护士、康复科护士、儿科护士等岗位。

（三）岗位工作的具体特征

岗位描述就是确定岗位工作的具体特征，它包括以下几个方面的内容：

（1）岗位名称　即指岗位所从事的是什么工作。

（2）岗位活动和程序　包括所要完成的工作任务、工作职责、完成工作所需要的资料、机器设备与材料、工作流程、工作中与其他工作人员的正式联系以及上下级关系。

（3）工作条件和物理环境　包括正常的温度、适当的光照度、通风设备、安全措施、建筑条件，其至工作的地理位置。

（4）社会环境　包括工作团体的情况、社会心理气氛、同事的特征及相互关系、各部门之间的关系等。此外，应该说明企业和组织内以及附近的文化和生活设施。

（5）职业条件　由于人们常常根据职业条件来判断和解释职务描述中的其他内容，因而这部分内容特别重要。职业条件说明了工作的各方面特点：工资报酬、奖金制度、工作时间、工作季节性、晋级机会、进修和提高的机会、该工作在本组织中的地位以及与其他工作的关系等等。

第二节　就业形势

一、世界就业形势发展的一般趋势

在20世纪30年代以前，受萨伊"供给创造需求"和马歇尔"市场供求决定论"的经济观点的影响，就业问题并没有纳入到政府管理的范围，完全由市场自动调节。1936年凯恩斯出版发行了《就业、利息和货币通论》的专著，凯恩斯提出了"有效需求不足理论"，包括消费需求不足、投资需求不足和所谓的灵活偏好，就是说货币政策失效。他提出要用财政政策干预经济来促进就业，即政府出面促进充分就业。

1944年的5月英国政府出台了就业政策的白皮书，1946年美国出台了《就业法》，就世界范围而言，标志着政府就业政策体系正式确立，并将就业纳入到政府的宏观管理事业中去。20世纪90年代以后的就业跟以前的情况有了完全不同的特点，西方主要资本主义国家的失业问题仍然很突出，西欧各国的平均失业率从20世纪70年代的3.8%，到80年代的时候上升到7.6%，到90年代初上升到9.6%。1993~1997年，西欧各国的失业率平均在10%以上。这就使得世界就业形势发生了大的变化和变革，归结起来世界就业发展有三个趋势。

（一）产业变动的进程加快，服务业逐步成为就业的主体

20世纪50年代以后，发达国家经历了一个新的经济发展阶段。50年代以前美国哈佛大学的教授库兹涅茨提出，主要资本主义国家经历了产值的工业化和劳动力的工业化两个阶段。所谓产值工业化和劳动力工业化就是随着经济的发展，第一产业产值的比重在下降，第二产业产值和第三产业产值在上升，特别是第二产业。那么劳动力是一种派生需求，随着产值的工业化，带来了劳动力的工业化。这个就是第二产业中制造业的劳动力比重在不断上升。

50年代以后进入了一个新的阶段，库兹涅茨当时还没有提出来的，我们把它归类为产值的服务业化和劳动力的服务业化。美国从1947年到2001年，第二产业的比重无论从产值上，还是劳动力的比重上都在下降，而第三产业已经成为了主体。所以我们把它归结为产值的服务业化和劳动力的服务业化，服务业成为了就业活动的主体。

在整个产业变动进程加快、服务业逐步成为就业主体这一趋势下，它还有些特点。

一是后起国家和地区以快于发达国家的速度实现了劳动力的工业化和劳动力的服务业化这两个重要的转变。比如美国农业劳动力从54.8%下降到17%这么一个比例，用了90年的时间，而日本从56.3%下降到17.4%，只用了57年的时间，韩国这一后起的工业化国家，它从61.9%降到16.7%，仅用了36年的时间。

二是服务业的发展和服务业就业的扩大产生了两个重要的变化。第一个就是适合妇女劳动的岗位增加，妇女劳动参与的上升；还有一个方面就是家务劳动的社会化、家庭劳动的机械化，这种特征也导致妇女劳动产业率提高。

三是在2002年国际劳工组织（ILO）关于世界就业报告中，提出了现代服务业的特点。现代服务业主要有两个特征，第一个特征就是信息密集的服务，比如说我们看到的广告、计算机软件以及跟计算机相关的服务等；第二个特征就是知识密集的服务，比如会计、建筑设计工程策划、管理咨询等。所以它和我们现在一般意义上讲的服务业是不一样。

转型国家主要是将更新劳动者的知识结构和发展现代商业服务业作为主攻方向，比如前苏联等东欧国家，由于实行"休克疗法"，经济结构变动很大，它的失业问题也很突出。怎么去解决它的问题呢？就是要更新劳动者的知识结构，发展现代的商业服务业，完成向现代服务业的转变。

（二）灵活就业的比重不断上升，就业的模式日趋多样化

灵活就业的概念，是中国国内的一种说法。在国际上和国际劳工组织（ILO）的表述中，原来把它表述为非正规部门就业。灵活就业概念比非正规部门就业概念要大得

多，它包括短期就业、季节性就业、家庭就业、非全日制就业、自营就业、派遣就业等。还有一个远程就业，如美国的传呼中心很多，它的就业人并不在美国，可能在澳大利亚；还如在北京我们看到有的人在新加坡上班，其实人并没有在新加坡，而是在北京的家里上班，他通过电脑网络来提供所谓的工作，提供所有的服务。这些都是灵活就业的主要的方式。

灵活就业的方式在各个国家表现不一样，比如发达国家主要是从事非全日制工作的劳动力比重上升、数量增加。欧盟在1990年的时候只有13%，到2000年就上升到16%。法国在1995年统计有200万个空穴岗位三分之二属于中短期合同，世界上非全日制工业比重最高的是荷兰，2000年是30%。总的来看发达国家非全日制工作实际在上升，虽然上升的比重不是那么迅速，总的来讲现在仍在上升。

非正规经济中就业也存在一个突出的问题。就是社会保障层次都很低，比如说养老、医疗、失业这些保险都没有，而且工作时间不充分，收入比较低，中国的情况也是这样。但是非正规经济灵活就业的比例越来越大，包括大学生的就业。所以可能有相当一部分的受过高等教育的人也可能要进入到这个行业中去。

（三）工作岗位的创造与消失速度加快，就业的稳定性下降

20世纪90年代以后，社会有一些重要的背景变化，主要表现是以信息技术为特征的产业革命，全球技术的变化，特别是网络经济的出现对就业有很大的影响。比如说工作地点会发生变化，那么人力资源管理的方式、员工的关系，包括劳动关系都会随之变化。其次是日益加剧的全球企业竞争。中国加入世界贸易组织以后，不断地融入到国际经济的整个生活中去。在经济全球化的背景下，我们所谓的行动是本土化的，或者说销售是全球化的，生产是本土化的这个时代结束了。我们现在研究就业问题肯定不是一个国家、一个地区的问题，而是一个全球性问题。如中国和美国的贸易关系，其中汇率的问题，以及包括美国提出的很多问题，实际上跟我们整个面临的全球竞争有关系，一些行业有竞争力，还有一些行业没有竞争力。

再次，产业结构发生了变化。以相对成本为基础的全球劳动大分工，发达国家保留了一些高端的产业，但是低端产业可能向发展中国家转移，甚至可能一些中端的产业都转移到发展中国家去。这就对发展中国家就业结构产生了很大的影响。90年代以前我们国家很少有软件编程、通讯服务、管理和咨询业这些职业，90年代以后管理和咨询业在国际上发展很快，在中国现在发展也非常快。

有一些职业衰落，甚至消退。这个主要表现在第一产业和第二产业的传统职业。比如说公共汽车的售票员这个职业发达国家就基本没有了，中国现在售票员这个职位也在不断萎缩。

1996~2006年，由于经济结构调整，美国增长最快的职业是高技能计算机专业人员，包括计算机工程师、系统分析师、信息科学家。保持高增长率的还有一些低端行业，比如说服务业中的个人和家政助手等职业，随着老年社会的到来，这个职业可能还会增加。

在这些趋势下，各国政府提出了将促进就业置于国家发展的战略地位；加强人力资源能力建设，加强就业能力提升，加强培训、投资和人力资本的投资；强化科学的

就业统计体系和信息化的就业服务体系；完善劳动力市场的法规和建设。所以现在各个国家针对就业发展趋势，提出了一系列的政策措施。

就业问题将是一个长期性的问题，它不是一劳永逸的问题。如果我们利用比较好的政策措施，就能够对就业压力大起到一定的缓解作用，就能够实现经济增长、充分就业、通货稳定和国际收支平衡的宏观经济的四大目标。

二、"十二五"规划与大学生就业

我国《国民经济和社会发展十二五规划纲要》指出：坚持把促进就业放在经济社会发展的优先位置，健全劳动者自主择业、市场调节就业、政府促进就业相结合的机制，创造平等就业机会，提高就业质量，努力实现充分就业。要实施更加积极的就业政策、加强公共就业服务、构建和谐劳动关系，努力让全体人民老有所养、病有所医、住有所居。

（一）"十二五"期间大学生就业机遇与挑战并存

2011年是"十二五"规划的初始之年，分析"十二五"时期的经济形势对大学生就业的影响具有重大意义，可以帮助大学生更好地把握机遇，迎接挑战。

1. 战略性新兴产业为大学生开辟广阔空间

（1）农民工工资的快速上涨将会促使一些企业扩大大学毕业生的招聘数量。农业税费的降低、农产品价格的上涨以及最低工资法的逐渐完善等因素导致了最近几年农民工工资有明显加速增长的趋势。中国社科院发布的2011年《经济蓝皮书》提到2003年以来农民工工资以年均10.2%的速度增长。与此形成鲜明对比的是，大学生初次就业工资水平增长缓慢。在这样一种背景下，有些企业势必会加大对大学毕业生的需求。在一些农民工和大学生替代性较强的行业（如酒店服务业），这种情形发生的可能性最高。

（2）战略性新兴产业的发展将为大学生就业提供广阔空间。在"十二五"期间，国家会大力发展新一代信息技术、节能环保、新能源、生物、高端装备制造、新材料等产业。和其他就业群体相比，大学生整体素质水平较高，理解和接受新生事物的能力较强，因此，他们在上述新兴产业中就业具有得天独厚的优势。

（3）社会保障体制和医疗卫生体制的改革也将为大学生就业提供便利机会。"十二五"规划对社会保障体制改革的要求是"实现新型农村社会养老保险制度全覆盖，完善实施城镇职工和居民养老保险制度，实现基础养老金全国统筹"；对医疗卫生体制改革的要求是"加强城乡医疗卫生服务体系建设，新增医疗卫生资源重点向农村和城市社区倾斜，加强医学人才特别是全科医生培养，完善鼓励全科医生长期在基层服务政策"。要实现上述目标，国家需要大批社保、医疗方面的管理型和服务型人才，这有利于解决相关专业的大学生就业问题。

（4）建设和谐劳动关系也将为大学生就业开辟新渠道。"十二五"规划的建议中特别提到，要"加强劳动执法，完善劳动争议处理机制，改善劳动条件，保障劳动者权益"，"发挥政府、工会和企业作用，努力形成企业和职工利益共享机制，建立和谐劳动关系"。

2. 经济发展转型亟需大学生提升竞争力

（1）发展低碳经济会影响某些传统行业的规模扩张，进而影响这些行业对大学毕业生的需求。"十二五"规划的建议中提到，要"把建设资源节约型、环境友好型社会作为加快转变经济发展方式的重要着力点"，"把大幅降低能源消耗强度和二氧化碳排放强度作为约束性指标，有效控制温室气体排放"。在"十二五"期间，节能减排将会是某些国家部门的工作重点，很多小规模的煤厂、电厂、水泥厂、造纸厂等将会被关停。这将加重相关专业大学毕业生的就业压力。

（2）人民币升值不利于出口型企业的发展，这也会给大学生就业造成负面影响。"十二五"规划的建议与此相关的内容是，"完善以市场供求为基础的有管理的浮动汇率制度，改进外汇储备经营管理，逐步实现人民币资本项目可兑换"。在过去的2010年中，人民币升值对出口型行业的影响已经凸显出来，服装、玩具、机电类产品的出口形势越来越严峻。如果资本项目在"十二五"期间完全放开的话，人民币将会面临更大的升值压力。这是大学生就业在"十二五"期间面临的一个较大挑战。

（3）金融部门的对外开放可能会压缩大学毕业生的就业岗位。"十二五"期间的一项重要任务是，扩大金融业的对外开放程度。外资金融部门的进入会挤占国内金融部门的市场份额，从而缩减国内金融部门对大学毕业生的需求数量；同时，外资金融部门的经营效率较高，它们进入国内市场会迫使国内金融部门提高效率、裁减冗员，这也会影响大学毕业生在金融部门的就业。

（二）"十二五"期间促进大学生就业需要寻求四个突破

1. 大学生就业应在就业观念上求突破

一是大学毕业生要明确就业的目的；二是要有科学、务实的择业理念。大学生要摆正心态，正确地认识自己和就业环境，消除盲目性，珍惜每一次就业机会。准备继续学习的学生也要处理好学习与就业的关系，不要轻易错过难得的就业机会。

2. 大学生就业应在技能单一型向复合型转变上求突破

一是要建立完善的"预备就业"机制。"预备就业"是大学生在"学校待业"与正式"上岗就业"之间，学生根据企业工种需求再学另一种职业技能的过渡阶段。在校学习有余力的大学生，也应多学一门应用技能，以增加就业机会。二是要在高等院校全面实施和完善毕业证书和职业资格证书"双证书"制度。

3. 大学生就业应在打工型向创业致富型就业方式转变中求突破

引导大学生积极参加政府提供的免费创业培训，结合自己所学知识来自主创业，自谋职业，由"找饭碗"向"造饭碗"模式转变，以创业促就业，通过成功创业吸纳更多的大学生就业，掀起创业致富的热潮。

4. 大学生就业应在人才资源充分利用上求突破

一是高校应建立人才库，对最优秀的人才向企业等用人单位输送，进行重点培养。二是企业和学校实行联合办学，为企业培养和造就适用人才。三是利用并进一步完善现有就业扶持政策，鼓励和引导大学生到城乡基层就业，到中小企业和非公有制企业就业；鼓励骨干企业和科研项目单位吸纳更多的大学生。四是通过与更多的国家的合作，拓宽大学生出国深造和工作的渠道，让越来越多的学子在全球范围内择业。

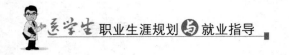

三、我国医学类毕业生的就业

近年来，医学毕业生的就业形势日趋严峻，在全国就业排名中，医学类专业已连续多年成为就业最困难专业之一。医学毕业生作为高层次的人才资源，其就业过程是国家卫生人力资源配置过程中最重要的环节，合理配置与否直接关系到我国卫生改革战略的实施，关系到高等医学教育自身的可持续发展，也关系到医学生的就业问题。目前医学生"无岗可以就"与基层"有岗无人就"的结构性矛盾，理应引起政府及社会各方人士的高度重视。

（一）医学类毕业生就业状况

近几年医学专业毕业人数逐年上升，新增岗位量总体不足，目前大部分二甲以上医院现有医疗人员数量饱和，每个医疗单位的用人指标有限，新增岗位量相对于扩招以后的医学毕业生总数而言总体不足，医疗体制的改革及国家对医院行政性拨款的减少，医院编制每年增幅有限，招人多考虑应急、好用，不太顾及对后备人才的培养。所以，提高门槛是大医院的用人取向，全国基本一致。除了个别岗位和特别优秀的人才，大医院的临床科室人员基本上都要求具有硕士或博士以上学历。

麦可思人力资源信息管理咨询有限公司中国大学就业研究课题组调查了31个省（市、区）的3079所高校或分部、分院，调查抽样数达44.4万人，统计分析得出2009年大学生失业率最高前十，让人意外的是，本科失业率最高的10个专业中，医学类专业占了3个。中医学失业率排在第一位，毕业半年后有30%的毕业生没有找到工作。传统就业较好的口腔医学就业率也不尽如人意，失业率达29%。临床医学的失业率也有24%。麦可思专家分析，因为医学类专业学习时间较长，且毕业后需要考取相应的行医资格证书，因此，在毕业半年后，大多数毕业生仍是实习医生，工资收入一般为1000多元。

（二）医学类毕业生就业趋势

1. 医学毕业生进入就业密集期

我国高等教育已进入了大众化时代，大学生就业也由过去的"精英就业"转变为"大众化就业"。2004年后医学毕业生以大致20%~30%的速度递增，医学类毕业生的就业形势日趋加剧，结构性矛盾越来越突出。不久前广东高校毕业生就业率统计显示，所有学科大类中，医学类学生就业率排在最末位，在该省已经连续两年倒数第一。去年底在当地高校举行的招聘会上，广州中医药大学举办的专场招聘会，有1.8万名毕业生竞聘4000个岗位；南方医科大学举办的专场招聘会，同样是1万多名学生竞争3800多个岗位。

2. 就业岗位层次提高、数量趋于饱和

尽管我国医疗卫生专业人员严重不足，但由于地区分布、队伍结构、用人机制等问题，现有医疗机构普遍认为：数量趋于饱和，招人就是想提高质量。所以，提高门槛是大医院的用人取向，全国基本一致。有关资料分析，2004年以来，北京、上海、广州等大城市对医学毕业生的需求情况是：研究生以上学历呈上升趋势，本科生基本持平但略有下降，专科生则下降明显。福瑞医生网的注册用户中，研究生以上占39%，并且多数医院目前想要研究生，至于本科生，只有一些麻醉、影像、检验等医技方面的可以接收，其余的除非特别优秀，否则基本上很难被接受。大多数医疗单位在招聘时，都希望招到有执业医师资格、有工作经验的人才，这给医学类应届毕业生就业又增加了难度。

3. 考研人数大幅度攀升

随着人们对高学历人才越来越看重，以及医疗单位招聘的要求越来越高，近两年毕业意向的选择上，突出的一个特点是考研人数大幅度上升。考研似乎已经成为医学类专业毕业生的最佳选择，普遍认为这个行业本科学历很难在大医院立足，期望通过考研提高身价，同时也避过就业高峰。另外，就业时很多医疗单位对专业的限制使得本科毕业生不得不改变自己的专业领域，根据市场需求重新选择主攻方向，从而加入考研的大军。考研的竞争一年比一年激烈，同时也是各高等医学院校的整体优势以及医学毕业生的个体优势的较量，报考名牌高等医学院校的竞争难度更加大，比高考难度还要大。

4. 住院医师规范化培训制度为医学类毕业生就业、择业创造条件

毕业后直接进入医院工作一直是我国医学生就业的理想模式．但2010年住院医师规范化培训制度为医学类毕业生创造了新的条件和环境。2月23日《关于公立医院改革试点的指导意见》公布，提出逐步探索建立符合医学人才成长规律、适应我国国情的住院医师规范化培训制度，把住院医师培训作为全科医生、专科医生培训的必经环节。

住院医师规范化培训是医学教育的特有阶段，是医学专业毕业生完成院校教育后，接受以提高临床技能为主的系统、规范的教育阶段，是医学生成长为合格临床医师的必由之路。国内的一些医疗机构已开展试点工作。以试点城市上海为例，培训对象为具有本科以上学历，拟从事临床工作的医学毕业生，培训时间为三年。培训对象的工资待遇和绩效奖励按照其学历和资历情况，对照其所在培训医院同类人员水平发放，同工同酬。培训期间依法参加养老、医疗、失业、生育、工伤、公积金等社会保障，享受国家法律法规规定的以及合同约定的相关福利待遇。作为培训制度的配套政策，上海市各家医院的临床岗位将把是否有住院医师规范化培训合格证书作为基本条件，从而保证学员们完成培训后有足够的工作岗位。

5. 基层就业的政策保障将给医学毕业生带来更大动力

基层医院工作条件差、工资福利待遇低、社会保障机制不健全、有岗无编、没有高年资医生带、业务容易荒废、职称晋升机会较少。这些往往是医学类毕业生不愿意到基层就业的主要原因。

在2011年的"两会"中，全国政协委员、宁夏医科大学副校长戴秀英也曾针对医学毕业生不愿意到基层就业和农村卫生人才短缺的矛盾提出要免费培养定向生到乡镇卫生院就业，另外对志愿去中西部地区乡镇卫生院工作3年以上的医学类高校毕业生，其学费（助学贷款）由国家实行补贴（代偿）。对到山区乡镇卫生院连续工作5年的医学院校本科生，将给予每人每年5000至7000元的补助。各省（市．区）也在不断探索如何更好地为医学毕业生的基层就业提供保障。以江苏省为例，由江苏省卫生厅牵头，省财政厅、省人事厅、省编制办、省教育厅共同组织实施"公开招募医学类相关专业人员到苏北、苏中经济薄弱地区乡镇卫生院工作"项目，从国家计划内统招的医学类相关专业普通高校全日制本科及以上应、往届毕业生中招募医学类毕业生，服务期限一般不少于3年。享受事业单位工作人员工资和福利待遇；由省财政按每人每年2.5万元标准下达专项补助经费到个人；自2008年起，县（市、区）卫生事业公开招聘工作人员,每年须拿出不少于当年招聘人数30%的计划,定向招录在乡镇卫生院(农村社区卫生服务中心)工作满5年、年度考核合格以上、表现比较优秀的毕业生；报考研究生的，初试总分加10分，同等条件下优先录取；招募到苏北、苏中经济薄弱地区乡镇卫生院（农村社区卫生服务中心）工作的本科毕业生同时被高校录取为研究生的，保留学籍，到乡镇卫生院（农村社区卫生服务中心）工作满3年以后，可以回校继续就读；可提前一年报考中级卫生专业技术资格考试。这些优惠政策对于医学类毕业生来说还是有很大吸引力的。

6. 医学小专业毕业生和男护士就业形势趋好

根据2010年招聘会的需求信息分析，虽然从总数上看还是临床这类大专业需求人数多，但医学专业当中的小门类，例如影像、检验、麻醉等医学小专业的毕业生受到基层医院的青睐，市场需求也越来越旺，就业形势趋好。

另外男护虽然并不像传说中就业那么好，但是因为护理专业男生比较少，在体力方面，男护士也比女护士更有优势，例如急诊室、手术室、ICU都比较需要男性；在急救方面，男性的行动和反应也相对要迅速得多。所以男护的就业前景也还比较乐观。

7. 护理专业的毕业生就业前景广阔

据卫生部预测，到2015年，我国的护士数量将跃升至232.3万人，平均年净增11.5万人，这为学习护理专业的毕业生提供了广阔的就业前景。随着我国向老龄化社会的转变，将来从事老年医学的人才将走俏，保健医师、家庭护士也将成为热门人才。另外，专门为个人服务的护理人员的需求量也将增大。卫生部门的专家研究表明，护理职业一直是国际上地位较高、薪水丰厚的职业之一，同时，护理人才又是国际紧缺的人才之一。如护士在美国平均年薪达5万美元，而美国缺护士30多万人。在澳洲，护士最容易找工作或获得升迁，同时，只要拥有了澳洲注册护士的资格，等于拿到了通往英联邦国家工作的"绿卡"。英、法、德等西方国家对护士都有许多优惠政策。因此，有深厚的专业知识、较高的综合素质和流畅的国际语言交流的护士，在国际上就业，发展前景十分广阔。目前，国内许多大中型城市医院都有涉外门诊，而一些合资医院以及"洋"医院更是雨后春笋般的脱颖而出。所以，如果护理学人才除具备护理学、护理人际沟通学、护理礼仪等专业知识外，还能具备一定的外语能力，就可以在涉外医院从事涉外医护服务工作、国际技术合作交流和资料传递工作等。

（三）医学类毕业生就业市场的变化

现代卫生服务形式为医学生就业提供了广阔的舞台。随着社会的进步，人民生活水平的提高，对生活质量和生命健康更加重视，医疗服务的价值将进一步显得突出，社区服务、全科医生、家庭护理、计划生育以及临终关怀等现代卫生服务形式将随之出现，为医学毕业生就业提供了广阔的舞台。医学相关行业的飞速发展是医学毕业生就业的新天地。随着社会主义市场经济的深入发展，许多与人的生命、健康、体育、康复有关的预防、保健、咨询、经营、推销、审核等单位将蓬勃兴起。事实上，在药品推销、医疗保险、医疗咨询、医疗器械推广等方面的成功人士，不乏大量的医学毕业生。医学模式的转变，医学人文学科需要医学人才参与学科建设。医学模式由传统的生物医学模式向生物—心理—社会医学模式转变过程，使医学与其他学科产生了交叉和融合。整个社会对医学社会学、医学法学、医学经济学、医学美学、医学心理学和医学伦理学等学科的人才需求量将大大增加。这些学科的建设和发展需要大量懂得医学的高级人才，医学毕业生自然是首选对象。因此，医学生需要转变就业观念以适应新的就业机会。

2010年后，招生规模或许平均每年增长1.6%。按照这一发展返度，2011~2020年的十年间，全国可增加普通高校毕业生6600万人以上。2020年，全国高等教育人口接近2亿人，占总人口的比重将达到20%左右。有专家由此预测，2020年以后全国普通高校应届大学毕业生就业五个趋势：①从就业地域看，有从"大"到"小"的趋势；②从就业行业所有制看，有从"公"到"私"的趋势；③从收入水平看，有从"多"到"少"的趋势；④从就业时间看，有从"长"到"短"的趋势；⑤从就业期望值看，有从"高"到"低"的趋势。在现有的就业环境下，我们从社会层面、学校层面和学生自身的层面需要做出更加积极的努力，要加快人事制度和用人机制的改革步伐，减轻医疗卫生单位中的"关系竞争"现象；学校要进一步加大就创业指导的力度，给予学生"全程化、全员化、信息化和个性化"的职业指导；医学类的学生要积极调整自身的择业观念和求职心理，要以积极的心态尽量获得信息，准确定位，扩大就业范围，把可变的因素变化得对自己最有利，积极面对就业道路上的各种挑战和压力！

第三节　大学生就业政策

一、大学生就业政策

（一）我国大学生就业政策的历史演变

新中国成立以来，我国的高等学校毕业生就业政策一直随着国情不断地发展，这是一个持续的变动过程。根据这些政策实施的背景和特征，大体上我们可以把它视为经历了三个不同的发展时期。

1. 计划经济体制下的高等学校毕业生就业政策

从建国初期到20世纪90年代初期，我国的高等教育是一种高度集中的计划管理模式，从招生到就业，无不打上了"计划"经济的历史烙印。学校按指令性计划招生，学生按照计划分配，用人单位就像一个"大箩筐"，有什么学生装什么学生。我们通常把这种计划经济体制下的高等学校毕业生就业政策称为"统包统分"模式。这种就业模式就是高等学校毕业生的就业实行由国家负责，按照计划统一分配的制度。其特点是"由国家包下来分配工作，负责到底"；执行的是"统筹安排、集中使用、保证重点、照顾一般"的大政方针。在很长一段历史时期内，它保证了国家建设对人才的需要，在一定程度上缓解了我国地区之间人才需求不平衡的状况，有利于国家宏观调控人才流向，有利于社会安定。

2. 教育体制改革下的高等学校毕业生就业政策

改革开放后，随着我国社会主义市场经济的发展和劳动人事制度的改革，"统包统分"的大学生就业分配制度越来越与新的经济运行机制不相协调，越来越不适应形势的发展，其弊端逐渐显露出来。该政策对于人才的合理配置、学生学习的积极性、学校的办学积极性，以及用人单位择优选才都产生了不良的影响，亟待改革。1985年5月27日中共中央颁布的《中共中央关于教育体制改革的决定》是我国对高等学校毕业生就业政策改革的重要标志。而改革高等学校毕业生分配制度是《决定》的重大决策之一，它明确指出，对于国家招生计划内的学生，其"毕业分配，实行在国家计划指导下，由本人选报志愿、学校推荐、用人单位择优录用的制度"。这项决策为毕业生就业制度的改革奠定了基础，国家有关部门开始对传统的"统招统分"制度逐步改革，形成了以"供需见面"为主要形式、以"双向选择"为指导目标的就业政策。"双向选择"毕业生就业政策顺应了教育体制改革对毕业生就业制度的新要求，适用于计划经济向社会主义市场经济转轨的全过程，有人形象地称"双向选择"毕业生就业政策开创的是一种"自由恋爱"的新模式，以区别于计划经济体制下的"包办婚姻"模式。"双向选择"毕业生就业政策实施的结果，对大学生和用人单位而言实际上是一种双赢。它实现了人才资源的合理配置，适应了经济发展的需要，促进了我国的经济发展；扩大了用人单位选才的自主权，有利于用人单位择优选才，促进了用人单位尊重知识、珍惜人才风尚的形成；扩大了高等学校的办学自主权，促进了学校的教学改革，增强了学校适应社会需要的主动性和积极性；扩大了高等学校的毕业生择业的自主权，有利于学生发挥自身的素质优势，有利于学生成才；转变了大学生的思想观念，提高了他们的学习积极性和竞争意识；打破了过去在单一计划分配体制下大学毕业生那种"包上大学，包当干部"的思想，使大学生有了危机感，这从根本上为端正高等学校的校风和学风起到了推动作用；保证了企事业单位的人才需要，增大了毕业生到基层的比例，充实了基层科研、教学、生产一线的人才需要。

3. 社会主义市场经济改革进一步深化下的高等学校毕业生就业政策

以"双向选择"为主要特征的毕业生就业制度只是过渡性的就业政策，随着改革开放的深入和社会主义市场经济体制的建立和完善，建立以"自主择业"为主要特征的毕业生就业制度已经势在必行。1993年2月13日由中共中央、国务院颁布的《中国教育改革和发展纲要》是"自主择业"就业模式的政策依据，它明确指出：在90年代，随着经济体制、政治体制和科技体制改革的深化，教育体制改革要采取综合配套、分步推进的方针，加快步伐，改革包得过多、统得过死的体制，初步建立起与社会主义市场经济体制、政治体制和科技体制改革相适应的教育新体制。以《纲要》为政策依据而确定的毕业生就业政策改革目标是：改革高等学校毕业生"统包统分"和"包当干部"的就业制度，实行少数毕业生由国家安排就业，多数由学生"自主择业"的就业制度。即除少数享受国家奖学金、专项奖学金、单位奖学金的学生，实行在一定范围内就业外，大部分学生在国家方针、政策指导下通过毕业生就业市场"自主择业"。在这种就业体制下，大部分毕业生将按照个人的能力、条件到市场参与竞争，而不再依靠行政手段由国家保证就业；用人单位也只能用工作条件及优惠待遇吸引毕业生，不能等待国家用行政命令的办法给予保证；而高等学校作为就业工作的中介，主要为毕业生"自主择业"提供服务。但是我们应该看到，尽管国家已经提出了"自主择业"的大学毕业生就业政策，但到目前为止，"双向选择"的就业政策仍是我国大学生就业的基本政策和主要模式，这是因为"自主择业"的大学生就业政策还需要一个过渡过程。在我国，建立大学毕业生就业市场将要经历一个从不规范到逐步规范、从不成熟到比较成熟的市场发育过程，毕业生就业市场的培育和建立还要有个时间过程。通过"双向选择"的政策过渡是必然的。在这个改革过程中，国家会逐渐放宽对高等学校毕业生就业的安排和控制，与此同时，在人力资源和社会保障制度方面，户籍制度也将继续进行深入改革，并要建立起有效的毕业生就业信息网络，使得人才流动更为自由，为高校毕业生自主择业创造必要的有利条件。

（二）目前我国大学生就业的政策

1. 根据市场规律制定法律文件

毕业生就业市场是在国家有关方针政策的指导下，运用市场机制和必要的宏观调控手段，通过双向选择、自主择业等途径，优化毕业生人才资源配置的一种方式。从广义上说，就业市场是利用市场规律调节高等学校毕业生人才供求的一种机制，它由毕业生、用人单位及其服务机构、交流洽谈场所、社会保障制度等组成。从狭义上来讲，是指毕业生供求双方直接进行见面洽谈、相互选择的场所，即人才交流会、招聘洽谈会等。相关法规：《劳动法》、《劳动合同法》、《公司法》、《职业介绍暂行规定》、《劳动争议处理暂行规定》、《人才市场管理暂行规定》等。相关部门规章、重要通知：《普通高等学校毕业生就业工作暂行规定》、《高等学校毕业生就业后调整办法》、《国务院办公厅转发教育部等部门关于进一步深化普通高等学校毕业生就业制度改革有关问题意见的通知》、《国务院办公厅关于做好2003年普通高等学校毕业生就业工作的通知》等。各地区或者各学校出台的地方性政策规定。

2. 大学毕业生就业准入政策

大学生就业准入政策是指大学生就业获准进入某些地区、专业、职业等的相关政策。

（1）地区准入政策 每个地方都会有进入本地方的用人指标，相应的会出台一些具体的进入政策，特别是大城市每年都会出台接收普通高等学校非当地生源毕业生有关问题的通知和政策。

（2）职业方面的就业准入 职业方面的就业准入是指根据《中华人民共和国劳动法》和《中华人民共和国职业教育法》的有关规定，对从事技术复杂、通用性广、涉及国家财产、人民生命安全和消费者利益的职业（工种）的劳动者，必须经过培训，并取得职业资格证书后，方可就业上岗。实行就业准入的职业范围由人力资源和社会保障部确定并向社会发布。医疗卫生、药剂、检验、健康按摩、针灸、美容都有就业准入规定。

3. 招考录用毕业生政策

招考录用政策主要指在选拔毕业生的过程中的一系列关于招考上的规定，是国家在大学毕业生录用上所制定的一系列限制性原则和措施。如公务员招考的相关制度、企事业单位录用大学生程序上的一系列规范等。

4. 毕业生权利维护政策

毕业生权利维护政策是指毕业生在就业过程中对就业者本人和就业单位权利维护的一系列原则、规范。对于就业者本人，主要是维护其平等的就业权，对于用人单位主要是保护用人单位的一系列利益。大学毕业生作为就业的一个重要主体，在就业过程中享有多方面的权益，根据目前就业规范的有关规定，毕业生主要有获取信息权、接受就业指导权、被推荐权、选择单位权、公平待遇权、违约及求偿权等。

5. 政府宏观调控政策

政府宏观调控政策最主要的是指政府为了促进我国人才结构的平衡而出台的一系列关于大学生到基层、到中小城市企业、到农村、到西部等地区去就业的鼓励性措施。比如：中共中央办公厅、国务院办公厅《关于引导和鼓励高校毕业生面向基层就业的意见》（中办发〔2005〕18号）；团中央、教育部、财政部和人事部2002年《关于实施大学生志愿服务西部计划的通知》；《关于组织开展高校毕业生到农村基层从事支教、支农、支医和扶贫工作的通知》（国人部发〔2006〕16号）；《2006年高校毕业生"三支一扶"计划实施方案》（国人厅发〔2006〕38号），等等。

6. 大学生就业扶持政策

（1）鼓励高校毕业生到基层、到中西部地区就业。

① 对到农村基层和城市社区公益性岗位就业的，给予社会保险补贴和公益性岗位补贴；对到农村基层和城市社区其他社会管理和公共服务岗位就业的，给予薪酬或生活补贴。② 对到中西部地区和艰苦边远地区县以下农村基层单位就业并履行一定服务期限的，由政府补偿学费，代偿助学贷款。③ 对有基层工作经历的，在研究生招录和事业单位选聘时优先录取。④ 对参加"选聘高校毕业生到村任职"、"三支一扶"（支教、支农、支医和扶贫）、"大学生志愿服务西部计划"、"农村义务教育阶段学校教师特设岗位计划"等项目的，给予生活补贴，按规定参加社会保险；项目服务期满并考核合格的，报考硕士研究生初试总分加10分，高职（高专）学生可免试入读成人本科；今后相应的自然减员空岗全部聘用参加项目服务期满的高校毕业生。

（2）鼓励高校毕业生应征入伍服义务兵役。

① 由政府补偿学费，代偿助学贷款；② 在选取士官、考军校、安排到技术岗位等方面优先；③ 退役后参加政法院校为基层公检法定向岗位招生考试时，优先录取；④ 具有高职（高专）学历的，退役后免试入读成人本科；或经过一定考核，入读普通本科；⑤ 退役后报考硕士研究生初试总分加10分；荣立二等功及以上的，退役后免试推荐入读硕士研究生。

（3）积极聘用优秀高校毕业生参与国家和地方重大科研项目。

高校毕业生在参与项目研究期间，享受劳务性费用和有关社会保险补助，户口、档案可存放在项目单位所在地或入学前家庭所在地人才交流中心。聘用期满，根据需要可以续聘或到其他岗位就业，就业后工龄与参与项目研究期间的工作时间合并计算，社会保险缴费年限连续计算。

（4）鼓励和支持高校毕业生到中小企业就业和自主创业。

① 对企业招用非本地户籍的普通高校专科以上毕业生，各地城市应取消落户限制（直辖市按有关规定执行）；② 为到中小企业就业的高校毕业生提供档案管理、人事代理、社会保险办理和接续等方面的服务；③ 从事个体经营符合条件的，免收行政事业性收费并享受国家相关扶持政策；④ 登记失业并自主创业的，如自筹资金不足，可申请5万元小额担保贷款；对合伙经营和组织起来就业的，可按规定适当提高贷款额度；⑤参加创业培训的，按规定给予职业培训补贴；⑥灵活就业并符合规定的，可享受社会保险补贴政策。

（5）强化对困难家庭高校毕业生的就业援助。

① 就业困难和零就业家庭的高校毕业生，享受公益性岗位安置、社会保险补贴、公益性岗位补贴等就业援助政策；② 机关、事业单位免收招聘报名费和体检费；③ 高校可根据实际情况给予适当的求职补贴；④ 对离校后未就业回到原籍的高校毕业生，由各地公共就业服务机构免费提供就业服务并组织就业见习和职业技能培训。

7. 大学生社会保障政策

大学生就业形势严峻，国家除了一系列促进就业的政策外，还出台了一些有关的社会保障政策，以解除在就业上困难的大学生的后顾之忧，更好地支持和服务大学毕业生就业。

劳动保障部门关于大学生社会保障的相关政策主要有以下的内容：将高校毕业生就业工作纳入当地就业工作整体规划，在宏观调控和增加就业岗位等方面进行统筹安排；积极组织实施"毕业生职业资格培训工程"和多种形式的创业培训，为毕业生自主就业创造条件；发挥公共职业介绍机构的作用，加强职业指导和就业信息服务，为高校毕业生择业提供更多帮助；加强失业登记和组织管理，对未就业和生活困难的高校毕业生，在失业、求职期间给予生活和就业方面的帮助；加强劳动力市场的管理，为高校毕业生就业创造良好的环境。

8. 毕业生派遣接收政策

派遣与接受政策指在大学毕业生离开学校到就业单位报到过程中国家所制定的一系列原则。派遣和接受政策的完善有利于大学毕业生就业的最终实现，并进一步明确相关责任的主体，落实各项工作。调配派遣对象为：国家计划招收的非在职毕业研究生（博士研究生、硕士研究生）；国家计划招收的普通高等学校毕业生和结业生；国家计划招收的普通中等专业学校毕业生以及国家计划招收的为地方培养的军队院校毕业生。地方主管毕业生调配部门和高等学校按照国家下达的就业计划派遣毕业生。派遣毕业生统一使用《全国普通高等学校毕业生就业派遣报到证》和《全国毕业研究生派遣报到证》（以下简称"报到证"），《报到证》由国家教育主管部门授权地方主管毕业生就业调配部门审核签发。学校要根据毕业生就业计划、协议，结合毕业生的具体情况，认真拟定毕业生派遣方案。派遣方案经上级毕业生分配部门批准后才能实施。

9. 就业指导服务政策

就业指导也可称"择业指导"或"职业指导"，它是为求职者选择职业、准备就业以及在职业中求进步、求发展而提供知识、经验和技能的指导。通俗地讲，它是给求职者传递信息，帮助求职择业，为其与职业结合牵线搭桥当"红娘"。

就业指导有狭义和广义之分。狭义的就业指导是给求职择业的劳动者传递就业信息，帮助其求职和择业，为其与职业的结合牵线搭桥。广义的就业指导就是为劳动者选择职业、准备就业以及在职业中求发展、求进步等提供知识、经验和技能。它包括预测就业市场，汇集、传递就业信息，培养劳动技能，组织劳动力市场，以及推荐介绍和组织招聘等与就业有关的综合性社会咨询服务活动。在我国，就业指导还包括就业政策导向和与之相适应的思想工作。就业指导的目的是使无业者有业，有业者敬业，敬业者乐业。

在《普通高等学校毕业生就业工作暂行规定》中明文规定高等学校的主要职责：对大学生开展毕业教育和就业指导工作。目前有的省市还出台了相关政策，对高校的就业指导服务课程、服务场地、服务经费上都提出了具体要求，使大学生就业指导有了行政资源上的充分保障。

10. 与大学生就业相关的其他政策

还有一些以上没有涉及的，但与大学生就业相关的政策，一般都是一些特殊问题的处理原则。例：人事代理制度，特殊毕业生就业政策，大学生入伍当兵的有关规定等，它们和前面的政策一起构成了完整的中国大学生就业政策。

二、国家职业资格证书制度

（一）职业资格证书制度

职业资格证书制度是劳动就业制度的一项重要内容，也是一种特殊形式的国家考试制度。它是指按照国家制定的职业技能标准或任职资格条件，通过政府认定的考核鉴定机构，对劳动者的技能水平或职业资格进行客观公正、科学规范的评价和鉴定，对合格者授予相应的国家职业资格证书。职业资格证书是表明劳动者具有从事某一职业所必备的学识和技能的证明。它是劳动者求职、任职的资格凭证，是用人单位招聘、录用劳动者的主要依据，也是境外就业、对外劳务合作人员办理技能水平公证的有效证件。

《劳动法》第八章第六十九条规定："国家确定职业分类，对规定的职业制定职业技能标准，实行职业资格证书制度，由经过政府批准的考核鉴定机构负责对劳动者实施职业技能考核鉴定。"《职业教育法》第一章第八条明确指出："实施职业教育应当根据实际需要，同国家制定的职业分类和职业等级标准相适应，实行学历文凭、培训证书和职业资格证书制度。"这些法规确定了国家推行职业资格证书制度和开展职业技能鉴定的法律依据。开展职业技能鉴定，推行国家职业资格证书制度，是落实党中央、国务院提出的"科教兴国"战略方针的重要举措，也是我国人力资源开发的一项战略措施，同时还是贯彻《劳动法》、《职业教育法》的重要表现。这对于提高劳动者素质，加强技能人才培养，促进劳动力市场的建设以及深化国有企业改革，促进经济发展都具有重要意义。

（二）职业资格证书制度

根据《职业技能鉴定规定》（劳部发〔1993〕134）的有关规定，办理职业资格证书的程序为：职业技能鉴定所（站）将考核合格人员名单报经当地职业技能鉴定指导中心审核，再报经同级劳动保障行政部门或行业部门劳动保障工作机构批准后，由职业技能鉴定指导中心按照国家规定的证书编码方案和填写格式要求统一办理证书，加盖职业技能鉴定机构专用印章，经同级劳动保障行政部门或行业部门劳动保障工作机构验印后，由职业技能鉴定所（站）送交本人。我国职业资格证书分为五个等级：初级（五级）、中级（四级）、高级（三级）、技师（二级）和高级技师（一级）。

卫生部门的职业资格证书根据有关法律规定，则要通过卫生部组织的全国统一考试，合格者发给相应的执业资格证书。

（三）职业资格证书的作用

根据《劳动法》和《职业教育法》的有关规定，对从事技术复杂、通用性广、涉及国家财产、人民生命安全和消费者利益的职业（工种）的劳动者，必须经过培训，并取得职业资格证书后，方可就业上岗。实行就业准入的职业范围由人力资源和社会保障部确定并向社会发布。职业资格证书是劳动者求职、任职或独立开业及用人单位招聘录用的主要依据。劳动者从事技术工种工作应取得相应的职业资格证书后，方可就业、上岗。

（四）职业资格证书与学历证书的关系

职业资格证书是从事该职业所具备的能力资格证明。学历证书是学业经历证明，说明持有人具有相应的专业学习经历，但没有表明其是否可以胜任该专业指向职业的实际工作岗位，职业资格证书正是补充说明了这一点。所以当前国家大力推行职业教育并在职业院校中实行"双证书"制度，目的就是培养大批有一定理论水平同时又具有实际操作能力的技术岗位人员，从根本上提高劳动者职业素质。

（五）医疗卫生行业职业资格证书和技术职称

（1）劳动部门证书（医学生适合申请鉴定的）　保健按摩师、公共营养师、健康管理师、口腔修复工、美容师、心理咨询师、养老护理员、育婴员、中药材种植员、中药调剂员、中药购销员、中药固体制剂工、中药检验工、足部按摩师、医药商品购销员、保育员等。

（2）卫生部门证书　临床执业医师、助理执业医师证书；口腔执业医师、口腔助理执业医师证书；中医师执业医师、中医助理执业医师证书；护士执业资格证书；药师执业证书等。

（3）人事部门的技术职称证书　卫生技术人员的技术职称分为初、中、高级。

临床医生初级职称为医士、医师；中级职称为主治医师；高级职称为副主任医师、主任医师。

护士初级职称为护士、护师；中级职称为主管护师；高级职称为副主任护师、主任护师。

医技科室的人员（如检验、药剂等）的技术职称初级（检验士、检验师；药剂士、药剂师）；中级（主管检验师、主管药师）；高级（副主任检验师、主任检验师，副主任药师、主任药师等）。

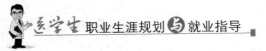

在医学院校也有职称等级之分：助教、讲师、副教授、教授。

第四节　学习本课程的方法和意义

一、学习本课程的意义

（一）帮助医学生树立正确的职业发展观

大学生在职业道路上要树立三个目标，即就业、成才、发展。首先要解决有工作做、能自食其力的问题，这是第一个目标。然后是把职业活动同成才结合起来，既要就业，又要有利于成长，这是第二个目标。一个人的职业生涯，一方面在进行职业活动，另一方面又在不断完善自己，使自己不断成才，即在工作中不断成长。第三个目标是职业发展目标。人们在成长中，他的自我价值与社会价值要达到最佳结合，成长与成就事业应达到最佳结合；要在前期学习、工作和经验积累的基础上，把事业的成功推向高潮。不同的人，表现出来的特点不同，是多样化的。第三个目标实现的时候，就是一个人的职业生涯达到辉煌的时候。就业指导就是要帮助学生树立正确的职业发展观，努力达成第三个目标。

（二）促进大学生就业观念的转变

就业观念正确与否，是决定大学生毕业时能否顺利实现就业的一个基本条件。有效的就业指导，能够帮助大学生树立正确的择业观，选择较为适合自己身心特点的职业，使用人单位选择到所需要的劳动者，这对国家建设与社会发展，对大学生拓展奋斗领域实现自身价值都具有积极意义。目前，很多学生在初入大学时持有"大一先轻松一下，大二、三再努力也不迟"的心态，对自己的未来发展缺乏科学的规划，这往往成为他们面对就业压力时，感到手足无措的一个重要原因。将《医学生职业生涯规划与就业指导》课程作为必修课，一方面体现学校在教学中重视对所有学生进行求职就业教育和引导，另一方面也强制性的要求所有学生都必须接受指导，通过考试检验学习效果。在国家、社会、学校、学生四方重视下，通过贯穿从入校到毕业的全程化的就业指导，通过对当前我国的经济发展、就业政策和形势的讲解，激发大学生关注自身的职业发展，确立职业的概念和意识，把民族利益、国家前途放在首位，把个人自身价值的实现与整个社会的进步与发展结合在一起，为个人的职业生涯发展和社会发展付出积极的努力。

（三）医学专科生要正确认识自己

大学生最终必将走向社会，职业是人们介入社会的方式，个体的谋生手段，是个体实现人生价值的平台。大学生只有在社会中寻找到最适合自己的职业，才能发挥自身的潜能，体现出自我价值。现在都说"就业困难"，不如说是"就业迷茫"：一方面相当部分大学生在中小学期间的主要精力就是学习——应对考试、再学习——再考试，缺乏对自己行为的反思；另一方面大学生仍然处于生长发育期，欠缺准确的自我认识，不了解自己的天赋和性格，缺少职业定位，找不到适合自己的角色。

通过《医学生职业生涯规划与就业指导》的教学活动和实践的开展，有针对性地引导医学生理解兴趣、人格、能力与技能、需要和价值观等概念的内涵；了解能力、技能，兴趣，人格，价值观与职业的关系等等。引导医学生将自己的综合优势与劣势进行对比分析，引导学生评估自己的现状，评估个人目标与现实之间的差距。分析自己的需求结构，未来与实际相结合的职业定位，有效地促进自己综合素质的发展与知识能力水平的提高，缩短职业适应期，很快进入职业角色。

（四）提高学生的就业能力

就业能力是近年来出现并逐渐流行的一个概念。通常大学生就业能力被定义为：大学生在校期间通过专业知识以及相关知识的学习、积累和对自身潜能的开发，获得能够实现自己就业目标和理想，满足社会的需求，在社会生活中实现自己价值的本领。它是由知识、技能、个性、思维、观念、心理等一系列能够适应就业的素质构成，其核心为学习能力、专业能力、实践能力、创新能力。由于诸多原因，医学专科生普遍存在职业目标不明、学习能力不强、专业能力不足、实践能力较低、品格养成欠缺、创业意识淡薄等现象。

通过系统的《医学生职业生涯规划与就业指导》课程的开展，使医学生了解职业成功的因素——所需知识、技能及态度的变化；引导医学生建立自信的决心，学会收集、管理和使用就业信息。做出职业决策并制定个人行动计划；在课程中通过结构性的安排，让学生共同协作完成指定工作，以培养学生掌握求职择业的各种技能，即语言表达能力、人际沟通能力、分析判断能力、问题解决能力、创新能力、团队合作精神、责任感、组织管理能力以及客户服务等通用技能；注重就业指导教学实践活动的开展，以社会需求为标准，使学生自觉把人才需求和自身就业能力的培养结合起来，全方位发展自己。

二、本课程的主要内容

21世纪是知识经济时代，社会需要高素质的人才，每一个医学生都深谙此理。因此，从成为大学生的那天起，很多同学都希望大学三年能把自己锻造成为素质全面、受社会欢迎的人才。因此，大学生从低年级开始，从现在开始，就应该对将来的就业有心理准备，要针对自身的实际情况，准确定位，付之于行动，做到有备无患。

我国大学毕业生就业制度是随着社会的发展而不断变化的，目前我国社会主义市场经济体制正在逐步建立和不断完善，教育体制的改革也在不断深入进行。随着毕业生就业制度改革的推进，过去"统包统分"的计划经济模式已被现在"双向选择、自主择业"的就业方式所取代。我国高校都已不同程度地开展了就业指导教育，对大学生推行全程化的就业指导，有针对性地开展大学生就业教育理论方面的研究。大学生就业指导的主要内容包括：职业的基本理论、大学生的立业背景、如何进行职业规划、所学专业与求职趋向、求职途径与面试技巧、大学生创业基础、就业政策指导、初入社会应注意的问题等。

大学生就业指导就是把它与德育教育、专业教育、素质教育有机结合，从大学生入学开始，直到毕业后走上工作岗位，进行全过程的就业指导。

大学生就业指导可在大学期间人才培养的各个阶段分年级逐步实施，帮助学生及早在职业生涯规划、择业、就业、创业等方面获得相关的知识。

（一）医学专科生各年级的学习内容

一年级学习就业理论。刚刚进入大学的新生，对大学的学习生活充满着美好的愿望，渴望通过三年的学习成长为有用之材，他们非常关心自己今后的就业问题，迫切希望了解所学专业与今后职业的关系，对学好专业、树立人生理想有着强烈的追求，因此，这个阶段是开展职业发展教育的最佳时期。大学一年级就业指导的内容主要有所学专业与职业发展方向、职业指导理论、社会职业和卫生人才市场的基本知识、了解专业知识及职业适应范围，掌握医学专业知识学习的方法和手段。

二年级的就业指导结合专业学习进行。大二进入专业课程学习，此时个人的专业发展方向定位十分重要，就业指导应在大一阶段学习就业知识的基础上进行职业发展规划指导，指导学生进行职业兴趣、职业能力、职业倾向的测试，了解自己的心理、性格特征，了解与之相对应的职业适应范围，了解专业发展方向，初步定位个人今后的职业发展方向，初步拟出个人的职业发展规划，指导学生定位自己的职业发展目标，激发出学生追寻远大目标、积极学习的动力。

三年级，医学专科生进入了毕业实习阶段，就业指导主要引导学生分析就业形势、学习政府最新的就业政策，调整就业期望值，在实习单位切实感受真实职场氛围，加强求职的实战演练，对学生进行求职技巧方面的指导；同时为毕业生提供就业信息，指导毕业生准备自荐材料，做好求职应聘的准备；并对大学生进行职业道德教育和心理辅导，帮助其做好"从学生到社会人"的角色转换，帮助学生选择好第一份工作，办理相应的就业手续，为大学生零距离走向社会奠定一个良好的基础。

（二）大学期间各阶段学习的内容

大学生在校期间的就业指导可以分为以下四个阶段：

第一阶段：树立目标，明确自己的职业理想。个人的职业理想是对自己未来的职业生涯的规划和构想，当然理想必须建立在现实的基础之上。

第二阶段：就业准备，提高自身各方面的能力。在这一阶段的就业指导，主要是学生努力提高自己的"硬件"和"软件"，为在激烈的职业竞争中实现职业理想打下坚实的基础。

第三阶段：自我推销。这一阶段的主要任务是，学习、分析、了解、掌握国家关于大学生就业的政策和形势；做好人才素质测试，客观地进行自我评价，制定并及时修正就业目标，确立合理的就业期望；全面、合理地收集、处理、利用就业信息；加强求知技巧训练；准备好求职的材料、知识、能力和心理；积极参加各类招聘会，为自己顺利就业创造机会和条件。

第四阶段：转变角色、适应社会。大学生完成学业，走向社会，奔赴新的工作岗位，这无疑是人生的一大转折。走向社会的大学毕业生面临的第一个问题是如何尽快适应社会，成功地实现由学校到社会、由学生到职员的角色转变。

三、学习本课程的主要方法

就业指导是一门综合学科，在以后各章节的学习过程中，需要结合哲学、经济学、心理学、法学等多方面基础知识和研究成果进行学习探讨，并结合本教材提供的案例、国家最新的就业政策、社会上人才市场的供求变化进行学习，本着学以致用的要求，要加强互动式教学，多做训练和模拟情景教学，以达到融会贯通、博取众长的效果。尤其是哲学，是各大学的基础课程，在就业理论的学习、职业规划以及在社会求职的过程中，都需要以哲学原理进行辩证思考和处理，对种种复杂的社会现象和激烈的职场竞争要有充分的心理准备，要调整好心态，不要走极端，要辩证地看待问题和处理问题，才能达到理想的学习效果。

思考与练习

1. 结合本专业的培养目标，谈谈你对学习本课程的认识。
2. 试分析当前医学生的就业形势和发展趋势。
3. 职位的含义是什么？职位构成的要素、职位的特点有哪些？
4. 为什么说"十二五"期间大学生就业机遇与挑战并存？如何面对？
5. 简述大学生就业的政策。

第二章　医学生大学生涯规划

学习目标

1. 了解医学生大学阶段的主要任务
2. 树立正确的价值取向
3. 制定自己的大学生涯规划

第一节　解读大学

一、大学的含义

大学是社会政治、经济、文化等综合发展的产物，它不仅是现代高层次国民教育的基地、培养社会需要的各类人才的场所，而且是思想文化的摇篮、知识创新的前沿、推动社会文明进步的重要力量。

在一些古代典籍中，大学的定义是聚集在特定地点传播和吸收高深领域知识的一群人的团体。而现代大学的概念，来自英语university。意思是：提供教学与研究条件和授权颁发学位的高等教育机关。通常设有许多专业，再由几个相近的专业组成系。

（一）大学是独立的起点

大学是第一个要求学生独立自主的学习与生活场所。进入大学，你将开始追求自己的专业理想；参与团体和社会实践；兼顾理论知识与专业技能；独立处置生活和学习中遇到的各类问题，支配自己的课余时间。

（二）大学是学习的黄金时代

大学时代的学习，是自由探求、自我思索的过程，一味追求考试分数只是对大学学习肤浅的理解，大学时代正是你自主学习自我充实的宝贵时机。潜心钻研，博览群书，培养文体方面的兴趣爱好，这是大学给予我们的最宝贵的馈赠。不要自以为是，放松理论学习，醉心"能力"；也不要只满足于课件、教材和习题，还要主动地去完善自我，提高自己的综合素质。

（三）大学是实现梦想的起点

宽容博大，兼收并蓄是大学最迷人的地方。一本书，一场讲座，一席肺腑之言，一个人的人生可能因此改变。大胆接触，勇敢尝试，逐步确立自己的职业方向。毕业的时候，你就能怀着坚定的志向奔赴工作岗位。大学生带着寻找梦想的心情走进大学，应当带着实现梦想的心情离开。将来想要成为什么样的职业人，过什么样的生活，在大学阶段就需要做好准备，因此，要好好地珍惜大学时光。

二、大学的任务

（一）大学的职能

培养人才，科学研究，服务社会，是目前较为公认的大学的三项职能。大学是一个集合概念，具体到不同高校，它们的职能内涵及职能关系是有差异的。

培养人才是大学的核心职能，最近颁布的《国家中长期教育改革和发展规划（2010~2020年）》再次强调，人才培养是大学工作的中心。科学研究是培养人才的重要途径，技术发明和科学研究是大学的重要功能，但这一功能不能脱离人才培养而独立存在。服务社会是人才培养和科学研究的延伸，这三大职能相互联系，不可分割。

（二）大学的任务

大学是人生中最关键的阶段之一。新生入学，首先应当对大学有一个正确的认识，并逐步学会规划自己的大学生涯。为了在学习中享受到快乐，为了在毕业时找到合适的工作，每一位大学生都应当掌握七项基本任务：

1. 学会自主学习

十九、二十世纪的英国哲学家怀德海在《教育的目的》一书中写道："在中学阶段，学生应该伏案学习；在大学里，他该站起来，四面瞭望。"在中学阶段，主要是传承性学习，到大学，才是创造性学习。进了大学以后，教师主要充当引路人的角色，学生应该学会自主地学习、探索和实践。大学生应当要求自己"理解"知识并善于提出问题。一旦真正理解了理论或方法的来龙去脉，就能举一反三地学习其他知识，解决其他问题，甚至达到无师自通的境界。在学习知识或解决问题时，不要总是死守一种思维模式，只有在学习中敢于创新，善于从全新的角度出发思考问题，才是真正的自主学习能力。

2. 学好基础课程

很多大学生入校以后，急迫地想学习专业知识。但是，大学不是"职业培训班"，而是要培养高素质的人才，仅仅学习专业知识是远远不够的。公共基础课程和专业基础课程是造就高素质人才的重要课程。例如，在经济、科技、文化发展日益全球化的背景下，英语、计算机等课程，显得尤为重要。

3. 学会合作学习

合作学习是20世纪70年代初兴起于美国，并在70年代中期至80年代中期取得实质性进展的一种富有创意和实效的教学理论与策略。

合作学习是指学生为了完成共同的任务，有明确的责任分工的互助性学习。合作学习鼓励学生为集体利益和个人利益而一起工作，在完成共同任务的过程中实现自己的理想。比如，有些专业课的实践项目，几个同学合作，既是上好专业课的一部分，

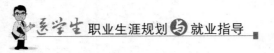

也是培养团队精神的途径。

4. 培养专业兴趣

有些同学后悔自己在入学时选错了专业，以至于对所学的专业缺乏兴趣，没有学习动力。在大学中，大家首先应尽力试着在学习过程中逐渐培养自己对本专业的兴趣。通过多种渠道了解本专业的职业前景，通过参加各种职业实践活动，根据社会和自我需要，有意识地去培养和发展专业兴趣。大学生一旦在专业上形成持久稳定的兴趣，不朝三暮四、见异思迁，就能投入更多的热情和精力，深入钻研相关内容，在事业上才能有所发展和成就。

5. 学会积极主动

积极主动这个词最早是由著名心理学家维克托·弗兰克推介给大众的。弗兰克本人就是一个积极主动、永不向困难低头的典型。被美国《时代周刊》誉为"思想巨匠""人类潜能导师"的史蒂芬·柯维，在《高效能人士的七个习惯》一书中说，第一个习惯就是积极主动。积极主动是指依据一定的原则及价值观，而非情绪或外在环境来下决定。

从进入大学开始，大学生就应该从被动学习转向主动学习，成为自己的主人，积极地管理自己的学业，让大学生活对自己更有价值。积极主动就是要有积极的态度，乐观勇敢地面对人生，事事用心，事事尽力，不要等机遇上门，要把握住机遇，创造机遇，"以终为始"，积极地规划大学生活。

6. 学会掌控时间

在大学阶段，学好公共基础课程、专业基础课程、专业课程，提高专业实践能力都是非常重要的。学会掌控时间是大学生成才的重要因素之一。时间是能力发展的地盘，没有一个成才者不是珍惜时间并科学地安排时间的。培根说："合理安排时间，就等于节约时间。"掌控自己的时间，首先要根据课表安排、作息规定、学校制度安排时间，其次要对学科统筹兼顾，不能顾此失彼。再次，善于发现并充分利用自己独特的最佳时间段。

7. 学习为人处事

在社会上、工作中，与人相处的能力变得越来越重要。大学生在集体生活中，如何与同学、老师相处成为大学生学习内容的一部分。要取得事业的成功，就要懂得如何开拓一片量好大社会人际关系，这是每一个即将踏入社会大学生必过的人生关口。如果处理不好人际关系，将对我们的学习、生活、工作及心理健康都有不良影响。

只要做好了这七点，大学生到毕业时绝不会遇事没有耐心和不适应，而是充满自信和渴望。只有做好了这七点，大学生才能成为一个有潜力、有思想、有价值、有前途的人。

三、医学生在大学阶段重点培养的素质

"健康所系，生命相托"，作为医学生，首先应具有珍视生命、关爱病人、尊重患者的人道主义精神，唯有对生命充满敬畏，才能不辱使命。

其次，医学生要为病人服务，必须具备良好的科学素养、高尚的职业道德、过

硬的业务素质。医学的实践性非常突出，对专业操作技能的要求较高，医疗诊断、检查、治疗、护理都要依靠许多技术操作来完成，操作技能必须熟练、精确。因此，作为医护人员，还必须树立终身学习、自我完善和长远发展的理念，在以后的工作中，加强医学知识的学习、人文素养的提升以及临床业务能力的提高。

再次，医学生要具备团队合作精神。在医学分科日益细化的现代社会，很多疾病的诊断、治疗、护理，都需要很多医护人员共同参与，因此团队合作精神不可或缺。

此外，医学生还应具备积极向上的个人品质，塑造良好的职业形象，例如较强的交流沟通能力、较强的思辨和表达能力，较强的亲和力等。在实际工作中，能够与病人及其家属进行良好的沟通，取得他们的信任和配合，才能达到治疗目的。

总之，精湛的医术是立足之本；高尚的医德是发展之本；良好的职业形象是成功之本。因此，医学生在大学阶段不仅要努力学好专业知识，还要培养专业能力，提高专业素养。

第二节　树立正确的价值观

价值观是指一个人对周围的客观事物（包括人、事、物）的意义、重要性的总评价和总看法。一方面表现为价值取向、价值追求，凝结为一定的价值目标；另一方面表现为价值尺度和准则，成为人们判断事物有无价值及价值大小的评价标准。个人的价值观一旦确立，便具有相对稳定性。但就社会和群体而言，由于人员更替和环境的变化，社会或群体的价值观念又是不断变化着的。传统价值观念会不断地受到新价值观的挑战。对诸事物的看法和评价在心目中的主次、轻重的排列次序，构成了价值观体系。价值观和价值观体系是决定人的行为的心理基础。

一、当代大学生价值观的基本特征

当代大学生的价值观是多元化的，其基本特征有：

（一）主流积极，健康向上

1. 政治态度积极，思想务实

当代大学生具有较高的爱国热情，他们拥护中国共产党的领导，拥护社会主义制度，拥护、支持党和政府的方针政策。他们关心国家的前途和命运，关心国家的社会发展和经济建设，同时也关心社会弱势群体，并希望为社会尽一份公民责任。

2. 人生价值注重奉献，合理索取

当代大学生具有较丰富的科学文化知识，同时也具有较高的人文修养，绝大多数学生在对待奉献社会与实现自我价值的关系上，其主流精神还是好的，即人生的价值首先在于奉献社会，自我价值应该在奉献社会的过程中得到实现和满足。

3. 学习意识日渐增强

随着就业形势的日益严峻，当代大学生清醒地认识到经济发展给他们带来施展才华机会的同时，也带来了较大的竞争压力。为了能在竞争中取得优势，当代大学生一方面努力学习科学文化知识，强化专业技能；另一方面，他们也积极到校外参

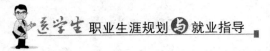

加各种能够锻炼自己实践能力的社会活动。多学本领，多参与实践，多掌握几种技能，适应社会竞争，已成为当代大学生的共识，这种共识对于他们顺利就业具有积极地指导意义。

4. 思考问题更加理性

当代大学生拥有一定的马克思主义理论基础知识，基本能够运用辩证唯物主义和历史唯物主义基本原理理性地分析问题和处理问题。大学生在学习和生活中遇到挫折，要冷静客观地分析产生挫折的原因，积极寻求战胜困难的恰当方式。

（二）当代大学生价值观存在的问题

当代大学生价值观并不都是积极向上的，部分大学生的价值观还存在一些不容忽视的问题，主要体现在以下几个方面：

1. 本末倒置，忽视学习，盲目考证

有些刚刚摆脱升学压力的大学新生，过多地参加了各种社团活动，或从事各种兼职，从而忽视了学习，耽误了学业。有些学生为了毕业能顺利找到工作，盲目参加职业资格考证培训。以为证书越多，被用人单位录用的几率就越大。其实这是一个很大的误区，盲目考证不仅花费大量钱财，也挤占了宝贵的专业学习时间。除了本专业资格证书外，其他证书不需要过多过滥，关键还要看实际工作能力。

2. 学习观、择业观呈现功利化倾向

经济的发展促使人们对物质享受的需求日益增强，越来越多的人开始注重金钱和名利，这种变化对当代大学生也产生了一定的负面影响。部分大学生对金钱过分看重，把金钱作为成功的标志。对金钱的错误认识，使有些大学生在学习、择业时更多考虑的是个人的物质利益，较少地考虑国家的需要，以及自己的社会价值、兴趣爱好等。

3. 道德认知与道德行为脱节

当代大学生道德认知水平普遍得到提高，但是道德行为实践却不容乐观，一些大学生对同学的事不闻不问，对集体的事漠不关心，对国家大事毫无兴趣，严重缺乏社会责任感。一些有悖社会道德行为规范的行为在当代大学生也屡见不鲜，如在校园内破坏公物、随处扔垃圾、异性互相搂抱、大声喧哗、在互联网上散播谣言、发布不良信息等等。这说明有些大学生虽然在道德认识上比较清晰，但是在现实道德行为中又缺少自觉性和自律性。

二、不良价值取向的形成原因

（一）对大学生活的认识过于理想化

大学一直是中学生所向往的神圣的殿堂。在现实生活中，大学也不是尽善尽美的，与学生们的所想有一定的差距。当他们入学后认识到这一点，内心开始导致心理失衡，对大学产生不满情绪，甚至生发出消极的人生态度。

（二）思想不成熟，容易受外界影响

当代大学校园中，大学生不可避免地会接触到社会上的各种思想。互联网、电视、电台等都是学生获得外界信息的渠道，不同大学之间，学生的交流日益增多。当

代大学生思想还不够成熟，在这样一种大环境中，很难做到科学合理的判断各种现象的是非曲直。部分学生人云亦云、盲目跟风，在面临自己的人生选择时，不假思索地接受别人的观点，而不结合自身实际进行分析、判断。

（三）自以为是，缺乏反思

部分大学生无论在学习方面还是在生活方面，都没有形成反思的习惯，有的人尽管选择了错误的价值定位，但是他们依然会在无知中走下去，直至为自己的无知付出代价。他们不善于学习别人的长处，只做自己想做的事情，而不考虑事情有没有意义。

（四）心理承受能力差，容易产生悲观情绪

由于大学生的心理尚未完全发育成熟，自我调节和自我控制能力不是很强，这些问题常常给大学生带来不适感和压抑感。这些不良情绪如果得不到正确的引导，就容易滋生出悲观的人生态度。此时，学生自己一般不会主动找心理医生治疗，而是想要逃避，这样就会导致对学习和生活失去兴趣。

·知识链接·

价值观的主要内容

（1）成就感。提升社会地位，得到社会认同，希望工作能得到他人的认可，对工作的完成和挑战成功感到满足。

（2）美感的追求。能有机会多方面地欣赏周围的人、事、物，或任何自己觉得重要且有意义的事物。

（3）挑战。能有机会运用聪明才智来解决困难，舍弃传统的方法而选择创新的方法处理事物。

（4）健康（包括身体和心理）。工作能够免于焦虑、紧张和恐惧，希望能够心平气和的处理事物。

（5）收入与财富。工作能够明显、有效地改变自己的财务状况，希望能够得到金钱所能买到的东西。

（6）独立性。在工作中能有弹性，可以充分掌握自己的时间和行动，自由度高。

（7）人际关系。关心他人，与别人分享，协助别人解决问题，体贴，关爱，对周围的人慷慨。别人因为你的行为而受惠颇多。

（8）道德感。与组织的目标、价值观、宗教观和工作使命能够不相冲突，紧密结合。

（9）欢乐。享受生命，结交新朋友，与别人共处，一同分享美好时光。

（10）权利。能够影响或控制他人，使他人按照自己的意思去行动。

（11）安全感。能够满足基本的要求，有安全感，远离突如其来的变动。

（12）成长。能够追求知识上的刺激，寻求更圆满的人生，在智慧、知识与人生的体会上有所提升。

三、当代医学生应树立的价值取向

（一）独善其身

古人云："穷则独善其身，达则兼济天下"，这句话是中国文化精髓"儒道互补"的体现，前半句表达了道家的理想主义和出世精神，后半句则显示了儒家豁达的人生态度与入世境界。当代医学生在面对形形色色的价值观时，要加强自身修养，要坚定自己的理想信念，提高对外界不良思想的抵抗力。要树立乐观向上、积极进取的人生态度，牢记医学生誓词，对未来充满自信。

（二）奉献精神

医学职业的特殊性决定了医学是以奉献为基础的，奉献是医学生应该具备的基本素质。医学生应当勇于探索，不懈追求，燃烧自己，帮助别人，识大体，顾大局，舍小家，为大家，生命不息，奋斗不止。医学院校应通过坚持不懈的教育引导，使医学生不断增强奉献意识，激发奉献行为，逐步具备无私奉献的精神。

（三）医德自觉

行医待患，需要自我监督，自我约束，自律自为，不受任何外界因素的影响和干扰，能够自觉自愿地承担起社会赋予的医德责任。医德自觉是所有医学生和医务工作者都应毕生追求和矢志不渝的医德境界。一个医生只有达到了医德自觉状态才能真正做到全心全意为人民服务，给人类带来福音。

知识链接

教育部科技司编《2000年高等学校科技统计资料汇编》高等教育出版社（2000.12）

10医学分类

1001基础医学(可授医学、理学学位)

100101人体解剖与组织胚胎学

100102免疫学

100103病原生物学

100104病理学与病理生理学

100105法医学

100106放射医学

100107航空、航天与航海医学

1002临床医学

100210外科学(含：普外、骨外、泌尿外、胸心外、神外、整形、烧伤、野战外)

100211妇产科学

100212眼科学

100213耳鼻咽喉科学

100214肿瘤学

100215康复医学与理疗学

100216运动医学

100217麻醉学

100218急诊医学

100209护理学

100208临床检验诊断学

100207影像医学与核医学

100206皮肤病与性病学

100205精神病与精神卫生学

100204神经病学

100203老年医学

100202儿科学

100201内科学(含：心血管病、血液病、呼吸系病、消化系病、内分泌与代谢病、肾病、风湿病、传染病)

1003口腔医学

100301口腔基础医学

100302口腔临床医学

1004公共卫生与预防医学(可授医学、理学学位)

100401流行病与卫生统计学

100402劳动卫生与环境卫生学

100403营养与食品卫生学

100404儿少卫生与妇幼保健学

100405卫生毒理学

100406军事预防医学

1005中医学

100501中医基础理论

100502中医临床基础

100503中医医史文献

100504方剂学

100505中医诊断学

100506中医内科学

100507中医外科学

100508中医骨伤科学

100509中医妇科学

100510中医儿科学

100511中医五官科学

100512针灸推拿学

100513民族医学(含：藏医学、蒙医学等)注：本二级学科1998年增设

1006中西医结合

100601中西医结合基础

100602中西医结合临床

1007药学(可授医学、理学学位)

100701药物化学

100702药剂学

100703生药学

100704药物分析学

100705微生物与生化药学

100706药理学

1008中药学

注：本一级学科不分设二级学科(学科、专业)

第三节　制定医学生大学生涯规划

作为一个医学生，其专业的明确性有别于其他专业的学生。这既免除了毕业后择业的烦恼，也为医学生尽早进行学业规划提供了条件。

一、大学专业分类

我国高校现行的12个学科门类是① 哲学；② 经济学；③ 法学；④ 教育学；⑤ 文学；⑥ 历史学；⑦ 理学；⑧ 工学；⑨ 农学；⑩ 医学；⑪ 军事学；⑫ 管理学。学科门类下设一级学科，共有80个一级学科（不含军事学），一级学科下设二级学科，共有358个二级学科。

二、大学生的知识结构

知识结构指的是一个人的知识构成状况，其中包括各种知识间的相互比例，相互联系，相互协调与相互作用，以及由此而形成的具有一定层次的统一整体。知识结构不存在固定的绝对的模式，可以因人而异。常见的知识结构有以下几种类型：

（1）"宝塔"型知识结构　这种结构从塔的底部到塔尖有3个层次，一是基础知识，二是专业知识，三是前沿知识。

（2）"网络"型知识结构　以所学的专业知识作为网络的核心，与该专业相关的知识作为网络的外围，相互联合而形成适应性强、能够在较大空间发挥作用的知识结构。

（3）"T字"型知识结构　在这种知识结构中，横杠是指一般知识和基础理论知识，即知识面的宽度，竖杠表示对本专业掌握的深度。

无论哪种形式，合理的知识结构应包括以下三个方面的内容：

（1）基础知识要扎实、宽厚　扎实、宽厚的基础知识是医学生学习专业知识的基础，又是可持续发展的需要。大学生从学校里学到的知识，只占一生需要量的10%左右。所以，大学毕业后必须不断学习，补充新的知识，才能胜任工作。

（2）专业知识要精深　专业知识是人才知识构成的特色，是成才的主要条件。对于医学生来说，扎实的专业知识是治病救人的前提。专业知识包括专业基础理论知识和专业技术知识、实践知识。两者相辅相成，缺一不可。

（3）横向知识、综合知识要兼有　所谓横向知识，就是与专业知识相关或相近的知识，它既可拓宽知识面，开拓视野，又可受临近学科启发而有所创新。随着科学技术向综合化、边缘化发展的趋势，要解决复杂的医学问题，仅仅依靠单一的学科知识是不够的，还需要运用综合知识，例如管理学、心理学等知识。

三、制定大学生涯规划的前提

（一）认识自我

认识自我包括四个方面：情绪管理、人际沟通、自我意识、心理健康。古希腊人曾把能认识自我看作是人的最高智慧。人对自己的认识也和人对客体世界的认识一样，需要有一个了解和学习的过程，要了解自己所扮演的社会角色，自己的才能、理想、人生观、价值观等并不像照镜子那样简单。这就需要大学生努力拓宽生活范围，增加生活经验，以适当的参照系来了解自己。例如，与自己条件相似的人作比较来了解自己，同学之间相互比较等。制定大学生涯规划，应当充分、准确、客观地认识自己。

要正确认识自己，还需对自己采取接纳的态度。也就是说，人对自己要坦然地承认、欣然地接受，不能欺骗自己、排斥自己、拒绝自己，更不能烦恨自己。孔子曰："君子坦荡荡，小人常戚戚。"从心理学的角度看，君子能自我悦纳，心情开朗，而小人则不能接纳自己，故常自苦、自危、自卑、自惑乃至自毁，自身的潜力与智慧被自我虚妄与拒绝所泯灭。自卑者也能看到有利的条件与时机，但不敢参与竞争，从而自己为自己设置了奋进的障碍。

（二）自觉地调控自己

人和动物在行为上的根本区别，在于人能够自觉调控自己的行为。健全的自我意识应该是积极统一的自我意识，是自我认识、自我体验、自我控制三者的协调一致。制定大学生涯规划，要把理想的我与现实的我合理地统一起来。在执行规划的过程中，自觉克服困难，做到扬长避短、取长补短、发展自己、完善自己，提高自己执行生涯规划积极性。

知识链接

自我分析的二十八项质询

1. 今年的目标是否已依约达成了？（确定自己的人生最终目标，然后明确定出每一年的持续点，朝此向前迈进。）

2. 始终尽己之力了吗？比起前一年进步了多少？

3. 做了最佳的服务了吗？

4. 始终以协调的态度去面对工作吗？

5. 做事拖延了吗？若是有的话是何事？

6. 不好的性格有改善吗？是哪一点呢？

7. 贯彻所定的计划，力行至终了吗？

8. 无论在什么情况，都能迅速下决断吗？

9. 已能不为六大恐惧所困了吗？（年老，死亡，贫穷，被批评，失恋，疾病）

10. 有无疑人太多、信人不足之过呢？

11. 有无与人发生过争执呢？

12. 集中力是否得以发挥？资源有所浪费呢？

13. 是否能以宽容之心对待他人的过失？

14. 才能的哪一部分进步了呢？

15. 有无多欲、丧失节制之处？

16. 有无寡情、利己之处？

17. 日常的态度是否得到他人尊敬？

18. 有无妄加独断、固守己见之处？经常能依正确的分析判断事物吗？

19. 时间、收支都已能依照预定，自我管理了吗？

20. 无益的时间浪费有多少呢？

21. 为了使未来能更上一层，你认为该如何改变呢？
22. 你打算如何提供物超所值的服务于他人呢？
23. 做过良心受责，愧疚之事吗？
24. 对人是否有不公平之处？是对谁呢？
25. 假使你正在募集人才，你会录用你自己吗？
26. 满意现在的工作吗？若不满意，原因为何？
27. 领导是否对你的工作态度，能力感到满意？若不满意原因为何？
28. 自认为能够成功吗？（冷静的自我评价后，再参考他人意见。）

在经过详细的分析之后，现在请列出五个行动计划，并且告诉自己：我一定要马上行动，绝不放弃。

四、合理规划大学生涯

（一）按内容制定大学生涯规划

按内容制定是指以内容为主线来规划大学生涯的一种方法，具体可分为学业规划、生活成长规划和社会实践规划。在此基础上，再分时间段（年度、学期、月、周、日）进行实施。学业规划主要从学习方法、公共基础课、专业基础课、专业课以及与专业技能培养等多方面考虑。生活成长规划主要从身体健康、心理健康、理财、时间管理和交际能力培养等方面考虑。社会实践目标主要包括参加校园社团活动、见习实习、假期社会实践、兼职、参与公益活动等内容。不同学年的学业内容、生活成长内容、社会实践内容等都不尽相同，而且每个人的实际情况也不一样，所以每个人的大学生涯都应符合自己的实际情况，无需与别人保持一致。下面我们分项进行阐述。

1. 学业方面

一年级学业规划的重点是掌握自主学习方法，培养自主学习习惯，学好公共基础课程、专业基础课程，增强外语和计算机应用能力，学会充分利用图书馆查阅资料、学会规划自己的大学生涯等。大二的学业规划基本以专业基础课程和专业课程的学习为重点。在众多的专业课程中，重点学好专业核心课程，有的学生可能会发现自己比较感兴趣的课程，而且可能因此而关注相关的学科和行业，收集相关的行业信息。

2. 在生活成长方面

大一新生首先要解决的是如何从万事依赖父母到逐渐独立处理问题，培养良好的生活习惯和思维习惯，学会独立思考，不人云亦云；在生活习惯方面，主要学会合理地安排开支，安排作息时间；加强体育锻炼，保持身体健康。大二学生在生活成长方面则重点要关注职业道德的培养，还要了解、培养从事医护工作需要的特殊的生活习惯、工作习惯。培养自己敬业、刻苦、坚韧、忠诚的意志、感恩的心态，树立爱祖国、爱人民，愿意为祖国的医学事业做贡献的雄心。大三的学生要多学习礼仪、演讲技巧，能够流畅、准确地表达自己的思想并与人沟通。在心理上做好从学生到社会人、职业人转变的准备，要多方面多了解社会、职场与学校的不同。要掌握离校手续的办理流程，了解国家关于就业的各项政策规定，了解求职过程中的各种陷阱及其应对方法等。

3. 在社会实践方面

大一新生首先要尽早和寝室同学搞好关系，要和同班同学搞好关系，也要善于和不同班级、年级的同学交流；其次要了解和选择校内的学生社团，积极参加社团活动，积累社交能力；第三，要走出校门，了解所在的城市，包括这个城市的环境、文化背景等；第四，要定期去福利院做义工。大二时，要争取在社团或学生会担任一定的职务，锻炼自己的组织和领导能力；要积极参与社区的公益活动；可以适当做些兼职；利用寒暑假参与社会调查和服务。大三的重点是实习。结合专业的顶岗实习是最有利于检验和提升自己的专业能力，大学生们要珍惜实习机会，将理论与实践紧密结合，为自己毕业后的就业或深造奠定基础。以上只是对大学时期相关规划内容的一个简单举例，实际生活中，要规划的内容复杂得多，在掌握了基本方法之后，同学们可以举一反三，自己根据各自的实际情况来规划。

【案例】

小刘是某医专2010届护理专业毕业生。2010年，小刘在求职中击败了众多的本科生，被杭州一家市级医院录取。作为一名专科生的小刘为何能够在激烈的竞争中脱颖而出呢？因为她在三年的大学生活里作了充分的职业准备，并且取得了骄人成绩。机遇自然留给这个有准备的人。小刘的大学生涯规划主要包括以下内容：

1. 培养自立、自信、自强、自尊、自律的品质。虽然上大学前他从来没有组织过什么活动，但是为了培养自信、自强的精神，她竞选担任了学生会学习部的干部，通过实践培养工作能力和综合素质，体验人生价值。

2. 发掘潜能，发展优势。小刘虽然是护理专业，但她酷爱文学。小刘利用课余时间，不断地写稿、投稿。至毕业前，发表了30多篇作品，受到用人单位的赞赏。

3. 培养意志，坚持不懈。小刘平时很注意磨炼自己的意志。她深知，执行规划，仅有信心是不够的，还要有坚强的意志。小刘在实施规划的过程中，以不达目的不罢休的决心，不断挑战自我、超越自我，在实施自己的职业准备目标的过程中培养意志力。

4. 在实践中培养综合素质。小刘除了认真学习专业知识外，还积极参加第二课堂活动。多次担任校内文娱活动的主持人和策划人。此外，还多次参加校外实践活动，大一时参与联通公司促销活动的策划和实施。大二时参与某公司数码产品展销活动。大三在医院实习期间参与策划主持医院的文艺汇演。

5. 做好时间管理，高效学习。小刘坚信，时间就像海绵里的水，只要愿意挤，总还是有的。当别人休息时，他复习功课；当别人玩耍时，他查阅资料；当别人闲聊时，他写学习笔记。他始终抓紧一切课内、课外时间，高效学习，成绩一直名列前茅，获得国家奖学金，年年被评为三好学生或优秀学生干部。

（二）以时间为主线制定自己的生涯规划

大学生可以按学年或学期制定自己在校期间的生涯规划，分为大一、大二、大三学年规划，学年规划还可以细分为学期规划，甚至细分为月计划、周计划、

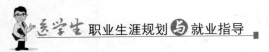

日计划等。在时间规划的纵线坐标上，再对内容（学业、个人成长和社会实践）进行规划。

【案例】

某大学护理专业学生获取证书时间计划

项 目	时间分配
优秀青年志愿者	大一上学期
获得计算机等级、普通话证书	大一下学期
通过全国大学英语四级考试	大二上学期
学科竞赛、专业技能竞赛获奖证书	大二
老年护理证书	大二
国家奖学金证书	大二上学期
优秀大学生证书	大二下学期
优秀实习生证书	大三下学期
护士资格证书	大三下学期

（三）大学生涯实施方案

拿破仑说："想得好是聪明，计划好是聪明，做得好是最聪明。"成功人士的秘诀是：唯有行动才能决定你的价值。大学生生涯目标规划制定好之后，下一步的关键是制定配套的实施方案，并依据实施方案来行动。实施方案是根据目标所制定的为了达到目标而必须采取的行动措施。实施方案必须具体，它可以分为年度实施方案（年计划）、月度实施方案（月计划）、周实施方案（周计划）和日实施方案（日计划）。年度计划从宏观上规定你一年要做的事，可以以每月要干什么来做计划；而月计划应以每周要干什么来计划，四周完成则月度计划完成；周计划则以日为单位来计划，即每天要完成多少事；日计划则必须以小时来计划，从而指导自己一天之中什么时间应该干什么。在现实生活中，人们做事为什么经常会半途而废？往往不是因为目标难度过大，而是觉得成功离自己很远。因此，我们制定大学生涯目标实施方案时，应该把大的目标分解成一个个阶段性目标，相应地制定阶段性实施方案。这样的话，只要坚持实施这些阶段性方案，完成这些阶段性目标，自己大学三年的生涯目标就一定能实现。必须了解的是，规划方案的超前性包含了方案实施过程中的诸多不确定因素，因此必须重视规划方案实施过程中的行动反馈和结果反馈，如有无出现的目标制定过高或过低的情况；自己在执行中是不是很坚决（比如规定六点起床，你就要睡到六点半等），这些因素导致在目标与结果之间出现差距。我们要经常对出现的差距进行分析，找出原因，重新调整自己的目标，或者改变自己执行不力的习惯。

制定行动方案应注意以下几个问题：①为什么这个目标对我而言是最可能的？②我将如何达成这一目标？③我将分别在何时进行上述每一项计划？④有哪些人将会

或应该帮助我共同进行此项计划？⑤对我而言还有哪些不能解决的问题？制定大学生涯与发展的具体行动方案，应与大学生涯的目标一致，如生涯目标有大学毕业后的去向目标，在去向目标下制定学业目标、生活成长目标和社会实践目标等内容，也有以年度、学期、月、周、日为规划单位的阶段性目标，根据这些内容和目标，分别定出三年、二年、一年规划，和一学期以及一月、一周、一日的行动计划。再认真执行下去，就能使自己在毕业时能轻松地踏入社会，与自己真正的职业生涯接轨。

1. 大学三年的行动计划

大学三年的行动计划是根据你的毕业去向目标制定的，它可以以年度为单位来分阶段实施。比如我的毕业去向是留学，那我在学业上，第一年先完成大学三、四级英语考试，第二年下学期开始，就要准备雅思考试，第三年具体联系相关学校……为了联系一个好学校，从第一学年开始，我就要努力学习，还要尽可能地参加社会实践和公益活动，阅读大量有关国家的人文知识的书籍，了解国外的风土人情；还要锻炼和培养自己的交际和沟通能力等。

2. 年度（或学期）行动计划

年度（或学期）计划是为了完成年度任务而制定的配套的实施方案。比如我第一年要考过英语三级，那我每月要完成多少单词，或者前三个月完成单词的准备，后三个月学习语法，再用三个月锻炼阅读能力和听说能力，最后三个月做模拟考试技巧的培训等。

3. 月度计划

月度计划围绕月度目标来制定，它应以周为单位来实施，如计划本月完成200个单词的学习，就把每周完成单词的数量安排好。计划要包括应完成的任务的质和量方面的要求，还要结合该月的其他任务，进行综合谋划。

4. 周计划

周计划围绕周目标来制定，但应以每天的行动方案为单位来制定。比如一周要完成100个单词的学习，那我每天至少要完成15~20个单词的背诵。

5. 日计划

日计划是计划中最细小的单位，它围绕每天的目标来制定，一般计划到每小时的工作安排，非常具体。比如，我每天安排早上6：00~7：00一个小时、晚上8：00~10：00两个小时学习英语等。每天晚上对当日计划的执行进行总结并考虑明天的计划。

大学期间，制定了科学合理的生涯规划和与之配套的实施方案，则必须按照该方案严格实行，约束自己的散漫行为，使自己的生涯规划目标得以实现。同时，在制定具体方案时，要留有一定的机动时间处理一些突发事情。这里提出几项措施，帮助大学生们更好地实施自己的大学生涯规划实施方案。

（1）经常回顾和总结行动规划，必要时做出变动。有些人制定了计划，但总是不将计划放在心上，只知道埋头做事，不知道自己努力的方向在哪里，缺乏总结意识，结果贻误了大学生涯的发展机会。

（2）如果自己的理想蓝图发生变化，生涯构想和行动方案也要做出相应的变动，方法和策略也应随之改变。计划毕竟是计划，往往需要和现实结合起来，实施动态管理，如果缺乏灵活性，也会导致计划落空。

（3）把任务方案放在电脑桌面上，贴在床头或者写在日历上，可经常看见，时刻提醒自己。

（4）与亲朋好友讨论自己的生涯构想和行动方案，并询问实现该构想的途径，在执行过程中请求他们监督。

（5）保证至少每三个月检查一次自己的执行情况。过程监督十分重要，可以考察计划的落实情况，可以有针对性地提出解决方案。如果感到生活过于忙乱，那就意味着方案需要调整，适时适当地调低目标。如果感到自己的生活节奏很慢，效率很低，没有实现原生涯规划的目标，首先要考虑自己的动机水平是否足够。

（6）要有毅力。在大学里，朋友交际会比较多，很多人都在娱乐，自己也有兴趣参加，如果没有执行计划的毅力，通常会使计划流产，以后也容易放弃，这是同学们一定要注意的地方。大学生生涯规划实施方案的评估与修正很有必要，但坚决执行计划的毅力更重要，否则很容易半途而废。

（四）大学生涯规划评估

大学生涯规划评估主要是对各阶段的预定目标和实际结果之间的差距进行分析，找出差距产生的原因。目标和结果出现差距的原因主要有以下几个：

（1）目标定的过高或过低　目标过高超过个人能力，再努力也白搭，这时要适当调低自己的目标，否则会伤害自己的自信心；目标过低自己不需要花费很大的精力就可以达成，那这种目标也没有什么价值，这种情况你就要及时调高自己的预期目标，使自己的能力能够充分发挥出来。

（2）目标合适而行动方案与之不配　当目标合适而行动方案与之不相配时，可以导致目标无法实现。如大一的学业规划目标有考英语四级，但却在实施方案中没有安排足够的英语学习时间。

（3）目标和行动方案都合适，但执行不力　比如，目标是英语等级考试，实施方案中安排了英语学习的具体时间，但由于有其他许多事情耽误了英语学习，导致目标没法实现。这是执行过程中存在的问题。

一般来说，大学生涯规划的评估可以归结为自我素质和行为对现实环境的适应性判断，分析自己的现状，特别是针对变化的环境，找出偏差所在，并做出修正。大学生涯评估的要点主要有：

1. 抓住最重要的内容

猎人如果同时瞄准几只兔子，可能一只兔子也打不到。同样，在大学生涯规划评估中也不必面面俱到，而是抓住一两个关键的目标和最主要的策略方案进行追踪。在大学生涯的某一阶段，总有一个最重要的目标，其他目标都是指向这个核心的，你可以通过排序，重点评估那些实现这个核心目标的主要策略执行效果。

2. 分离出最新的需求

针对变化了的内外环境，要善于发掘最新的趋势和影响。在大学生涯规划实施过程中，要善于抓住外部环境的最新变化而做出适当的策略，与时俱进，使自己的规划不落伍。

3. 找到突破方向

有时候，在某一点上取得突破性进展，将使整个局面发生意想不到的改变。想一想，你先前规划中的策略方案，哪一条对于目标的达成有突破性的影响，找到了，就应该想方设法寻求新的突破。

4. 关注最弱点

管理学中有个著名的木桶理论，即一只沿口不齐的木桶，其容量的大小，不取决于最长的那块木板，而取决于最短的那块木板。在评估反馈过程中，当然要肯定自己取得的成绩与长处，但是更重要的是切合变化的环境，发现自己的"短木板"，然后想办法修正，或者把这块木板换下，或者把它加长，唯有如此，你的学业生涯这只桶才能有更大的容量。

【案例】

某大学生弥补差距的行动方案

	知识方面	能力方面
达到的效果	1. 通过CET-4； 2. 提高英语听说能力； 3. 每门专业课程不低于80分； 4. 对心理学、伦理学达到了解	1. 提高领导和组织能力； 2. 与专业老师、同学建立良好关系； 3. 锻炼社会实践能力； 4. 锻炼口头和书面表达能力
具体措施	1. 早上7点读英语半小时，晚上练习听力半小时，做4级试题； 2. 每周五去英语角； 3. 每周看一次英语电影； 4. 课前预习，课堂积极思考，课后复习整理； 5. 自修课外专业书籍2~4本。	1. 多参与专业老师、周围同学交流； 2. 积极参加社会实践活动； 3. 课堂积极发言，会上勇于发表意见。

（五）大学生涯规划的修正

人生目标往往是基于特定社会环境和条件而制定或实现的，这样的环境和条件总是在变化的，确定了目标也应该进行修改和更新。对大学生来说，就业环境的不断变化，使不断修正和更新自己的大学生涯与发展规划成为必需。

1. 修正的内容

（1）专业的重新选择；

（2）学业生涯路线的选择；

（3）阶段目标的修正；

（4）人生目标的修正；

（5）实施措施与计划的变更等等。

2. 在修正过程中应注意回答以下问题

（1）你的人生价值是什么？

（2）你有哪些技能和条件？

（3）你最感兴趣的事情是什么？

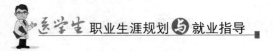

（4）你的人格特质是什么？

（5）你是否好高骛远？

总之，生涯规划完成并实施后，我们必须对阶段性的结果进行评估。根据评估的结果找出规划与结果之间的差距，分析出差距产生的原因，并针对性地对计划进行调整，并按新调整的方案有效地围绕目标行动。

刚跨入大学校门的新生，应该明白：今天的生活是由三年前的选择决定的，而今天的抉择又将决定你三年后的生活。如今，很多大学生在毕业时会感慨地说："假如时光可以倒流，我会比现在做得更好。"还有毕业生说："回首大学生活我浪费了太多时光，好像什么都没有学到，好像自己什么都不行。"为什么会这样？就是因为没有做好大学生涯规划，在茫然、混沌中凭感觉度过宝贵的三年时光。

所幸，现在高校和大学生都开始意识到大学生涯规划的重要性，不少学生从大一开始就制定自己的大学生涯规划，开始规划自己的人生蓝图。

（六）大学生涯规划实施策略

下面以三年制专科为例，介绍一下各年级医学生的大学生涯规划实施策略。

1. 大学一年级：探索期

（1）阶段目标：适应大学生活，树立规划意识。

（2）实施策略

了解就业形势，树立新的奋斗目标。如果说之前的努力是为了考上大学，那么现在的任务就是为了以后的就业和职业发展。

完成从中学生到大学生的角色转变，尽快适应大学生活。虚心请教师兄师姐，积极参加集体活动，建立新的人际关系圈。

积极参加学生会或社团工作，培养自己的组织协调能力和团队合作精神，提升自己的综合素质。

开始自我职业的探索，树立职业规划意识。通过职业测评等工具全面客观地了解自己，思考有哪些职业与自己所读的课程、专业相吻合，通过互联网、报刊杂志和访谈等渠道进一步了解这些职业。

2. 大学二年级：定向期

（1）阶段目标：学好专业知识，培养综合素质。

（2）实施策略

构建合理的知识结构，注重专业能力的培养，参加英语、计算机等工具性证书的考试。

尝试兼职、见习等，积累一定的职业经验。

增强兼职、见习的职业针对性，积累对应聘有利的职业实践经验。

学习求职技巧，学会制作简历、求职信，了解面试技巧和职场礼仪，为找寻实习单位做准备。

3. 大学三年级：提升期

（1）阶段目标：提升职业技能，积累职业经验。

（2）实施策略

加强专业知识学习的同时，在实习单位积极主动工作，转变角色，考取与职业目标相关的职业资格证书。

加强与校友、职场人士的交往，提前参加校园招聘会，与用人单位招聘人员进行沟通。

如果决定专升本，要做好复习准备；

了解劳动法规和政策，学会保障自己的权益。

留意学校就业中心通知和其他招聘渠道，不要遗漏关键的招聘信息。

登录招聘单位网站或通过咨询、访谈等方式，了解招聘单位的相关信息，为面试做好准备。

学会就业心理调节，始终保持自信和主动。

【案例】

大学生涯规划

大学时光在一个人的一生中只一次，不把握好，将来一定会追悔莫及。于是，在经过一番深思熟虑之后，我决定把自己的未来设计一下。有了目标，才会有动力。

一、自我盘点

1. 兴趣爱好

业余爱好：读书、听音乐、画画；

喜欢的文学作品：《红楼梦》、《平凡的世界》

喜欢的歌曲：《爱拼才会赢》、《有梦的人》

心中偶像：周恩来、比尔·盖茨

2. 优势与优点

学习成绩优秀，担任班干部，班级中群众基础好；动手能力较强；友善待人，做事仔细认真、踏实、锲而不舍，考虑问题比较全面。

3. 劣势与缺点

家庭经济困难，偏矮，体质偏弱；性格偏内向，交际能力较差，有些固执、胆小；思想上偏于保守，缺乏自信心和冒险精神，积极主动性不够，做事爱拖拉，惰性较大。

4. 生活中的成功经验与失败教训

成功经验：成功竞选成为班委会一员；成功组织过主题班会；个人学习成绩、综合积分均为班级第二。

5. 职业取向分析测试

为了初步确定个人将来更适宜从事什么工作，我选择了霍兰德职业倾向测验量表，对其中的相关内容进行了认真的测验、分析，从而初步得出了自己的未来职业取向。

心目中从事的理想职业：医生、护士。

二、未来职业规划

1. 确定职业发展计划

根据已确定的职业发展领域,确定自己的职业发展计划。

职业类型:服务型。

典型特征:性格内向,喜欢独立思考,做事谨慎细致。选择职业时,主要侧重点是工作的实际技术。即使提升,也不愿到全面管理的位置,而只愿在技术职能区提升。

成功标准:在所从事的专业技术领域保持自己的技术优势。

个人职业发展道路设计:护士——护师——主管护师——副主任护师——主任护师。

培训和准备:在业余时间进修心理学知识。提高自己的沟通能力,保持积极的心态。

2. 未来人生职业总规划

围绕可能的职业发展道路,本人特对未来50年作如下初步规划。

2007~2010年学业有成期:充分利用校园环境及条件优势,认真学好专业知识,培养学习、工作、生活能力,全面提高个人综合素质,并做好专升本或就业准备。(具体规划见后)

2010~2013年熟悉适应期:利用3年左右的时间,经过不断地尝试努力,初步找到适合自身发展的工作环境、岗位。

2013~2023年稳步发展期:在此10年左右的时间里,努力奋斗,使自己在本岗位上业务精湛,并小有成就。

2023~2043年事业有成期:此为职业生涯的黄金时期,应抓好这一阶段,使本人事业发展到个人的顶峰。

2043~2049年发挥余热期:此时已退休,若体力、精力还不错,可继续参加业余工作,为社会尽自己的一份力量,同时也充实自己的老年生活,注意劳逸结合,工作时间视具体情况而定,若有不适就提前停止工作,进入下一时期。

2049年以后颐养天年期:忙碌了一辈子,该多多休息了。在家可养花弄草,闲庭信步,外出游览祖国大好河山,儿孙膝下承欢,尽享天伦之乐。这时候,我终于可以慢慢回顾自己过去走过的路,有可能的话还可以写一部个人回忆录。无论在别人的眼中我的一生过得如何,我总可以很自豪地在回忆录的最后一页写上两个字:成功!

三、短期目标规划

千里之行,始于足下。本人计划先以目前在校的三年短期规划作为自己职业生涯总规划的开始。希望能够走好第一步,为以后更长的路打下坚实基础。

1. 在校期间总的目标规划

(1)思想政治及道德素质方面:以邓小平理论、"三个代表"、科学发展观重要思想为指导,树立正确的人生观、价值观、事业观,坚持正确的人生价值取向。定期递交思想汇报,积极参加党团活动,争取早日通过审核,加入中国共产党。社会实践方面:适时参加社会调查活动;适时参加义务献血、青年志愿服务活动等公益事业。学习方面:扎实学习专业技能,充分利用校内图书馆及网络信息,开阔视野,扩展知识范围，激发、开拓思路。文体方面：积极参加校内外演讲赛、辩论赛、书画比赛、体育竞赛等文体艺术活动以及校内外社团活动，以此锻炼胆量、能力，展示个人风采。坚持进行身体锻炼，每周平均参加体育活动3~4次，每次1小时左右。

（2）大一下学期通过计算机一级、英语三级考试，大二上半学期通过计算机二级、英语四级考试；

（3）大三上半学期参加英语六级考试并力争通过；

（4）大三实习期注重护理实践技术能力的学习、积累，熟悉岗位要求，提高职业能力；通过护士资格考试；争取评上优秀实习生。

（5）保障措施：平时，无特殊情况绝不迟到、请假，旷课，保证好听讲时间并提高听课质量。充分利用课余时间，除去适当的身体锻炼、娱乐活动及休闲时间外，均应安心、踏实、专注地攻读人文类、专业类书籍。学习时应注意预习、听讲、复习、综合分析对比联系以及实践运用。

2. 分阶段规划

（1）大学一年级试探期：重点学好公共基础课程和专业基础课程，为学习专业课打好基础。初步了解职业，特别是自己未来可能从事的职业，即自己所学护理专业的对口职业。多和师长们进行交流，多参加学校、院系组织的各种活动，以提高人际交流的技巧，丰富社会阅历。

（2）大学二年级定向期：重点学好专业课程，培养专业技能。在平时学习、研讨中，锻炼自己独立解决问题的能力和创造性；开始尝试兼职、社会实践活动，在课余时间参加与自己未来职业有关的专业类活动，提高自己的责任感、主动性和受挫能力。同时注意提高自身的综合素质，通过参加学生会或社团等组织，锻炼自己的各种能力，检验自己的知识技能。

（3）大学三年级冲刺期：在保证实习期间的专业技能学习后，做好两手准备。①继续学习深造，专业方向：护理。②就业，在有合适单位、岗位的情况下，可以考虑先工作。围绕这两个方面，本学年一方面做好专升本考试的准备工作，了解与之相关的要求；另一方面注意提高求职技能、搜集就业信息。学习写简历、求职信等求职材料，开始就业前的准备。积极参加招聘活动，强化求职技巧，在实践中检验自己的积累和准备，为自己的大学生涯交上一份令自己和所有关心我的人满意的答卷。

 思考 与 练习

1. 请根据本章内容拟定一份大学生涯规划。

2. 如何在大学期间为你未来的职业发展做准备？

附表（一） 大学生涯规划总表

规划主题	规划时段		具体目标				
			1.	2.	3.	4.	5.
学业规划	大一	上学期					
		下学期					
	大二	上学期					
		下学期					
	大三	上学期					
		下学期					
生活成长规划	大一	上学期					
		下学期					
	大二	上学期					
		下学期					
	大三	上学期					
		下学期					
社会实践规划	大一	上学期					
		下学期					
	大二	上学期					
		下学期					
	大三	上学期					
		下学期					

注：在制定出大学生涯规划总表之后，还要进一步根据规划制定出按学期、月、周、日的实施方案，并在实施过程中，及时进行评估，总结实施的效果，必要时对方案进行修正。

附表（二） 大学生涯规划实施方案

1. 大学期间总实施方案

实施时间		学业方面		生活成长方面		社会实践方面	
		目标	方案	目标	方案	目标	方案
大一	上学期						
	下学期						
大二	上学期						
	下学期						
大三	上学期						
	下学期						

2. 年度（学期）行动计划

实施时间	学业方面		生活成长方面		社会实践方面	
	目标	方案	目标	方案	目标	方案
1月						
2月						
3月						
4月						

续表

实施时间	学业方面		生活成长方面		社会实践方面	
	目标	方案	目标	方案	目标	方案
5月						
6月						
7月						
8月						
9月						
10月						
11月						
12月						

3. 月行动计划

实施时间	学业方面		生活成长方面		社会实践方面	
	目标	方案	目标	方案	目标	方案
第一周						
第二周						
第三周						
第四周						

4. 周行动计划

实施时间	学业方面		生活成长方面		社会实践方面	
	目标	方案	目标	方案	目标	方案
星期一						
星期二						
星期三						
星期四						
星期五						
星期六						
星期日						

5. 日行动计划

实施时间	学业方面		生活成长方面		社会实践方面	
	目标	方案	目标	方案	目标	方案
6:00~7:00						
7:00~8:00						
8:00~11:30						
11:30~14:00						
14:00~18:00						
18:00~19:00						

实施时间	学业方面		生活成长方面		社会实践方面	
	目标	方案	目标	方案	目标	方案
19:00～21:00						
21:00～22:00						
22:00～6:00						

附表（三）　大学生涯规划评估修正表

周评估修正表

实施时间	阶段目标（预计结果）			实施后的结果	评估差距	分析差距产生的原因	修正措施
	学业	生活成长	社会实践				

　　注：评估修正表要结合具体的行动计划才能运用，如日计划、周计划、月计划、学期计学年计划，评估修正只能从小到大运用，即评估的顺序为日、周、月、学期、学年等，因为只有在具体的行动中或之后，才能对手段和结果有具体的量化和体验。

第三章　医学生职业生涯规划

　　当今，职业发展规划是大学生十分关注的热门话题，许多大学也纷纷开设了相关课程、举办专题报告和讲座，为学生树立了科学地职业发展方向。特别是对于医学生而言，短短的三年时间，只有科学、完善地制定并实施职业生涯规划，才能迅速适应社会、走向成功。

第一节　医学生职业生涯规划的概述

一、医学生职业生涯规划的含义

（一）什么是医学职业生涯

　　职业生涯是个发展的概念，即将个人的职业生活看作是一个动态的过程，简单地说，职业生涯就是一个人终生职业经历。医学职业生涯也是一个医务工作者一生中连续从事的医学职业，不仅包括过去、现在和未来可以实际观察到的医学职业发展过程，而且包括个人对医学职业发展的见解和期望。

　　医学职业生涯是以心理开发、生理开发、智力开发、技能开发、伦理开发等人们潜能开发为基础，以医学工作内容的确定和变化，工作业绩的评价，工资待遇、职称、职务变动为标志，以满足需求为目标的工作经历和内心体验。医学职业生涯是医务工作者人生中最重要的历程，是追求自我实现的重要人生阶段，对人生价值起着决定性作用。

　　职业生涯是一个漫长的过程。有些人遵循传统观念，一生只从事一种职业，持续而稳定地在此职业岗位上晋升；也有些人由于个人兴趣、能力、价值观以及工作环境的变化而经历不同的岗位、职业甚至行业。

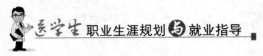

（二）外职业生涯和内职业生涯

【案例】

有一天，报社的一位年轻记者去采访日本著名的企业家松下幸之助。年轻人很珍惜这次采访机会，做了认真的准备。因此，他与松下幸之助先生谈得很愉快。采访结束后，松下先生亲切地问年轻人："小伙子，你一个月薪水是多少？""薪水很少，一个月才一万日元。"年轻人不好意思地回答。"很好！虽然你现在薪水只有一万日元，其实，你知道吗，你的薪水远远不止一万日元。"松下先生微笑着对年轻人说。

年轻人听后，感到有些奇怪：不对呀，明明我每个月的薪水只有一万日元，可松下先生为什么会说不止一万日元呢？看到年轻人一脸的疑惑，松下先生接着说道："小伙子，你要知道，你今天能争取到采访我的机会，明天也就同样能争取到采访其他名人的机会，这就证明你在采访方面有一定的潜力。如果你能多多积累这方面的才能与经验，这就像你在银行存钱一样，钱存进了银行是会生利息的，而你的才能也会在社会的银行里生利息，将来能连本带利地还给你。"松下先生的一番话，使年轻人茅塞顿开。

许多年后，已经做了报社社长的年轻人，回忆起与松下先生的谈话时，深有感慨：对于年轻人来说，注重才能的积累远比注重薪水的多少更重要，因为它是每个人最厚重的生存资本。

外职业生涯是指从事一种职业的工作时间、地点、工作单位、工作内容、工作职务与职称、工资待遇等因素的组合及其变化过程。外职业生涯通常可以通过名片、工资单体现出来。名片上表明工作的地点、企业的类型、担任的职务、职称等内容；工资单里写明基本工资、岗位津贴、福利待遇、奖金等，这些因素构成了外职业生涯。

外职业生涯是在职业生涯过程中所经历的职业角色（职位）及获取物质财富的总和，它是依赖于内职业生涯的发展而增长的。

内职业生涯是指从事一种职业时的知识、观念、经验、能力、心理素质、内心感受等因素的组合及其变化过程。内职业生涯中所讲到的这些因素，并不是通过名片、工资单可以体现出来的，而是通过从事职业时的表现、工作结果、言谈举止表现出来的。

内职业生涯是在职业生涯发展中透过提升自身素质与职业技能而获取的个人综合能力、社会地位及荣誉的总和，它是别人无法替代和窃取的人生财富。

外职业生涯的发展通常是由别人决定、给予、认可，也容易被别人否定、收回、剥夺。而内职业生涯的发展主要依靠自己的不断探索而获得，不随外职业生涯的发展而自动具备，也不由于外职业生涯的失去而自动丧失。在人们职业生涯发展进程中，内职业生涯起重要作用。

（三）医学生职业生涯规划

每个人都需要选择职业，每个人都渴望成功，许多人并不知道什么职业最适合自己，怎样才能事业有成。比如"经商热"时，一些并无经商才能的人也纷纷办公司；

大学生毕业时，大多数人首先选择经济发达地区和大单位，然后才考虑专业及个人所长。这种"随大流"、"随热门"的职业选择方式，由于欠缺对自身特点和所处环境的认知，往往难以在事业中有所发展。要想成就一番事业，就必须规划自己的职业生涯。

职业生涯规划也称职业生涯设计。医学生职业生涯规划，是指医学生结合自身实际情况以及目前医学发展的机遇和制约因素，为自己确定职业目标，选择职业道路，确定发展计划、教育计划等，并为自己实现医学职业生涯目标而确定行动方向、行动时间和行动方案。

在职业生涯规划中，应对决定个人职业生涯的自身因素、组织因素和社会因素等进行分析，制定有关个人一生中在事业发展上的战略设想和计划安排。职业生涯规划首先要对个人特点进行分析，再对所在组织环境和社会环境进行分析，然后根据分析结果制定个人的事业奋斗目标，选择实现这一事业目标的职业，编制相应的工作、教育和培训的行动计划，并对每一步骤的时间、顺序和方向作出合理的安排。

从1957年到1990年，著名职业生涯规划大师舒伯(Donald E.Super)经过研究，提出了"生涯"概念和生活广度、生活空间的生涯发展观。他依照年龄将每个人生阶段与职业发展配合，将生涯发展阶段划分成成长、试探、建立、保持和衰退五个阶段，并创意设计了生涯彩虹图。在生涯彩虹图中(图3-1)，纵向层面代表的是纵观上下的生活空间，是由职位和角色所组成。分成：子女、学生、休闲者、公民、工作者、持家者六个不同的角色，他们交互影响交织出个人独特的生涯类型。

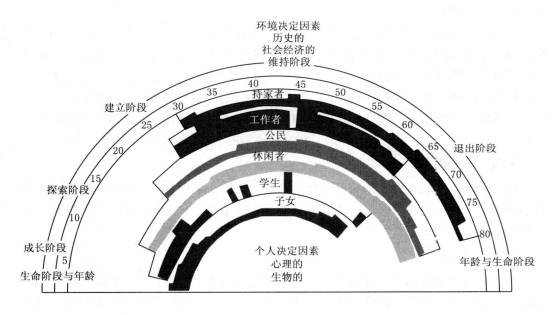

图3-1 舒伯生涯彩虹图

从这个彩虹图的阴影比例中可以看出，成长阶段(0~14岁)最显著的角色是子女；探索阶段(15~20岁)是学生；建立阶段(30岁左右)是家长和工作者；而在维持阶段(45岁左右）工作者的角色突然中断，又恢复了学生角色，同时公民与休闲者的角色逐渐增强，这正如"中年危机"的出现，暗示这时必须再学习、再调适才有可能处理好职业与家庭生活中所面临的问题；衰退阶段(65岁以上)，由于生理及心理功能日渐衰退，这一阶段往往注重发展新的角色，寻求不同方式以替代和满足需求。举例来说，如一个大学新生，必须适应新的角色与学习环境，经过"成长"和"探索"，一旦"建立"了较固定的适应模式，同时"维持"了大学学习生活之后，又要开始面对另一个阶段——准备求职。原有的已经适应了的习惯会逐渐衰退，继而对新阶段的任务又要进行"成长"、"探索"、"建立"、"维持"与"衰退"，如此周而复始。

二、医学生职业生涯规划的特点

医学生职业生涯规划需要我们根据自身实际，将自己准确定位在一个可以最大限度实现个人价值的位置。它具有以下特点：

（一）独特性

每个医学生都有自己的职业条件、职业理想和职业选择，有为实现自己的职业理想所作的种种努力，从而有着与他人相区别的、独特的生涯历程。

（二）发展性

每个医学生的职业生涯，都是一种发展、演进的动态过程。就整体而言，职业生涯是一个具有一定逻辑性的过程。

（三）阶段性

每个医学生的职业生涯发展过程，都有着不同的阶段，可以分为不同的时期。人在不同的生涯阶段有着不同的目标和任务。职业生涯各个阶段之间具有递进性。职业生涯可分为人生规划，即整个职业生涯的规划，时间长至40年左右，设定整个人生的发展目标；长期规划，即5～10年的规划，主要设定较长远的目标；中期规划，一般为2～5年内的目标与任务；短期规划，一般为两年以内的规划，主要是确定近期目标，规划近期完成的任务。如对专业知识的学习，两年内掌握哪些专业知识或技能等。

（四）终身性

每个医学生的职业生涯作为一种动态发展的历程，是根据个人在不同阶段的需求而不断变化，直至终身的过程。"老骥伏枥，志在千里"，正反映了人生晚期在职业生涯方面的英雄气概。

（五）整合性

由于个人所从事的工作或职业，往往会决定他的生活状态，并且职业与生活两者之间又很难区别，因此，职业生涯具有整合性，涵盖人生整体发展的各个层面，而非仅仅局限于工作或职位。

（六）互动性

人的职业生涯是个人与他人、个人与环境、个人与社会互动的结果。人的"自我"观念、主观能动性，个人所掌握的社会职业信息、职业决策技术，对于其职业生涯有着重要的影响。

三、医学生职业生涯规划的作用

【案例】

蚯蚓是我从小到大的朋友。蚯蚓不是原名，由于他长得黑矮瘦弱，因而得名。

18岁分开后，我在外为生活四处漂泊奔波；蚯蚓却上了大学，什么事都挺顺当。在这分开的十年里，我们几乎每隔两三年见一次面。每一次我都喜欢问他同一个问题：你将来的目标是什么？

得到的答案总是不相同。下面记录的是蚯蚓每次谈及目标的原话：

18岁，高中毕业典礼上：我发誓要当李嘉诚第二！我要当中国首富（好大的口气）！

20岁，春节老同学团聚会上：我想创立自己的公司，30岁时拥有资产2000万。

23岁，在某工厂当技术员，第二职业是炒股：我正在为离开这家工厂而奋斗，因为在这里工作太没前途了。我将全力炒股，三年内用5万炒到300万（似乎有点实现的可能）。

25岁，炒股失意而情场得意，开始准备结婚：我希望一年后能有10万元，让我风风光光地结婚（挺现实的想法）。

26岁，不太风光的结婚典礼上：我想生一个胖小子，不久的将来当个车间主任就行，别的不想了（是不是结婚就会使人成熟）。

28岁，所在的工厂效益下滑，偏偏正是妻子怀胎十月的时候：我希望这次下岗名单里千万不要有我的名字（这时候我还能说什么）。

从以上案例我们可以看出，蚯蚓的职业发展轨迹并不是少数人的情况，我们的身边有许许多多的"蚯蚓"。他们没有进行职业发展规划，重复着"雄心壮志—怀才不遇—满腹牢骚—撞钟混日—担心下岗—走投无路"的心路历程。由此可见，我们要想在未来职业发展中获得成功，进行职业生涯规划是有重要作用的。

（一）职业生涯规划可以增强发展的目的性与计划性，提升医学生成功的机会

医学生进行职业生涯规划要有计划、有目的。很多时候我们的职业生涯受挫就是由于生涯规划没有做好。做好计划是成功的开始，凡事"预则立，不预则废"就是这个道理。

医学生职业生涯规划包括知己、知彼、抉择、目标和行动五要素。其中，知己、知彼是抉择、目标、行动的基础。知己是对自己的了解，包括个人的兴趣、能力、价值观、个性以及家庭、学校和社会教育对个人产生的影响。职业生涯规划的重要前提是认识自我，只有认识自我、了解自我，才能有针对性地明确职业方向。认识自我是对自我深层次的解剖，了解自己能力的大小，明确自己的优势和劣势，根据过去的经验和经历，选择推断未来可能的工作方向，从而彻底解决"我想干什么"和"我能干什么"的问题。正确认识自我，越来越受到用人单位的关注，如有些单位在招聘时就很注重考察应聘者对自己是否有深刻的认识，要求应聘者说明自己的优缺点、兴趣、爱好和最值得列举的经历等。这就要求我们要找出自己与众不同的地方并保持下去，让自己的才华更好地为招聘单位所认可。自我认知一定要全面、客观、深刻，绝不可回避缺点和短处。知彼是探索外在的世界，包括医疗卫生行业的特征、所需的能力、就业渠道、工作内容、工作发展前景、行业的薪资待遇等。知己是了解自己本身的特征，知彼是了解工作舞台的特征，这两者有密切的关系，俗话说，"知己知彼，百战不殆"。职业生涯规划的主要任务就是使自我分析和职业分析达到平衡。

【案例】

哈佛大学的专家曾经做过一个著名的调研。1953年召集100位大学生作了目标对人生影响的跟踪调查，调查对象是那些智力、学历和环境因素基本相同的学生。调查开始时的数据表明：27%的人没有目标；60%的人目标模糊；10%的人有清晰但比较短期的目标；3%的人有清晰且长期的目标。25年之后，再来对这些"年轻人"的生活进行调查。他们的状况如下：3%有清晰且长期的目标的人，25年来几乎没有改变过自己的目标，并且一直向着这个目标不懈努力，最后，几乎都成为社会各界的精英或行业领袖。10%有着清晰但是短期目标的人，大部分生活在社会的中上层，他们的短期目标不断通过努力得以实现，成为社会各个行业中不可缺少的专业人士。60%目标模糊的人，几乎都生活在社会的中下层面，虽然能够安稳地生活和工作，但是除此之外，没有其他特别的成绩。27%没有目标的人，大多是都生活在社会的最底层，经常处于失业状态，靠领取失业救济维持生活，对整个社会和世界充满怨恨。调查结论：目标对人生有着巨大的导向性作用。

（二）职业生涯规划可以提升医学生应对竞争的能力

当今社会处在变革的时代，到处充满着激烈的竞争。物竞天择，适者生存。职业活动的竞争非常突出，尤其是我国加入WTO后，要想在这激烈的竞争中脱颖而出并立于不败之地，必须设计好自己的职业生涯，这样才能做到心中有数，不打无准备之战。而不少医学生不是首先做好自己的职业生涯规划，而是拿着求职材料到处跑，结果浪费了大量的时间、精力与资金，到头来感叹招聘单位不能"慧眼识英雄"。这部分医学毕业生没有充分认识到职业生涯规划的意义与重要性，认为找到理想的工作靠的是学识、关系、口才等条件，认为职业生涯规划属纸上谈兵，是耽误时间。这是一种错误的理念。实际上，先做好职业生涯规划，做到未雨绸缪，待有了清晰的认识与明确的目标之后再把求职活动付诸实践，这样的效果要好的多，也更经济、更科学。

【案例】

小黎同学，2006年毕业于一所医学院校药品营销学本科专业。虽然参加工作只有两年的时间，但已经换了好几份工作。最长的一份工作才做了8个月，每次都是她主动辞职的。理由是总是觉得自己不喜欢该工作，想找更好的，但总也找不到，只好不停地辞职、不停地找。现在又处在求职的阶段，虽然她不想再这样下去，可她以前做过私立医院办公室秘书、医疗器械销售公司代理、药品销售公司推销员，只要和自己专业有点关系的，觉得自己能胜任的工作她几乎都做过了，迷茫的她也不知接下来该做什么了。小黎同学之所以这么迷茫，就是因为她从来没有认真地分析过自己，没有对自己的个性、兴趣、爱好、能力和水平等进行一个综合的评价，不知道自己真正喜欢什么。

（三）职业生涯规划有助于全面提高医学生的综合素质

部分医学生在校期间的学习目标不同程度地存在着盲目性，这必然导致学习缺乏动力，适应社会的能力弱化。通过职业生涯规划，对未来可能从事的职业类型和具体的职业特点进行分析，可以使自己在校的学习和综合能力的培养具有明确的目的性，意识到学习的意义，增强学习的动力。职业生涯规划中的具体措施和安排，有助于今天的养成教育，引导你在生活中学会做人、学会求知、学会做事，不断鞭策自己、督促自我，掌握职业技能，为将来顺利择业、就业奠定基础。

【案例】

就读于某医科大学信息技术管理的小邹同学，在暑假社会实践中参加了一家国际医药公司的宣传活动。在这次活动中，他遇到很多志趣相投的人。他们经常在一起讨论工作，讨论世界著名的医药企业发展经历，小邹逐渐对人生有了一个清晰的目标，他产生了"想进入国际医药大公司"的念头。有了这个想法之后，他制定出了一个非常详尽的计划。包括每个阶段应该做哪些事情，考取营销师、药剂师等技能证书等。每完成一项任务，他就会从计划表中划去一项。在学校期间，他一直坚持目标不放松，利用课余时间和假期参加一些大型医药公司的实习活动。他白天上课，晚上加班学习到凌晨。毕业后，小邹凭着他丰富的实践经历和优秀的学习成绩，顺利地在一家外资医药企业得到了工作机会，可是他并没有满足，他计划着找到合适的机会到名牌药科大学深造，或者是去国外读书。通过学习丰富人生阅历，同时抓住可能有的新机遇，实现自己更高的职业目标。

医学生职业生涯规划的步骤及职业生涯规划期限参考，见表3-1。作为医学院校的学生，应该将短期、中期和长期规划进行有机结合，这样可以达到学习效率和求职成功率高、职业竞争力强、就业顺利的目的。

表3-1 医学职业生涯规划期限参考表

项 目	期 限	规划内容
学业规划	3年以内	确定大学期间的学业规划及近期目标规划 大学期间应着重训练、完成的目标
学业末期、求职及职业初期规划	3~5年	规划3~5年内的职业目标与任务 毕业前准备、求职目标、行动及职业尝试锻炼等
职业中期拼搏规划	5~10年	主要总结前五年的职业发展情况，修订职业目标 调整中长期职业发展的计划与措施等
长期规划	10~20年	职业稳定之后，仍需要确立更高的职业理想与目标，如 业务水平、工资待遇、学术价值、社会地位、职位等

第二节 职业生涯规划的制定

一、制定职业生涯规划应遵循的原则

对于医学生来说，制定职业生涯规划应遵循以下原则。

（一）实事求是原则

即要根据实际情况如实反映客观事实的本来面貌，制定自己的职业生涯规划设计，在进行职业方向、职业能力、职业素质、职业前景的分析和预测时，要客观准确地认识自我，正确评价自我，确切定位，对环境的影响不仅要看到有利因素，也要看到不利因素，思考问题要全面，有主见，不随大流，不想当然。

（二）切实可行性原则

切实可行原则就是设计要以自身情况为依据，以社会客观为准绳，所设计的步骤，所确定的流程，所采取的方法要有可操作性，通过职业生涯规划设计的实施，确实能够达到预期的职业生涯目标。这就要求我们：首先，个人职业生涯目标要同自己的能力、兴趣、素质、知识基础和设计的职业工作相符合；其次，个人的职业目标和职业生涯道路的确定，要考虑到客观条件的职业，在一个论资历的单位，刚毕业的大学生就不宜把担当重要的领导工作职务确定为自己的职业目标。

（三）连续性原则

医学生职业生涯规划既要保持大学期间目标的连续性，又要保持大学期间与走向社会后职业生涯目标的连续性，并使之贯穿自己的人生。医学生要想成功就需要目标引导，上大学之前，有的人就已有了目标，几年的大学生活更需要一个目标。这些目标应是连续一致的，不应是变幻无常的。大学期间你也许会对目标作一些调整，但不可频繁改动。大学期间的目标能够对学习产生激励，走向社会的目标则应对工作产生激励，这两种激励的最终目的应是一致的，即激励你在某种职业岗位上做出成绩。目标如果不具有连续性，无疑会使某些学习变得徒劳，难以实现自己的职业理想。成功的人往往坚持目标，但经常改进方法和措施；不成功的人则往往经常改变目标；而不改变方法。

（四）量化原则

对于医学生来说，一旦确定了自己的职业理想，就要在大学期间量化自己的目标体系，把社会对职业的知识、能力、素质、个性等方面的要求尽可能量化，明确自己在一个学期、学年乃至整个在校学习期间，在知识、技能、能力、素质、个性等各方面有哪些收获与提高。比如大学期间，你可以分阶段确定具体任务：在大一苦练语言表达能力、掌握人际交往技巧，大二锻炼组织管理能力和专业技术能力，大三学习求职就业的技巧，创业、立业的方法等。走向工作岗位后，1～2年，熟悉情况，虚心向他人学习，保证自己的工作不出差错，适应单位环境；3～4年，在岗位上要有所创新，有自己的特色，并得到他人的尊重与认可；5～8年，成为一个在各方面都能独当一面、具有比较丰富的工作经验的优秀医务工作者等。

（五）激励性原则

良好的职业生涯规划要明确激励目标，通过努力实现一个个子目标，从而激励自身向更高的目标奋进。比如，一个医科的学生要培养语言表达能力和交往能力，制定实现目标的步骤可以是这样的：多与同学交往——敢于在课堂上发言——参加班级活动——参加学校组织的社会实践活动。让每一个目标经过努力都能实现，从而获得一种成功的喜悦和自信，最终实现提升职业能力的目标。

二、制定职业生涯规划的方法

（一）SWOT法

SWOT法最早是由美国旧金山大学的管理学教授在20世纪80年代初提出来的。在此之前，早在20世纪60年代就有人提出过SWOT分析中涉及的内部优势、弱点、外部机会、威胁这些变化因素，但只是孤立地对它们加以分析。而SWOT法用系统的思想将这些似乎独立的因素相互匹配起来进行综合分析。运用这个方法，有利于人们对个人或组织所处的情景进行全面、系统、准确的研究，有助于人们制定发展战略和计划，以及与之相适应的发展计划或对策。

SWOT分析法也称四维分析法，是一种功能强大的分析工具，是检查个人技能、能力、职业、喜好和职业机会的有用工具。通过它，会很容易知道自己的个人优点和弱点在哪里，并且会仔细地评估出自己所感兴趣的不同职业道路的机会和威胁所在。其中，S（strength）代表优势，W(weakness)代表弱势，O（opportunity）代表机会，T(threat)代表威胁，S和W是内部因素，O和T是外部因素。

对自己做个SWOT分析，分析优势、劣势、机会和威胁，找到自己最擅长之处。

一般来说，对自身的职业发展问题进行SWOT分析时，应遵循以下五个步骤：

1. 评估自己的长处和短处

每个人都有自己独特的技能、天赋和能力。譬如说，有些人不喜欢整天坐在办公桌旁，而有些人则一想到不得不与陌生人打交道时，心里就发麻，惴惴不安。请做个表，列出你自己喜欢做的事情和你的长处所在（如果你觉得界定自己的长处比较困难，你可以请专业的职业咨询师帮你分析，分析好之后，可以发现你的长处所在）。同样，通过列表，你可以找出自己不是很喜欢做的事情和你的弱势。找出你的短处与发现你的长处同样重要，因为你可以基于自己的长处和短处做两种选择：一是努力去改正你常犯的错误，提高你的技能；二是放弃那些你不擅长的技能要求很高的职业。列出你认为自己所具备的很重要的强项和对你的职业选择产生影响的弱势，然后再标出那些你认为对你很重要的强、弱势。

2. 找出你的职业机会和威胁

不同的行业或专业都面临着不同的外部机会和威胁，所以，找出这些威胁将帮助你成功地找到一份适合自己的工作。如果某个单位处于一个常受到外界不利因素影响的行业里，很自然，这个单位提供的职业机会将是很少的，而且没有升迁的机会。相反，充满了许多积极的外界因素的行业将为求职者提供广阔的职业前景。请列出你感兴趣的一两个专业，然后认真评估这些专业所面临的机会和威胁。

3. 提纲式地列出今后3～5年内你的职业目标

自觉地对自己做一个SWOT分析评估，列出你未来3～5年内最想实现的四至五个职业目标。这些目标可以包括：大学毕业后你想从事哪一种职业，你希望自己拿到的薪水属哪一级别等。请时刻记住：你必须竭尽所能地发挥出自己的优势，使之与医疗卫生行业提供的机会圆满匹配。

4. 提纲式地列出一份今后3～5年的职业行动计划

这一步主要涉及一些具体的内容。请你拟出一份实现上述每一个目标的行动计划，并且详细地说明为了实现每一个目标，你要做的每一件事，何时完成这些事。如果你觉得你需要一些外界帮助，请说明你需要何种帮助。例如，你的个人ＳＷＯＴ分析可能表明，为了实现你理想中的职业目标，你需要进修更多的管理课程，那么，你的职业行动计划应说明要参加哪些课程、什么水平的课程以及何时进修这些课程等，你拟定的详尽的行动计划将帮助你做决策，就像外出旅游前事先制定的计划将成为你的行动指南一样。

5. 寻求专业帮助

能分析出自己职业发展及行为习惯中的缺点不难，但要以合适的方法改变它们却很难。虽然你的父母、老师、朋友、上级主管、咨询专家都可以给你一定的帮助，但很多时候借助专业的咨询力量会让你大走捷径。

很显然，做SWOT分析需要你的一些投入，而且还需认真地对待，当然要做好你的职业分析难度也很大，但是，不管通过什么渠道，进行一次详尽的个人SWOT分析却是值得的，因为当你做完详尽的个人SWOT分析后，你将有一个连贯的、实际可行的个人职业策略供你参考。在激烈的职场竞争中，拥有一份挑战和乐趣并存、薪酬丰厚的职业是每一个人的梦想，但并不是每一个人都能实现这一梦想。因此，为了使你的求职和个人职业发展更具竞争力，请认真地为你的职业发展做些实事吧。

其实，人们不管在做什么事情前，都可以进行一下SWOT分析，这样有利于心中有数，顺利实现目标。

（二）"五What"法

对于许多医学生而言，职业生涯规划也许是一个比较模糊的概念，更谈不上对自己进行职业生涯规划了。对于职业生涯规划，并不如某些书上所说的那样玄机无限，只要对自己有个基本认识，同时掌握一定的方法，每个人都能对自己进行职业规划，为自己的职业生涯发展画一个蓝图。"五What"归零思考法共有5个问题："What are you? What do you want? What can you do? What can support you? What can you be in the end?"回答了这五个问题，找到它们的最高共同点，就有了自己的职业生涯规划。该方法尤其适合即将毕业的大学生。

第一个问题"我是谁"应该对自己进行一次深刻的反思，有一个比较清醒的认识，对自己的优点和缺点，都应该——列出来。

第二个问题"我想干什么"是对自己职业发展的一个心理趋向的检查。每个人在不同阶段的兴趣和目标并不完全一致，有的甚至是完全对立的，但随着年龄和经历的增长而逐渐固定，并最终锁定自己的终生理想。

第三个问题"我能干什么"则是对自己能力与潜力的全面总结。一个人职业的定位最根本的还要归结于他的能力，而职业发展空间的大小则取决于自己的潜力。对于一个人潜力的了解应该从几个方面着手去认识，如对事的兴趣、做事的韧力、临事的判断力以及知识结构是否全面、是否及时更新等。

第四个问题"环境支持或允许我干什么"，这种环境支持在客观方面包括同事关系、领导态度、亲戚关系等；两个方面的因素应该综合起来看。有时我们在做职业选择时常常忽视主观方面的东西，没有将一切有利于自己发展的因素调动起来，从而影响了自己的职业楔入点。而在国外通过同事、熟人的引荐找到工作是最正常也是最容易的。当然我们应该知道这和一些不正常的"走后门"等歪门邪道有着本质区别。这种区别就是这里的环境支持是建立在自己的能力之上的。

明晰了前面四个问题，就会从各个问题中找到对实现职业目标有力和不利的条件，列出不利条件最少的，自己想做而且又能够做的职业目标。那么第五个问题"自己最终的职业目标是什么"自然就有了一个清楚明了的框架。

下面我们对某医专生的职业选择和职业目标确定做一次分析，或许能够启发许多和他一样的同学。

【案例】

小杨同学，某医专药品营销专业学生，使用以上方法对自己进行了职业生涯规划，经过整理答案如下：

1. 我是谁？

某医专药品营销专业学生，来自农村，性格外向，善于沟通，曾经有过兼职推销的实践经历，并取得相当不错的业绩。而且自己所学的专业也是药品营销专业，这也正是自己的兴趣所在。通过亲自去做营销，越来越感到从事这一行，如果工作尽责，又有一定水平，会受到客户很大的尊重，比较合乎自己的性情，也能赚到钱；很爱我的父亲和母亲，很担心他们患有慢性病的身体，每年几乎都要回老家去看望他们；不

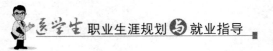

要求很多钱，但需要体面而丰富的生活，喜欢唱歌，有时爱幻想。

2. 我想干什么？

顺利毕业，并成为一个有一定经验的药品营销人员(职业方向)；总体目标是成为一家医药销售大公司的总裁。

3. 我能干什么？

能承担药品销售公司的业务；能协调公司各部门的关系；能成为销售公司业务的能手；并且也争取成为指导下属开发客户的教师；能讲授营销业务开发的课程和一些较容易的管理课程；会开车、唱卡拉OK；相信还可以学会很多东西。

4. 环境能支持我干什么？

中国现在是一个政治稳定，经济、文化快速发展的国家，这种环境为每一个大学生都提供了一个非常好的发展机遇。随着市场经济的发展，市场在经济活动中的作用将越来越大。社会的发展将会对市场营销的职业产生重要影响，对市场营销的依赖性将越来越大。而且，社会对市场营销的需要将越来越大。自己比较感兴趣的是制药、医疗、保险和食品卫生。这些行业都是社会所不可缺少的行业，而且随着社会的发展，这些行业的发展空间也会相当大。

5. 我的职业和生活规划是什么？

做药品营销员、药品营销代理处经理、药品营销公司经理、总裁或开自己的公司；工作后结婚和妻子住在属于自己的舒适的房子里(不一定太大)，每天开着自己的汽车(不一定很贵)去工作；与人合伙开营销公司，自己负责业务开发，但未来的老板如果能吸收我做股东，并提供更大的事业发展空间似乎更好些。

6. 我的社会实践感悟

作为在校医学生，自己和有一定经验的市场营销人员有很大差距。这些差距包括：

（1）思想观念上的差距　刚从事销售的人一般会认为销售只是卖出商品，但有一定经验的人则会认为销售是"卖出自己"——客户只有相信销售者，才可能购买商品。

（2）知识上的差距　在销售实践的过程中，发现自己学习的书本知识仍很不够，特别是外语方面的能力无法适应一些高端企业和外企的销售要求。所以，决定加强英语的学习，准备报一个英语的口语班，每周学习一次，同时，准备参加学校里的英语角，切实提高英语水平。

（3）心理素质的差距　市场销售需要百折不挠，而作为一个学生，缺少的恰恰是这一点，往往遇到一点挫折和失败就会退缩。这种差距，需要在实践中逐步消除。

（4）能力的差距　这一点是最明显最重要的，但我有信心赶上。

分析：小杨不仅回答了5个问题，还就社会实践做了客观的总结，找出了自己的差距，也就明确了努力的方向。他把未来职业目标分解成两个阶段：一是大学期间，把专业课学好，他坚信，顺利毕业的前提是学好专业课程，而专业课程的学习则对职业目标（成为一个有一定经验的药品营销人员）有促进作用，同时利用课余接触市场、了解市场、熟悉市场，在接触市场阶段，和一些相关公司保持联系；二是毕业后，先做营销员，经过努力担任所在公司总经理助理；如果有机会攻读在职MBA；成为公司的正式股东；拥有自己的住房与汽车，结婚并将父母接来等。

三、制定职业生涯规划的基本步骤

职业生涯规划是一个周而复始的连续过程，其基本步骤包括：清晰个人生涯愿景；认识自我；评估环境；确定职业发展目标；设定职业生涯发展路线，制定弥补差距的行动方案；实施、评估与修订。

（一）清晰个人生涯愿景

在为自己制定职业发展规划的时候，需要弄明白这样一个问题——"自己到底想过一种什么样的生活？"，即个人生涯愿景。生涯愿景是个人发自内心的，一生最热切渴望达成的结果，它是一种期望的未来或意象，由于人在一生中要扮演多个角色，因此生涯愿景是多方面的。总的来说，个人生涯愿景主要包括以下几个方面的内容：

（1）自我形象　你希望成为什么样的人？假如你可以变成你向往的那种人，你会有哪些特征？

（2）有形财产　你希望拥有哪些物资财产？希望拥有多少？

（3）家庭生活　在你的理想中，你未来的家庭生活是什么样子？

（4）个人健康　对于自己的健康、身材、运动以及其他与身体有关的事情有什么期望？

（5）人际关系　你希望与你的同事、家人、朋友以及其他人拥有什么样的关系？

（6）工作状况　你理想中的工作环境是什么样子？

（7）社会贡献　你期望对社会做出什么样的贡献？取得什么样的成就？

（8）个人休闲　你期望有什么样的休闲生活？

（二）自我评估

自我评估相当于内在条件评估。自我评估的目的是认识自己、了解自己。因为只有认识了自己，才能对自己的职业发展作出正确的选择，才能选定适合自己发展的职业生涯路线，才能对自己的职业生涯目标做出最佳抉择。自我评估包括对自己的兴趣、特长、性格、学识、技能、智商、情商、思维方式、思维方法、道德水准等做出分析。

一份完善的职业生涯规划的重中之重是对自我的正确认识和剖析，自我认知是个人职业生涯规划的基础，一个人只有通过自我认知和评估，正确、深刻、准确地认识和了解自己，才能对自己未来的职业生涯作出最佳抉择（表3-2）。

表3-2　自我认知测试

项　目	判　断		属于其他
性格特点	内向/软弱	外向/刚强	
心理素质怎样？	好/较好	一般/不好	
优势是什么？	沟通	动手能力	
劣势是什么？	不善表达	沟通能力差	
兴趣是什么？	经商/当医生/做护士	医药营销/运动医生/ 心理医生/家庭护士	

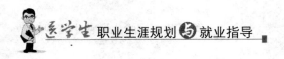

项 目	判 断		属于其他
爱好是什么？	艺术/写作	设计/理财	
什么是我生命中最不会舍弃的东西？	亲情/爱情/友情	金钱/享受/工作/事业	
生活中曾受到的失败的教训是什么？	高考失意/求职碰壁	恋爱失败	
生活中曾取得的成功经验有哪些？			
我具备的优于他人的技能是什么？	外语/智商/表达	社会实践能力/家庭条件	
整体素质怎样？	高	低	
最欠缺的是什么？	胆识/魄力	独立思考/决策能力	
医学专业成绩怎样？	高	一般	
情商？	高	一般	
身体/体质状况	健康/强壮	亚健康/一般	
思想观念	传统	现代/后现代	
性别	男	女	

（三）评估环境

评估环境相当于外在条件评估。职业生涯环境的评估，主要是评估各种环境因素对自己职业生涯发展的影响。每一个人都处在一定的环境之中，离开了这个环境，便无法生存与成长。所以，在制定个人的职业生涯规划时，要分析环境的特点、环境的发展变化情况、自己与环境的关系、自己在这个环境中的地位、环境对自己提出的要求以及环境对自己有利与不利的影响等。只有对这些环境因素充分了解，才能做到在复杂的环境中避害趋利，使职业生涯规划具有实际意义。

剖析职业领域在制定职业生涯规划的影响时，医学生要注意到环境资源对个人职业生涯发展的重要影响。要清楚以下情况：

（1）所处的医学大环境。

（2）医学职业环境的发展变化情况。

（3）所学医学专业与医学环境的关系。

（4）医学职业环境对求职者的要求、条件和待遇。

（5）医学职业环境对自己提出的要求以及医学职业环境对自己的有利条件和不利因素。

（四）确定职业发展目标

这是指期望在职业发展道路上达到一个什么样的位置，简单的说做到什么职位。有人可能会说"我的目标是事业有成"，这也不是目标，仅是美好愿望而已；有人可能会说"我的目标是成为优秀的医务工作者"，这也不是目标，仅是职业发展方向而已；还有人可能会说"我的目标是成为优秀的外科医生"，这就是具体的职业发展目标了。

职业发展目标的设定，是职业生涯规划的核心。一个人事业的成败，很大程度上取决于有无正确适当的目标。没有目标如同驶入大海的孤舟，四野茫茫，没有方向，不知道自己走向何方。职业发展目标是以自己的最佳才能、最优性格、最大兴趣、最有利环境等信息为依据而设定的。通常可分为短期目标、中期目标、长期目标和人生目标。短期目标一般为一至两年，短期目标又分为日目标、月目标、年目标，中期目标一般为三至五年，长期目标一般分为十年。

【案例】

马英九的父亲马鹤凌是教子的典范，对于孩子，他是极其严格的。马鹤凌除了用"黄金非宝书为宝，万事皆空善不空"这条祖训要求马英九之外，还从国学精髓中找出了另一些准则来要求儿子。如果一个人有自己明确的信念，便可以始终如一，立场坚定。仅仅有了原则和信念显然还不够，还得有自己明确的人生计划。如果没有计划，并且不脚踏实地去执行这一计划，那么，即使有原则，也只是空谈。

人生的计划应该怎样确定？谈论这个题目，谁都会觉得不知所措，尤其是年轻人，对社会缺乏足够的认识，对未来缺乏主见，要计划从何谈起？马鹤凌为儿子解决了这一难题，他说："此生理想，近期计划，今日功课。"。人生的计划，原是分为三大部分的，第一，是要确定一个人这一生的理想。这一点，似乎绝大多数人都曾做过，有人想当科学家，有人想当医生，甚至有人想当总理、总统。定这样一个计划，不是难事，闭上眼睛，随便都可以说出来，至于未来是否实现，那是另一回事。针对这一症结，马鹤凌为儿子开出了药方：近期计划。此生的理想，是由一个又一个近期计划组成的，只要能够将这些近期计划实现，那么，每实现一个计划，便离理想进了一步。怎样实现近期计划？说起来也很简单：今日功课。在你的近期计划中，要明确每天必须完成的功课，只要你能够一步步地扎实把握今天，那么，明天肯定就能走向成功。

从马英九的案例中，你得到了什么启发？

（五）设定医学生职业生涯方向发展路线

个人现在所处的位置与总体目标总是有距离的（距离的大小要视总体目标的远大而定），个人不可能一步就能达成总体目标。要完成总体职业发展目标，就必须将总体目标进行分解，分解成一个一个阶段目标逐步完成。

医专生毕业后，有三条出路：就业、升本、自主创业。选择的出路不大一样，大学生涯规划的侧重点也是不一样的。怎样在续本和就业之间做选择，可能是很多同学难以抉择的问题。到底是续本还是就业，要综合考虑多方面的因素。最根本的原则是，选择一条最能帮助自己实现职业发展目标的道路。

制定个人职业生涯规划就是为了实现某种职业生涯目标，进而获得自己理想的生活，所以目标抉择才是职业生涯规划的核心。医学生就业目标方向可参考图3-2。

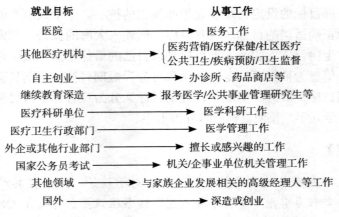

图3-2　医学生就业方向选择

　　个人职业生涯发展路线的选择要根据学历层次、学校的培养目标以及社会的需求来定位。如医疗专业方向的专科生在求职时不要只选择医生这一单一职业方向，还可以考虑一些与医药相关的行业，如医药推销、保健行业等。而且医专生毕业时有近一半的人首选收入待遇较好的省市级医疗单位，非大城市、非经济发达地区不去，缺乏艰苦奋斗的精神及创业精神，造成在毕业派遣时，不少毕业生不能落实工作，但每年有许多被毕业生认为单位条件、区域、位置不是很理想的用人单位来校招聘时，一些毕业生却宁愿在家等，也不愿低就。因此，对于医专生而言，应该转变择业观念，适时地对自我职业规划进行改进，在第一职业意愿未能实现时，还可响应国家号召，如"三支一扶"、参军入伍、考公务员等等。

（六）有效实施职业生涯规划

1. 不轻易放弃目标

　　在目标的实现过程中不可能总是一帆风顺的。面对挫折与失败，有的人愈战愈勇，有的人却晕头转向，轻易放弃了既定的目标，最终导致一事无成。成功的人和不成功的人就差一点点。成功的人可以无数次修改方法，但决不轻易放弃目标；不成功的人总是变换目标，却从不或很少改变方法。在职业生涯发展的道路上，只要不放弃目标，每一次挫折、每一次失败都是有价值的。只有暂时没有找到解决方法的困难，没有解决不了的困难。

　　电视剧《大长今》中的塑造的长今，她坚忍、勤奋，在磨难中始终不屈不挠，为了自己的目标永不言弃。她是一个为实现母亲遗愿而入宫学习御膳料理的普通女子，她没有与生俱来的才华，只靠自己的坚忍、聪颖、善良和永不停止的求知欲去与厄运抗争。无论是刚入宫时遭遇的种种刁难，被诬陷流放到荒岛做宫婢的苦难，还是重新入宫当医女的重重阻力，虽历尽磨难，却从不放弃。很多时候，人无法改变环境，但并不意味着要放弃目标。长今每得到一分成就，付出的都是多于别人十分的努力；她偶尔也会犯错误，急功近利、易被失败打击，却在一次次的失败中收获经验。在人生成长的路上，在所有的改变中，最容易改变的是自己的心态。无论何时，都要记住长今的那句话："谁也不能让我放弃，我永不放弃！"

2. 增强行动力

一份再完美的职业发展规划，如果不去执行也是没有用的。经常听一些同学讲"从下周开始，我要好好学英语"、"明天我就早起背单词"……为什么非要从下周或明天开始而不是从今天就开始呢？

行动力相当于心理学中所说的毅力。护理事业的创始人和现代护理教育的奠基人——南丁格尔，生于一个名门富有之家，自幼便在家庭里接受教育，她在当主妇、文学家、护士三者之中，不顾父母反对，毅然选择了当护士。19世纪50年代，英国、法国、土耳其和俄国进行了克里米亚战争，英国的战地战士死亡率高达42%。南丁格尔主动申请，自愿担任战地护士。战争结束后，南丁格尔回到英国，被人们推崇为民族英雄。1860年，南丁格尔用政府奖励的4000多英镑创建了世界上第一所正规的护士学校，随后，她又创办了助产士及经济贫困的医院护士培训班，被人们誉为现代护理教育的奠基人。1901年，南丁格尔因操劳过度，双目失明。1907年，英王颁发命令，授予南丁格尔功绩勋章，成为英国历史上第一个接受这一最高荣誉的妇女。她靠的正是毅力，是毅力使她成功了。

人生就像是一场马拉松比赛，开始跑在最前面的未必能一直领先；原来落在后头的并不一定不会后来居上。有的人老是在别人的成就和荣耀面前哀叹自己起步太晚，其实每一位马拉松参赛者都明白，迟三步五步，甚至十步百步也不算晚，关键是能否坚持到终点。

3. 及时评估与修正

"心动百次不如行动一次"。规划定完以后固然好，但更重要的是将规划付诸实施并取得成效。随着社会环境的不断变化，自身也在不断的改变，因此职业发展规划是一个动态的过程，绝不是确定了具体计划之后，就能一劳永逸地执行下去的。个人如果不能根据变化的情况，对具体的职业发展计划进行调整，职业发展规划就会沦为空洞的设计。因此，为有效实施职业发展规划，必须要在实施过程中随时评估，并根据评估结果顺应变化及时地修正。

评估与修正的内容主要有：① 职业目标评估，即是否需要重新选择职业；② 职业路径评估，即是否重新选择实现目标的路线；③ 实施策略评估，即是否需要改变行动策略；④ 其他因素的评估，包括身体、家庭、经济状况以及机遇、意外情况的及时评估。从这个意义上说，职业生涯设计就是一个再认识、再发现的过程，往往需要医学生经过长时间，甚至是一生去探索。

四、医学生职业生涯规划方案的撰写

（一）规划方案的制定

1. 确立目标

通常目标有短期目标、中期目标、长期目标和人生目标之分。

2. 制定规划

规划分为短期规划、中期规划、长期规划和人生规划四种类型。

短期规划：2年以内的规划，主要是确定近期目标，规划近期完成的任务。如专业

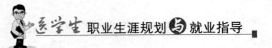

知识的学习达到什么程度，2年内掌握哪些业务知识和专业技能，取得哪些职业资格证书等等。

中期规划：一般为2～5年内的目标、任务及实施步骤。如在校期间要掌握的知识和技能，准备如何提高个人修养和素质，毕业时的求职目标及进入职场后的目标和打算。如5年内争取获得中级技师资格等。

长期规划：5～10年的规划，主要设定较长远的目标及实施步骤。如规划如何在30岁时成为高级技师或一线管理人员等。

人生规划：整个职业生涯的规划，时间长至40岁左右，设定整个人生的发展目标、发展阶段及实现各阶段目标的方法、步骤。如规划怎样成为一名行业专家或企业老板等。

（二）医学生职业生涯规划书的撰写

职业生涯规划书有多种形式，如表格式、条列式、复合式、论文格式等。无论采用哪种形式，都必须包含以下内容：

（1）题目。

（2）职业方向及总体目标。

（3）自身条件及潜力分析或测评结果。

（4）环境分析。

（5）目标分解及目标组合。

（6）差距，即自身现实状况与实现目标要求之间的差距。

（7）缩小差距的方法及实施方案。

【案例】

职业生涯规划书

湖北中医药高等专科学校中医专业90届毕业生伍贤光

我是一名中医专业的中专生，从小受先辈伍子胥传统文化的熏陶，曾梦想长大后，通过学习掌握祖国的传统中医学专业知识和技能，为全国患者解除疾苦。因此，我走进了湖北中医药高等专科学校，选择了中医专业。为了实现这个梦想，我制订了如下职业规划：

一、自我认知

我的基本条件：学习成绩中等偏上，好学善思，能融会贯通。父辈几代均为农民，虽家庭经济拮据，但家族精神富足。

我的优点：性格开朗，自信好胜；学习勤奋，做事认真；工作踏实，自我目标明确；求知欲望强，善于提问和思考；有团队合作意识，关心集体，热心助人；视同学如兄妹，爱师长如父母；有较强沟通交流能力，口齿伶俐，能言善辩，亲和力强；有奋发向上的精神，勇于创新和追求，认可没有最好只有更好。

我的缺点：个性强，性子比较急躁；社会经验缺乏，对事物发展的应变能力还不强。这些缺点对我人生成长和事业的成功都会带来较大的影响，因此，我要抓紧在校几年的学习时间，为自己打好一个学习、工作、创业、发展的基础。

二、专业认知

我的专业是中医专业，专业知识和基本技能涉及内科、外科、药剂等方面。主修课程有：医古文、人体解剖学、中医基础、中药学、中医诊断学、方剂学、生理学、病理学、药理学、针灸学、伤寒论、温病学、中医内、外、妇、儿科学、中医眼喉、诊断学基础、西医内科学、西医外科学、金匮要略、中医骨伤基础等。

主要就业方向：医院、医疗管理部门及疾病防治机构等岗位。

专业素质要求：（1）要有较高的人文素质，有良好的职业道德；（2）要掌握中医相关的专业知识；专业学历有中专、本科及其他进修学业等多个层次；（3）有合理的知识结构，不仅有毕业证书，还有岗位技能证、执业医师资格证及相应等级的英语、计算机和驾驶证等。

三、确定目标

根据我学习的专业、自身的条件、业务能力和理想志向，我为自己设立的人生目标是：成为一名中医专家和中医专科民营机构的企业家，让患者远离疾病的痛苦，让每个家庭充满喜悦和幸福，将儿时的梦想变为现实。同时，我要通过我的知识和技能，不断积累财富，创建一家中医专科医院，日后发展为全国中医中药股份制公司，为我国中医中药事业贡献自己的知识和力量，最终实现我的人生价值和理想。

第一阶段（学习期）：

时间：1987.9～1990.7

目标：中专毕业，获得毕业证；进入一家医院从事医疗工作。

第二阶段（实践期）：

时间：1990～1996

目标：利用工作之余参加湖北函授大学中医专业学习，并获得本科毕业证；进入全国中医药最高学术学科研究机构——中国中医研究院进修学习。

第三阶段（创业期）：

时间：1996～2003

目标：获得中医师资格。在没有资金的情况下，在荆州市荆州区康复医院开始着手筹划成立白发脱发专科门诊部，通过临床诊疗，摸索并积累经验，之后正式进入创业期。

第四阶段（发展期）：

时间：2004～2007

目标：研发出治疗白发脱发的新产品；成立子胥毛发科技有限公司，开始实行专科医院向公司产业化方向发展。

第五阶段：

时间：2007年以后

目标：

1. 建立产、学、研于一体的中医药产业基地；

2. 建立创新型的科技示范基地，计划每一至二年研发新产品一至两项，科研成果一项。争取十年内有四个产品获得国家级国药准字批号，八个获得省级批号，产品进入全国各大药房和超市；

3. 成立股份有限公司，完善公司管理构架和管理体系，发展加盟代理，不断递增经济效益，争取作为科技创新型中等民营特色企业进入股票证券市场。

四、步骤措施

为了使目标得到落实，特制定以下措施：

第一阶段我必须做到：

1. 刻苦学习，掌握专业理论知识；

2. 强化业务训练，提高综合素质和业务能力；

3. 顺利取得毕业证书；

4. 毕业后找到专业对口的工作。

第二阶段我必须做到：

1. 打好基础，巩固和充实自身的专业知识和业务技能；

2. 选择全国一流中医学科研究机构，首先从全面熟悉中医各科常见病例的临床诊疗技术，然后根据自己的专业特点，主攻一门专科；

3. 继续参加高等学校进修，完成大专、本科学业；

4. 培养独立工作能力，加强哲学、经营管理等学科知识学习，为创业打好基础。

第三阶段我必须做到：

1. 学习、掌握专科门诊的诊疗流程，先采取试运行，待条件成熟后，开始自己创业成立专科门诊部；

2. 积累创业初期经验，在有了一定客户资源和效益资金储备后，筹备建立自己的中医专科医院；

3. 要立业，就要独树一帜。计划今后主要从事白发脱发的研究与治疗，这既有传统中医药专科的优势，又有别于普通专科的特色。

第四阶段：

计划经过几年的运行，患者就诊人数逐年增加，自主研发的治疗白发脱发系列产品疗效显著，医院在荆州地区乃至湖北有一定的知名度。如有了一定的资本积累，再逐步设计将品牌做到全国各地。

第五阶段：

计划不断积累经验，同时虚心向好的企业学习，并不断修正、调整运行方案，以适应社会经济发展的需要。从公司的特色优势入手，抓科技创新、成果转化，建立产、学、研于一体的中医药产业基地和创新型科技示范基地，加快公司由民营家族企业向股份制企业转化，使公司更加规范，更加充满活力。

附：

伍贤光职业成就

伍贤光，湖北中医药高等专科学校中医专业1990届毕业生，该生在校期间就能科学合理的制定了自己的职业生涯规划，并坚持不懈地朝着自己的职业方向努力。正因如此，伍贤光取得了一系列丰硕的成果。1997年，成立了白发脱发专科；1998年，创办了伍时医药研究所、伍时脱发白发专科门诊；1999年，自主研发出治疗白发脱发新药——"伍时发能"；2001年，在北京成立北京乌生毛发医学研究中心，同年获得主治医师资格证；2003年，在荆州市创办全国第一家白发脱发专科医院。其后，相继成立公司下属北京子胥康华医药科学研究院、北京博海中医医院和直营店门诊部、服务中心共计12家，发展"子胥"省、市、县级加盟代理近50家，形成公司+医院+门诊部+加盟连锁店的产业经营模式。2007年完成第六代毛发抗（抑）菌剂消毒系列产品和"子胥"黑尔素胶囊、发宝冲剂、黄精茶等乌发、生发、护发系列产品，并获得荆州市开发区进区项目和湖北省企业投资项目的立项批文。同年，在荆州开发区征地50亩投资3000万元，新建一座现代化中药制剂厂。

2011年，获得省科技研究成果两项，市级科技发展计划一项，为进一步完善公司管理构架和管理体系，组建全国东、西、南、北、中五大区域全国子公司，发展加盟代理500家。

五、医学生职业生涯设计中的常见问题

一个人的事业能否成功取决于太多的因素，个人的素质、机遇、环境等都起着重要的作用。职业生涯规划不一定能保证成功，但是，没有规划的职业生涯是很难成功的。有些学生在规划职业生涯时感到很为难，他们认为自己一切表现都平平常常，毫无特色可言，只能模仿别人的成长经历去规划自己，因而规划形同虚设，对自己毫无作用；还有些学生对自己定位过高，一旦不能如愿，失望也就越大。下面就职业生涯规划的五个步骤中常见的问题进行分析。

（一）认识自我中的问题

1. 缺乏个人志向

志向是事业成功的基本前提。没有志向，事业的成功也就无从谈起。立志是人生的起跑点，反映着一个人的理想、胸怀、情趣和价值观，影响着一个人的奋斗目标及成就。所以，在制定生涯规划时，首先应确立志向，这是制定职业生涯规划的关键，也是生涯规划最重要的一点。

2. 认识自我的途径单一

90%以上的医学生都是通过职业生涯测评系统来认识自己。实际上除了通过测评外，现任教师、辅导员、同学、父母亲、兄弟、姐妹、亲戚的评价也是必不可少的。通过周围熟悉自己的人对自己的评价，以获得对自己比较客观的认识。可以采用面谈的方式或者问卷调查的方式来获得这些评价。大学生在制订职业规划时需要与周围的朋友、家人和专家多点沟通，充分清晰地了解自己，听取他们的建议去反复修正规划，而不要自己一个人想出来。

3. 认识自我的内容不够全面

大部分医学生只分析了个人的兴趣、爱好、特长、性格、价值观、个人的优缺点和个人的健康，没有谈到个人的情商。而这个因素对职业生涯有着非常重要的影响。

情商(EQ)又称情绪智力，是近年来心理学家们提出的与智力和智商相对应的概

念。它主要是指，人在情绪、情感、意志、耐受挫折等方面的品质。以往认为，一个人能否在一生中取得成就，智力水平是第一重要的，即智商越高，取得成就的可能性就越大。但现在心理学家们普遍认为，情商水平的高低对一个人能否取得成功也有着重大的影响，有时其作用甚至要超过智力水平。美国哈佛大学心理学家丹尼尔·戈尔曼最早提出了"情商"的概念。他指出："真正决定一个人能否成功的关键，是情商而不是智商。"他认为，情商包括以下几个方面的内容：一是认识自身的情绪。因为只有认识自己，才能成为自己生活的主宰；二是能妥善管理自己的情绪。即能调控自己；三是自我激励，它能够使人走出生命中的低潮，重新出发；四是认知他人的情绪。这是与他人正常交往，实现顺利沟通的基础；五是人际关系的管理；即领导和管理能力。

情商的水平不像智力水平那样可用测验分数量化出来，它只能根据个人的综合表现进行判断。情商水平高的人具有如下的特点：社交能力强，外向而愉快，不易陷入恐惧或伤感，对事业较投入，为人正直，富于同情心，情感生活较丰富但不逾矩，无论是独处还是与许多人在一起时都能怡然自得。

4. 未突出自己的职业能力优势

例如有人谈到兴趣爱好是旅游，但职业选择却是与旅游相差甚远的职业。诸如此类的兴趣还有打篮球、打羽毛球、听音乐、看电视、上网、书法、跳舞、定向越野、绘画、文艺等。另外，多数人把自己的社会实践活动不加分别地列上去，多至20多项，而且没有任何评价，这些与未来职业没有实质上的关联。如未来职业是护士，社会实践是参加销售电话卡、书籍等；未来职业是药剂师，社会实践是家教。正确的做法应该是，兴趣、社会实践经验和能力的展示应与未来职业有一定的关联度。而且要认真地分析它们对未来职业有何帮助。如果没有，就没有必要列出来。有了职业生涯规划，学生的社会实践就不会盲目而有所选择。如果未来职业目标是美容师，那么社会实践就选择与医学美容相关的活动。

除了以上几点，认识自我还要注意以下几个方面。第一，不要过度概括过去的经验；第二，不要过于依赖他人对我们的价值观、兴趣和技能的看法；第三，要避免在处于某种情绪危机时制定生涯决策；第四，充分利用现有生涯干预服务中的各种工具；第五，通过在不同的工作环境中得到的各种工作经历，来发展对自己清晰的自我形象，同时要注意自己的感受以及对这些工作经验的反应。

（二）环境分析中的问题

1. 环境分析只有普遍性没有特殊性

大部分人都介绍了家庭、学校、社会（政策、法律）等环境对自己的影响。对家庭环境，着重介绍家庭经济情况的好坏、家庭期望，没有介绍家族文化。对学校环境，只简单介绍学校性质，没有介绍社会认可程度、校风、专业、专业主干课程及成绩，以及适应本专业的工作领域。对就业形势的评估，也只是从宏观的角度来分析问题，犯了"大而全"错误，缺乏针对性。如能从本省和具体就业区域（如广州、深圳等）的角度来评估就业形势，就更全面而具体。因为大多数广东高校毕业生在广东就业。同时还应评估该行业的就业形势。如果护理专业学生打算就业地点在深圳，那就应该分析深圳的护理专业供需市场，竞争对手等方面内容。

2. 注重行业发展趋势，关注职位能力不够

大部分学生对行业进行了比较详细的分析，诸如国家对该行业的政策扶持，行业发展潜力。但往往对职位所需能力关注度不够，不了解职位需要具备什么能力。要清楚未来职业的工作内容、工作环境、任职条件（所需的知识、能力、经验和证书等），以及相适应的职业兴趣类型。若要了解某个职位需要具备什么能力，可以通过中文职业搜索引擎（www.jobsoso.com），输入相应职业的关键词来找到答案，如未来职业是心理健康咨询师，在该引擎中输入"心理"两字，就能找到与心理相关的各种职业，点击相应职业就得到一份关于心理健康咨询师的报告，包括做心理健康咨询师的职业概要、工作任务、各种技能、各种知识、各种能力、劳动活动、工作环境、工作价值、风格、兴趣等。

3. 对行业、职位了解的途径单一

大部分人只知道能通过互联网对行业、职业进行了解，造成了认识单一。其实还可以通过多种途径去了解，例如报纸、人才招聘会、行业展览会、专业协会、生涯人物访谈、访谈毕业的师兄、师姐、在职人员以及该行业的领军人物、资深的职业生涯规划师、校友会、实际接触等。

（三）职业定位中的问题

1. 定位分析不明

大多数人没有谈到选择该职业目标的原因，以及达到目标的途径、所需的能力、训练和教育；没有提到达到该目标可能得到的助力；以及达到该目标可能遇到的阻力。

2. 专业与职业关联度小

部分学生在做职业定位时，并没有把自己专业与能力及职业所需能力一一对应起来。例如专业是中医，职业目标是会计。专业是中药，但是职业目标是歌星。抛开自己的专业，从事别的职业，不是不可以，但需要具体分析自己所要从事的职业，在大学时期有没有这方面的知识储备，有没有这方面的社会实践？浪费自己二、三年所学，从事别的工作，要特别慎重考虑，不能仅凭个人喜好做出重大决定。

3. 目标订立过于理想化

大学生缺乏对行业、职位详细信息的了解，体验不到真实的职业环境，目标的订立有些理想化，而具体行动计划又脱离实际。80%以上的同学的目标是今后成为社会精英，如医院院长、董事长等。有些同学是专科生，选择的职业偏偏是大学教授，理想的计划是专科毕业后考专升本，本科毕业后，参加考研，然后读硕士、博士，最后是大学教书，慢慢评上教授。当初只能考上专科，这说明自己在读书方面或考试方面就不是很有优势，现在竟然用自己不是特别擅长的方面来与当初考上本科的同学来竞争，取得成功的机会自然不会很大。职业规划中有远大的理想固然是好，但一味追求速成，会导致择业中眼高手低，结果反而是欲速不达。学生最好根据自己的专业知识做出职业规划，最重要的是抱着积极而又务实的心态，从底层做起积累经验。

（四）计划执行中的问题

1. 计划可操作性不强

如一些学生的专业是医学，但选择的职业是师范类，大学阶段的计划没有突显达到该职位的社会实践和读书计划。有些学生大学毕业后的计划只是对未来职业的各个岗位的具体描述，而且多是从互联网搜索得来的，没有请教在职人员来描述职业的实际经历。执行计划模糊，即使有社会实践和读书计划，但是并没有定出时间，没有确定的社会实践的地点，计划读的具体书籍。目标是英语口语好，这也是一个模糊的目标，没有可操作性。

计划应分为总体计划和阶段性计划。总体计划指的是一生总的职业目标；阶段性计划至少是两大部分，一是在校期间，另一部分是大学毕业后。

计划中应包括采用什么措施来提高学习和工作效率，如计划学习哪些专业知识，掌握哪些职业技能，提高哪些业务能力，采用什么方法来开发自己的潜能，如何提高自己的情商水平，如何坚持计划，计划遇到挫折怎么办等相应措施。

2. 重考证，轻实践

大多数学生特别强调拿英语等级证书、计算机等级证书等证书。但是大多数学生很少提到与职业相关的社会实践。社会实践对在校大学生非常重要，通过寒暑假参加社会实践才能知道自己所学是不是将来职业所需，自己能不能胜任工作。如果不能，那么在校应该尽快完善这方面的知识。这对今后的大学生活有极大的指导作用。

（五）反馈修正中的问题

1. 一部分学生在计划中根本就没有反馈修正这个部分

每天晚上没有评估自己的计划执行情况，布置第二天的任务。应该坚持在每晚反省一天的行为。有些学生这部分过于简单化。这些学生只是提到如果未能按原计划实行，那么就从事别的工作，而且没有说明为什么选择这份职业作为自己的第二选择。

2. 计划与备用方案之间缺乏内在联系

如计划是医院的护理工作，备用方案是保险公司销售人员。计划与备选方案可能都行不通。例如，临床专业的学生，计划是当外科医生，备选方案是做律师。这两个职业都是要经过严格的考试，很有可能都无法通过。这样就没有起到反馈修正的作用。还有的医学生以为备选方案多多益善。不管前面做出了多少分析，总不忘记要在从事职业前，来一个公务员考试。表面看起来是保险，实际上是浪费时间。有的同学无论从性格、气质还是专业都不符合公务员的要求。应根据自我发展变化与社会需求的变化，与时俱进，灵活调整，不断修正、优化职业生涯规划，主动适应各种变化，积极发展职业生涯规划。要对计划进行评估、修正，要有备用方案。

总之，大学生职业生涯规划存在这样的倾向，自我认识简单化，环境分析普遍化，职业定位理想化，计划执行考证化，反馈修正省略化。对策应是自我认识全面化，环境分析个性化，职业定位实际化，计划执行渐进化，反馈修正灵活化。

思考与练习

1. 撰写你的墓志铭。我们先来看看名人、大家是怎样撰写自己的墓志铭的。

（1）聂耳是我国的著名作曲家，他的墓志铭引自法国诗人可拉托的诗句："我的耳朵宛如贝壳，思念着大海的涛声。"

（2）卢梭："睡在这里的是一个热爱自然和真理的人。"

物理学家玻尔生前发现了热力学第二定律的统计解释，他的墓碑上只写着他发现的公式"$S=K\ell n\Omega$"

（3）大作家海明威的墓志铭："恕我不能起来了!"

（4）大文豪萧伯纳的墓志铭："我早就知道无论我活多久，这种事情还是一定会发生。"

（5）还有人的墓志铭上写着："这里躺着强尼·伊斯特；原谅我招呼不周，因为我爬不起来。"

（6）甚至有人提议写："当你看清这行字的时候，朋友，你踩到我了。"以及"基因重组中，请稍后二十年"等。

那么同学们，你们将如何撰写自己的墓志铭呢？

2. 终点思考法。上一个撰写墓志铭的小练习中，我们主要想向同学们介绍出终点思考法这一人生规划法。所谓终点思考法是由曾任山东省潍坊市教育局局长李希贵提出的，也就是说人要先想好目的地，再制定路线，就会比较容易走向成功，而且会发现捷径所在。

一个人在思考自己人生方向的时候，有一个非常重要而且实用的方法:从终点向现在逆向思考。譬如说，人生七十，因此，你可以先想好七十岁前，你想干什么？要达到什么目标？正在干什么？身边会有什么人？当这些明确时，你就能知道五十岁的时候自己应该在哪里，已经完成了些什么。再推想四十岁、三十岁以至于今天。选择人生的一次规划，不由得让人驻足思量。

中央电视台知名主持人杨澜，在人气最旺的时候突然从央视节目中消失，不再主持中央台收视率最高的黄金栏目——正大综艺，而选择去国外进修学习去了。很多人都不能理解杨澜的做法。其实杨澜的想法很明确，她喜欢当一个有智慧的主持人，当一个靠人格魅力深受观众喜爱的主持人，而不是靠年轻、脸蛋吃饭的主持人。今天，当观众再看杨澜的节目时，就能发现一个全新的杨澜。她以自身的内涵和气质赢得了观众，获得好评如潮。杨澜的成功，依靠的是自身修养，而从战略上说，则是"终点思考"的人生韬略帮助了她。

进行终点思考，使自己走过的每一步，具体而不盲从，沉稳而不空泛，实效而不盲目。所以，同学们，在每天的学习生活中，当你感到劳碌而迷茫时，你进行"终点思考"了吗？

3. 你的职业发展目标是什么？请用SWOT技术分析一下自己职业选择的可行性。

4. 请分析自己的优势和不足，试着写"我是谁?"

5. 选择职业应考虑哪些因素？

6. 大学毕业生怎样作好职业生涯评估与修订？

7. 运用本章相关知识，为自己设计一份职业生涯规划书。

第四章　医学生能力与综合素质的培养

学习目标

1. 使医学生了解创造能力的培养方法
2. 使医学生了解操作技能的培养方法
3. 培养医学生的综合素质

第一节　医学生能力的培养

一、专业能力的培养

随着社会经济、科学技术的飞速发展和人类的不断进步，医学科学技术发展迅猛，医学的内涵进一步深化，新的医学模式日臻完善……这无疑给现代医学生在医学道德、医学理论基础、专业技术能力、学习能力等多方面都提出了更高的要求，即医学生要努力成为具备现代医学技术应用型和创新型人才。

（一）必须具备坚实的专业理论基础

现代医学科学的发展和医学模式的转变，需要现代医学生具备全方位的知识、智能结构以及坚实的专业理论。医学模式的日臻完善，要求医务工作者能够从整体化、系统化、科学化、社会化的观点去研究和处理健康与疾病问题，并要求打破传统的、常规的思维方法和行为模式，树立创新性的服务理念；卫生服务也将由单一的、片面的服务扩展为以人类健康为主导的心理服务、社区服务及预防保健服务等全方位服务；这就要求医学生夯实医学理论基础，重视医学基础课程的学习，只有这样，才能更好地指导临床实践，成为医学事业中的可造之才。医学科学的研究，需要过硬的理论知识基础。医学是一个复杂的系统工程，医学生必须具有勤奋学习、刻苦钻研、努力拼搏的精神，通过深刻学习理论知识，再产生更深刻的理论设想，然后创造性地发挥和运用。

（二）必须掌握精湛的医疗技术

医学是理论与实践结合紧密的学科，是一门综合性、实践性、服务性、社会性很强的科、技合一的科学。这就要求医学生不仅要有扎实的医学理论功底，而且要具备精湛的临床操作技能。如果把人体比喻成一个十分复杂的机器，作为维护人体运转、保证人体机器运转的医生，要具备高超的技术，就必须经过长期的临床实践经验。在医学高速发展的今天，医学生要抓住有利时机，大胆探索，勇于实践，尽快提高临床操作技能。同时，还必须能够熟练地操作现代化高科技设备。医学的发展是快速的，医疗器械发展的速度更是惊人，给疾病诊断治疗提供了良好的条件。学会操作、维修、保养高科技医疗器械，是未来医学生应该具备的能力之一。因为医学生将来必须面对的一个现实是：医院不断地引进高科技设备，只有具备过硬的操作技术，才能提高诊疗水平，才能为医院为患者创造更大的价值。所以熟练掌握现代高科技的能力是非常重要的。

二、实际操控能力的培养

实际操控能力是专业工作者必须具备的一种实践能力。对于医学生来说，各种医疗服务，都依赖于理论知识及正确的实际操作技能。医学生为了提高自己的操控能力，应该多看、多想、多练，应注重在实践的过程中，提高理论知识应用水平。

（一）教学计划内的实践环节

1. 军事训练

以大一新生参加军训为主。

2. 劳动教育

主要是参加校内美化、绿化以及一些服务性的公益活动和生产劳动。

3. 课程模拟实验

一般是在实验室或实训基地完成。

4. 社会调查

结合专业学习，以科学方法为指导，组织医学生带着课题深入实际进行调查研究，如组织医学生参加医疗卫生服务三下乡活动等。

5. 专业实习

包括临床见习、临床实习、毕业实习等，这是教学计划内实践的主要形式。

6. 毕业设计

主要是毕业论文及答辩。

（二）教学计划外的实践活动

1. 校园文化活动

主要是第二课堂活动。在课外进行的形式多样的学习、娱乐和实践活动，如各种学科小组活动、社团活动、文体活动及其他竞赛活动等。

2. 勤工助学

指利用课余时间外出兼职。

3. 社会考察

主要是指大学生利用寒暑假到工厂、农村、革命老区、旅游风景区，进行参观、访问、调查、服务，接受社会主义、集体主义、爱国主义教育，达到认识社会、了解工农、锻炼提高能力的一种社会活动。

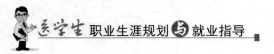

4. 社会实践活动

例如参加中医药类高校举办的"中医中药乡村行"，"中医药文化社区行"等特色实践活动。

（三）操作技能的培养

操作技能是完成某种任务的一种活动方式，它是通过练习获得的。医学专科生属于技术应用型人才，一定要重视操作技能的培养。操作技能的形成，是通过练习逐步掌握某种连锁性动作的过程。操作技能的习得一般可以分为三个阶段：

1. 认知阶段

在学习一种新的动作技能的初期，学习者通过指导者的言语讲解或者观察别人的动作示范，试图理解这一技能的要求，自己也会试图做一些初步尝试。任何操作技能的学习，都必须经历认知阶段，但认知阶段的长短因人因事而异。这一阶段的主要任务是领会技能的基本要求，掌握技能的局部动作。学习者一般会出现全身肌肉紧张，动作忙乱而不协调，出现多余的动作，难于发现自己动作的错误和缺点等情况，但不必气馁。

2. 联系形成阶段

在这一阶段，重点是使适当的刺激与反应形成联系，这必须排除定势思维的干扰，并排除局部动作之间的互相干扰，从而建立新的动作连锁。这一阶段的主要特点是技能的局部动作被综合成更大的单位，最后形成一个连续性的整体。

3. 自动化阶段

技能学习进入这一阶段时，一长串的动作系列已联合成一个有机的整体并相对固定下来。整个动作互相协调似乎是自动而为，不需要特殊的注意和纠正。学习者可以一面熟练的操作，可以一面思考其他的事情。动作技能娴熟流畅是学习者进入本阶段的特征。

三、创造能力的培养

2006年1月9日，胡锦涛同志在全国科学技术大会上《坚持走中国特色自主创新道路，为建设创新型国家而努力奋斗》的讲话中强调："源源不断地培养造就大批高素质的具有蓬勃创新精神的科技人才，直接关系到我国科技事业的前途，直接关系到国家和民族的未来。"而决定人才质量高低的核心因素就是创造力。现代医学技术飞速发展，医学临床、医学科研、医学管理、医学教育等方面理念的更新，模式的改变都体现出了创造能力的重要性。

创造能力是善于运用已有的知识和经验，在创造性想象、创造性劳动、创造性胆识的共同作用下产生新的具有社会价值产物的能力，是现代医学生应具备的能力之一。人们开展各种医学活动既要遵循一定规律，又不能囿于固定的模式。随着医学科学的发展，环境的变化和公众的需要，应该不断地对其内容和形式进行创新、补充和完善。只有那些思维敏锐、能在自然和社会发展中遇到的新问题面前创造性地解决问题的人，才称得上是创造性的人才。

（一）培养创造性思维

创造性人才必须具有创造性思维品质，这就说明培养医学生创造性思维能力的重要性。创造性的思维，不仅能揭示事物的本质，还能在此基础上提出更新的、更具有建设性的设想和意见。创造性思维与一般性思维相比，主要具有以下特征：

1. 思维的辐射性

这是指思维所发出的数量。爱迪生在发明灯泡的过程中，对各种可能的物质进行试验，寻找了1600多种矿物和金属，近6000多种植物。他在实验中所运用的思维便具有一定的辐射性。

辐射性思维的产生与运用，要以丰富的知识储备为前提和基础。医学生应注重医学学科与自然学科、社会学科以及医学各专业之间的联系。例如，医学生可以适当补充化学和物理学知识，这样可以帮助自己自学更多的医学书籍，又可以借助对其中抽象概念和理论的理解来加深思维层次，提高思维水平。

2. 思维的广阔性

这是指思维的全面性，又称立体思维。英国医学家、生理学家哈维，注意到地球自转以及液态水在阳光下变成水蒸气升到空中，然后又变成水降落到地面的周而复始的自然现象，从而破解了人体血液循环这个医学难题。这一发现便是思维广阔性的体现。

3. 思维的创造性

这是指独立思考、解决问题的程度。凡是创造性高的人不迷信、不盲从、不满足现成的方法和答案，总希望拥有自己的观点。这种人的思维便具有创造性。

4. 思维的敏捷性

它表现为能够迅速地对外界刺激物做出反应。如地震发生后，从梦中惊醒的人迅速做出反应，知道发生了什么，还知道先做些什么。

5. 思维的灵活性

这是指善于随机应变，依据事物发展变化的具体情况及时提出各种不同的假设和方法。它还体现为及时地纠正自己的思维，调整自己的认识。

（二）培养医学生创造力的方法

1. 经常质疑

创造性思维强调别致新颖，推陈出新，破除"常规思维"，避免受先前"定势"的影响。医学生在学习过程中要培养自己的创造性思维，就要多思考，多质疑。

学起于思，思源于疑，疑则诱发探索。科学发明与创造正是从质疑开始，从解疑入手的。爱因斯坦曾讲过一段精辟的话："提出一个问题往往比解决一个问题更重要，因为解决一个问题也许仅仅是一个科学上的实验技能而已，而提出一个新问题、新的可能性以及从新的角度看旧的问题，都需要创造性的想象力，而且标志着科学的真正进步。"质疑就是要善于寻找事物产生的原因，探求事物发展的规律。医学生在学习过程中，要对教学内容进行独立思考，在临床工作中，要善于提出问题，敢于怀疑权威，在诊断、治疗疾病的探索中有所发现和创新。

2. 培养创造精神

大千世界，芸芸众生，许多人默默无闻地度过一生，不曾留下些许业绩，究其原因，并非由于缺少聪明才智，而是由于其缺乏创造精神和勇气。其实，只要我们以饱满的创造热情去积极探索、思考和想象，我们的创造性思维就会时时充满活力，我们的创造就会硕果累累。

四、自信能力培养与潜能开发

古希腊哲学家塞涅卡曾经说："不是因为这些事情难以做到，我们才失去信心，是因为我们缺乏自信心才使这些事情难以做到。"自信心对一个人的发展来说，具有无法估测的力量，它可以把人的一切潜能激发出来，把所有的功能调整到最佳状态。在许多成功者身上，都可以很清楚地看到他们因自信而散发出的成功光芒。如果一个医务工作者缺乏自信心，就会在诊断、治疗、护理等多方面不能及时、正确决策，失去治疗的最佳时机，导致贻误病情，增加病人痛苦，甚至危及病人生命。

（一）自信能力培养

在做任何事情以前，如果能够充分肯定自我，就等于已经成功了一半。当你面对挑战时，你不妨告诉自己，你就是最优秀和最聪明的，你要做胜利者，你要成功。从这一刻开始，利用心理暗示的力量，使自己进入一个成功者的身心状态，让积极的信念影响你的一生。

1. 悦纳自我——相信自己独一无二

首先，要认识到自己是独一无二的，正因为自己身上的优点和缺点，才构成了"独特的我"。不要拿别人的标准来衡量自己，因为你不是别人，也永远不可能用别人的标准来要求自己。不必为自己某些地方比别人强而沾沾自喜，也不必为自己某些方面不如别人而灰心丧气。应学会经常暗示自己："我和别人是不一样的，我不和别人比，我只将自己的现在和自己的过去比，并努力去发挥自己的潜力。"

其次，要树立独立的自信心。要学会从自己的角度，而不是从社会的角度来评价自己。真正的自信心来自于当自己身处逆境或事情未做好时，仍然相信自己能克服困难，能把事情做好。因此，你应学会根据自己的实际情况，树立独立的自信心。此外，还要善待自己的缺点。一般来说缺点有两种，一种是可以改进的，如不良的学习习惯等；另一种则是不可能改进的，如身材矮小、相貌不佳以及其他不能矫治的缺陷等。对于那些可以改进的缺点，就应该勇敢地承认它并积极地去改正它。对于不可能改进的缺点，则要坦然地承认它、接受它，并尝试着通过其他方面优势的发挥来加以补偿。

2. 发现自我——尝试做自己的伯乐

一个人之所以会缺乏自信，是因为他体验到了失败的感觉并扩大了这种感觉。因此要增强自信心，就要多创造机会发现自我，捕捉成功心理体验。如果你自认是一匹千里马，但却一直苦于找不到欣赏自己才能的伯乐，那么，不如先给自己做伯乐。给自己一个发展和表现的机会，做自己的知音。不管别人怎么认定自己，也不管那些认定的优劣，只要我们心中认定了自己的能力，我们必然能充满自信地前进。每个人都希望能遇到懂得鉴赏自己的伯乐，但这毕竟需要一点运气，而你一定知道自己有哪些能力与才华，只要你能够不断地发现自我，不断努力，那么你就有机会遇到真正的知音。

3. 改变自我——努力把劣势变成优势

现实中，人们所认识自己的劣势或缺点，很多情况下都是没有信心的借口，就算拥有最好的竞争条件，如果缺乏自信，也会变成阻碍前进的劣势。

以前，许多人喜欢看NBA的夏洛特黄蜂队打球，更喜欢看明星球员伯格士场上的奋力表演。伯格士的身材不高，即使照东方人的标准也算矮小，但伯格士可是NBA表现最杰出、失误最少的后卫之一，不仅控球一流、远投精准，甚至穿梭在高个儿队员中带球上篮也毫无惧色。伯格士不仅安慰了所有身材矮小而酷爱篮球的人的心灵，也鼓舞了许多人的意志。他运用了自己个子矮小的优势，行动灵活迅速，几乎没有失误，而且正因为个子小，抄球反而更容易得手。伯格士不在乎别人的嘲笑，并巧妙地把自己的劣势转换成优势，创造了球场上的奇迹!

成功与失败的关键，在于你有没有信心，有没有努力前进的活力和动力，是否拥有一颗永远积极向上的心。只要努力并做好心理准备，完全可以将劣势变成优势，走向成功。

4. 决定自我——莫让别人决定你的一生

激励大师安东尼·罗宾在演讲时，经常告诉台下的听众说："其实，我们可以为自己做选择，勇敢地为自己做决定，不要让别人承担你的成败，更不要让任何人决定你的一生。"有一次搭乘飞机时，安东尼·罗宾的旁边坐了一个非常喜欢抱怨的人，当空中小姐前来询问乘客晚餐要吃鸡肉还是牛肉时，安东尼·罗宾要了鸡肉，而他旁边的旅客则表示随便。不久，空姐端来了安东尼·罗宾的鸡肉，并给了他旁边的人一份牛肉。接下来的20分钟，安东尼·罗宾只听到他不断地抱怨他的牛肉有多难吃。这位旅客一定在心里认为，这是空姐帮他挑选的晚餐，他却忘了，这顿难吃的晚餐其实是他自己决定的。实际上是他自己把选择权交给了别人。这个故事提醒我们，如果不想事后抱怨，凡事就要由自己决定，让生活的主控权回归到自己手中，不要依赖别人，也不要一味地按照别人说的去做，让自己决定自己的人生。如此一来，你将不会再有抱怨和后悔。

（二）潜能开发

1. 认识潜能

根据脑科学研究发现，人类的大脑约有140亿个神经细胞，具有5000万种不同类型。神经纤维总长约为地球至月球之间距离的4倍。如果一个人能够发挥自己一半的大脑功能，就可以轻易学会40种语言、背诵整本百科全书、拿12个博士学位……可见人的潜能是巨大的。潜能的动力隐藏在人类的深层意识当中，也就是潜意识当中。潜意识是相对于意识而言的，是你意识不到却又实实在在影响你的心理和行为活动的心理结构。意识犹如冰山浮出海面的一角，而潜意识就是埋藏在海下的部分。但人的内在的、没有开发出来的潜能是巨大的，所显现出来的能力只是浮在海面上冰山的一角而已。

遗憾的是，人类在日常生活中只发挥了自身能力极少的一部分。世界上最聪明的人也没有使用其储存量的20％。也就是说，人们的聪明才智还远未被充分发挥出来，它们仍处于沉睡之中。美国学者詹姆斯研究发现，普通人只开发了他身心资源的

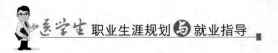

10%，与应当取得的成就相比较，人类不过是半醒着的。

2. 潜能开发的方法

科学事实证明，任何一个平凡的人都蕴藏着巨大的潜能，只要他的潜能得到发挥，就可以干出一番大的事业。因此，作为医学生，在对自己的职业生涯进行规划时，必须要重视自身潜能开发和利用。那么，怎样才能更好地对自己的潜能进行开发和利用呢？

（1）设定目标，引导潜能　"人生教育之父"卡耐基说："我们不要看远方模糊的事情，要着手身边清晰的事物。"不管你是希望拥有财富、事业、快乐，还是期望别的什么东西，都要明确它的方向在哪里，我为什么要得到它，我将以何种态度和行动去得到它。因此，你在进行职业生涯规划时，不妨设想一下：

假如生命危在旦夕，你人生最大的遗憾是什么事情没有去做或者尚未完成？

假如给你有一次重生的机会，你最想做的事情是什么？

一旦发现了你最想要的，就应该马上把它明确下来，明确就是力量。它会根植在你的思想意识里，深深烙印在脑海中，让潜意识帮助你达成所想要的一切。在某种意义上，在这个世界上没有什么做不到的事情，只有想不到的事情，只要下定决心去做，你就一定能做到。

（2）心态积极，推动潜能　心态是指一个人对自己、对别人以及对生活所持有的态度、评价和看法。积极的心态是指一个人无论面对怎样的处境或困难，都始终能够保持一种积极、乐观、向上的态度、评价和看法。当人面临困境时，消极的心态会让你退缩，并陷入失败的深渊；积极的心态会让你积极、乐观，并获得意想不到的成功。可见，心态在很大程度上决定了一个人能否在事业上取得成功，因为积极的心态有利于潜能的开发和利用，而消极的心态则会抑制潜能的开发和利用。那么，怎样才能拥有积极的心态呢？

要避免用"绝对化的要求"来要求自己。有的人认为"我只要付出了努力，就必须要获得成功"，但事实上一个人的成功除了和个人的努力程度有关之外，还受到许多因素的制约。如果一个人不考虑实际情况，一旦失败后，就很容易产生消极的想法。

要避免"过分概括化"地评价自己。过分概括化是一种以偏概全的不合理思维模式，其特征是以一件事或几件事来评价自身的整体价值。例如，当你在求职时接二连三地遭到了拒绝，你就对自己产生了怀疑，认为求职失败是因为自己没有能力造成的，这就是一种以偏概全的过分概括化的想法。事实上，你在求职时接二连三地遭到了拒绝，有可能是因为你没有根据自己的优势和特点来寻找用人单位，或者是你所求职的用人单位并不适合你，而不是因为你没有能力造成的。如果你总是"过分概括化"地评价自己，就必然会抑制你的潜能的开发和利用。

要避免"糟糕至极"的想法。所谓糟糕至极，就是认为一件不好的事情发生后会带来非常糟糕的后果。例如，当你在某次求职失败后，你就认为再也没有单位会录用你，不管自己再怎么努力也都不可能找到工作了，结果越想越没有信心，再也提不起求职的劲头来。这就是一种糟糕至极的想法，它会使你对自己丧失信心，从而抑制了你去开发和利用自己的潜能。

（3）运用暗示，激发潜能　心理暗示是指通过语言、动作，以一种含蓄的方式，对自己或他人的认知、情感、意志以及行为产生影响的心理活动过程。而自我暗示是心理暗示的方法之一，是指自己利用心理语言来影响自己的情感、意志以及行为的心理活动过程。心理暗示在我们的日常生活中可以说是无处不在的。例如，你在购买商品时常常会不自觉地购买电视广告所介绍的商品，这实际上是因为广告不断地暗示你，影响你的判断力，你就在不知不觉中相信它了。

不同的心理暗示，往往会对人的行为产生不同的影响。消极的心理暗示会让你心情沮丧、行动消极；积极的心理暗示会让你情绪振作，行动积极。要有意识地经常进行积极的自我暗示，并长期坚持下来，使积极的自我暗示自动地进入潜意识，左右你的思维，改变你的潜意识，形成良好的习惯，为潜能的开发和利用打下良好的基础。

（4）欣赏音乐，开发潜能　近年来，国内外许多专家认为，音乐具有开发右脑潜能，调整大脑两个半球功能的奇特功效。例如，美国加利福尼亚大学戈登·肖教授将78名3岁到4岁智力相同的幼儿分成三组，一组学习莫扎特和贝多芬的乐曲，一组学习计算机，一组不接受训练。结果9个月后，他用拼图游戏对这三组孩子进行智力测试时发现，学习音乐的孩子智力得分平均提高35%，而另两组孩子则几乎没有提高。科学研究证明，长期听音乐，还可以明显改善记忆力。著名心理学家劳伦斯强调："只有当大脑右半球即音乐脑也充分得到利用时，这个人才最有创造力"。需要指出的是，分贝太强、节奏异常强烈的音乐听多了反而对大脑有害。

第二节　医学生综合素质的培养

一、医学生综合素质的含义

医学生的综合素质主要包括品德、学识、才能和体质等方面。

21世纪，高等教育将更加注重人才综合素质的培养。提高教育教学质量，就是更加注重素质教育，注重人才培养的社会效果。社会到底需要什么素质的人才？从以下几个企业招聘的例子或许可以找到答案。

美国宝洁公司是一家著名的跨国公司，他们招人打破专业限制，不管学文、理、医、工，也不管专业，只要符合招聘条件都能录用。公司规定了素质检测的笔试和面试，重点是：思维、交际、应变、文字语言、组织协调、领导鼓动等能力。经过培训，一年工作做出成绩就当部门经理。他们的观点是，在技术和素质关系问题上，素质起决定作用。他们认为有优良素质就能很快掌握好技能；反之，一个技术熟练的人没有良好的综合素质将不会有什么发展潜力，在两者不可兼得的情况下，公司首选素质优良的人才。这是世界级公司的用人策略：以素质为用人第一要素。

美国强生公司录用员工时的几个原则：第一，挑选德才兼备的人；第二，对才学很高但德行低下的人坚决不予录用，认为这些人对企业没有任何好处，只会带来危害；第三，对于道德素质很好但业务水平较低的人予以录用，他们认为这些人道德素质好，只要业务上加以培养提高，一定会给企业带来好的效果。公司把道德素质看成是择业和企业发展的第一资源。

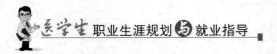

有关人才需求调查表明，用人单位最看重大学生的素质的前5项指标分别是：道德素质、解决问题的能力；专业知识与技艺；学习意愿、可塑性；敬业精神；团结沟通协作能力。

二、医学生综合素质的现状分析

社会是一个充满激烈竞争的舞台，用人单位会从社会学、经济学、管理学的角度来挑选自己认为是合适的人选。在一些就业洽谈会和各种人才招聘会上，了解到大部分毕业生有合理的专业知识结构，有较高的思想素质、心理素质和人文社科素质；有较强的事业心、责任感和竞争意识。但有部分毕业生综合素质还不尽人意，与医疗卫生事业要求相差甚远。主要表现在以下几个方面：

（一）认知能力不强

当前，在市场经济的影响下，金钱至上、待遇第一的观念影响着医学生的就业观，有些医学生把能获得多少经济收入作为选择单位的首要标准，片面地认为只要工资水平高、社会福利待遇好就是找到了好的工作。有些毕业生对于自己适合什么样的工作和将来在哪些领域中发展还没有认真地思考过，没有冷静地分析自身所处的环境是否与自身的条件相适应，不能用发展的眼光看问题，不能把人的发展和社会的发展有机地联系在一起，只顾眼前利益，不管将来发展。

（二）动手能力较弱

用人单位普遍反映：很多毕业生都具有英语、计算机等级证和各种各样的荣誉证书，有的还是优秀毕业生，学业成绩也都很好，但在实际工作中，有些毕业生动手能力太差，高分低能现象十分明显。

（三）合作精神欠缺

受当今社会思潮的影响，一些学生个性更加鲜明，我行我素，做事、说话都不太注意别人的感受。这些人往往不懂得社会是一个有机联系的整体，不知道团队合作精神的重要性，自以为是，往往喜欢贬低别人而抬高自己。

（四）不善人际交往

传统的应试教育束缚了大学生交际能力的发展，加之近年来兴起的考研升本热潮，使即将毕业的学生卷入到茫茫书海，在实际工作中，这些毕业生往往难以应付日常生活的各种交际，更不可能灵活处理。

（五）表达不够通畅

部分毕业生缺乏基本的文字表达能力和口头表达能力，有的甚至不能用语言或文字表达出一件事情的来龙去脉。

（六）控制能力不强

有些医学生在工作中不能很好地控制自己的各种心理情绪，遇事不沉着，处事不稳重。

此外，部分医学毕业生职业道德意识不强，缺乏自信，说话不诚实，做事不扎实，作风不踏实，这些也是不受用人单位欢迎的原因。

三、医学生综合素质的培养途径

高等学校是科学文化知识的创造基地，也是科学文化知识的传播场所。培养高素质的、能力强的综合性人才是高校义不容辞的责任，只有具备一定素质和能力的人才会得到社会的认可。因此，高校教育的目标是要把学生教育成具有高素质的社会的主人，不仅要使其得到知识和技能的教育，而且应将能力、态度、情感、价值观和行为方式的培养放在重要的地位，使每一个学生都能够做到"八会"，即会做人、会求知、会生存、会创造、会健体、会合作、会选择、会适应。

（一）优化医学生的政治思想素质

政治思想素质，从根本上讲，就是一个人的政治态度、道德水准和社会责任感，就是把自己的事业与祖国的前途、人类的文明、社会的进步融为一体的品格。大学生的心理素质不稳定，其模仿性和可塑性极强，因而他们的思想极易受到周围环境的影响。抓住这一特点，我们应尽力营造良好的社会及校园环境，使其形成良好的政治思想素质。在社会上要营造出一种勇于奉献、提倡个人利益服从和服务于国家利益、人民利益的积极向上的良好的社会环境；在校园里，要树立勤奋、严谨、求实、创新的良好校风和学风，引导学生勤勤恳恳求学、老老实实做人；要建设良好的校园政治思想文化，通过校园广播、报纸、宣传栏、文体活动等途径宣传党的方针政策；要努力提高教师的政治思想素质、师德水平、业务能力，通过言传身教，充分发挥榜样的作用，从而对学生的政治思想产生良性影响，以利于其形成良好的政治思想素质。

（二）提升医学生的专业素质

21世纪是高科技发展的世纪，21世纪的时代特征决定高等教育必须培养高层次专门人才。邓小平同志指出："只靠坚持社会主义道路，没有真才实学，还是不能实现四个现代化，无论在什么岗位，都要有一定的专业知识和专业技能"。怎样才能使医学院校毕业生符合医疗卫生行业需求，专业素质、能力至关重要。医学院校应该积极调整办学思想，深化教学改革，在培养模式、专业设置、教学内容与方法等方面作一些新的尝试。在教育学生加强专业基础知识学习的前提下，加强对学生思维能力和创新能力的培养。培养出来的学生要勤于思考，善于思考，能运用辩证的思维方法进行正向思维、反向思维、多向思维，在思维中有所收获，在创新中有所发现。

（三）增强医学生的职业素质

根据目前部分医学类毕业生存在的开拓创新意识不强、实际动手能力和解决实际问题的能力比较差、知识能力结构不合理、岗位适应期比较长、进入角色慢等问题，可以寻找突破口。加强院校合作教育，聘请医疗单位专家参与校内教学，构建校内、校外完整的合作教育体系。也可以通过组织学生到医疗卫生单位进行实践等方式，使学生直接接触社会实际，更加深刻认识国情、民情。如通过组织开展"医疗、文化、服务"为主的"三下乡"活动，促进学生将理论知识和社会实践相结合，在培养学生解决实际问题的能力的同时，使他们的创新意识进一步增强。

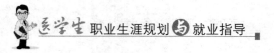

（四）强化医学生的文化素质

加强文化素质教育，使医学生具有健康的审美能力，能够正确处理人与自然、人与社会、人与人的关系。在培养教育过程中不断渗透人文科学、社会科学、自然科学、艺术鉴赏等内容，给学生提供多层次、多侧面、多角度的思想文化陶冶。加强科技创新活动和社会实践活动，培养学生的创新精神。

（五）提高医学生的身心素质

医学生应树立科学的世界观、人生观和价值观，要积极学习一定的心理学理论，明确良好的身心素质对自身健康成长、成才、成功的重要性，掌握一些维护身心健康的方法。还应参加丰富多彩的课外活动，提高身体素质，增强意志，丰富情感，发展才智，从而促进心理健康，提高身心素质。及时发现学生存在的心理障碍，科学地加强心理教育。不仅要教会学生学会做事，更要教会学生学会面对失败和挫折，从而笑对人生。

1. 正确认识健康的科学内涵，掌握大学生心理健康的标准

世界卫生组织把"健康"定义为：健康乃是一种生理、心理和社会适应都臻于完满状态，而不仅仅是没有疾病和虚弱的状态。这就表明，人的健康是以生理健康和心理健康相互协调为基础，且具有良好社会适应性，是三方面的有机统一。一个人只有生理、心理和社会适应几个方面都处于完满状态，才算真正的健康。美国心理学家马斯洛和米特尔曼曾列举了十条大学生心理健康的标准，即：有充分的自我安全感；充分了解自己，并能恰当估计自己的能力；生活理想切合实际；不脱离周围现实环境；能保持人格的完整与和谐；善于从经验中学习；能保持良好的人际关系；能适当地宣泄情绪和控制情绪；在符合团体要求的前提下，能有限度地发挥个性；在不违背社会规范的前提下，能适当地满足个人的基本要求。

2. 积极参加体育锻炼，保持健康的体魄

生命在于运动，运动是健康的源泉。居里夫人说：科学的基础是健康的身体。要保持健康的体质，就要积极参加体育运动，了解体育运动的基本知识，掌握科学锻炼身体的基本技能，养成锻炼身体的良好习惯，达到国家规定的合格标准。俗话说：流水不腐，户枢不蠹。大学生积极参加体育锻炼，能够提高人体生长发育的潜力，增强机体对环境的适应力以及对疾病的免疫力，从而提高学习、工作效率。实践证明，运动可以极大地增强人的心脏工作效率，改善呼吸功能，使神经脆弱者变得坚强，促进人体新陈代谢，使人力量增大，耐力持久，精神饱满。

3. 提高自我意识水平，学会悦纳包容自己

自我意识，是指个体对自己存在的觉察，即自己认识自己的一切，包括认识自己的生理状况、心理特征以及自己与他人的关系等。自我意识是一种多维度、多层次的心理系统。从结构形式来看，自我意识是由知、情、意构成。从内容上来看，自我意识又可分为生理自我、社会自我和心理自我。生理自我是指个人对自己身体的意识，包括占有感、支配感和爱护感。社会自我是指个人对自己在社会关系、人际关系中的角色意识，包括个人对自己在社会关系、人际关系中的地位和作用的意识，对自己所承担的义务和享有的权利的意识等。心理自我是指个人对自己心理的意识，包括个人对自己的性格、态度、信念、理想和行为等的意识。一个具有较高自我意识水平的人，能够接受自己的一切，包括自己的优点和缺点，强质和弱质，能够对自己看得更清楚，肯定自己，包容自己，悦纳自己；这样才能利用优点，发展长处，改正缺点。心理学家柯里说：如果一个人只看到自己的不足，什么都不如别人，处处低人一等，就会丧失信心，产生厌恶自己并否定自己的自卑感，这样的人就会缺乏勇气，缺乏积极性。

4. 培育高尚的个性心理品质，提高心理承受能力和适应能力

个性心理品质是人的内在综合素质，主要表现为气质、性格和兴趣三个方面。高尚的个性心理品质是增强心理健康的免疫力。一个人只有充分认识自己的心理状态，才能在实际生活中扬长避短，发挥优势，选择最适合自己气质特点的学习和工作方法，使自己的心理健康发展。一个人只有充分认识自己的兴趣，才能激发积极性，保持良好的心境，提高认识水平，增强活动能力，使自己视野开阔，心胸豁达，朝气蓬勃，增强克服困难的勇气，形成良好的意志品质。心理承受能力是一个人身处逆境时的自我保护能力，是人们克服困难和战胜困难的心理前提。心理适应能力是一个人面对陌生环境的自我调节能力，是人们战胜自己并顺应环境的心理基础。良好的个性心理品质有利于提高人们的心理承受能力和心理适应能力。

（六）提高医学生的社交水平

由于人的社会属性，在社会中求生存、谋发展，就会面临如何与人交往，与人协作的问题。在医学实践中，医学生不仅要善于与同事、领导进行沟通和交流，还要善于与病人及病人家属等进行沟通和交流。医学生的社交能力增强了，在将来的工作中可建立良好的医际和医患关系，在生活中也可以少碰壁，少走弯路。相反，就很有可能人为地在自己与周围环境之间筑起一道心理屏障，既不利于自身的全面发展，又影响了个人参与社会生活的广度和深度。因此，提高自身的社交能力，是医学生必须具备的基本素养。

社会交往能力包括与周围环境建立广泛联系和对外界信息的吸收、转化能力，以及正确处理上下左右关系的能力。具体包括表达能力、认知能力和控制能力三个层次。

表达能力是指个体能在人际交往中借助语言和非语言方式恰当地表达思想、情感，增进相互了解的能力。

认知能力是指对人际关系的认识能力，包括通过他人外表和行为认知他人内心世界的能力，对自己在别人心目中的地位的认识，对自己与他人、他人与他人关系现状的认识。

控制能力是指个体能够根据情境随机应变，调整控制自己的语言与非语言性的表达和对情感加以必要掩饰的能力。

在人际交往的过程中，必须遵循以下原则：

1. 平等原则

平等是建立良好人际关系的基石，人际交往，首先要坚持平等的原则。平等意味着相互尊重，寻求尊重是人们的一种需要。"己所不欲，勿施于人"以及"己所甚欲，勿施于人"，就说明在人际交往的过程中，应该互相尊重和支持。在人际交往中，希望被他人重视、接纳，同时也具有防止自我价值遭到否定的自我保护倾向。无论是工作上的联系还是生活上的交友，都不能因为自己的优势而趾高气扬，也不要因为自己的劣势而自卑，这些心态都会影响人际关系的顺利发展。

2. 诚信原则

诚信是中国传统文化中最崇尚的道德信条，也是公民的第二个"身份证"。在人际交往中，诚信是立人之石，交友之基，只有相互尊重，讲诚信，双方才有可能在困难的时候相互帮助、相互扶持，在成功的时候相互分享。对每一个立志成才的医学生来说，诚信会使你赢得同事和患者的尊重和信赖。

3. 相容原则

在人际交往中，由于认识水平的差异或个性习惯的差异，可能对某些事物的看法或处事方法不一致，这就需要与人相处时包涵、宽容、忍让。与人交往，不但要与自己经历等相似的人交往，还要善于与自己性格相反的人交往，求同存异、互学互补，更好地完善自己。在非原则性问题上，谦让大度，不计较对方的态度和言辞，并勇于承担自己的行为责任，是建立良好人际关系的润滑剂，可以避免很多冲突，赢得更多朋友的赏识。当然，在法律、道义、伦理面前，必须坚持正义。

4. 互利原则

人际交往是一种双向行为，故有"来而不往非礼也"之说。只有单方受益的人际交往是不能长久的。古人崇尚：人际交往中的互利，不仅是物质上的，还有精神层面的。"投之以桃，报之以李"，交往双方都要讲付出和奉献。互利原则要求我们在人际交往中，了解对方的价值观倾向，多给对方以关心、帮助，并保持对方的得大于失，从而维持和发展与他人的良好关系。

5. 赞美原则

美国著名小说家马克·吐温说过："仅靠一个赞扬我就能很好地活两个月"。可见赞美的功效是惊人的。恰如其分的赞美，能使人感受到人际间的理解和温馨，并有效地增进赞美者和被赞美者之间的交流，成功地缔造合作者之间的友谊。人际交往中，适时地赞美别人不但能使自己获得别人的真爱和尊敬，也可能对别人产生奇妙的影响。因为被赞美，证明了人们存在的价值；因为被赞美，人们才发现自己被关注、被尊重。如果只是为了讨好别人而去赞美，则违背了赞美的初衷和本义了，它只是阿谀奉承。

（七）培养医学生的语言表达能力

表达能力是要将自己内心的思想表现出来，并让他人能够清楚地了解。作为医务工作者，经常与患者交流，更要具有良好的表达能力。表达的基本技巧表现在适时、适量、适度三个方面。

一要适时。说在该说时，止在该止处，这才叫适时。有的人见面时不及时问候，分手时不及时告别，失礼时不及时道歉，对请教不及时解答，对求助不及时答复；有的人在热闹喜庆的气氛中唠唠叨叨诉说自己的不幸，在别人悲伤忧愁时嘻嘻哈哈开玩笑，在主人心绪不安时仍滔滔不绝发表长篇大论，在长辈家里乐不可支地详谈"马路新闻"……这样，会让周围的人觉得你不懂礼仪，不识时务。在医院里，说话要注意保护患者的隐私，才能取得患者的信任。

二要适量。这里指声音大小适量。大庭广众之中说话音量宜大一点，私人拜访交谈音量宜适中，如果是密友间交谈，小声则可以表现亲密无间的特殊关系，给人一种亲切感。这些都是在社交场合与人交谈时应该掌握的技巧。在与患者交流时，更要注意音量适中。

三要适度。主要是指根据不同对象把握言谈的深浅度，根据不同场合把握言谈的得体度，根据自己的身份把握言谈的分寸度。与患者交流时，特别要注意，有些病情不宜告知病人本人，否则，会给病人带来极大的伤害。

语言表达能力不是天生具备的，是可以通过练习获得的。医学生在课堂讨论或分组讨论的活动中，应踊跃发言；在课余应积极参与第二课堂及社团活动，积极参加朗诵、演讲、辩论等活动。只要持之以恒，刻苦训练，你的语言表达能力一定会增强。当然，你也要清醒地认识到，语言表达能力，必须有广博的知识做后盾，故需努力学习各类知识。

（八）培养医学生的组织管理能力

组织管理能力指成功地运用管理者的知识和能力影响机构的活动，并达到最佳的工作目标，是一个人的知识、素质等基础条件的外在综合表现。组织管理水平的高低，已经成为衡量一项工作、一个单位工作好坏的重要标准。医疗卫生体系是一个庞大的、复杂的系统结构，现代医学技术综合化、社会化，协作化趋势日益加强，一项医学任务的完成，往往需要很多医务工作者的协作，这要求加强组织协调。近几年，大学毕业生中学生干部往往成为用人单位的首选对象，主要原因就是看重他们的组织管理能力。因此，具备一定的组织管理能力，对医学生才智的发挥、事业的成功具有重要的意义。培养自己的组织管理能力，应注意以下两点。

1. 要抓住机遇

大学里有各种各样的学生干部岗位，大到学生会主席，小到寝室长，还有众多的学生社团干部等，担任学生干部的机会不少。有些同学可能对社团中的某些职位或寝室长之类的"小官"不屑一顾，这其实是有失偏颇的。应该看到，任何一个职位都可以使你的组织管理能力得到锻炼。

2. 要虚心学习

积极参与策划、组织各种活动，要有良好地倾听及整合所有成员意见的能力，并根据整合的意见制定目标，让全体成员清楚地了解你的观点，同时，还要以积极的态度配合自己的搭档并注意学习其长处。这样，就可得到全体成员的信赖和支持，有助于组织管理能力的提高。

（九）培养医学生的医德

医德，是医务人员的职业道德，它是社会道德在医学领域中的具体表达，是医务人员自身的道德品质和调节医患关系、医际关系及医务人员与社会之间关系的行为准则、规范的总和。高尚的医德是医学生综合素质的最高表现。

1. 医德的主要内容

我国是一个历史悠久的文明古国，在医疗领域中，我们的祖先不但积累了丰富的医疗经验，更建立和发展了传统的医德规范。我国传统的医德规范主要包括如下几个方面：仁爱救人、赤诚济世的事业准则；清正廉洁、不图钱财的道德品质；虚心好学、刻苦钻研的学习作风；认真负责、一丝不苟的服务态度；不畏权贵、忠于医业的献身精神以及不断总结、敢于创新的勇气。现代社会道德是在传统道德基础上结合时代特点不断发展起来的。现代社会道德对医务人员的要求，主要包含如下内容：

（1）同情心和责任感　同情心是医德情感中最基本的，"恻隐之心，人皆有之"。医乃仁术，强调的是作为医务人员首先要有同情心。所谓同情心即是面对经受病痛折磨、求医心切的病人，产生的急病人之所急，想病人之所想的情感，表现出对病人的体贴和亲切的关怀。现实中，之所以有医务人员对于患者病情熟视无睹，态度冷漠，语言生硬，开大处方，小病大治，甚至见死不救，一个很重要的因素就是同情心的缺失。责任感是医德情感中重要的组成部分，其外在表现就是医务人员把维护病人的生命当作自己崇高的职责，它是同情感升华的必然结果。现实中，有医务人员手术后将手术工具遗忘在患者体内，手术出现重大失误，对患者敷衍了事，这都是缺乏责任感的体现。通过对医务人员道德情感的教育，使广大医务工作者树立正确的人生观、世界观和价值观。因此，需要加强医务人员同情感和责任感的教育。

（2）树立社会主义荣辱观　社会主义荣辱观是构建和谐社会的伦理道德核心，是指导各行各业行风建设的旗帜，更是医德医风建设的理论基础。社会主义荣辱观体现了科学的世界观、人生观和价值观，对于和谐医患关系的建设具有重要的指导意义。社会主义荣辱观与医疗服务行业实践相结合后，其具体内容主要体现在：以服务病人、爱岗敬业、团结互助、勤劳廉洁为荣，以损害病人健康利益的行为为耻。因此，社会主义荣辱观体现了医务人员的服务宗旨和根本职责。

2. 加强医学生医德教育的有效措施

（1）与时俱进，改革医德教育评价机制　学校应建立较完善的医德评价机制，对学生进行年度考评，建立医学生医德档案，并作为评比"三好学生"、"优秀学生干部"、"奖学金"及入党的一个重要依据，对医德优秀的学生应给予表彰奖励，同时对医德年度考评不合格的学生给予应有的处置，以促进医德教育的成效。随着时代发展，建立新的医德评价标准，要以真、善、美为核心内容，可采用班级评价、自我评价和信访评价等多种途径，以构建科学合理的医德评价机制。

（2）改革教学方法，开展实例教育，提升医德认识　新时期的大学生反感空洞和漫无边际的说教，因此授课教师就必须立足于医学生学习、生活实际，结合时代特征，切实加强教育。比如在讲授医德教育理论课时，除了从理论上讲清医德的内涵及重要性外，还要多结合时事新闻来教育引导。如抗击非典、地震救灾等过程中涌现出的大量医疗英雄人物，都是很好的榜样教育实例。

（3）树立现代教育意识，在课堂中加强医德教育　高尚医德的养成是一个潜移默化的过程，而不是单靠运动式、暴风雨式的教育，所以学生的医德教育应从新生入学那一刻开始，直至毕业。为了能在课堂中确实加强医学生的医德教育，需做到以下几点：首先，人文教师与专业教师携手同心，形成医德教育的整体合力，政治理论课、思想品德课和医学伦理学教师及医学专业课程的教师都应参与到医德教育中，以自身的人格魅力感召学生树立正确的人生观、价值观；其次，不断加强医学专业课教师自身的人文功底，对其进行定期或不定期的人文素质培训，鼓励他们根据授课情况，结合实例，把医德教育渗透到专业课程的教育之中，同时让人文教师多学习和了解医学知识，寻求更多的医学和人文的契合点；最后，在教学中贯穿科学史的教育，结合教学内容对学生进行道德教育，这些都是培养学生思维能力、科学方法，提高教学质量的有效途径。

（4）结合专业特点，开展社会实践活动　"实践是检验真理的唯一标准"，也只有通过实践，才能拉近医学生与医德之间的距离，让他们觉得医德就在他们身边，达到提升医德认识的作用。学校应该多组织开展社区卫生服务调查、宣传预防艾滋病、义务支教、街头义诊等一系列社会实践活动，既可以巩固学生在书本上所学的专业知识，又可以增强自身的社会责任感和奉献精神，培养了职业道德意识，丰富社会经验。尽管如此，社会实践教育也有一个不断完善的过程，需要从以下方面来改进：一是科学评定社会实践活动的绩效；二是要做好实践活动前的培训工作；三是要寻求社会支持和理解，以确保有充足的人、财、物来开展社会实践活动；四是要组织学生轮流参与，条件允许应全员参与；五是要做到内容丰富，方式灵活多样。

（5）将传统医药文化融入医学生的医德教育　中医药文化是中华民族优秀文化的本质体现，是中医药特色与优势的精神文明和物质文明的总和。据有关学者研究，古代医德风范的代表性人物共约557人。其中，有36位医家的医德言论在医德文化方面具有较大的影响。中医药学术思想或传说典故中也蕴含着德育思想。将医德教育与中医药文化相结合，不仅可以加强医学生的人文素质，还可以充分发挥中医药文化的德育功能。

（6）丰富校园文化活动，营造医德教育氛围　校园文化能塑造良好的性格和高尚的品格，校园文化影响着学生的思想品质、价值观念和生活方式的选择，具有极强的导向作用。为把医德教育融于校园文化建设之中，营造出"大医精诚"特点的校园文化环境，学校在思想道德教育实践中在发挥学生的主观能动性方面可做一些有益的尝试。例如，与兄弟院校联合举行新春诗歌朗诵比赛，放映励志影片，一年一度的"女生文化节"，学生评优表彰大会，邀请校内外知名人士开展系列人文讲座等，这些活动不但可以丰富学生的文化生活提升学生的医德情操，还可以培养学生分辨真善美和假恶丑的能力。深入加强校园文化建设，是创建医学生医德教育环境的重要途径。

医学生崇高医德的养成是一项长期而又艰巨的任务，不仅需要医学生经常反躬自问，恪守"救死扶伤，防病治病，实行革命人道主义，全心全意为人民服务"的职业信念，而且还需要学校的教育引导，以及全社会的关注重视，这样才能共同营造医学生良好的医德形成环境，才会取得医德教育的最佳效果。

思考与练习

1. 在某一届奥运会的击剑比赛上，一位著名的击剑运动员在第一次比赛中输给了一个与自己水平不分伯仲的对手。第二次相遇，由于上次失利阴影的影响，这名运动员又输掉了。第三次比赛前，这名运动员作了充分的准备，他特意录制了一盘磁带，反复强调自己有实力战胜对手，每天他都要将这盘录音带听上几遍，并梦想自己登上奥运会冠军领奖台的情景，结果他在第三次比赛中轻松击败了对手，获得了奥运会冠军。

讨论：

（1）试分析一下，他为什么能够战胜心理阴影并获得成功？

（2）在对自己的实际情况进行客观分析的基础上，谈一谈你准备如何提升自信心？

（3）这个案例对你开发自己的潜能有哪些启发？你准备怎样开发和利用自己的潜能？

2. 结合专业学习实践，谈谈如何培养自己的操作技能。

3. 医学生应从哪些方面培养自己的医学综合素质？

第五章　医学生毕业前的准备

医学生毕业前的准备对其毕业后顺利就业具有重大意义，这不仅包括素质和能力上的准备，还包括心理准备和材料准备。

第一节　心理准备

一、树立科学的就业观

大学生的就业观对其择业起着至关重要的作用，直接决定着其对就业方式的选择。作为一名医学生应全面了解就业及就业观的有关问题，树立科学的就业观。

（一）就业观概述

1. 就业的概念

就业是指具有劳动能力的公民在法定的劳动年龄内，依法取得从事某种比较稳定的有报酬的社会劳动的过程。

其包括三个方面的内涵：一是从事"社会劳动"，而不是自己的家务劳动；二是得到社会认可；三是获得劳动报酬。

2. 就业观

就业观是指对职业选择的基本看法，是个体在一定的世界观、人生观和价值观的指导下，对自己未来从事职业和发展目标的基本认识和态度。就业观对毕业生求职、择业和进行就业准备有直接影响，能直接指导人们的职业选择，并通过职业选择、职业活动体现出来。就业观是具体化的人生观，是每个有劳动能力的人对人生的基本态度问题。比如，有的医学生认为只有当了公务员才真正实现了自己的人生价值，有的医学生的理想是做老板，有的根据自己的喜爱程度来选择专业，有的则脚踏实地从最基本的做起。因此，大学生不同的就业观，则决定了不同的人生道路。

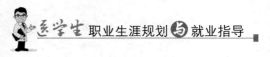

（二）破除不科学的就业观

当代医学生主要存在三种不科学就业观：

1. 就业首选大中城市

中国目前仍是一个发展中国家，整体城市化水平不高。知识精英仍然高度集中在大中城市，带来了残酷的就业竞争。现在不是医学生过剩，而是大中城市医学生相对过剩。这是一个供求问题，可以用最基本的经济学原理来解释，供过于求，不管是人还是物，都会自然贬值。因此，就业首选大中城市，需要理性的对待。

2. 工作需要高度稳定

计划经济体制的负面影响，对于当代医学生的父母仍然具有深刻影响。终身职业，在家长看来，才是最稳妥的职业，这种思维方式在一定程度上影响了当代医学生。近年来，高校毕业生报考公务员的人数迅猛增长，虽然政府工作并不是每个人都适合的职业，但是大学生们仍趋之若鹜。从西方国家的就业情况来看，与中国的区别在于很少有人终身从事一种职业。在职业的选择中更加注重个人偏好，而不是社会舆论。市场经济的发展，越来越要求人的全面发展，只能从事单一职业的人越来越不受社会欢迎，也是在未来社会中难以再就业的高危人群。从某种意义上说，最稳定的工作可能成为最容易失业的工作。

3. 一味追求安逸工作

当代医学生处在中国经济高速发展的年代，受西方文化的影响较大，对自由和个性的追求有着自己不变的信念，向往高福利、高薪金、高待遇的安逸生活，不愿从事艰苦的职业活动。因此，他们不约而同地来到了经济发达的大城市，在大单位门前毛遂自荐。大城市人才济济，大单位挑来拣去。年复一年，有些医学生就这样等待着就业机会。可是，另一方面，地方私有单位、乡镇卫生院求贤若渴、虚位以待，却无人问津，一些医学生却熟视无睹，古人尚知"先天下之忧而忧，后天下之乐而乐"，而新时代的天之骄子为何没有注意到这些现象呢?医学生就业不只是个人的问题，还是一个社会问题。医学生的就业方向和就业选择，直接关系到国家经济结构的调整。医学生不能就业，在很大程度上是一个就业观念的问题，就业观念不转变，就难以找到适合自己的工作岗位。

（三）树立科学的就业观

医学生应树立科学的就业观，根据自己的兴趣、专长和条件，自主选择职业。

1. 树立竞争就业观

在市场竞争中，必须通过劳动力市场竞争，实现自主择业。事实上，只有那些职业技能高、敬业精神强的人，才拥有更多的就业机会，才能获得更好的工作岗位。因此，医学生应树立竞争就业的观念，努力学习，提高专业技能和综合素质，积极主动地适应人才市场的需要。

2. 树立职业平等观

从事各种正当职业的劳动者，都是创造社会财富所必需的，没有高低贵贱之分。美国总统林肯曾有句名言："世上没有卑贱的职业，只有卑贱的人。"三百六十行，行行出状元。无论你从事什么工作，只要有信心、有毅力，干一行爱一行，就一定会成功的。

3. 树立多元化的就业观

当今社会，就业形式越来越多元化，如自由职业、临时工等。在择业方式上，可以通过职业介绍所、媒体广告、网上人才市场、招聘会等选择职业，实现就业。现实生活中，有的人没活干，可修脚技师却后继无人，热门高级技师有时月薪万元都聘不到，有些医学生非国有单位不去，非管理岗位不去，脏、累、重活不干。这就要求我们树立多种方式就业观，灵活地选择职业。

4. 树立自主创业观

自主创业是一种具有时代特征的新型就业观。但医学院校里缺少创业氛围，让医学生缺少创业胆识。这不但制约了医学生的就业观念，也不利于市场经济的健康发展。因此，医学院校必须突破传统的就业观，宣传创业思想，推行创业教育。这样，既可以解决医学生自身就业问题，也可为社会创造更多的就业机会。

二、调试就业心理

医学生就业心理是指医学生考虑就业问题、做好职业准备及在寻求职业的过程中产生的各种心理现象。就业心理贯穿在整个大学的学习生活中。殖着我国就业体制的改革，毕业生在就业选择上拥有了更多的机遇和更广阔的市场，但也要面对更大的心理压力。

（一）医学生的择业心态

1. 医学生择业的心理表象

（1）积极表象

"凭实力说话"——随着人才市场运作机制的逐步健全，绝大多数应届毕业生在择业时都持一种"凭实力说话"的心理，凭借自身的综合素质和能力，寻找理想的用人单位。

自主创业——随着教育体制改革的深入，素质教育的推进和社会鼓励医学生艰苦创业的影响，有一部分创业意识较强的医学生毕业时利用自身的专业知识和技能优势，大胆创业。自主创业心理，非常适合当今社会对医学生的期望，也有利于医学生的成长成才。

继续学习——现代社会知识成几何级数增长，知识更新速度越来越快，将来的社会必将是一个学习的社会，而知识与技能的获得将主要依赖工作实践，因此，许多毕业生择业时往往首选体制完备，发展成熟，能够提供系统化、职业化、规范化的学习机会的用人单位。这种继续学习意识的强化，尤其是重视在工作中学习的心理，无疑是与现代社会的要求相合的。

看重事业发展，注重工作前景——随着竞争的加剧和收入的普遍提高，个人的发展和前途已成为医学生择业时关注的焦点。他们的择业导向是事业的发展，看重工作前景甚于当前的工作待遇。这种将报国之志与个人事业成功有机结合的心理，显然较之过去部分医学生只顾实惠，只讲待遇的择业心理有长足的进步。

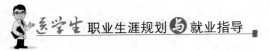

（2）消极表象

攀比——有些医学生拿自己身边同学的择业标准定位自己的择业，从而导致不同程度的攀比心理，这在其参加招聘会时表现得尤为明显。在此心理下，即使某单位非常适合自身发展，但因某个方面比自己同学选择的就业单位存在差距，就犹豫并放弃，事后却又后悔。

盲目求高——部分医学生单向考虑自己的择业，只要求用人单位各个方面都十全十美，从工资福利待遇到住房、地理位置、工作环境等无不在其考虑之中，却忽视了如此完美的单位能否接纳自己。这种不给自己合理定位而产生高期望值的盲目求高心理，是不少医学生择业时"高不成，低不就"的心理诱因。这种心理使不少医学生与自己合适的用人单位失之交臂。

不平衡——自身综合素质、综合能力的不足，或自身社会背景缺乏，或对机遇把握不准，导致部分医学生找不到理想的工作单位。而这些医学生往往不能正确归因，于是怨天尤人，从而产生不平衡心理。这种不平衡心理往往导致少数医学毕业生对社会、对人生产生偏颇看法。

自卑——在竞争激烈的求职场上，部分医学生或因所学专业不景气，或因自己专业知识、专业技能及综合素质不如其他同学，或因求职屡次受挫，往往产生强烈的自卑感，进而转化为自卑心理。有这种心理的医学生往往没有信心和勇气面对求才若渴的用人单位，往往不能适当地向用人单位展示自身所长，甚至把自身的优势也变成了劣势，从而严重影响了自己的择业。

自负——与自卑心理相反，部分应届医学毕业生或因所学专业紧俏，或因就读学校为名牌学府，或因自己无论是专业学习还是综合素质都高人一等，或因凭自身较优秀的条件为不少用人单位所垂青，而在内心深处油然而生一种目空天下、高人一等的极端自负心理。在这种心理支配下，往往是"这山看着那山高"，这个单位不顺眼，那个单位也不如意。对有自负心理的优秀毕业生，要引导他们正确定位自己，认识到自身的不足，不要总是"挑肥拣瘦"，避免其在瞬息万变的求职竞争中迷失方向，丧失理智与冷静。

【案例】

毕业生小张口才不错，在与用人单位代表面谈时自我感觉良好。一番海阔天空的高谈阔论以后，当对方问他的个人爱好是什么时，他竟得意地宣称是"游山玩水"，结果被用人单位毫不犹豫地拒之门外。

分析：小张的失败是典型的自负心理造成的。自负在心理学上指过高地估计自己的能力，从而失去自知之明。在这种心理的支配下，不少毕业生在求职择业过程中，总是自以为是，自负自傲，自以为自己什么都懂，什么都会，夸夸其谈，结果留给用人单位的是浮躁、不踏实的印象。

依赖——部分应届医学毕业生，虽然接受了大学教育，但在很多事情上还是缺乏应有的分析和解决问题的能力。其在择业时对一个单位是否适合自己，往往不是凭自己的独立思考，而是依靠听取父母师长之意、师兄师姐之言进行取舍，表现出较强的依赖心理。当然，对择业这样的大事，适当地征询师长的意见，是必需的。但是那种毫无主见，一切听他人意见的做法则是不可取的。有依赖心理的应届毕业生，应学会根据具体情况具体分析，并作出适当取舍，掌握进行判断决策的方式方法，尽快成熟起来。

【案例】

某校2012年5月举办的小型招聘会上，毕业生小李的父母在招聘会尚未开始时，就早早地到会场打听单位的情况。招聘会开始很久以后，小李才姗姗来迟，并由家长陪同前往用人单位摊位前面谈。面谈过程中，小李发言的时间还没有其父母多，结果谈了一家又一家，最终仍一无所获。

分析：小李的问题出在择业过程中过分依赖他人。其实，依赖他人是难以选择到一份满意的工作的。现在的毕业生中，独生子女所占的比例越来越大，其生活一帆风顺，经历过的波折少，加上父母的过分呵护，客观上使其形成了依赖心理。

2. 医学生择业过程中常见的心理矛盾

医学生的择业心理是复杂而多变的。经过几年的医学学习，医学生在知识、能力与人格方面有了显著的发展。医学生毕业时都为自己即将走向社会，将自己所学知识与本领奉献给人民，实现自己的人生价值而感到由衷高兴。就业制度的改革为医学生就业提供了更多机遇和更大的自由度，许多医学生都跃跃欲试，准备在专业领域内一展身手，但是，在择业过程中医学生又难免出现种种心理矛盾。

心理矛盾也可理解为心理冲突，是指两种或两种以上的动机、欲望、目标和反映同时出现，由此而引起的紧张心态。心理冲突是心理失衡的重要原因。心理矛盾并不奇怪，人的一生就是在矛盾心理中度过的，甚至可以说心理矛盾是促进心理发展的动力。但是持久的心理矛盾对人的心理健康和活动效果会带来消极的影响。医学生在择业中的心理矛盾既有需求矛盾，也有目标矛盾。

（1）有远大的理想但往往不能正视现实　人的一生总是在追求美好的未来，经过充实而丰富的医学学习，医学生知识的羽翼日渐丰满。面对汹涌的市场经济大潮，他们满怀豪情准备搏击一番。然而，由于他们接触社会较少，理想往往脱离客观现实，如许多医学生都想进大医院，或是成为医药公司的总经理、老板，想走商业巨子之路，但是在择业中他们并未深入思考自己的知识、能力、性格、爱好、气质等实际情况，出现了理想自我膨胀和现实自我萎缩之间的矛盾。

（2）想做一番事业但缺乏艰苦创业的心理准备　在择业中，许多医学生都期望从事专业对口的工作，从而实现自己的人生价值，不愿意碌碌无为。但同时他们又缺乏艰苦创业的心理准备，想走捷径，想涉足层次高、工作条件好的单位，想一举成名、一蹴而就，而不愿像伍贤光（见第三章第二节）那样艰苦创业。

（3）有较强的自我观念但缺乏把握自己的能力　在择业中，应用型人才，将会为社会贡献自己的聪明才智，同时，他们也迫切需要得到社会的认可。但是，由于涉世尚浅，社会经验不足，部分应届毕业生还不能正确地认识自我，以致出现期望过高或过低的现象。在面对择业时，有时不能把握自我，遇到顺利的事，忘乎所以，欣喜若狂；遇到挫折时，烦躁苦闷，自暴自弃，不能冷静、理智地对待现实，缺乏驾驭自我的能力。

（4）渴望竞争但缺乏竞争的勇气　就业制度的改革，为医学生择业提供了公平的竞争环境。大多数学生对此渴望已久。市场经济就是竞争经济，一个人如果没有强烈的竞争意识，就不可能成就事业。但是，真正面对社会为其提供的竞争机会时，许多医学生又顾虑重重，缺乏勇气，有的怕因竞争失败丢了面子，有的怕因竞争伤了和气，有的认为不正之风干扰太大，竞争肯定会失败。人们把不愿参与竞争的原因都归结到外界，其实，真正的原因是他们自己的主观努力不够，缺乏实践能力和勇气。尤其是一些学生在择业中遇到困难时，不善于调整目标，而是自己给自己打退堂鼓，自己拱手让出竞争的权利。

（5）利弊同在，难于决断　择业过程中，往往会遇到许多择业机遇，每种选择各有千秋，倘若犹豫不决，往往错失良机。例如，考公务员或事业单位待遇稳定，但收入不高；经商收入丰厚，但不稳定；留在原籍人际关系较熟，但缺乏新鲜感和挑战性；去外地有新鲜感和挑战性，但又人地两生。

3. 医学生择业过程中常见的心理误区

心理误区是指人们在心理上，特别是认识人格上陷入无出路而又不能自拔，且本人对此又缺乏意识的状态。医学生在求职择业中常见的心理误区如下：

（1）选择的自由度越大越好　部分医学生认为，既然现在是社会主义市场经济了，就业政策就应该是完全的市场政策，供需双方完全可以自由交易，自由成交。自由度越大，毕业生与用人单位"双向选择"的空间就越大，我愿意选择哪里就选择哪里；哪里选择我，我都可以去。这些学生抱怨改革的步子太慢，埋怨"一定范围内的双向选择"，实际上是给人限定了框框。他们期待一种无拘无束的选择空间。他们并不知道，就业制度的改革要与人力资源和社会保障制度、招生制度和户籍制度的改革相配套，是逐步推进和实施的，这需要一个历史过程。

（2）我不能比他人差　有些医学生衡量事物，尤其在评价自己的价值时喜欢互相攀比，比周围的同学哪个选择了知名度高、效益好的单位，哪个同学去了大城市。这些学生选择时总抱有一个念头就是"我不能比他人差""或我不能不如他人"，尤其是综合素质稍好一些的同学更是如此。在选择中，攀比嫉妒、强求心理平衡，总是把他人的标准作为自己的标准，"这山望着那山高，这花看着那花俏"。结果，不从实际出发，延误了时机。

（3）过去我事事顺利，择业也依然会顺利　现在的医学生大多是在顺境中成长起来的，他们从校门到校门，没有经受过大的坎坷，也不具有复杂的经历，更没有经受过真正的挫折。一些医学生就认为，既然过去我事事顺利，这次择业依然应当顺利。他们盲目乐观、过于自信，不做认真的心理准备，结果，在择业中稍一碰壁，便意志消沉，一蹶不振。

（4）要去就去沿海或大城市　部分学生认为，要去就要去沿海或大城市。在他们看来，沿海可以赚"大钱"，到大城市一定会有更多的发展机会。他们宁肯到沿海或大城市改行，也不愿意在当地或边远地区择业；宁要东部一张床，不要西部一套房。他们很少考虑自己事业的发展和能力的发挥，更少考虑国家的需要。

（5）大多数人钟情的一定是好工作　部分学生选择工作单位时，自己毫无主见，总是随波逐流，看大多数人选择哪里，自己就选择哪里；大多数人往哪里挤，自己也往哪里挤。他们认为大多数人钟情的，一定是好工作；大多数人选择的，一定没错。结果，人云亦云，不假思索，随波逐流，忽视了自己的特长，丧失了最能发挥自己特长的机会。

（6）求职的竞争就是关系的竞争　有些医学生认为，择业的竞争不是求职者素质和能力的竞争，而是关系的竞争。看谁的关系硬，看谁的关系起作用。于是，这些学生不把立足点放在自身的努力上，而是找关系、托门子、递条子，甚至不惜代价，重礼相送，用庸俗化的一套对待择业，使公正、公平、公开的竞争原则受到了损害。

（7）首次就业关系一生命运　有些学生受择业观的影响，把初次择业看得过重。他们觉得首次就业关系一生命运，他们看不到市场经济条件下的人才流动机制，看不到新的择业观正在改变人们的头脑，看不到"先就业，后择业"观念的某种合理性。

在择业时，医学生产生这些心理误区，客观上是由于就业政策改革宣传的力度不够，所受思想教育的程度不够，市场的负面影响较大等；主观上是由于医学生心理成熟度不高，认识能力不强，或者因认知上的偏差，误解了改革政策，或者缺乏正确客观的认识能力，是非不清，以偏概全，忽视长远，而自己又意识不到等。

（二）医学生调适就业心理的方法

方法就是手段，医学专科生的就业心理指导的基本方法就是教育者对其进行就业心理指导的手段。医学生只有运用马克思主义方法论来理性地看待就业问题，才能解决自身的就业心理问题。马克思主义唯物辩证法告诉我们，必须联系地、全面地、发展地看问题，当然包括就业问题。

1. 医学生应该联系地而不能孤立地看待就业问题

医学生必须联系自身实际和社会实际来看问题。例如，一些医学专科生"唯恐自己难以胜任医生岗位"，基本上属于自身实际；而其认为"一纸专科文凭没有什么竞争力"，基本上属于社会实际。既然部分医学专科生早已经看到了这些实际，就应该正视现实，而不能好高骛远地想进入大中城市的三甲医院，或者大中城市的二甲医院当医师，而应该调整自己的目标，例如到城市社区卫生服务机构和农村基层医疗机构就业。

2. 医学生应该全面地而不能片面地看待就业问题

虽然到国有大中型医院当医师是最佳就业选择，但是我们不能将其作为唯一目标。例如，医学专科生可以参加西部计划中的"支医专项行动"，可以到中小咨询公司当"健康咨询师"；可以开办私人诊所等等，这些都是与医学密切相关的职业。又例如，医学专科生不能将东部沿海地区，以及省会城市和直辖市作为就业的唯一选择地区，而应当多到中西部欠发达地区甚至"老、少、边、穷"地区就业，这些地区更有用武之地。

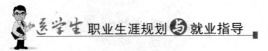

3. 医学生应该发展地而不能静止地看待就业问题

虽然从医的道路是曲折的，但前途是光明的。例如，对于医学专科生来说，首先摆在眼前的最重要一步是通过所学专业国家执业资格考试，这才是从医的第一步。医学专科生只有"苦练内功"、"练好内功"，才能胜任工作岗位，如果不能通过考试，也不能灰心丧气，要认识到一切事物都是暂时的，必须发展地看问题，相信"功夫不负有心人"。其次，即使一时没有能够从事自己所热爱的医学职业，也不能够静止地看问题，这时可以选择适合自己的就业道路，例如"先就业"，等自己能够从事医学职业的主客观条件都具备了，"再择业"。最后，不能静止地看待自己的"专科文凭"，应该努力提高自己的学历，就算难以"普通专升本"，也可以"自考专升本"，再直接报考硕士研究生或者专科毕业两年后符合报考条件的，也可以报考硕士研究生，读完硕士后争取再攻读博士学位，这样不仅有利于选择临床医学实践工作，还可以选择从事医学理论工作，例如成为医学教授等等。因此，医学专科生必须做好自己的职业生涯规划，要充分认识到在某种程度上"内职业生涯"才是"外职业生涯"的决定性因素。

第二节　材料准备

如果说面试是求职成功的必经之路，那么，一份好的求职材料便是照亮这条道路的明灯。毕业生参加各种供需见面会、洽谈会、招聘会、人才交流会、双选会，访问用人单位，恳请老师推荐，拜托亲友帮忙，都需要一份介绍自己的书面材料，达到"广种薄收"的效果。而大部分用人单位安排面试，主要依据能反映毕业生情况的书面资料。因此，撰写的书面材料能否引起招聘单位注意，是赢得求职成功的第一步。

近年来，机关事业单位逐步推行"凡进必考"的政策，公务员和事业编制一般要经过报名、笔试、面试、体检、考察和公示等一系列环节。在此过程中，求职材料的作用已经下降了，甚至根本没起到什么作用。但是，对于不准备在机关事业单位就业的毕业生来说，求职材料的作用仍然重要。

从目前就业市场主要使用的求职材料的情况来看，主要包含以下几方面内容：

（1）求职信　这相当于求职者与招聘单位的书面对话。

（2）个人简历　简历，顾名思义，就是对个人学历、经历、特长、爱好及其他有关情况所作的简明扼要的书面介绍。

（3）学校推荐表或推荐信　学校推荐表是高等学校统一印发的，保证应届毕业生能够顺利毕业，学校同意推荐就业的凭证。推荐信则是具有一定权威的人士对某毕业生的推荐，介绍和书面保证。

（4）学习成绩单　这是毕业生大学学习成绩的证明，应由各院系教学部门填写、盖章。

（5）各种证书　例如外语、计算机等级证书，各种荣誉证书，获奖学金以及各类竞赛的证书或驾照等。

（6）参加社会实践、毕业实习的鉴定材料。

（7）有关科研成果证明及发表的文章。

一、求职材料所包括的内容及装订要求

求职材料是毕业生综合实力、综合素质的第一次反映，也是用人单位较为全面了解毕业生学习状况、工作经历、能力结构、特长等的一个首要途径。一些用人单位还把求职材料作为了解毕业生的文字表达能力、逻辑思维能力的重要渠道。

（一）求职材料的组成部分

1. 封面

封面的制作一定要有特色，但不能过分花哨。封面上要突出求职者的毕业院校、专业背景、学历层次、姓名、联系方式，以便用人单位在收到求职者简历的同时，就对其有一个初步印象，也便于用人单位在需要联系求职者时不用再翻开他的简历。

2. 求职信

一封好的求职信在求职者的求职过程中有着巨大的促进作用，如果求职者的求职信能够吸引招聘人员，那么这将是其求职过程中的一个良好开端。

求职信应该展示求职者自己的优点，针对不同类型的单位，应该有不同的表述。例如针对医疗卫生事业单位，求职者要突出的是专业技术能力；针对医药企业，要突出的是其合作精神。换句话讲，求职者的求职信应该具备能打动招聘单位的内容，唯有如此，对方才有可能对求职者产生兴趣，从而为其顺利求职打下基础。

在做这项工作的时候，求职者应该换位思考，想像自己是招聘单位的招聘人员，再想像一下单位最看重的应该是求职者的哪些方面，然后以此为依据，有针对性地写求职信，这样才会收到更好的效果。

3. 个人简历

个人简历设计各不相同，从要求上讲，应简单明了。主要内容应有：本人姓名、性别、出生年月、身高、体重、籍贯、民族、身体健康状况、政治面貌、毕业学校、毕业时间、系别、主修专业、辅修专业、学历、学位、外语水平、计算机水平、特长、爱好等；主要学习经历；从事的社会工作、组织的活动、担任的职务；社会实践和生产实习情况；受奖励情况及取得的成绩等。表格右上方需要贴上一张免冠标准近照。

简历是个人形象，包括资历与能力的书面表述，对于求职者而言，是一种必不可少的应用文。

4. 学校推荐表或推荐信

由学校统一发放的《毕业生就业推荐表》的复印件一般要求夹在求职者的求职材料中的(注：推荐表原件只提供给正式签约单位)。虽然就业推荐表的内容类似于简历，但是最大不同在于两者的功能，前者的主要功能在于推荐毕业生，有学校相关部门加盖的同意推荐的公章。

推荐信一般是由毕业生的某位科任教师、辅导员、系主任或校长等具有一定权威人士所写的，它在某种程度上可以起到推荐，介绍和保证的作用。但在实践中，推荐信并不常用，一般是在确信有特定的推荐信就可保证该毕业生能够实现就业的情形

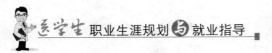

下，才有写推荐信的必要，所以，一般是针对特定招聘单位写的。

5. 在校期间学习成绩

很多单位在招聘过程中比较看重应聘者在校期间学习成绩。因此，在求职材料中提供一份详细的成绩单是很有必要的，这份成绩单应该体现求职者大学几年在校学习的所有课程及成绩。成绩单的取得过程如下：首先从学校的教学部门打印出成绩单，然后加盖学校教务处的公章。至此，一份合格的成绩单就可以出现在求职者的求职材料中了。但是需要注意的是，在校期间学习成绩一般作为推荐表的一个重要组成部分，不需要另行制作一份成绩文本或成绩册。

6. 获奖证书复印件

这些材料的原件请大家注意保存。在附复印件的同时，最好同时准备好原件，以备查询。如果单位需要这些复印件上加盖学校公章，请带上原件，前往学校（学生工作部门）办理。

7. 成绩单和"成绩合格证明"

在毕业生没有拿到相关资格证书之前，可以用通过考试成绩单作为"临时凭证"（从2011年起国家对参加护士执业资格考试合格的考生发放《护士执业资格考试成绩合格证明》）。

8. 其他材料

这部分一般是公开发表的文章、科研成果等方面的材料。这些材料要根据求职者自身所具有的材料来组织。因此，在制作这些材料的时候，要根据实际情况灵活处理。

（二）求职材料的装订要求

毕业生求职时一般需要将求职材料装订成册。需要装订的求职材料包括：封面、求职信、简历、推荐表或推荐信以及其他证明材料。

1. 求职材料的装订顺序

由于用人单位在选拔人才时不一定会对每份求职材料中的每一页都认真、仔细地阅读，所以在求职材料的装订中，考虑到用人单位对求职材料中各种信息的需求心理，毕业生需要按照求职材料所反映的信息的重要程度来排列装订顺序。在求职材料的装订中最为常见的装订顺序如下：

封面、求职信、简历、推荐表和推荐信、在校期间学习成绩、获奖证书复印件、成绩单以及其他材料。

2. 求职材料的装订要求

将求职材料按照上述顺序要求装订。

（1）求职材料封面及所有材料切忌歪斜；

（2）求职材料中所有纸张大小应该一致；

（3）求职材料中字体应该一致，排版时行间距应该一致；

（4）求职材料中所有纸张应该整洁；

（5）求职信材料切忌损坏，否则会影响求职材料美观；

二、求职信的写作方法及注意事项

写求职信的目的是帮助求职者找到一份满意的工作。写作求职信是求职全过程的第一个环节，也是求职者以书面形式与用人单位所做的第一次接触。它事关求职的成败，因此不能掉以轻心、马虎从事，务必认真、慎重，要尽可能将自己的求职信写得合体、达意、规范，争取在众多的求职者中领先一步，能够入选首轮面试或面谈，从而为被顺利聘用创造先决条件。

（一）求职信的基本类别

求职信可从不同的角度进行分类。不同类别的求职信，其内容侧重点与行文语气也各有不同。

从求职者是否具有工作经验的角度来说，求职信可分为毕业求职信和重新求职信。若从求职者是否获得招聘信息的角度着眼，求职信可分为自荐求职信与应聘求职信两种。所谓自荐求职信，一般是指求职者在并未获得准确的用人信息的情况下，仅凭个人的分析判断，自发写给单位的带有自我推荐性质的求职申请信。而应聘求职信，则是求职者根据用人单位在大众传媒上刊登或发布的招聘广告，有针对性地写给该单位以谋求某一特定工作或职务的求职信。

但从实践上看，以上几个类别的求职信之间，也无绝对界限，而往往具有交叉的性质。譬如，毕业求职时，既可以写自荐型的求职信，也可以写应聘型的求职信。至于具体到自己应写一封什么类型的求职信，还得根据个人实际情况以及是否有招聘信息两个方面，通盘筹划，斟酌运笔。

（二）求职信的内容要点

由于求职者的个人情况不同，加之所求工作职务的性质有别，因此，求职信的内容也因人因事而异。但一般说来，它应包括以下几个部分：

1. 说明写信缘由、表达求职愿望

求职信如果是针对招聘启事而写的，那么信文开头可以告诉对方自己是在何时从何处获取招聘信息的。如求职者曾经听说某单位需要员工，但并不知道该消息是否确实，信文开头便可以询问的语气自荐，并借此机会陈述自己对该单位的兴趣与向往。总之，无论是应聘还是自荐，求职信的首段最好是说明缘由，并明确表达自己欲进入该单位担任某项具体工作或职务的愿望。同时，必须设法让信的开头抓住招聘者的心，吸引他的注意力，使其主动往下看。但须注意不要写空话、套话或过多的客气话。

2. 提供个人背景资料

为使用人单位在众多求职者中选中你，你必须向对方提供自己的有关资料。进行上述介绍时，应把握一点，介绍的重点应放在与所求职业或职务有关方面，其他无关或无直接关系的方面应予省略，以免画蛇添足，冲淡了主题。这部分主要需说明求职者胜任某项工作的条件，这是求职信的核心部分。要突出自己与所求职位相关的名、优、特。所谓"名"，即名气。在同学中，求职者的"名气"如何？即取得了哪些骄人的成绩，可用一两个事例概述其在校期间的工作业绩、社会实践水平等。所谓"优"，即：优点、长处、别人所没有的而招聘单位又需要的本领、技术特长与优势。包括团队精神、职业道德、工作纪律、钻研精神等方面的优点，主要突出别人所没有的优点。所谓"特"，即特别的技术，特别的本领，与众不同之处。别人不能解决的困难，求职者能解决；别人不能想出来的方法、技巧，求职者能设计出来，这就是"特"。因为求职者有与众不同的技术、本领，就能为单位带来与众不同的效益。值得注意的是，求职者在介绍时不能过分谦虚而将自己各方面的能力讲得普普通通，但也切忌说大话，最好的办法是让成绩和事实说话，恰如其分地介绍自己。在这部分，别忘了表露自己乐意与同事合作和恪尽职守的心迹，要知道缺少了合作与敬业精神，什么"高级人才"都难免黯淡无光。如果说用人单位怕毕业生能力低下，还不如说，用人单位更怕毕业生"身在曹营心在汉"、"这山望着那山高"。因此，在求职信中，求职者一定要把这一点说清楚，除去用人单位的后顾之忧。

3. 提供备询人或推荐人

为使用人单位对求职者的为人及表现有所了解，求职者应该在求职信中提供两至三个备询人或推荐人的姓名、工作单位、职务及联系电话，以便用人单位查询、了解。同时，也借此表明自己这封求职信所述内容的可信度。同时，需要注意的是求职者所提供的备询人或推荐人最好是自己的老师。另一方面，在提供这些备询人或推荐人的信息之前，求职者一定要得其同意和乐于推荐的承诺才行。

4. 结尾

要明确表示求职者希望获得面谈的机会，以及求职者希望获得某项工作或职务的强烈愿望，这实际上才是求职者写这封求职信的目的。如果求职者去面谈或面试的时间有所限制，便应告诉对方何时最为方便。同时，需要在求职信中写清楚自己的详细通信地址、邮编以及电话号码，以便对方随时和自己联系。

（三）求职信的表达方法

1. 要站在对方的立场上说话

表达自己的求职愿望时，要使对方觉得求职者感兴趣的是该单位及其提供的工作岗位，而非求职者个人的偏好或兴趣。因此，措辞行文时要突出对方的利益，要让对方意识到聘用求职者可能在哪些方面受益，而不是一味强调求职者个人的需要、个人的期望或家境的困难等与对方没有直接联系的个人因素。要知道求职不能靠人同情或施舍，而是靠自己的才华和技能，靠求职者能否为用人单位做出贡献。

2. 不要过分渲染自我

求职需要优秀的品德和真才实学，也需要自信心，但是在提出求职申请时不能过分夸大自己的能力，更不能自吹自擂。当然，也不要妄自菲薄，过分谦虚。如果求职者确实具备某些优势，就应实事求是地列举出来，要充分相信自己的能力，能够胜任你申请的工作或职务。在求职信的创作中应尽量避免使用以下说法：

（1）我能够适应各种工作；

（2）我听说贵医院近期效益不好，我相信我有能力改变这种状况；

（3）我擅长跳舞，到贵单位之后，我一定能够使贵单位的文艺节目在各类比赛中夺魁。

以上这些不实之词，看看就能辨认出来。这种过分吹嘘反而让人觉得求职者华而不实，从而让招聘者对其真实能力产生怀疑。因为刚出校门的医学生，虽有一定的理论基础，但缺乏实践经验。所以，求职中切不可用肯定的口气把自己说成是万事通，尽量避免使用"一定"、"第一"、"绝对"、"肯定"、"完全可以"、"保证"等这一类词，而是只能"适度推销"自己。当然"适度推销"也要根据具体情况而定。

3. 避免简写引起歧义

与朋友谈话时人们习惯简称自己的学校或者所修专业，但在求职中应该避免这样做。用简写词语，一是显得随便、不够庄重，可能会引起读信人的反感；二是一些简称只有在特定的地方、特定的交往范围中才能被准确地理解，超出这一范围人们可能就会不知所云，甚至产生误解。例如，"医疗美容技术"专业就不能被简称为"美容"专业，因为这还可能是"美容医学"专业。而"医疗美容技术"专业与"美容医学"专业的主要区别是前者包括整形美容，而后者只是生活美容；前者可以报考执业医师资格考试，而后者不能。

4. 在求职信中的称呼要恰当

有的毕业生在求职信中称呼对方为"叔叔、阿姨"或是"大哥、大姐"。这是非常不恰当的，它显得俗气、幼稚。因此，在求职信中使用正式、规范的称呼是非常重要的。如在写给学校的求职信中可称呼"老师"、写给医院的求职信中则多称呼"医院领导"。

（四）求职信的写作要求

（1）求职信应专门致某个特定的个人　确保有这个人的姓名、他或她的职务以及该用人单位名称的正确拼写。如果求职者不愿意定做每一封信，宁愿使用格式信件，应使用尊称"尊敬的医院领导"。

（2）求职信应该具有很强的吸引力，以便在求职者和用人单位之间营造融洽的氛围　求职信中应该体现出求职者热情洋溢、精力充沛的特点。如果能将行业新闻、单位动向写在信里，则更能表现出求职者对行业、单位的关注和了解。

（3）求职信应该言简意赅　一封求职信只需要四五个简短的段落就足够了。毕业生应尽量把求职信的长度控制在一张纸之内。

（4）如果没有特殊要求，一般不宜在求职信中谈论薪金。

（5）确保求职信中绝对不出现拼写、打印和语法错误。

（6）确保求职者在求职信中说的一切都必须能够在面试中得到相关材料支持和证实。

（7）求职信中的人称　不要滥用代词"我"。在求职信中应该是"您"多于"我"。

（8）格式　信文要安排在信笺的中间位置，书写格式要统一。例如第一段采取后缩式时，须每段都采用后缩式，而不要将某些段改换成齐头式。

（9）忌逻辑混乱、条理不清　有的人写求职信就像记流水账或写随感录，想到哪，写到哪，没有提纲，没有计划，没有主题，逻辑性和层次感都很差，这就降低了阅读者对求职者写作能力、逻辑思维能力的认同。语无伦次的表白会让人对求职者的能力介绍产生怀疑。同时，缺乏条理的文字还容易让人产生厌倦感、疲劳感，从而忽略信中的一些重要信息。

（10）书写工整、美观　求职信最好使用计算机将信文内容打印出来，因为打印远比手写清晰、美观。如没有条件打印，手写一定要清楚、整洁，这样用人单位容易对求职者产生良好的第一感觉，而字迹潦草、龙飞凤舞则会给用人单位留下办事草率、敷衍了事的不好印象。如果求职者写一手好字，就工工整整地自己写，并落款"亲笔敬上"的字样，这样也顺便展示了你的书法水平。此外，还须注意，一定不能用铅笔、圆珠笔或红色墨水笔书写，否则，会给人造成轻率和无礼的糟糕印象。

（11）排版、布局合理　有的求职信只占了一张信纸的三分之一版面，下端一片空白，这就给人一种应聘者无话可说或实力不足的感觉。有的求职信用了几页信纸，但最后一页只有寥寥数笔，空空荡荡的，很不美观。有的求职信字写的太小，看起来劳神费力。

（12）使用敬语结束求职信　同时，确保签署求职者的姓名、写信日期。

（13）信笺的选用　最好选用尺寸标准、质地优良、普通白色和无格子的信笺。应避免使用尺寸过大或过小、或奇形怪状的信笺。切忌将皱巴巴、脏乎乎、随便找来的纸当信笺使用。不要使用带有外单位信头的信笺，即使将外单位的信头裁掉之后，这种信笺也不能使用。因为用这些信笺写的求职信，体现出写信人十分马虎，加之这种信笺看上去也令人不愉快。此外，也不宜使用色彩鲜艳或带有香味的信笺。如不是特殊情况，最好避免使用明信片。

（14）信封　最好使用白颜色的和没有花草图案装饰的信封。收信单位的地址和名称要书写完整，不能图一时省事，采用简写或省略不写，否则会造成误投，使求职者的求职受阻。如用人单位已刊登过招聘启事，最好按招聘启事上所说的地址书写。

（15）写完信后要再检查一遍　求职信有关自己的工作与事业发展，务必精心构思、认真运笔、反复修改，直到求职者觉得它能最好地显示出自己的长处时为止。全信写完，不妨从头到尾再详细阅读一遍，确保无误后再邮寄出去。

（五）求职信的文字技巧

写求职信要注意自己的求职身份，因此，在一些文字的说法上一定要讲究，切不可粗心大意引起对方反感。

1. 语言表达自然

语气要正式但不能僵硬。词语生动使句子有力，但不要随意用一些从未用过的令人费解的词语和句子。这样会给用人单位造成滥用词句、哗众取宠的感觉。

有些医学生有这样一种心理，自己既然是医学生，那就是搞自然科学的，就不能让人误以为自己缺乏人文素质，于是，就想尽各种办法堆砌甚至滥用各种华丽词藻，似乎只有这样才能使文章动人，充分显示出自己的才华。殊不知多用、滥用词语，会使人产生反感，让人对其实际能力产生怀疑。

2. 写作通俗易懂

求职者不能用太过专业的字眼。否则，人事经理会对自己看不懂的东西失去兴趣，同时，求职者也有卖弄之嫌。所以，切忌在求职信中使用生僻词语、专业术语。

3. 言简意赅，切忌面面俱到

招聘的工作人员多半工作量大，时间宝贵，不可能花时间在求职者冗长的求职信上，因此长了会导致招聘人员的反感。所以，求职信应在重点突出、内容完整的前提下，尽可能简明扼要，不要陷入无关紧要的说明。多用短句，做到每段只表达一个意思。

4. 具体明确

不要使用模糊的字眼，要多使用实例、数字等来作具体的说明。

5. 注意双语写作

如果求职者打算在少数民族地区求职，那么求职信最好用汉语和少数民族语言各书写一份；如果求职者准备向外资医院求职，那么最好用中文和外方国家官方的文字各书写一份，这样通过求职信既能自荐又可以表现求职者的外文(或少数民族文字)水平，可谓一举两得。

6. 避免强硬口气

最常见的现象有：一是为对方限定时间，如："本人于某年某月要赴外地实习，敬请贵医院在某月某日前回信为盼"，表面看，文字相当客气，但客气之中却为对方限定时间，容易使人反感。二是为对方规定义务，如"本人谨以最诚挚的心情，应聘于贵医院，盼望获得贵医院的尊重和考虑"。这样的文字似乎在说：你如果不聘用我就是对我的不尊重，这是对方难以接受的。三是以上压下的口气，如"贵医院某某副院长要我直接写信给你"，或"某处长很关心我的求职问题，特让我写信找你"，收信人看后可能会这样想：既然某领导有意，你还写信给我干什么，真是多此一举。四是卖关子以提高自己身价，如"现有几家医院打算聘用我，所以请您快速答复我"，这样的文字，往往容易激怒对方，使其将求职者的求职信直接扔进垃圾桶。

（六）求职信的书写格式

求 职 信

（正文）

尊敬的：

第一部分：写明求职者要申请的职位，及你是如何获得该职位的招聘信息的。

例如：

A：获知贵医院在X年X月X日XX报上招聘的信息后，我寄上简历敬请斟酌。

或B：我写此信应聘贵医院招聘的XX岗位。我很高兴在XX招聘网站上得知贵医院的招聘公告，我学习XX专业已X学期了，一直期望能有机会加盟贵医院。

第二部分：推销求职者。要简明阐述求职者如何满足医院的要求。要陈述求职者所特有的，将根据可为医院做出贡献的教育、技能、资质和成绩（成果）。如果有的话，要尽量量化这些成绩（成果）。

例如：

A：我已有X年社会实践经历。

B：我在校期间担任XX职位，曾几次因工作出色而受到嘉奖。

第三部分：将来的行动，请求安排面试，并标明与自己联系的最佳方式。

例如：

我希望我是该职位的有力竞争者，并希望能尽快收到贵医院的面试通知。

第四部分：结束这封信并表示感谢。

(结尾)

XXX

X年X月X日

【范文】

求职信

尊敬的医院领导：

您好!

感谢您打开这份简历去了解一个年轻人3年的青春缩影和对未来的憧憬。

我叫XXX，系XX学校XX级护理专业毕业生。3年的大学生活里，我尽最大努力融入护理系这个大集体，担任学生会的主要干部，组织参加各项活动；学习认真，曾获得国家励志奖学金；阅读大量书籍，努力开拓视野，培养书法、文学、体育等方面的兴趣和特长，努力完善自己。在专业上我学习了基础护理学、内科护理学、外科护理学、儿科护理学等20余门课程，并取得了优异的成绩，具备了坚实的护理理论基础知识。曾在医院实习过一年，我对护理专业有了更充分的了解，系统掌握了各专科护理技术、常见病护理常规、消毒隔离技术等。在护理人际关系中，我深知沟通是护士的重要技能，因此，这一年来我努力学习，用心体会，使自己的人际沟通能力也大为提高。我诚恳地希望到贵单位做一名护士，我愿从事医院手术室、ICU、急诊等相关科室工作。请贵单位给我一个尝试工作的机会，一个施展自己潜能的空间。我一定尽心尽力，让贵单位满意。

愿我的坦率和真诚能换来您对我的选择!

此致

敬礼

XXX

XX年X月X日

三、个人简历的写作方法及注意事项

一份出色的个人简历是毕业生求职和开启事业之门的钥匙，因为很多时候，简历的情况会决定求职者能否得到面试机会。所以，现在的毕业生非常重视简历的设计，在招聘会上，经常会看到一些厚如书册、包装精美华丽的简历。但是，医学生们精心制作的简历却未必能得到用人单位的认可。那么，什么样的求职简历才是合适正确的，才能得到用人单位的青睐呢?

（一）简历的内容

个人简历一般应该包括以下部分。

1. 个人资料

包括姓名、联系地址(包括邮编)、联系电话(最好是手机号码)、E-mail(不要用滑稽昵称)、性别、出生年月、年龄、籍贯、民族、身高、视力、政治面貌等。

2. 学历

这指自己接受教育的经历，内容包括何时、何地、在何类学校学习。如果就读的是大专院校，必须说明所学专业，本科毕业生还必须说明获得过何种学位。学历的编排顺序应由前往后，由高至低，即最近和最高学历先写。

3. 实践活动

这包括实习、社会实践、志愿者工作、学生会工作、团委工作、社团等其他活动。实践活动是学校生活的一个重要组成部分，也是对课堂学习内容的一个重要补充。积极参加各类课外活动，表明求职者希望增长自己的才干，提高自己的人际交往能力，扩展自己的社会阅历与经验。简历上要列明自己参加过的课外活动和取得的各种荣誉与奖励，这有助于说明求职者的人格修养、交际能力、组织能力、成熟程度、健康状况、心理素质以及发展潜力。

4. 技能与特长

技能水平：外语、计算机、普通话和执业资格等。

专业能力：大学期间的论文、成果、发表的文章(提供简单说明即可)不宜使用"初学"、"一般"等表达含糊的词语。

5. 奖励和荣誉

这包括大学期间获得的奖学金情况、获得的荣誉称号。这些可按照时间顺序排列。

6. 兴趣爱好

这可以展示求职者的品德、修养、社交能力、与人合作的能力。注意要尽量与应聘职位所需技能有关，否则会弄巧成拙。

7. 专长与成绩（成果）

专长是专业范围内最突出最擅长的项目。例如，专业是护理学，但护理学又包含基础护理学、内科护理学、外科护理学以及儿科护理学等分支，而简历作者的专长可能是基础护理学。填写专长时，应重点强调一个或两个方面的专业特长，一般不宜超过两项。填写成绩（成果）时，一要实事求是；二要具体、定量。例如，大一下学期总成绩排名全班第一名，平均每门92分。

8. 推荐人

简历作者通常在简历最后列上推荐人，以表明自己在简历中介绍的情况是真实可信的，自己的品行和能力可以接受查询。

在提供推荐人的姓名、头衔或职称时，有三点应注意：一是要事前获得他们的允许和承诺；二是要附上他们现在的而不是过去的通讯地址、邮政编码、电话号

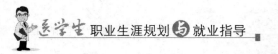

码；三是要将该简历的复印件给他们各送一份，以便他们对简历所述有全面了解，能回答询问。

9. 求职照片

求职前，照一张好照片（最好是全身立姿照），把美好的形象充分地展现出来。但切忌这张求职相片不能超出人们通常的审美标准，不能使用艺术照或婚纱照，而最好采用一些中性的照片。

（二）简历写作的基本要求

写作简历的一个基本出发点，就是要使用人单位的人事主管在很短的时间内，能了解到求职者是否具备应聘资格。因此，编写简历时必须充分展现个人优势，同时兼顾简洁扼要，得体适用等几个方面。

（1）充分调查了解所求职位的具体情况，做到有的放矢　在创作简历之前，预先确定谁是阅读者，然后根据界定的阅读者创作简历。

（2）让用人单位能较为全面地了解求职者，保证简历真实　简历必须能让用人单位较为全面的了解毕业生的综合情况，最好在20秒钟或更短的时间内，回答用人单位为什么要聘用你。但注意在较为全面介绍自己的同时应注意简历要越短越好，在大多数情况下，一两页就足够了。

（3）突出工作经历和特长　用人单位一般不愿意聘用没有社会经验和特长的毕业生，如果在简历中没有突出接触过社会，了解了该行业，做过些社会工作，或没有特殊才能，一般不会被重视。

（4）多次检查修改，确保不要出现任何拼写、语法、标点或者打印错误　如果基本汉字或语法表达出现错误，那么用人单位会认为求职者连最基本的知识都不具备，因此这种低级错误是应该避免的。简历做完以后请他人帮忙检查一下是非常必要的，一是看有无拼写、语法、句式等方面错误；二是从构思的角度看有没有更合适、更恰当的表达方式。

（5）中学情况不要写太多。有的学生中学经历特别辉煌，做过学生会主席，当过团支部书记，学习成绩也名列前茅，但一般不提倡在简历中写太多中学情况。因为用人单位更为注重求职者目前的表现。当然，如果求职者在中学期间获得过国际奥林匹克比赛大奖或全国性大奖等，也不妨提上一笔。

（6）措辞达意，得体合适　简历与求职信一样，属于应用文体，措辞表意有习惯性要求，行文时不应违背这些要求，而应该力求得体、合适。

（三）简历写作的注意事项

对于每一位求职者来说，一份好的简历便可能意味着成功的开始，它可以为其争取到更多的机会，所以在创作简历时马虎不得。那么，应该准备一份怎样的简历才能令招聘者过目不忘，从而给其留下深刻而良好的印象呢？

其实，简历不一定非要追求与众不同，在创作简历时注意把握好以下几点，也可帮助求职者创作出一份精彩的个人简历。

1. 真实

简历最基本的要求就是真实。真实地记录和描述求职者在大学期间的成绩和经历，能够使阅读者对求职者产生信任感，而医药企业对于求职应聘者最基本的要求就是诚实。医药企业阅历丰富的人力资源部经理，对简历有敏锐的分析能力，遮遮掩掩或夸夸其谈终究会露出破绽。

在创作简历时一些不甚明智的做法通常包括：故意遗漏某一段经历，造成履历不连贯；在工作业绩上弄虚作假；夸大所任职务的责权；隐瞒跳槽的真实原因，如将被迫辞职说成是领导无方，用人单位倒闭描绘成怀才不遇等。其实任何一个有经验的招聘人员只要仔细阅读分析，便可轻松鉴别履历的真实性。所以与其费尽心机，不如老老实实，只要有真才实学，总会有属于自己的机会。

2. 全面

简历的作用，在于使一个陌生人在很短的时间内了解求职者的基本情况，简历就如一个故事梗概，吸引读者继续看下去。因此，要特别注意内容的完整和全面，以使对方对求职者有较全面的认识。

简历通常应当包括以下基本信息：姓名、年龄、性别、家庭住址及户口所在地、教育背景及学历、专业情况、外语水平、计算机水平、工作经历、培训经历、特长、业余爱好、简单的自我评价以及其他重要或特殊的需注明的经历、事项等，这些情况最好能有中外文对照。当然，千万不要忘记写下联系方式。

3. 简明

经常有求职者觉得简历越长越好，以为这样易于引起注意，其实适得其反，淡化了招聘人员对主要内容的印象。招聘人员每天要面对大量的求职履历，工作非常忙，他们一般在粗略地进行第一次阅读和筛选时，花在每份履历上的时间不会超过一分钟。如果简历写得很长，难免导致阅读者缺乏耐心完整细致地读完简历，这当然对求职者是很不利的。因为冗长罗嗦的简历不但让人觉得浪费时间，还会觉得求职者做事不干练。言简意赅、流畅简练、令人一目了然的简历，在哪里都是很受欢迎的，这也是对求职者工作能力最直接的反映。

4. 突出重点

不同的用人单位，不同的职位对求职者有不同的要求，求职者应当事先进行必要的分析，有针对性地设计准备简历。如果盲目地将一份标准版本简历用以应付每个单位的话，简历的效果会大打折扣。前文所谓的全面不是指面面俱到，不分主次，而是要根据单位和职位的要求，巧妙突出自己的优势，给人留下鲜明深刻的印象。

5. 语言准确

不要使用拗口的语句和生僻的字词，更不要有病句、错别字。如有外文简历，那么使用外文时要特别注意避免出现拼写和语法错误。招聘人员考察应聘者的外语能力是从求职者的简历开始的。同时行文也要注意准确、规范，大多数情况下，作为实用型文体，句式以简明的短句为好，文风要朴实、沉稳、严肃，以叙述、说明为主，动辄引经据典、抒情议论是不可取的。

有的人写简历喜欢使用许多文学性的修饰语，例如，"大学毕业后，我毅然走上工作岗位"，"几年来勇挑重担，为了单位的发展大计披星戴月，周末的深夜，常常还能看到办公室明亮的灯光。功夫不负有心人……"，"虽然说'有则改之，无则加勉'，但领导无中生有的指责日甚一日，令我愤懑不已，心灰意冷，终挂印而去"，结尾还忘不了加上一句"我热切期待着一个大展宏图、共创辉煌未来的良机!"之类的口号。这样的简历，只能让人一笑置之。

6. 评价客观

简历中通常都会涉及到求职者对自己的评价，这类评价应当力求客观公正，包括行文中所表现出的语气，要做到八个字：诚恳、谦虚、自信、礼貌，这样会令招聘者对求职者的人品和素质留下良好的印象。这些非技能性的因素可使求职者脱颖而出。总之，既不能妄自尊大，也不能妄自菲薄，这一点上，分寸的把握非常重要。

7. 版面美观

一份好的简历，除了以上对内容方面的要求之外，版面设计也是一个非常重要的因素，是真正的"第一印象"。在排版时，要做到条理清楚，标识明显，段落不要过长，字体大小适中，排版端庄美观，疏密得当。排版时既不能为了节省纸张，显得拥挤，令阅读者感到吃力；也不能出现某一页纸只有几行字，留下大片空白的现象。还要注意版面不要太花哨，要有一种类似于公函的风格，这在一定程度上可以体现求职者的基本职业素养。

通常建议使用电脑打印文稿，如果求职者的字写得不错，不妨再附上一篇工整漂亮、简短的手写求职信，效果会更好。

8. 选用标准纸张

近年来，很多人士在打印事务书信与简历时，已普遍使用国际标准幅面A4型的纸张，颜色一般为白色，偶尔也用淡蓝或浅黄色，都不带横格、方格或底纹。如果手头一时没有A4型的纸张，可先打印在一般白色、无格、不带单位名称、地址等信头内容的公文纸上，再利用复印机复印到A4复印纸上。

（四）毕业生简历

【范文】

个人简历

姓名：张XX 政治面貌：中共党员（预备）

性别：女 学历：普通专科

年龄：21 系别：护理系

身高：1.68cm 专业：护理

民族：汉 健康状况：良好

籍贯：湖北荆州联系方式：13697XXX187

*知识结构：

专业课程：人体解剖学、生理学、药理学、病理学、生物化学、病原生物学与免疫学、护理心理学、基础护理学、健康评估、内科护理学、外科护理学、妇科护理学、儿科护理学、急救护理学、五官科护理学、护理管理学、护理伦理学、精神科护理学等。

实习情况：在荆州市中心医院（三级甲等）实习10个月。

*专业技能

擅长导尿、静脉留置针输液法、心肺复苏术等护理技能。

*外语水平

2011年通过全国大学英语四级考试。

*计算机水平

2011年通过全国计算机一级考试；

2012年通过荆州市专业技术人员计算机应用能力考试。

*普通话水平

2011年经全国普通话水平测试达到二级乙等。

*执业资格

2012年参加了全国护士执业资格考试，顺利过关。

*主要社会工作

2010~2011年担任班级体育委员；

2011~2012年担任班长；

2011年5月加入学校青年志愿者协会，同年7月赴荆州区八岭山镇考察、体验生活。返校后与同学合作写了数万字的调查报告。此后还在校内组织参与了图片展览及社区义诊的活动。

2012年1月参与武汉康柏寿医药有限公司在荆州的市场调查活动。

*个人履历

2010年9月至今：在XX学校护理专业学习；

2007年9月至2010年7月：在荆州中学学习。

*兴趣与特长

喜爱文体活动、热爱自然科学。

在2012年学校第八届田径运动会上获得3000米长跑女子组冠军。

*个人荣誉

2010~2011年，被评为"校优秀学生干部"。

2011~2012年，被评为"校三好学生"。

*主要优点

有较强的组织能力、活动策划能力和公关能力，在大学期间曾多次领导组织大型体育赛事、文艺演出，并取得良好效果。

有较强的语言表达能力，小学至今，曾多次作为班、系、校等单位代表，在大型活动中发言。

有较强的团队精神，在同学中，有良好的人际关系；在同学中有较高的威信；善于协同"作战"。

*自我评价

活泼开朗、乐观向上、兴趣广泛、适应力强、勤奋好学、脚踏实地、认真负责、坚韧不拔、吃苦耐劳、勇于迎接新挑战。

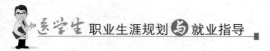

*求职意向

可胜任医院手术室、ICU、急诊等相关科室的护理工作。

（五）电子简历

现在是一个计算机与网络技术高度发达的世界，所以求职者除了应该准备一份传统的纸质简历外，还应该准备一份电子简历。电子简历一共包括三种类型：一为可扫描的书面简历，它可以通过扫描仪器准确无误地生成一个计算机文件。二为电子邮件简历，它虽是一个普通的计算机文件，但其内容可以通过网络传送到世界各地而无需打印在纸上。三为多媒体简历，它采用多媒体格式把求职者的经历、成绩变得生动活泼。

1. 扫描仪可识别简历

如果求职者制作了一份精美的简历并将它邮递到可能接收求职者的用人单位，那么这家单位可以使用一个计算机系统来扫描和处理他们所收到的这些简历。招聘单位可以将这些简历扫描并转化为电子文档，并存储在电子简历数据库中。

如果求职者将简历传真到用人单位很可能也会遭遇到同样的情况。现在一般不再需要传真件，而是将它放到计算机预处理的文件队列中去，再由专人对这些简历进行确认并提炼出关键的信息资料或关键字存储进计算机数据库。为了满足用人单位用计算机处理简历的要求，现在很多毕业生在设计简历的时候也开始设计可扫描的简历来增加成功的机会。设计一份可以扫描的简历还需注意以下几点。

（1）避免使用一些不易为扫描仪辨识的字体；

（2）注意字体大小，尽量保持字迹清晰可辨；

（3）字与字之间不要粘连以免改变单个字体的形态影响辨识效果；

（4）避免使用反色框(黑底白字)，这是扫描仪无法读出的；

（5）不要使用古怪的字符和图片，因为他们很多时候不为光学字符识别系统所辨识；

（6）用"百分比"等字体替代"％"等符号；

（7）利用空格、空行等来分开不同的部分，从而使识别顺畅，文件格式清晰；

（8）在不影响字形的情况下，可以使用长的横线来分割不同的部分，有些光学字符识别系统可以识别它们；

（9）避免使用下划线以免影响字型；

（10）避免使用省略号；

（11）不要使用短的线条和线框，因为光学字符识别系统会将它们识别为字符；

（12）尽量使用质量较好，底色较淡的纸张打印简历，因为深底色或有图案的底色都会造成识别错误；

（13）用单面打印并选择使用A4型号或稍小一点的纸张；

（14）不要使用订书钉，因为订书钉留下的小孔会影响扫描仪器的进纸；

（15）不要折叠简历，否则激光打印机和扫描仪器将无法识别简历。

2. 电子邮件简历

当毕业生利用文字编辑软件将文字录入计算机，他就在制作一个"文件"或"文档"。当他存储了这个文件，它包含了特殊的排版编码信息，如字体、页边距、行间距等。即使他没有特别地编辑求职者的文本，这些编辑器也会存储一些排版的信息。并且使用的也是编辑器本身的编码规则。这使得一些文件只能使用相应的编辑器程序或文本的格式转换程序才能阅读。

反之，求职者应该将文本存储为基本的文本文档。一个文本文档不含图片、特殊字符、图像页码或者粗体、斜体等信息。它只是一般的文字。如果打印出来，它看起来很单调，但是它与那些制作精美的简历一样可以将工作经历描述得清清楚楚并得到招聘单位的赏识。

在这种情况下，如果毕业生需要及时通过电子邮件的方式将简历发给用人单位，就不会因为一部扫描仪读错了简历信息而白白丧失应聘的机遇。当使用电子邮件发送简历时，应该将文件直接复制到邮件管理器的消息框中，而不要将文件以附件的形式附在电子邮件之后进行发送。这会使收简历者很快看到正文而不必再下载附加的文本和打开相应的编辑器来阅读了。

3. 多媒体简历

如果医学生懂得程序设计、网页制作或图形设计，那么一些图片、图形、动画或声音资料可能会对其求职有很大的帮助。因此，医学毕业生在求职时有必要根据自身优势制作一份多媒体简历以备求职所需。

当然，在这个计算机与网络技术飞速发展的时代，求职者也应同时制作给人看的纸质简历和给计算机"看"的电子简历。但是，无论什么样的简历最终都是由人来阅读的。因此，简历的写作水平始终还是至关重要的因素。

四、推荐表(推荐信)及其他材料的准备

（一）毕业生推荐表的填写

每个毕业生在毕业前都会填写一份由学校统一制作的毕业生推荐表，该表也是每个毕业生自荐材料所必须包含的，这种毕业生推荐表多是学校集多年经验而制作的，涵盖了用人单位所关心的各项基本内容。这种表格由于是校方统一印制的，所以结构都是固定、统一的，表格中的各项基本内容也都需按要求填写。也由于该表是由毕业生所在学校制作并组织填写的，所以用人单位对此表格是非常重视的。

一般来说，学校的毕业生推荐表需要填写的基本内容包括：姓名、性别、出生年月，政治面貌，籍贯，身高，学历，家庭联系方式，个人简历，本人就业意向，特长爱好，外语和计算机水平，社会实践及社团活动情况，在校期间担任过何种社会职务，在校期间受过何种奖励或处分，所学主要课程成绩以及系部和学校推荐意见等。由于用人单位需要通过该表对毕业生的基本情况一目了然，所以学生在填写该表时既要求内容全面、详实，又要做到简明扼要。

该表除了需要体现求职者基本情况外，还需要贴一张免冠全身立姿彩色近期照片，以便用人单位对求职者的仪容仪表有全面的认识。所以在填写该表时切记不要丢

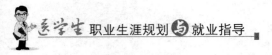

三落四、不要忘记贴照片。

（二）推荐信的写作

1. 推荐信的功能

推荐信是对求职者的人品、能力、性情等个人情况给予客观介绍，而又带有褒扬倾向的一种事务性信函。提交推荐信的目的，在于使用人单位对求职者的某些主导方面获得客观了解，从而有利于对求职者的素质进行综合分析，在众多求职者中择优录用。

求职者到国内的外资单位或到国外就业，一般都要在求职信中注明推荐人姓名和通讯地址，或注明愿意提供推荐人，也就是说愿意提交推荐信。当招聘单位认为该求职者初选合格时，有没有内容恰当、文辞得体的推荐信作为支持性文件，便有可能成为最终能否被录用的关键因素。如果在这个时候求职者缺少一封有力的推荐信就有可能前功尽弃，导致求职失败。由此可见，推荐信的写作是毕业生求职全过程中的一个重要环节，推荐人在写信前应该精心策划，不能马虎从事，掉以轻心。

2. 推荐信写作要点

语气热情诚恳，所介绍的关于被推荐人的信息应遵循实事求是的原则。推荐信应多写被推荐人的优点，要充分肯定其成绩，但也不能言过其实，或编造杜撰。如果被推荐人的确有突出之处值得表扬，介绍措辞仍应有所保留为好。推荐人对被推荐人的赞许与推荐之意，应在客观叙述之中自然流露出来。

推荐信的篇幅不应过长，一般以不超过一页为宜。但也不能寥寥数语，敷衍了事。

3. 精心组织正文内容

推荐信一般可含下列项目：被推荐人姓名、通讯地址、专业、被推荐人优点及适合的职位、推荐人姓名。

第一部分应开宗明义，表明态度，说明自己乐意推荐某人，例如：我非常高兴地推荐我的一名学生进入贵医院担任护士一职。

接下来可介绍与被推荐人何时认识、熟悉程度以及自己同被推荐人之间的关系，如师生关系、同事关系、上下级关系、邻里关系等。

信文重点是对被推荐人的人品、能力、性格特点等进行介绍。组织这部分内容时，要在客观叙述中体现出推荐人个人的倾向，尽可能做到言简意赅，点面结合。

信文的最后部分，一般都以提出建议作为结尾，即推荐人建议用人单位对被推荐人的申请给予考虑，聘用被推荐人。有时，也可就对方接受自己的推荐表示谢意从而结束全文。

签名之后应注明推荐人的职衔或职称。为示慎重与推荐的权威性，推荐信在签名之后应注明推荐人的职衔或职称。如果使用的是普通信笺，而不是带有信头的公文信笺，为便于对方联系，最好在职衔或职称之后再注上推荐人的通讯地址(包括单位名称、地址、电话以及邮政编码等)。

有些用人单位在招聘上较为严格、慎重，为全面了解候选人各方面的表现，他们会要求毕业生提供两到三份推荐信。另有一些招聘单位自行设计了统一格式的推荐信，连同求职申请表一同交给求职者，让求职者自己找合适的人(以前的任课老师、系主任)填写好后，由推荐人直接寄给用人单位，或由推荐人填好后交还求职者，由求职者连同求职申请表一同呈交用人单位。

（三）附件

附件是指能证实求职者在求职材料中所列出的各方面情况的证明材料。它是证明求职者求职材料的真实性和求职者才能的有力佐证。为预防这些证明材料在投递过程中丢失，所以附件一般系各种荣誉证书、所发表文章、科研作品的复印件，原件可待招聘单位确定聘用求职者后审查原件时出示。

求职信附件主要包括以下内容：

（1）各种奖励证书的原件或复印件及其相关的实物性图片和影音资料等。

（2）学习成绩单。这是毕业生大学学习成绩的证明，其应由学校教务处盖章。

（3）各种等级证书。如外语、计算机、普通话、执业资格证书复印件。

（4）参加社会实践、毕业实习的鉴定材料。

（5）有关科研成果证明，在杂志或报刊上发表的文章(数量较多的可选有代表性的附上)。

附件内容的安排，可以根据自身需要及实际情况来加以取舍组合。总之，附件的目的是为求职服务的。

思考与练习

1. 当代医学生应树立什么样的就业观？

2. 医学生在就业过程中的不良心态有哪些？针对自己的实际情况进行剖析。

3. 案例分析

（1）毕业生小刘学习成绩和其他方面的条件都不错，在择业初期他满怀信心。但由于专业等原因，他参加几家单位的面试都碰了壁，且在后来的择业过程中表现得越来越差，陷入恶性循环而不能自拔，以至于到了新的用人单位那旦，只能被动地问人家："学某某专业的要不要"，其他什么话都不敢讲，最终也未能落实就业单位。请问小李失败的原因何在？在择业过程中我们应注意些什么？

（2）山东某区，有的医学生毕业后租了三轮车当起了车夫。他们的行为引来不同的议论，有赞同的，认为这些医学生是用自己的劳动吃饭，没有什么被人瞧不起的；有反对的，反对者认为医学生应该去做点有技术的活，蹬三轮车这种毫无科技含量的工作，对医学生而言没有任何意义。请问你对此有什么看法？

4. 请尝试书写求职信、个人简历，并请制作一份适合自身的求职材料。

第六章　医学生的求职技巧

第一节　就业信息的搜集与筛选

一、医学生就业信息的收集

面临毕业，医学生也要准备收集就业信息并进行整合分析。这些信息将使你在众多求职者中处于优势地位，自信地接受职场的挑战。

（一）在收集就业信息之前应作的准备

（1）要了解当年国家有关部门对毕业生尤其是医学生的就业政策，对就业形势有个大致的把握　国家关于毕业生就业的方针政策是根据国家社会和经济发展形势而确定的，与当年的社会经济形势有着密切的关系。不了解就业政策，就无法把握就业的方向。学校和用人单位将按照就业政策来指导和规范毕业生的求职择业活动。因此，医学生在收集就业信息前，应主动了解当年国家关于毕业生就业工作的具体规定，并了解国家医疗体制改革的精神和进展情况，了解当年医疗卫生行业的人才需求情况等。比如，近年来国家鼓励应届毕业生预征入伍或者志愿参加西部服务计划，为此出台了一系列优惠政策。这些政策，对毕业生以后的发展也十分有利。就业形势随着社会经济形势的变化而变化，每年都会有不同的特征，毕业生应学会审时度势，恰当地去收集信息，把握好就业的机会。

（2）要了解地方医疗卫生行业主管部门和学校当年关于毕业生就业的政策和规定　这些政策和规定是在国家政策指导下结合本地、本校实际情况制定出来的。鼓励什么，限制什么，是毕业生必须明白的。这些具体规定，可视为毕业生收集就业信息的"指挥棒"。作为医学专科毕业生，要多了解国家和当地医药主管部门给予基层医疗机构哪些优惠政策，以及正在进行的医疗改革对基层医疗机构会产生哪些影响。

（3）要恰当地给自己"定位"　从自己目前的知识、能力、特长及足以影响自己就业的相关因素的角度，清醒客观地认识自己，把握自己，选择适合自己的就业单位，不要盲目与人攀比。比如，医学专科生按照国家的培养目标，就业单位应该在基层，但很多毕业生眼里只有中等以上城市，二甲以上医院，这是很不明智的。只有在正确认识自己的基础上，毕业生才能用现实和发展的眼光去分析和判断什么样的信息适合自己，自己适合什么样的岗位，这样才能在择业的过程中抓住机遇。

（二）医学生就业信息的收集途径

对于医学毕业生来讲，收集就业信息主要可从以下六个方面着手：

1. 通过传播媒介获取就业信息

随着人才市场化进程的加快，网络、报纸、杂志、广播、电视等媒体对人才供求情况的报道量加大，有的还开辟了反映国家或地区就业政策、就业信息的专栏。医学毕业生应该多浏览有关医疗卫生行业的报纸、杂志、网页等，可以使你了解到某个地区医疗卫生行业有哪些工作或岗位适合你，这类职业有多少薪水及对人才的要求有哪些。

尤其是在信息社会，国家、省级行政单位均设有卫生人才网站，医疗卫生单位一般都有自己的网站，其中就包括人信息的发布，通过网络收集职业信息是一条重要途径。网络具有信息量大、速度快、查询便捷等优点。另外，通过网络很容易了解到用人单位的一些背景情况，对于择业者来说，网络已成为通向成功之路的重要工具。

2. 通过就业市场或毕业生就业洽谈会获取就业信息

为了推介毕业生，一般由教育行政主管部门或者学校负责，在学生毕业前，举办一定规模的毕业生就业洽谈会（校园招聘会），为毕业生求职提供了良好的机会。参会的用人单位都经过有关部门的审核，比较可靠，毕业生可直接去择业应聘。

人才市场也是就业信息的主要来源。随着人才交流的日益频繁，各级各类人才市场不断地涌现和发展起来。当前，全国几乎所有的地级市都设有专门的人才市场，甚至许多县(市)也有了自己的人才市场。人才市场经常发布就业信息，另外会定期、不定期举办人才交流会。这些交流会一般由政府、人才市场或有影响力的人才中介机构举办，招聘单位大多具有较高的可信度。

3. 电话联系和登门拜访

各省或地区医疗卫生主管部门都汇编有行业单位目录，一般会简介单位名称、性质、隶属、地址、邮编、电话，当你获得有关单位的地址或电话后，可向其人力资源部门打个电话或者亲自到单位拜访一下，就能搞清楚单位是否需要你这样的人才，同时又能获得单位的交通、地理位置、环境条件等有关信息，还可以获得用人单位的发展前景、劳资关系、人员素质等方面的信息。

4. 通过社会关系网络和有关人员介绍来获取就业信息

这种方式就是通过家人、亲戚、同学、朋友等社会关系寻找就业单位。这种信息来源的可靠性是最高的，提供的信息也很深入。这是因为许多信息的提供者往往就是单位的职员，所以对内部的职业需求信息可以说是知根知底的。家长、亲友主要通过其自身或个人社会关系寻找就业信息，相对固定，也有相当大的局限性，一般不反映职业市场的实际供求情况。家长、亲友的职业信息来源是"一次性"的，除非有了新的社会关系，原来的信息一般不会再派生出更多的就业信息。另外，家长、亲友是提供就业信息与家长、亲友的职业、经历、社会关系、社会地位等家庭背景有很大的关系。因此，由家长、亲友提供的信息的数量和"质量"有很大的差异。对有些毕业生来说，家长、亲友提供的职业信息是其主要的选择，对有些毕业生而言，则可能限制了更好的就业选择。需要注意的是，在托关系寻找单位时，一定要使用人单位相信自己的业务能力、专业水平以及作风品质。

在医学院校，不少教师经常与医疗卫生单位合作开展科研项目或临床上班，对医疗卫生单位比较熟悉。毕业生可以通过专业教师获得有关单位的用人信息，来不断补充自己的信息库。同时，教师提供的就业信息往往针对性强，比较看重毕业生的学业成绩、在校表现及其资质、能力、特长。他们提供的就业信息是经过筛选后再传递给毕业生的，其针对性和可靠性较大。

校友是近似于教师的非正式就业信息提供者。毕业生可以尽可能多地找一些自己的"师兄""师姐"，打听一下是否可以在他们单位为你探查就业的可能性。校友比较了解本专业的毕业生在人才市场上的供求状况，以及用人单位在具体行业中的实际发展状况。近几年毕业的校友更有着对就业信息的获取、比较、选择、处理的经验和竞争择业的亲身体会，其提供的就业信息比一般纯粹的就业信息更有参考利用价值。

5. 通过学校毕业生就业主管部门获取就业信息

学校的毕业生就业办公室和毕业生就业指导中心，同上级主管部门和有关用人单位保持着长期、广泛而密切的联系，积累了丰富的工作经验。已形成了网络或稳定的。因此，通过学校毕业生就业主管部门获取的职业信息准确性高、可靠性强。许多学校毕业生就业工作做得相当出色，不仅能给学生提供用人单位的需求情况，而且还提供用人单位的隶属、性质、规模、户口关系接转、人才配置状况、经营状况、行业发展前景及在国家发展规划中所处的地位等情况，供毕业生参考。

在每年毕业生就业阶段，学校毕业生就业指导机构会有针对性地向各个用人单位发布毕业生资源信息函，并以电话联系和参加各种信息交流活动等方式征集大量的人才需求信息。同时，这些机构一般在每年的11月至次年的3月专门组织各种形式的毕业生就业招聘会。毕业生应定期浏览学校就业指导机构的网站，从而获得就业需求信息。这些信息数量多，针对性、准确性、可靠性都较强。同时还要经常浏览本系或本学院的网页，也能获得一些非常有用的就业信息。

二、医学生就业信息的筛选

收集到一定的就业信息后，毕业生就要结合自己的情况，依据国家有关政策、法规以及社会常识对它们进行去伪存真、去粗取精的筛选以及有目的、有针对性地排列、整理和分析。

（一）就业信息的选择

对于收集到的就业信息，要依据自己的专业、特长、爱好、志向等情况，进行认真地筛选，有针对性地进行排列、整理和分析。只有这样，才能使获得的信息具有准确性、全面性和实用性。

一般来说，一则比较好的就业信息应包含以下要素：

（1）工作单位全称、性质及其上级主管部门。

（2）工作单位的发展实力及远景规划，在整个行业中的地位，如医院的等级。

（3）工作单位对从业者政治面貌、工作态度、学历及学业成绩的要求。

（4）工作单位对从业者职业技能和其他方面才能的特殊要求。

（5）工作地点、工作环境、个人收入、福利待遇、培训深造等的明确规定。

一旦就业信息被确认为真实有效，紧接下来就要鉴别信息的适合性。可以从专业适合性、兴趣爱好适合性两个方面来鉴别就业信息的适合性。

专业适合性是指专业是否对口。专业对口可以缩短个人进入职业岗位后的适应期，使个人更容易发挥专业特长，避免自己专业资源的浪费，也可以减少单位在职业培训中的投入。因此，选择专业对口的就业信息加以考虑是适当的。

其次是兴趣爱好适合性。兴趣爱好是一个人在职业生涯中取得成功的重要条件，对一项工作有兴趣不仅可以促使你投入大量的精力，而且有益于身心健康。在多数情况下，个人专业特长与兴趣爱好是基本一致的，不过也有两者发生矛盾的情况，此时一定要注意权衡利弊，做出决策。

（二）就业信息的处理

（1）正确、有效地选择就业信息　首先，要在较短的时间内查阅大量的就业信息资料，以便从中选出最有用、最重要的信息。其次，要善于运用查询、核实等方法来鉴别、判断、识别就业信息的准确性、有效性与可行性。

（2）善于发掘有价值的职业信息　信息是否有价值，往往取决于人们怎样利用。通过认真的分析、综合与推断、假设、验证，发掘信息的价值，对于择业来说，也是十分有利的。

【案例】

某医学院校女生吴华，在学校期间，就听说女大学生就业难。于是在离毕业还有一年多的时候，她就开始收集就业信息，包括国家就业形势与政策，医院的招聘信息，还特别留意那些新建的具有发展空间医院信息等，并将这些信息分类整理。就业前，她对自己收集的几百条信息进行了筛选，最后，结合自己的实际情况，选择了沿海一家新建的医院，轻松就业。她选择的理由是：①新建医院重视人才，自己有良好的发展机遇。②医院地理位置、硬件设施、管理都很好，前景光明。③医院的要求比较符合自身的能力。

三、医学生就业信息的利用

收集和筛选就业信息的最终目的是要利用就业信息。在经过了认真、全面筛选之后，要准确把握，确定适合自己的去向，尽快与用人单位建立协约关系，切不可坐失良机。在择业过程中，要想找到最适合自己的职业，就要根据自身的特长，去寻找工作。人生的诀窍就是经营自己的长处。

（一）确定目标，选择岗位

择业目标是求职者期望从事的职业及岗位。确定择业目标的主要依据是：①求职者自身的条件，诸如文化素质、所学专业、兴趣爱好、特长等。②就业信息，主要指就业行业及用人单位的情况、人才需求情况等。求职者通过对收集到的就业信息进行处理、选择，结合自己的实际情况，确定择业目标，选择工作单位。如目标在实施过程中出现偏差，应及时调整，使之可行。

（二）明确程序，掌握方式

要对就业信息进行细致分析，明确每一个岗位的具体要求和应聘程序、时间、地点，做到心中有数。

（三）把握市场，调整自我

就业信息不仅反映职业岗位的要求，而且也体现了市场对择业者的期待。通过就业信息，可以了解社会各种职业的特点及现代职业对从业人员素质的具体要求，预测所学的知识、技术与职业的适应程度，及时调整自身目标。

目前，某些人才市场、劳务市场存在种种虚假信息和非法招聘活动等陷阱，毕业生在求职就业时一定要擦亮眼睛，提高警惕。毕业生求职可以到那些大型、管理正规、有国家相关权威部门颁发的人才和劳务中介服务许可证的人才服务机构去。各种虚假信息和非法招聘活动主要存在于那些管理不规范，甚至根本就没有营业许可证的小型民营职业中介机构。它们利用毕业生迫切求职的心态，发布虚假信息，设置种种陷阱，非法收取报名费、保证金、培训费等。

面对某些人才市场和劳务市场的那些虚假信息、陷阱和非法招聘，毕业生要提高警惕，仔细判断信息的真伪，防止受骗上当。首先，应提高自我保护意识，在求职应聘过程中，注意从以下几个方面来进行求职活动。

（1）优先选择到政府人力资源和社会保障部门所属的人才市场或大型民营人才中介机构去求职，这类部门以为用人单位、为人才服务为宗旨，运作规范、服务周到、信誉高、功能全。尽量不到那些让人生疑的职介场合求职应聘。

（2）审看招聘单位的营业执照。一看招聘单位有无法人执照；二看是否办理了合法的招聘手续。在省级人才市场设摊招聘的单位介绍均由市场统一印制、统一装订，求职者可看所公示的单位名称与实际招聘单位名称是否一致。另外，省级人才市场在入口处贴有摊位总表，招聘单位名称、性质、拟聘岗位均列于表中，应聘者可先浏览一下摊位总表再进场应聘，做到心中有数；三看招聘工资是否与该岗位社会基本工资相符。

（3）仔细询问招聘人员，不可轻信于人。应聘者在人才市场求职应聘时应仔细询问招聘单位的详细情况，包括其上级主管部门、单位性质、用工形式、工资待遇等，还可以直接向有关的管理部门咨询。

（4）认真听取招聘单位的情况介绍，不放过任何疑点。求职者在应聘时应留心听一听招聘者向求职者介绍的情况是否和招聘简章一致，多听一听其他求职者的发问和议论，以便掌握较全面的信息。

（5）运用法律武器维护自己的利益。在应聘活动中一旦遇到非法中介机构欺骗、讹诈求职者的，应及时到人力资源和社会保障部门咨询、投诉，寻求帮助。

四、医学生网络求职技巧

网络被人们形象地称为信息高速公路，网络求职具有选择范围广，成功率高，方便、快捷，求职成本低等特点。医学毕业生应该充分利用网络资源搜集就业信息，投递电子简历，这样可以节省很多时间和金钱。很多用人单位已经认可并使用这种招聘方式，以便更广泛地招揽优秀人才，节约招聘成本。

（一）网络求职信息的获取

（1）直接查询卫生人才网站　输入"卫生人才网"，你会查询到中国卫生人才网以及各省、自治区、直辖市的卫生人才网，一些重要的城市也设有卫生人才网。这些网站由政府部门主办，发布的招聘信息比较真实、可靠，是医学毕业生的首选网站。

（2）利用关键词搜索　如果想快捷地获得自己想要的信息，可以将自己的求职意向的关键词摘出，利用"搜索引擎"进行搜索。关键词主要包括所学专业、求职岗位等，加上招聘等词语即可。此外，毕业生还可以根据自己的实际情况，多用一些关键词进行搜索，可以获得更多有用的招聘信息。

（3）认真浏览　一般来讲，重要的招聘信息会放在网站首页上，在"最新消息"或"公告"之类的栏目里发布，有的信息是通过滚动字幕的形式发布的，因此，浏览网页时要有些耐心，不可一目十行，草草而过。在浏览专门的招聘网页时，信息很多，也很简略，更要认真仔细的鉴别，找出对自己有用的信息。

（二）网络求职信息的处理

（1）及时下载　看到觉得有用的招聘信息要及时下载，有些同学浏览网页时不做记录，认为网页就在那里，可以随时查阅。其实不然，网页的容量也是有限的，而且招聘信息的发布也有时限性，因而处在不断的更新之中，你今天查到的信息也许明天就难觅踪迹。因此，最好的办法就是建一个"招聘信息"文件夹，下设若干个分文件夹，下载后对信息分门别类进行整理。

（2）权衡主次　如果招聘信息很多，你一定要认真地甄别，及时选择到主要信息，以便迅速对招聘信息做出有针对性的回应。权衡主次的原则一般有专业对口、医疗机构的等级、福利待遇、发展前景、地域等。比如有些同学，即使待遇低一点，也愿意留在家乡工作，有的则倾向于外地。

（3）及时联系　确认好主要招聘信息后一定要及早与用人单位取得联系，以免被别人捷足先登。俗话说"先入为主"，早联系能够争取主动。再说，招聘一般持续很短时间，机会可谓稍纵即逝。联系方法一般是先发电子简历，接着电话联系，咨询有关招聘事项，并提醒对方审阅自己的电子简历。

（三）谨防网络求职陷阱

（1）无效虚假信息　有些网站公布的招聘信息是过时信息、垃圾信息、虚假信息，只是为了保持网站的信息量刻意而为的。有些单位没有招聘意向，为了追求宣传效应，提高知名度，也会发布招聘信息，对毕业生构成欺骗。这就需要毕业生擦亮眼睛，认真分析，减少无效信息对自己的影响。

（2）骗取求职者的资料　有些骗子以招聘为名，要求求职者提供自己的身份证号、银行卡号、手机号等资料，然后利用这些资料盗取求职者的存款或者从事其他诈骗活动。

（3）骗取培训费　有些骗子公司以高待遇为诱饵，在网上发布招聘信息，骗取信任后，再以岗位培训为由，收取求职者的高额培训费、教材费等，然后以各种理由搪塞求职者或者干脆销声匿迹。

五、网上求职应注意的法律问题

在数字化时代，各种各样的骗子也渐渐地认识到网络这一虚拟空间里存在十分丰富的可资利用的诈骗资源，于是，他们纷纷涉足这一空间，随之，纷繁复杂的网络诈骗行为也在网络空间里遍地开花。与传统诈骗相比，网络诈骗行为的手法更具多样性和欺骗性。由于网络的虚拟性，法律监管和制裁的难度都非常大，求职者上当受骗后，很难挽回自己的损失。因此，要有效地对付网络诈骗，首先必须认真研究网络诈骗的手法。

网络求职诈骗，是指行为人借助网络，利用数字化工具，使用虚构事实或者隐瞒真相的方法，骗取求职者财物的行为。

网络求职诈骗的主要形式有两种：一是骗子在网上声称有怎样的职位，只要你交了介绍费就可谋得该职。而当求职者按要求寄上介绍费后便杳无音信。一是以为求职者介绍工作为由，要求求职者提供个人资料，而当骗子获取资料后，再利用这些资料进行其他非法活动。如，网络骗子在网上公布"招聘信息"，在收到求职者的应聘请求后，利用求职者急于找到工作的心理，要求求职者将自己的一切详细信息都发送到该公司的电子信箱里，然后再利用这些求职者的个人资料进行非法活动。2010年8月份，某公司王小明在网站上找到一个公司招聘医药销售经理的信息。由于该职位待遇丰厚，他立即提交了求职申请，并应"招聘者"的要求向该公司"人力资源部主任"提供的电子邮箱发送了自己的个人资料，包括身高、体重、年龄、社会保险账号和银行帐号等。一天后，王小明询问该公司总部后，才知道自己已经上当了，该公司根本就没有招聘销售经理。王小明不得不立即取消了自己所有的信用卡，同时每天都要检查自己的账号收支情况。

网络维权难度很大，一旦诉至法院，将给法院调查取证工作带来较大难度：一是对对方当事人基本情况难以查明；二是双方无具体书面契约，对履行义务、违约责任、解决争议的方法等没有具体的约定；三是收款凭证等重要证据无法获取；四是异地调查取证将产生许多难以预料的困难。

此外，对网络欺诈如何适用法律问题界定不明。网络具有虚拟的一面，骗子可以通过匿名方式与外界发生交易，从而逃避管理部门的监管，规避法院调查或者公安机关的刑事侦查。目前，我国对网络欺诈行为适用法律问题没有详实规定，什么情形下适用民法通则调整，又在什么情形下适用刑法调整，未作明确界定。建立和完善相关法律法规和执行体系还需要相当长的过程，因此，医学毕业生在网络求职上要以自我防范为主。

第二节　笔试技巧

一、笔试的目的

笔试是用人单位采取书面形式对应试者的基本知识、专业知识、文化素养和心理健康等综合素质进行考查与评估的一种测试方法。对于应试者来说，笔试是相对公平的一种测试方法，因而被越来越多的用人单位所采用。一般来说，用人单位采用笔试方法主要是为达到以下目的：

（1）测试应聘者的智商和反应能力；

（2）检查应聘者掌握专业知识的程度；

（3）了解应聘者的文字功底和写作水平；

（4）考查应聘者理解问题和分析问题的能力；

（5）通过考试的成绩来决定是否录用应聘者或进入下一轮的面试，以此体现竞争的平等和公平。

二、笔试的种类

（一）智商和心理测试

在一些医疗部门看来，专业能力可以通过培训来获得，而毕业生是否具有不断接受新知识的能力是至关重要的。智商测试通常运用的一种是图形识别，比如有四种图案的一组图形，让应试者指出其相似点和不同点。另一种是算数题，主要测试毕业生对数字的敏感程度以及基本的计算能力。心理测试就是用事先编制好的标准化量表或问卷要求被试者在一定时间内完成，根据完成的数量和质量来判定其心理水平或个性差异的方法。一些特殊的岗位（如外科医学）常常以此来测试求职者的工作态度、兴趣、抗压能力、个性等心理素质。

（二）专业考试和专业技术能力考试

这种考试主要是检验应聘者是否具备担任某一职务所要求的专业知识水平和相关的实际能力。一般医疗单位在招收毕业生时，看其求职信、简历、推荐表和推荐信、成绩单、各种证书及其他自荐材料就可以了解其基本的知识、能力等情况。但也有一些用人单位，需要通过笔试的方式对求职者进行专业知识考核。

专业技术能力考试主要是测试应试者处理问题的速度和效果，检验应试者对知识和智力运用的程度和能力。

三、笔试的准备

（一）笔试前的准备

1. 身心准备

要保持良好的身心状态，适当减轻思想负担，不可给自己过大的压力，否则适得其反。笔试的前一天要注意休息，保证充足的睡眠，避免考试时精神不振，影响正常思维。另外，可适当参加一些文体活动，从而使高度紧张的大脑得到放松休息，以充沛的精力和良好的竞技状态去参加考试。

2. 知识准备

首先要学以致用，做到理论联系实际。现在的求职考试越来越强调用学过的知识来解决实际问题，具有很强的应用性。从考试准备角度讲，知识分为两大类：一类是主要靠记忆掌握的知识；另一类是必须通过不断运用来掌握的知识，在复习过程中必须始终突出一个"用"字，把学得的知识运用到工作实际中，去解决各种具体的问题。另外，不同类型的笔试都有个大体的范围，复习准备时，应考虑到医疗单位、岗位的特点进行相应的准备。在知识与能力这两者中，知识无疑是基础，没有扎实的基础知识，也就无从谈及能力的培养和提高。掌握知识的一个有效方法就是把零散的知识系统化。在着手复习时，应先打破各学科的界限，认真梳理各科目要点，将其整理成一个条理化、具体化的知识系统总纲目，然后按照这个总纲目有计划、有步骤地进行复习。

（二）笔试的复习方法

1. 计划周全

对考前复习的情况进行具体分析，包括需要复习的内容，自己掌握知识和能力的情况，哪些内容是自己掌握得不好或没有把握的，有多少复习时间，如何分配等。

2. 妥善安排复习时间和内容

要计划出每科复习大致需要的时间，每一阶段要复习什么内容，达到什么目标。不仅要有总的复习目标，还应有阶段性的目标。复习计划中的复习活动要多样化，各科复习要交替进行等。

3. 严格执行复习计划

要以顽强的意志控制自己的复习，按计划一步一步地实施。要增强战胜困难的信心，可采用限时量化的复习方法，加快复习速度，提高复习效率。

4. 掌握适当的复习方法

（1）归纳提炼法　这是将大量的知识归纳提炼为几条基本的线索，用一个简明的表格或提纲或几句精练的语言准确地表达出来。把个别的概念、定义、公式、定律、定理放到知识的体系中贯穿思考，弄清相互联系和衔接，列出它们的相似点和不同点；或者抓住概念、定义、公式、定律、定理等基础知识，对于容易混淆的概念或法则用对比的方法进行辨析，弄清相互间的联系和区别。这是加深理解、强化记忆的有效方法。

（2）系统排列法　这是对归纳提炼出来的知识点，进行聚同去异，使之成为系统的排列过程。在系统排列时，以某种相同的或相似的特征为基础，不断地把较小的组或类联合为较大的组或类。也可采用相反的方式，依据对象的某些特征或排列组成一定的顺序，从而找出各部分之间的联系和关系，以便更好地认识其特征。

（3）厚书变薄法　把章节或单元的学习按一定的科学系统自编提纲，进行高度概括，把"厚书变薄"。变"薄"的原则是具有科学性，把大量看起来是单一的或逐个理解的知识内容有意识地归并到某个知识体系中，从横向、纵向上形成有机联系，组成一条知识链。在概括学习内容时，抓住关键的知识点，前后联系，纵横结合，起到提纲挈领的作用。

（4）串联建构法 在系统复习的基础上，对章节与章节、单元与单元进行各种串联，作更高层次的理解。对已掌握的知识进行整理、归纳、分类、列表，以形成自己的知识体系，建立起良好的认知结构。在复习每个具体内容时，先冷静地想一想，再看书。逐个章节复习，找出难点、重点。在全面复习后，把整个知识点，在脑子里过一次"电影"。这种方法可以改变一味死记硬背的方法，从整体上把握知识。

四、笔试的答题方法与技巧

笔试成绩的高低与答题的方法、技巧有很大关系。要提高答题技巧，就要有良好的考试心理状态，要了解考试的特点，了解各类考试题目的特点和解答各类题目的方法，以充分反映自己已掌握的知识，充分发挥自己的真实水平。考试的心理要做到适度紧张和适度放松相结合。

（一）先易后难，先简后繁

拿到试卷后，应首先通览一遍，以便掌握答题的深度和速度，了解题目类型、数量、难易程度，并根据答题要求，迅速答题。然后按照先易后难、先简后繁的原则，合理安排答题时间。

（二）精心审题，字迹清楚

在具体答题时，必须认真审题，切实弄清题目要求，逐字逐句分析题意，按要求进行回答。书写时，力求做到字迹清楚，卷面整洁，格式、标点正确，不写错别字，特别注意不要漏题。

（三）积极思考，回忆联想

有些试题的设计从理论和实践两方面检查考生的基础知识和技能，并以综合运用为主，来检验考生的基础知识和技能、实际水平和学习灵活性。因此，有的试题是具有一定难度的，应试者在考试时要积极思考，努力回忆学过的知识并进行联想，将有关内容相互联系起来比较分析，找出正确答案。

（四）掌握题型，答题精细

要了解各科考题的特点，熟悉每种题型的答题方法，防止出现不必要的差错。常用的题型有填充题、问答题、选择题、判断题、应用题、作文题等。

1. 填充题

这是一般试卷中不可缺少的基本题型，用以检查考生对基础知识的掌握情况。答题时必须看清题目要求，是填词还是填句，是填写一个词、短语或句子还是填写几个。

2. 问答题

要求考生对试题提出的问题做出回答，较多的是要求用简单的语句回答简单的问题。答题时要对准中心，抓住重点，开门见山，简明扼要。落笔前先理顺思路，按要求回答。

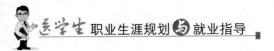

3. 选择题

这是从试题已给的几个备选答案中，选择一个正确、恰当的答案。要答好这种题型，可用经验法，凭所掌握的知识作经验性选择；可用假设法，假设某选择答案正确，代入验证，以获取正确答案；可用排除法，将题目中的选择项，采取逐一排除的方法，最后确定正确的答案；有的也可用计算法，通过计算来确定正确答案。

4. 判断题

要求对所给的命题做出明确的是或非的回答。一般判断题只有一个错误点，较多出现在基本知识中易混淆、易误解的常识性知识部分，必须把解题注意力集中在这些部分上。

5. 应用题

要求考生运用所学的知识解决实际问题。应根据题目的要求，选择适当的方法，予以解决。解题时先找出关键词，理解题意，再认真仔细地做，确保正确无误。

知识链接

2009年临床医学笔试

执业助理医师考试方案及内容

基础科目占20%：生理学、生物化学、病理学、药理学+医学微生物学、医学免疫学

专业科目占75%：临床内科学、外科学、妇产科学、儿科学、神经病学、精神病学

公共科目占5%：卫生法规、预防医学、医学心理学、医学伦理学

各科的分数大致分布如下：

生理19分，化学15分，病理21分，药理19分，微生物7分，免疫4分，内科145分，传染20分，精神13分，神经14分，外科137分，妇产58分，儿科58分，法规17分，预防18分，心理12分，伦理13分。

2010年初级护士考试科目：

基础护理学、内科护理学、外科护理学、妇产科护理学、儿科护理学

第三节　面试技巧

面试是一种在特定场景下，经过精心设计，通过主考官与应试者双方面对面地观察、交谈等双向沟通方式，了解应试者素质特征、能力状况及求职动机等的测试方式。日常的观察、考查，虽然也少不了面对面地观察与交谈，但它只是面对面地直接接触与情感沟通，并非经过精心设计。"面对面地观察、交谈等双向沟通方式"，不但突出了面试"问""听""察""析""判"的综合性特色，而且使面试与一般的口试、笔试、操作演示、背景调查等测评的形式区别开来了。

一、面试的特点

（一）面试以谈话和观察为主要工具

谈话是面试过程中的一项主要工具。在面试过程中，作为主考官，主要向应试

者不断地提出各种问题；作为应试者，主要是针对主考官提出的问题进行回答。观察是面试过程中的另一项主要工具。在面试中，主考官运用视觉观察应试者的非语言行为，而且判断应试者的行为属于何种类型，进而借助于人的表象层面推断其深层心理。对应试者非语言行为的观察，主要有两个方面：一是面部表情的观察；二是身体语言的观察。国外一项研究表明，在求职面试中，从应试者面部表情中获得的信息量可达50%以上。在面试过程中，应试者的面部表情会有许多变换，考官观察到这种表情的变换，判断其内在心理。例如，应试者面部涨得通红、鼻尖出汗，目光不敢与主考官对视，反映出应试者自信心不足，或心情紧张。应试者的目光久久盯着地面或自己的双脚，默不作声，这可能反映了其内心的斗争与思考过程。当主考官提出某一难以回答的问题时，应试者可能目光暗淡，双眉紧皱，带着明显的苦恼焦急或压抑的神色。总之，主考官可以借助应试者面部表情的观察与分析，判断应试者的自信心、反应力、思维的敏捷性、性格、情绪、态度等素质特征。

在面试过程中，具有不同心理素质的人，其身体语言的表现形式是不同的。一个情绪抑郁的人除了目光暗淡、双眉紧皱之外，还可能两肩微垂，双手持续地做着某个单调的动作，身体移动的速度相对较慢，似乎要经过很大的努力才行。而一个心情急躁、焦虑的应试者，手足常常会有无休止的快速运动，双手还可能不断颤抖。一个行为退缩、缺乏自信和创新精神的人，会始终使自己的双手处于与身体紧密接触的部位，头部下垂。一个人紧张或焦躁不安时，往往会出现膝盖或脚尖有节奏地抖动，手指不停地转动手里的东西，或摆弄衣服、乱摸头发等一些不雅动作。

（二）面试是一个双向沟通的过程

面试是主考官和应试者之间的一种双向沟通过程。在面试过程中，应试者并不是完全处于被动状态。主考官可以通过观察和谈话来评价应试者，应试者也可以通过主考官的行为来判断主考官的价值判断标准、态度偏好、对自己面试表现的满意度等，来调节自己在面试中的行为表现。同时，应试者也可借此机会了解自己应聘的单位、职位情况等，以此决定自己是否可以接受这一工作。所以说，面试不仅是主考官对应试者的一种考查，也是一种双向沟通、情感交流和能力的较量。主考官应通过面试，从应试者身上获取尽可能多的有价值信息。应试者也应抓住面试机会，获取那些自己关心的关于应聘单位及职位的信息。

（三）面试内容具有灵活性

从主考官角度看，面试内容既要事先拟定，以便提问时"有的放矢""不打无准备之仗"，又要因人因"事"(岗位)而异，灵活掌握；既要让应试者充分表现自己的才华，又不能完全让应试者信马由缰、海阔天空地自由发挥，最好是在半控制、半开放的情况下灵活把握面试内容。

（四）面试对象的单一性

面试的形式虽然有单独面试和集体面试两种，在集体面试中多位应试者可以同时位于考场之中，但主考官不是同时面向所有的应试者，一般是逐个提问逐个测评。即使在面试中引入辩论、讨论，评委们也是逐个观察应试者表现的。

（五）面试时间的持续性

面试与笔试的一个显著区别是面试不是在同一个时间展开，而是逐个地持续进行。笔试不论报考人数的多少，均可在同一时间进行，甚至不受地域的限制。这是因为笔试的内容有统一性，且侧重于知识考查，其考查的内容具体，题目客观，主观随意性较小，而面试则不同：

（1）面试是因人而异。主考官提出问题，应试者针对问题进行回答，考查内容不像笔试那么单一，既要考查应试者的专业知识、工作能力和实践经验，又要考查其仪态仪表、反应力、应变力等，因此，只能因人而异、逐个进行。

（2）每一位应试者的面试时间，不能像笔试那样作硬性规定，而应视其面试表现而定。如果应试者对所提问题对答如流，阐述清楚，主考官很满意，在不到约定时间即可结束面试；如果应试者对某些问题回答不清楚，需进一步追问，或需要进一步了解应试者的某些情况，则可适当延长面试时间。但是在考录公务员面试时，一般不会发生追问或延长面试时间的现象。

（六）面试交流的直接互动性

与笔试、心理测验等甄选方式不同，面试中应试者的语言及行为表现，与主考官的评判是直接相关的。面试中主考官与应试者的接触、交谈、观察也是相互的，是面对面进行的。双方之间的信息交流与反馈也是相互作用的。而笔试、心理测验中，一般对命题人、评分人严加保密，不让应试者知道。面试的这种直接性提高了主考官与应试者之间相互沟通的效果与真实性。

二、面试的准备

在面试中，你相当于从简历里走出来，站在面试官面前，施展你的才华与特长，让他们认识你、了解你、评估你，让他们相信你是最理想的人选。

（一）自我判断

在面试之前，你应当至少从以下几个角度进行自我判断，发现自己的优势和不足、兴趣与潜能，职业适应性等关系重大的个人特征。

1. 知识结构

知识结构是指一个人所掌握的知识类别，各类知识相互影响而形成的知识框架以及各类知识的比重。知识结构可以从以下几个方面进行分析：自然科学知识和社会科学知识的比重；基础知识和专业知识的比重。

在求职应试之前，知识结构的分析至少对你有两方面的作用：①根据自己的知识结构，选择适宜的职业。②针对所要应聘职位所需的知识结构，尽快弥补不足，使自己的现有知识结构得到改变，以适应职位的要求。

2. 能力结构

一个人所具备的能力类型及各类能力的有机组合就是他的能力结构。能力的类型多种多样，至少包括记忆能力、理解能力、分析能力、综合能力、口头表达能力、文字表达能力、推理能力、岗位工作能力、环境适应能力、应变能力、人际关系能力、组织管理能力、想象能力、创新能力、判断能力等等。每个人所具备的能力结构是不同的，而且即使共同具有一种能力，但能力的大小会有所差别。求职面试前，对自己的能力结构进行判断分析是必要的，不同的职业、不同的岗位需要不同的能力结构。发挥自己能力方面的优势，避开能力方面的欠缺，是事业成功的一个十分有利的条件。

能力倾向测验一般比较客观，是很好的评价工具。标准化了的能力倾向测验，具有两种功能：① 判断一个人具有什么样的能力优势，即所谓的诊断功能。② 测定在所从事的工作中，成功和适应的可能性，包括发展的潜能，即所谓的预测功能。在西方发达国家中，能力倾向测验被广泛运用于职业决策和甄选录用中，经实践检验，具有较强的科学性。因此，你可以用一些标准化了的能力倾向测验来进行自我评价和指导。国内已经有一些比较成熟的能力倾向测验量表，如文字运用能力测验、语文推理能力测验、数字理解测验、推理能力测验、机械工作能力测验、环境适应能力测验、想象能力测验、判断能力测验、领导能力测验等等。你可以根据自己的情况进行测验，如果想追求准确可靠，可向职业咨询专家或心理学专家咨询。一般来说，面试在能力方面的考查主要集中在专业应用能力、语言表达能力、逻辑应变能力、分析判断与综合概括能力、自我控制能力等，因此，你应当对有关这几项能力的测验多加注意，从而在接受测验时做出有利于自己的回答。

3. 个性心理特征

个性是决定每个人心理和行为的普遍性和差异性的特征和倾向较稳定的有机组合。个性心理特征主要包括气质和性格两个方面。气质是与个人神经过程的特性相联系的行为特征。气质类型一般划分为多血质(活泼型)、胆汁质(兴奋型)、黏液质(安静型)、抑郁质(抑制型)四种。这四种类型为典型的气质类型。人们的气质存在着相当大的差异。对自己的气质类型作出评判，选择适合于自己的工作，对每个人都是十分必要的。性格是个人对现实的稳定态度和习惯性的行为方式。与气质相比，人们的性格差异更是多样而复杂的。心理学家从不同角度来归纳性格差异，划分性格类型。如按何种心理机能占优势可将其划分为理智型、情绪型、意志型、中间型；按心理活动的某种倾向性可将其划分为外倾型和内倾型；按思想行为的独立性可将其划分为顺从型和独立型等。面试过程中还是比较注重个性评价的。例如支配性、合作性、独立性、灵活性、自信心、责任感、自制力、重印象性、掩饰性等都可能成为被考查的对象。一般来说，个性没有绝对的优劣之分，故你在应试过程中不要过于掩饰自己，表现出真正的自我。但是，当你明确知道应聘职务所要求的个性特征时，或当你明确知道主考官所期望的个性特征时，你不妨作些掩饰，使自己表现得适合工作的需要和主考官的期望。

4. 职业适应性和职业价值观

选择正确的职业道路是人生的一件大事。一个人对某项职业的兴趣及其能力的适应性，对其完成该项职务功能及取得工作绩效有直接的影响。求职应试是一个了解自我、寻找职位、实现自我价值的过程。没有经验的求职者经常在谋职中失败，或是经常易职，总也找不到适合自己的工作，其中重要的原因就是求职者不了解自己的职业适应性，没有明确的职业价值观，感情用事，随波逐流。正确评价自己的职业适应性和职业价值观是正确选择人生职业道路的关键。

面试很注重对职业适应性和职业价值观的考查，应试者应当事先对应聘职位进行尽可能多的了解和分析，以便使回答具有较强的针对性，从而证明你具有适应于该职位的优势。例如你要应聘护士，你就可以谈及以下内容：我喜欢保持桌子和房间整洁，对病人有同情心和爱心，动手操作能力强，能熟练操作电脑，善于在短时间内分类和处理大量事务，喜欢与人交往，善于与人合作，待人热情等等。

（二）自我开发

自我开发是前进的原动力。经过正确的自我判断与评价，你会发现自己的知识能力结构、个性心理、职业适应性与自己的理想状态有着一段差距，能够找出这个差距本身就可算是你的一项重要成果，但如何缩小这个差距，则关系到你能否实现自己的理想和追求，意义重大。那么，怎样才能缩小现实与理想的差距呢?主要靠自我开发。因为一个人前进的动力只有产生于自身内部才会强大和持久。学习和提高关键靠自己主观的努力。知识结构的完善与更新相对容易，关键是保持对新鲜事物的好奇心和热情，保持旺盛的求知欲，关注时代的进步和对知识结构提出的新要求，掌握适应于自己的学习方法。但能力结构的完善与更新更为困难一些，需要付出更艰苦的努力。知识是能力的基础，但知识向能力的转化需要一个过程，特别是实践经验的积累。因此，要想提高能力必须注意把握机会进行实际锻炼。

1. 创造力的自我开发

创造力是指产生新颖、有用构想的能力。对于同一个问题，有的人思维流畅，很快会说出多种答案；有的人则只能想出一种答案。思维是否灵活，就是一个人创造力的表现。一个人要想达到较高的创造力水平，就必须多加锻炼。

开发创造力应当注意以下三个方面。

（1）坚定能够创造的信心　心理学家这样说过："你想成为怎样的人，你就能成为怎样的人；你认为能做什么事，你就能做什么事。"这句话的意思是，自信心是迈开人生的第一步，是积极人生的开始。每个人切不可低估自己，更不能让疑心抹杀自己的创造力。一个要有所作为的人，必须始终坚信自己的将来比现在更具有创造力。

（2）放开想象　一个人要想富于创造性，必须努力打碎束缚自己想象力的枷锁，对任何事物都表现出好奇，掌握开发创造力的方法，如综合、移植、杂交、求异、放大、缩小、转化、代替、颠倒、重组等。

（3）开发潜意识　人们的意识，犹如冰山，只有十分之一在工作中显露出来，其他十分之九都是潜意识。每当有新的问题要解决时，这些问题就会与潜在意识发生激烈的碰撞。在这种比较过程中，脑子中的潜意识，常常会与要解决的问题碰出思想的火花，使你豁然开朗。潜意识是人们长期学习、经验积累的结果。知识越宽厚，经验越丰富，横向联系越广泛的人，潜意识越多。

2. 沟通能力的自我开发

沟通是信息的交换和意思的传达，也是人与人之间传达思想观念，表达感情的过程。通俗地讲，所谓沟通就是对话，包括口头的和书面的对话。面试过程就是一个主考官和应试者的沟通过程。因此，培养和开发沟通能力对面试的成功具有直接的现实意义，沟通能力的开发应注意以下几个问题。

（1）培养有利于沟通的心理和行为　沟通时直接、诚恳而适当地表达自己的感受、需要和看法，要避免产生防御性沟通：第一，要对事不对人。第二，交谈中要诉诸共同的目标，而不要运用控制的方法。第三，不要使用武断性的语言。

（2）减少使用专门术语　尽量使用对方容易理解的语言，增加传播内容的可接纳性。尽量多用具体化的语言，非用抽象语言不可的时候，要鼓励对方反馈，以促进彼此的了解。沟通的选择要合乎正确、简洁、适当、经济的原则。所谓正确、简洁，是指不要选择意义容易混淆的言词；适当是指语言合乎主题、场合及沟通参与者的需要；经济是指语言要易于理解。

（3）妥善运用非语言信息　说话的语气既不要迟钝，也不要尖刻，而要自信、平静，肯定而有力；音量要大到足以让人听清楚，但又不可乱喊乱叫；目光要保持适当的接触，让对方有参与和受重视的感觉。此外，姿态必须表现出关心而非高高在上的样子或卑躬屈膝的形象。

（4）培养正确的倾听方式　正确的倾听需要不断地锻炼和培养，努力做到以下几点：要注意把握主题，不要先入为主；要表现出对谈话的兴趣，注意说话者的非语言信息，不要害怕听到非常困难或复杂的信息。

3. 自信心的培养与开发

自信心是成就任何事业的必备条件，几乎任何职业都需要从业者有自信心，因此，任何面试都有关于自信心方面的考查。开发自信心是一个长期的过程，但只要努力，采取正确的方法，就会有所成效。开发自信心要注意以下几个方面。

（1）注意区分自信的行为和不自信的行为。不自信的行为有两种，一是屈从，二是粗鲁。屈从的表现是：对他人的不正当要求忍辱退让，不敢提出自己的主张、观点和感受，易受他人左右。粗鲁的表现是：提出自己的要求、感受和主张，而不顾或轻视他人的观点；因出现的问题或失误而责怪他人；讽刺、不友善或持骄傲的态度。自信的表现是：在表达自己的观点、要求和感受时，也尊重他人所拥有的同样权利。

（2）在生活和工作中尽量表现出自信的行为，即使只是形式也是必要的和有益的。行为经过反复和强化，最终将从形式转化到本质。

（3）善于发现自己的长处，对自己的进步给予奖励。

（4）努力学习别人的长处。

（5）不要害怕暴露自己的缺点，不要追求尽善尽美。每个人都有自己的缺点，有缺点是正常的，不要为此而羞愧，而应积极地去克服和改正。

（三）自我"包装"

这里谈的"包装"主要是指应试者的外在形象的准备，如衣着、服饰、首饰、化妆、发型等。仪表形象是最先进入主考官评价范围的求职要素，会极大影响主考官的第一感觉。端庄、美好、整洁的仪表形象，能够使主考官产生好感，从而做出有利于应试者的评价。科学研究的结果表明，个人感受到的对方仪表的魅力同希望再次与之

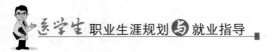

见面的相关系数是0.8，远远高于个性、兴趣等同等因素的相关系数。所以在面试前，必须塑造自己的最佳形象。

对于仪表与形象问题，通常存在两种错误认识：一种人自认为是国色天香，不管穿什么，做什么，永远都是美的，对于别人的评价往往不屑一顾。其实一个人长得美丽并不意味着真的能给人留下美感。另一种人，对自己缺乏信心，街上流行什么，他们便崇拜什么，至于自己适合穿什么、怎么穿，并不知道。这种人走到极端便是不修边幅，根本不去注意自己在他人心目中的形象。为了有助于在面试中给招聘者留下一个最佳形象，就需要对自己的仪表形象进行有意识的"包装设计"。

1. 注重发型

在参加面试之前，应试者应理发、剃须。若非民族习惯或从事文艺等方面的工作，不理发、不剃须就去面试，是很不礼貌的。在现代生活中短发是青年人的最佳选择，它适合快节奏的生活特点，又能体现青年人朝气蓬勃的精神面貌。头发的整洁和发型的选择，也至关重要。脸长的人不宜留短发，下巴丰满的人可以把鬓发朝上梳一些，而下巴较方的人可以留上2～3厘米的鬓发。男生的发型还要适合体型：矮胖或瘦小的人应当剪短发，而瘦高的人头发可以适当长一些。女生在发型上的要求更宽松一些，可以保留自己的特色，但不宜过短或过长。

2. 男生的衣着

面试是一种正式的场合，衣着不能过于随便，运动服、沙滩装或牛仔服等休闲服装一般不是好的选择。西装是公认的礼仪服装，穿西装面试已成为惯例，但也要因人、因时、因地而异。如果你很不习惯穿西装也不必勉强，可能适得其反；天气太热或太冷也不要穿西装。男士的衣着主要要求整洁、合体、大方。男生的衣着不应有过多颜色变化，大致不超过3种颜色。如果穿西装面试，要精心选择衬衫和领带。衬衫最能体现人的风度，白色衬衫将使男士精神焕发；领带最好是丝质的，并要注意与西装的颜色协调。不穿西装也可以，上衣和裤子的颜色最好一致，既不要看上去"头重脚轻"，也不要上下身的颜色不搭配。

3. 女生的衣着

女生在衣着上选择的余地较广，但最能展现女性魅力的服装是裙子，一条恰到好处的裙子能够充分增加女性美和飘逸的风采。面试中，女生穿着的裙子至少长应及膝，超短裙、无袖式或背带连衣裙是失礼的。选择裙子要注意其厚薄、色彩与质地，裙子色彩不要过于华丽，质地要好一些，领边、肩头和袖口等处也要注意，不使内衣外现。着装首先要干净、整洁、合身，其次要考虑突出个性，并且要符合应聘职位的性质。国外有关于穿戴的"TPO原则"，T代表时间，P代表地点，O代表目的。"TPO原则"要求穿戴必须与时间、地点、目的相适应。

4. 其他注意事项

不要忽视帽子、鞋子、袜子。戴帽子要注意其式样、颜色与自己的装束、年龄、工作相和谐，并要按自己的脸型来选择。脸圆的人适合戴宽边较高的帽子，脸窄的人适合戴窄边的帽子。

鞋袜的选择也要注意与整体装束相搭配，其颜色应当与皮带、表带保持和谐，这样才能体现穿着的整体美。在面试场合，男生适宜穿黑色或深咖啡色皮鞋。参加面试前，一定要把皮鞋擦干净。裤脚前面能碰到鞋面，后面能垂直遮住1厘米的鞋帮就行了。穿中山装、夹克衫等穿皮鞋、布鞋均可，但穿西装一定要穿皮鞋。女生在面试场合除了凉鞋、拖鞋外，其他鞋子一般都可以穿。高跟鞋是很多女生都爱穿的，但不要穿鞋跟太高太细的高跟鞋，否则走起路来步履不稳。

男生穿袜子要注意长度、颜色和质地。长度要高及小腿，袜子的颜色以单一色调为佳，彩条、带图案的袜子不太合适，质地以棉线袜最好。女生穿裙子应当配长筒丝袜或连裤袜，颜色以肉色、黑色为佳。修长的腿穿透明丝袜最合适，腿太细可穿浅色丝袜，腿较粗可穿深色的袜子。

不要忽视服装的配件。一件用得好的配件，好似画龙点睛，可使你更加潇洒飘逸。而一件用得不好的配件，好比画蛇添足，只能够败坏你的形象。因此，在面试场合中，对服装的配件应当给予必要的注意。如腰带、纽扣、手帕、围巾等都不可轻视，要正确发挥它们各自的作用。

项链的佩戴因人而异。脖子细长的人可选择粗且短的项链；脖子粗短的人可选择细长的项链，或者什么也不戴，这样才有利于弥补自己的缺陷。选配项链上的挂件，可以展示自己的性格。富于幻想者，可选配星形挂件；活泼好动者，可选配三角形挂件；成熟稳重者，可选配椭圆型挂件；追求事业者，可选配方型挂件。

恰到好处的化妆，可以充分展示自己容貌上的优点。当你容光焕发，神采奕奕地参加面试时，无疑会赢得主考官的好感，但不要浓妆艳抹。女生不要使用浓香型的香水和香粉，把自己搞得香气四溢。男士一般不必化妆，即使需要化妆也要轻描淡写，不要化妆以后让人觉得有女性化倾向。

三、面试的策略

（一）面试的起始阶段

1. 迅速适应面试环境

接到面试通知以后，你一边为临场面试积极地做准备，一边在脑子里想象着面试的情境，以及可能面临的各式各样的提问，自己应采取的各种应对措施等等。所有这些，都是很自然的，也是必要和有益的，这种想象可以使自己有良好的心理准备，提前进入面试状态。不过，想象和现实往往存在着一段距离，特别是没有面试经验的人，到了应聘单位后，一旦发觉现实根本与自己想象的不同，就难免出现不安和烦躁的情绪，一时不知如何是好，很难迅速适应面试的环境。但是，能否迅速适应面试环境，将直接影响你在面试中正常水平的发挥，为此你有必要对可能面临的面试环境有更加全面、准确的预测，不要把面试环境事先就在脑子里规定好，而是要根据现实场景随机应变，迅速适应现实存在的面试环境。假如等待你的面试场所可能是一间狭小而杂乱的办公室，主考官悠闲地叼着烟卷，品着茶，翻着文件或报纸，电话铃声不断。看到这种情况，你可能很失望或很厌烦，但是，你一定要平定自己的情绪，不能在表情和动作上表露出来。因为，这并不一定表明考官对应试者不重视，而可能是因为这是他们一贯的工作作风或者是因为他经验不足，根本不知道面试环境的作用。你时刻要知道，你是来应试求职的，不是来挑毛病的。要改造现实，首先要适应现实，只有你争取到任职的机会，工作以后处理好人际关系，发挥出你的聪明才智，你才能一步步地达到自己预定的目标。

2. 礼貌对待考务工作人员

面试时，考场工作人员负责对求职者的接待服务，热情友好地引导应试者进入考场。一般情况下，考务工作人员会热情、自然地与应试者寒暄几句，对求职者前来参加面试表示欢迎，并把应试者引见给考官。对考务工作人员的热情服务，应试者应及时给予积极的反应，平等礼貌地表示诚挚的感谢。这样不仅会获得考务工作人员好感，而且你温文尔雅、平等待人的君子风度会给考官留下美好的印象。如果遇到个别素质较低的考务工作人员，不能对他表现出厌烦、憎恨的情绪，而且同样要对他们的"服务"表示诚恳的感谢，这样不仅可以使他回味自己的所作所为，更重要的是向考官表现出你善于忍让，不计较小事，顾全大局的高贵品质。总之，礼貌对待考务工作人员，会表现出你细心周到，尊重别人的劳动，平等待人和善于情绪自控，不因小失大等个人修养，这是每个应试者都要争取做到的并非小事的小事。

3. 配合考官迅速建立和谐友好的面试气氛

建立和谐友好的面试气氛对主试和被试双方都有利。在和谐友好的气氛中，被试对主试有一种信任感和亲切感，从而愿意开诚布公，说出自己的真实想法，而且会轻松自然地发挥出正常的水平。被试能发挥正常的水平，主试才能获取真实的信息，这当然是两全其美的事，是双方都希望发生的，但这需要双方的共同努力。一般说来，在正式提问开始之前，有经验的考官会积极主动地创造一个和谐友好的气氛，以消除应试者的紧张或警戒心理。当考务工作人员将应试者引入考场后，考官中的主试人一般会迎上来与应试人握手表示欢迎，然后请应试人入座，面试即开始。

在没有考务工作人员引见的情况下，应试者进入考场之前，应轻轻叩门，待得到考官应允后方可入室。入室后，背对考官，将房门轻轻带上，然后缓慢转向面对考官。有礼貌地同主试人打招呼。若无主试人邀请，切勿自行坐下。对方叫你坐下时，切勿噤若寒蝉或扭扭捏捏，应即口说"谢谢!"坐下时要放松自己，但要坐得挺直，切勿弯腰弓背，不要双腿交叉和叠膝，不要摇摆小腿。最好双腿自然并拢或稍微分开一点儿。女士特别要注意，坐下后不要把腿向前伸直，也不要大大地叉开。应试者要绝对避免有伸懒腰、打呵欠、双手抱在脑后、莫名其妙地跺脚等忌讳的举动。已经安排好的应试者的座位，你不要随意挪动。随身携带的皮包、物品应拿在手中，或放在膝盖上面。双手保持安分，不要搓弄衣服、纸片、笔或其他分散注意力的物品。

神态要保持亲切自然。面试过程中，和颜悦色，不卑不亢是最佳神态。面容与眼神最容易引起考官的注意，面带微笑，使人如沐春风，最受欢迎。而不苟言笑，面无表情，最令人反感。眼神非常微妙，但不可乱用。在面试中，审视、斜视以及瞟、瞥都是不能采用的。

4. 配合考官顺利度过引入阶段

引入阶段主要是围绕应聘者的基本情况提出问题，逐步引出面试正题。在引入阶段，考官的提问一般很自然、亲切、渐进，像闲聊漫谈一样。考官这样做的目的，一是消除或缓解应试人的紧张和焦虑情绪，二是引出面试的主题。当考官看见一个应试者一进考场便频频地向他点头，然后拘谨地走过去坐在应试席位上，不停地搓动双手，或满脸涨得通红，鼻尖冒汗等，考官会找一些比较轻松的话题让应试人平静一下。如"是骑自行车来的吗?""我们办公楼不难找吧?"一些幽默风趣的考官可能会找一些很容易拉近彼此距离的话题。应试者要注意用敬语如"您"、"请"等，市井街头常用的"俗语"要尽量避免，以免被认为油腔滑调。面部表情要自然，谦恭和气。眼睛应看着问话的考官，但不要盯着看，不时看看旁边的考官。目光注视着答话者是尊重对方的表现，同时也表现出你的自信。漫不经心、无缘无故皱眉或毫无表情都会使人反感。应试人要积极配合考官顺利度过引入阶段，同时集中精力，时刻留心话题的转变，调动全身心力量准备进入攻坚阶段。

5. 机智敏捷，应付意外情况

虽然面试有其内在的一般原理和规律性，有其一定的程序和方法，但并不是每个考官都遵从这些规律、程序和方法。因此，应试者头脑里对面试要在遵循一般规律的同时，随机应变，具体问题具体分析。

【案例】

某医院有一次招护士，在面试场中设置了这样一个情境：在每个考生推门进屋前，故意把几片废纸撒在门口，屋角放一个废纸篓，然后观察每个考生进门后的反应。结果发现，有的考生昂首阔步一直走到应试席前，根本没有注意到地上的废纸；有的考生走过去才发现，但瞟了一眼又继续向前走；有的考生一进门就发现了，但犹豫了半天也没把废纸捡起来；有的犹豫了一阵儿然后把废纸捡起来扔进了废纸篓；有的考生发现地上的纸片后毫不犹豫地捡起来放进了废纸篓。考官依据每个人不同的反应，给每个人下了不同的结论，录用结果也就不同。例如，那个发现纸片后毫不犹豫捡起来扔进废纸篓的人被判定为：工作认真细致，办事果断，个人修养好……获得了最高的评价，从众多的竞争者中脱颖而出。

6. 调动全身心力量，准备进入攻坚阶段

面试的起始阶段非常重要，这是因为"首因效应"，即我们平常所说的"第一印象"的影响。据调查结果显示，80%的考官在三分钟内就已经对考生下结论了，甚至有的考官在问话还没开始就已经决定录不录用某人了。"首因效应'强烈地左右着主考官对应试人的判断，但这种凭第一印象评判一个人往往不一定正确。

如果考官对你的第一印象特别好，就可能对你有过高的期望，要是你以后的表现却一团糟，这种反差会让考官大失所望，极可能把你从高山推入深谷。如果考官对你的第一印象不太好，就可能对你不报什么期望，要是你以后的表现却意外的精彩，这种反差往往会使考官惊喜异常，极可能把你从深谷托向高峰。因此，应试者绝不要因一时顺利而得意忘形，也不要因一时失误就自认倒霉，而应该胸怀全局，时刻关注时局的发展，追踪和预测考官的意图，调动全身心的力量，进入攻坚阶段。

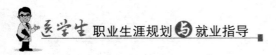

（二）面试的核心阶段

面试的核心阶段是面试的最主要环节。考官就广泛的问题向应聘者征询、提问并根据应聘者的回答和表现对他们的能力、素质、心理特点、求职动机等多方面内容进行评价。之后，考官可能提出一些比较敏感、尖锐的问题，以便深入彻底地了解应聘者的情况，为录用抉择提供更加充足的信息支持。为了能在面试的核心阶段获得考官的认同和赞许，赢得关键阶段的胜利，应试者应从以下几方面做出积极的努力。

1. 正确有效地倾听

应试人要时刻关注着考官的思维变化、谈话内容的要点、主题的转变，语音、语气、语调、节奏的变化等各种信号，准确进行分析判断，然后才能采取合理有效的应对措施。倾听的要点是：先不要有什么成见或决定，应密切注意讲话的人所要表达的内容及其情绪。优秀的谈话者都是优秀的倾听者。虽然应试者答话时间比问与听的时间多，但应试者还是必须学会倾听。因为别人讲话时留心听，是起码的礼貌，别人刚发问就抢着回答，或打断别人的话，确是无礼的表现。不听清楚就回答，意味着粗心；答非所问，就意味着自己缺乏系统的思考。

倾听，要有耐心。即使对一个你知之甚多的话题，出于尊重也不能心不在焉。要尽量让对方把话讲完，不要不顾对方的想法而发挥一通。如果确实需要插话，应先征得对方的同意，用商榷的语气问一下："请等一下，让我说一句"或"我提个问题好吗?"这样可以避免考官对你形成误解。

倾听，要专心。求职者应全神贯注，始终保持饱满的精神状态，专心致志地注视着对方，以表明你对他的谈话感兴趣。在对方谈话过程中你要不时表示听懂或赞同。如果你一时没有听懂对方的话或有疑问，不妨提出一些富有启发性或针对性的问题，这样不但使你的思路更明确，对问题了解更全面，而且对方在心理上会觉得你听得很专心，对他的话很重视，从而会直接提高他对你的评价。

倾听，要细心。也就是要具备足够的敏感性，善于从对方的话语中找出他没有表达出的意思。同时了解考官对你的话是否真正理解了，对你谈的内容是否感兴趣，作为调整自己谈话的根据。

2. 回答问题要注意一定的方法与技巧

面试的主要内容是"问"和"答"。在面试中，考官往往是千方百计"设卡"，以提高考试的难度，鉴别应试人是否是单位真正所欲求的人才。应付这种局面，要应答得体，就一定要掌握应答中的基本要领。对于从不同角度，以不同形式提出的问题，只有掌握了这些要领，才能够临阵不慌，应付自如。

知之为知之，不知为不知。在面试场上，常会遇到一些自己不熟悉、曾经熟悉却忘了或根本不懂的问题。面临这种情况，应该做到：

（1）要保持镇静　不要表现得手足无措、抓耳挠腮、面红耳赤。每个人都不是全才，不可能什么都知道，考官也不会要求考生无所不知，所以应试人不必为自己的"无知"而懊恼，甚至感到无地自容。事情没那么严重。

（2）不要不懂装懂，牵强附会　与其答得驴唇不对马嘴，还不如坦承自己不懂为妙。

（3）不能回避问题，默不作声　因为回答考官的问题是应试者必须要做的，这是起码的礼貌。你应该明确告诉考官你的看法，没有把握的问题可以略答或致歉不答，但绝不能置之不理。

确认提问内容，切忌答非所问。面试中，对考官提出的问题，"想当然"地去理解而贸然回答，可能被视为无知，甚至是傲慢无礼。对于不太明确的问题，一定要采取恰当的方式搞清楚，请求考官谅解并给予更加具体的提示。与其听"答非所问"的叙述，不如将问题搞明白，再进行对话更轻松些。

冷静沉着，宠辱不惊。在面试中，考官可能故意提出不礼貌或令人难堪的问题，其真意在于观察你在这种场合以何言相对，从而考查你的适应性和处理问题的应变性。在这种面试中，应试者应事先有心理准备，面对为难之问，切勿表现出不满、怀疑、愤怒，要保持冷静，提示自己这是在面试而不是实际情况，不要去妄推考官的不良目的，应表现出理智、容忍、大度，保持风度和礼貌，有系统地与考官讨论问题的核心，将计就计。有的考官要测你的应变能力，可能提出一个令你非常尴尬的问题，看你如何反应。如考官问了你一个问题，你根本不知怎么回答。本来当你坦率地承认不知道并表示歉意就可以了，可考官却说了一句：你怎么连这样简单的事情都不懂？这时你最好继续镇静地、谦虚地承认自己的无知，并表示以后努力学习，弥补不足，而不应当强调客观理由与考官争辩。

（4）正确判断考官的意图，对症下药　首先，要注意识破考官的"声东击西"策略。当考官觉察到你不太愿意回答某个问题而又想有所了解时，可能采取声东击西的策略。例如，对于一些敏感性的问题，许多人不愿真实地表达自己的观点。考官为了打消你的顾虑，可能会这样问你："你周围的人对这个问题有些什么看法？"面对这种情况，你不要疏忽大意，不能信口开河，不要以为说的不是自己的意见，说出来不会暴露自己的观点。因为考官往往认为，你所说的很大部分都是你自己的观点。另外，考官可能采用投射法测验你的真实想法。所谓投射就是以己度人的思想方法。例如，考官让你看一幅图画，然后让你根据画面编一个故事。这种方法一方面是测验你的想象力，另一方面是测验你心理意识的深度。这时，你可以放开思维，大胆构思，最好能有一些新奇的想法，表明你具有创造力、想象力，但同时不要忘记这样一个原则，新编故事情节要健康、积极、向上，因为考官认为你是在"以己度人"，故事情节中融入了你的真实心理。

其次，要分析判断考官的提问是想测试你哪方面的素质和能力或其他什么评价要素，要做到有针对性地回答，切不可夸夸其谈，没有重心。

（三）面试的收尾阶段

1. 察言观色，判断时机

面试的过程主要由考官来控制，面试的每个阶段都有其内容上的侧重点，考官的行为也会有一些微妙的变化，应试人应善于察言观色，判断面试的进程，采取相应的灵活措施。面试临近尾声之时，考官可能会提一两个比较尖锐或敏感的问题以便深入、彻底地了解应试人的情况。在此之后，话题的选择可能会非常随意，有点聊天的味道，谈话十分轻松，这就标志着面试已经进入了收尾阶段。

在收尾阶段，考官的神情会更为自由放松，目光中"审视"的意味会明显减少，谈话语气会显得更加柔和等等。考官在提问结束之前，往往要说："我的问题完了，我想听听你有没有什么问题，如果有，尽管提，我们来一起讨论。"这时可以针对单位和工作本身提一些问题，但提问一定要谨慎，注意礼节和分寸，不要提问太多，不要让考官因回答你的提问而费力劳神。要留意考官的各种暗示，如果考官兴致正浓，你不妨多说几句；如果考官显得疲倦，急于休息，你就要尽快结束你的提问，并主动告诉考官你的提问完了。

2. 充满自信地重申自己的任职资格

在面试的收尾阶段，应试人最重要的任务之一就是创造时机、抓住时机重申一下自己的任职资格。你能否胜任应聘职位的工作任务，是考官最为关注的事情，你应用自己的自信心来感染考官的情绪，使他更加相信你是一个优秀的人选。

重申自己的任职资格必须把握以下三个原则：

（1）事先要对应聘职务和职位进行分析，总结出该职务和职位的工作执行人员履行工作职责时应具备的最低资格条件。包括必备的知识、经验、操作能力、心理素质等。

（2）语言要概括、简洁、有力，不要拖泥带水，轻重不分。重复的话语虽然有其强调的作用，但也可能使考官产生厌烦情绪，因此，你最后重申的内容，应该是浓缩的精华，要突出你与众不同的个性和特长，给考官留下几许难忘的记忆。

（3）充分展现你的自信心。身体动作要自然放松，得体适宜，语气要坚定、恳切，态度要谦虚谨慎，给考官留下值得信赖的形象。

3. 坚定恳切地重申自己的求职意愿

因为大部分考官都认为，把工作交给一个特别想得到它的人要比交给一个认为该工作无所谓或厌恶该工作的人要好得多。凡是有经验的考官无一不注重对应试人员求职动机的考查。因而应试者在面试收尾阶段，在恰当的时机坚定恳切地重申自己的求职意愿就成为十分必要和有益的事了。应试者向考官表达自己的求职意愿，态度要明朗、坚定、诚恳，语言要有感染力，身体语言要协调配合，坚持以诚动人，以情感人。"精诚所至，金石为开"，幸运之神总是垂青那些诚挚、执著的人。

4. 配合考官，自然地结束面试

有经验的考官十分重视面试结束阶段的自然和流畅，避免给应试者留下某种疑惑、突然的感觉。临近结束，考官一般都会给应试者提供最后的、充分提问或重申、强调某些信息的机会。应试人应注意察言观色，抓住机会，向考官传达一些重要的有利的信息，既要尽力表现自己，又要适可而止，见好就收。应试人员要全力配合考官，使面试在自然、轻松、愉悦的气氛中结束。

需要指出的是，一定要让考官自觉结束面试，应试人不要自作聪明主动提出结束面谈，也不要给考官任何暗示和提醒，不要在考官结束面谈之前表现出浮躁不安，如整理所携带的物品、头发、衣饰等，不要表现出急欲离去或另赴约会的样子。

5. 礼貌地向考官告辞

当考官暗示或明示可以结束面试时，被试人要礼貌地与考官告辞。告辞时一般要面带微笑，并说感谢对方给了自己这次面试机会之类的话。例如，"非常感谢你们给了我这次难得的宝贵机会，我会为曾经参加过贵单位的面试而自豪！真心地谢谢你们，再见！"告辞时应试者还可以向考官们说一些真心求教的话。例如，"非常有幸能与你们谈了这么多，我感觉收获很大，希望今后能有更多的机会向你们求教……"

6. 对考场工作人员表示感谢

如果在你进入面试房间前，有秘书或接待员接待你或招待你，在离去时应向他们的服务表示诚挚的感谢。尊重和谦逊是一种风度，在面试时要表现出这种风度。尊重别人的劳动，平等待人，是有良好修养的表现。"敬人者，人恒敬之"，你的付出肯定会得到应有的回报。这种尊重他人，谦虚谨慎的作风将赢得考官的好感，给他们留下美好的印象。

（四）面试结束后的有关事项

一般情况下，招聘单位最后确定录用人选可能需要三五天的时间。求职者在这段时间内可以耐心地等候消息，不要过早打听面试结果。

在面试后的一两天内，你必须给负责招聘的具体负责人写一封短信。你在信里应该感谢他为你所花费的精力和时间，感谢他为你提供的各种信息。这封信还应该简短地谈到你对招聘单位的兴趣，你有关的经历和你可以帮助他们解决的一些问题。这样做的原因，一是你觉得有必要重新强调一下自己的优点，而且你又发现了一些新的理由、成绩或经验，有必要让他们知道。二是加深招聘人员的印象，增加求职的机会和成功的可能性。

如果两星期之内没有接到任何回音，你可以给主试人打个电话，问他"是否已经做出决定了。"这个电话可以表示出你的兴趣和热情。你还可以从他的口气中听出你是否有希望得到那份工作。

面试看起来很成功，但结果你还是落选了。对此，你不要大惊小怪。面试时，大多数的主试人都尽量隐藏他们的真正意图，不会轻易让你看出来。万一他们通知你，你落选了，你也应该虚心地向他们请教你有哪些欠缺，以便今后改进。这样，你可以知道自己到底为什么落选。一般来说，能够得到这样的反馈并不容易，你应该好好抓住时机向他们请教。

如果你在打电话打听情况时觉察出自己有希望中选，但最后决定尚未做出，那你最好在一两个星期后再打一次电话询问。记住，机会不是等来的，是自己争取来的。得到一次面试机会不容易，故不要轻易放弃希望。

1. 就业信息的收集有哪些途径？
2. 笔试的答题技巧、方法有哪些？
3. 面试时男女着装的要求有哪些？
4. 分组开展一次模拟招聘面试活动。

第七章 大学毕业生就业的法律知识与维权

第一节 就业协议

一、就业协议的含义

就业协议是明确毕业生、用人单位、学校在毕业生就业中权利义务关系的书面形式。

高校使用的《全国普通高等学校毕业生就业协议书》是由教育部制定样式，作为示范性文本，地方毕业生就业主管部门或高等学校负责印制。就业协议书由毕业生、用人单位、学校三方共同签署后生效，对签约三方都有约束力。

在高校毕业生正式毕业之前的求职阶段，是签订就业协议的高峰期。协议一旦签订，基本上就意味着你的第一份工作就确定了，应该注意的是，协议虽然不是劳动合同，但也是一个民事合同行为，具有合同的约束力，所以在签订协议之前一定要三思而后行。

二、就业协议的主要条款

（1）毕业生应按国家规定就业，向用人单位如实介绍自己的情况，在规定的时间内到用人单位报到，如遇特殊情况不能按时报到，需征得用人单位同意。

（2）用人单位要如实介绍本单位情况，提供约定的工作岗位，做好各项接收工作。

（3）学校要如实向用人单位介绍毕业生的情况，做好推荐工作，用人单位同意录用后，经学校审核列入建议就业方案，并负责办理离校和派遣手续。

（4）就业协议上三方签字后都应严格履行协议，任何一方若违反协议，应承担相应的违约责任。

（5）备注栏可补充其他约定，签字后视为本协议的一部分。作为合同的特殊条款，其效力应当高于其他格式条款。

三、就业协议订立的程序

（1）学校向毕业生发放就业协议书。每个学生仅能领一式四份，不得多领冒领。

（2）用人单位和毕业生签字盖章。毕业生与用人单位达成协议并在就业协议书上签名盖章，用人单位协议书上注明可以接收毕业生档案的名称和地址。

（3）用人单位上级主管部门批准。用人单位接收毕业生如须经主管部门同意则应报上级主管部门批准。

（4）就业协议书传递回学校，用人单位或毕业生将协议书传递到学校毕业生就业工作主管部门。

（5）学校毕业生就业工作主管部门审查同意后，到省就业指导中心办理离校毕业生就业《报道证》。留存两份，另两份应及时反馈用人单位和毕业生。

四、签订就业协议时应注意的法律问题

毕业生就业协议书明确三方的权利和义务，具有法律约束力，也涉及到毕业生的切身利益，因而毕业生在就业签约时应注意以下几个问题，以切实维护自身在就业中的合法利益。

（一）签协议前，毕业生一定要全方位地了解用人单位的相关情况

对以下信息一定要先有所了解：用人单位的发展趋势、招聘的岗位性质、员工培养制度、待遇状况、福利等相关内容，最好实地考察。此外，还需要重点了解用人单位的人事状况，是否具有应届毕业生的接收权，是否具备合法的主体资格。一般而言，用人单位必须具有从事各项经营或管理活动的资格，应有录用指标或者录用自主权。

（二）协议的内容必须规范合法

毕业生就业协议一般由主管部门事先拟定，对毕业生和用人单位起示范作用。毕业生与用人单位经协商，还可以增加相关条款。但由于用人单位往往处于相对的优势地位，毕业生在与用人单位签约时，应尽量采用示范文本，防止权益遭受侵害。

（三）对协议的解除条件做事先约定

毕业生就业协议一经订立，就对当事人具有约束力，一方不得随意解除，否则应承担违约责任。毕业生如对用人单位情况不是很了解或感到不完全满意，但又担心就业市场的变化，一旦放弃后，另行就业可能更困难；或本人正在准备考研或出国。在这种情况下，毕业生可与用人单位在就业协议书中就解除条件作约定。若约定条件一旦成立，毕业生可依约解除协议，而无需承担违约责任，避免产生经济损失或其他争议。就业协议中可以规定违约金的数额，根据《北京市劳动合同规定》的上限是不超过12个月的工资总和，其他一些省市也有类似的规定。

五、违反就业协议的法律责任

违反就业协议所导致的法律责任，一般限于违约责任。理论二讲，违反就业协议

应当有三个主体：学校、用人单位和学生。而实践当中，往往都是学生在违反就业协议。学校和用人单位都是出于工作需要而进行缔约行为，一般都不会违约。因此，下面着重谈毕业生违约的法律责任。

大学毕业生常常有这样的困惑：眼看毕业期限日益临近，学校又在催促签约，手头是有几个单位，往往是自己想去的单位久等不回话，自己不怎么满意的单位又觉得很勉强。在严峻的就业压力驱使下，很多同学为了不至于"毕业就失业"，纷纷签个单位"保底"，以后找到更好的单位就毁约。这样的想法和行为不在少数。

许多学生认为签订"保底"协议不是不讲诚信，而是双向选择。这种认识其实是完全错误的，草率地和用人单位签订协议是危险的，毕业生和用人单位签的就业协议不是一张废纸，都具备相应的法律效力，不能轻易反悔，否则要承担违约责任，如果给用人单位造成损失，则还必须要承担损害赔偿责任。作为受过高等教育的大学毕业生，应当遵守诚信原则。既然签了约，就应当一诺千金、努力遵守。

为了避免毕业生"一女多嫁"情况的出现，一般由学校进行监督，进行最后盖章确认。学校的就业指导中心对就业协议的管理都是很严格的，一般只发给予每位毕业生相对应的唯一一份协议。但是，尽管这样，毕业生违约还是屡见不鲜。据报道，大学生求职因为"心猿意马"，平均要付出至少2000元的代价。

【案例】

《城市晚报》曾报道了一起典型的毕业生违约案。2002年11月26日，吉林某报社到某师范学院招聘文字编辑。通过双向选择，报社与毕业生小燕(化名)及其就读的师范学院三方签订了《全国普通高等学校毕业生就业协议书》。协议中约定："(毕业生)表明自己的就业意见，在规定的时间内到用人单位报到，若遇到特殊情况不能按约报到，须经用人单位同意"。此外，小燕和该报社双方还约定：(小燕)毕业前不得再与其他单位签订聘用合同，否则，须赔偿报社"定编损失费"1万元。协议签订后，该报社拒绝了其他应聘人员，一心只等小燕报到。

2003年，为迎接小燕的到来，报社按照协议约定，为其提前安排了工作和生活所需，购置了办公电脑，预交住房租金。但在2003年6月中旬，高校毕业生分配基本结束时，小燕仍未报到。报社到师范学院了解情况，才知道小燕已经到另外一家报社上班了。

某报社只好起诉。法院经审理认为，小燕毕业后未到原告单位工作，违反了《就业协议》，应承担违约责任，赔偿报社违约金及各项损失总计12768.95元。

毕业生违约有两种，一种是大学生在毕业前签订《就业协议》后违约，另一种是毕业后与用人单位签订正式《劳动合同》后违约。对大学生来说主要是前一种情况，该协议实质是一份民事合同，并不适用劳动法来调整。如果大学生违反了任何一条协议书上约定的内容，他就必须支付违约金。而目前的就业形势，用人单位大多掌握着主动权，本应双方协商的违约金变成了用人单位单方面制订格式合同，毕业生往往只能被动接受。所以在缔约前一定要慎重，不要轻易违约。

第二节　劳动合同

一、劳动合同的含义

劳动合同是劳动者与用人单位确立劳动关系、明确双方权利和义务关系的协议，也是劳动争议发生后处理争议的重要依据。

劳动合同依法订立即具有法律约束力，当事人必须履行劳动合同规定的义务。劳动合同有时会成为维权的证据，有时也可能会成为自己发展的障碍，因此必须慎重对待。

每年的七月，毕业生纷纷离开学校，前往《就业协议》中签订的用人单位报到。按《就业协议》明确约定派遣的毕业生，用人单位不得拒绝接收或退回学校，除非该协议无效或者有合法的可撤销事由。毕业生报到后，用人单位应根据《就业协议》的约定和工作需要及时安排工作岗位，并签订劳动合同。

二、劳动合同与就业协议的区别

劳动合同与就业协议均为用人单位招用毕业生时所订立的书面合同。在就业过程中，毕业生有的将两者等同，有的将两者割裂开来，因而有必要对劳动合同与就业协议进行区别。

（一）主体不同

就业协议应用于应届毕业生与用人单位、学校三方面之间；而劳动合同只适用于劳动者（毕业生参加工作时）与用人单位之间，与学校没有直接的法律关系。

（二）时间不同

一般来说就业协议在毕业生毕业之前签订，而劳动合同往往在毕业生到用人单位报到时才签订。

（三）内容不同

协议书的主要内容是毕业生表示愿意到用人单位就业；用人单位表示愿意接收毕业生；学校同意推荐毕业生。而劳动合同涉及的主要内容是劳资双方劳动权利和义务的具体条款。

三、劳动合同签字前应注意的法律问题

劳动合同的订立，不仅事关个人在薪酬、福利、保险等方面的物质利益，还涉及到诸如培训、晋升等个人长远发展问题。因此，劳动合同可以由用人单位拟定，也可以由双方当事人共同拟定，但都必须经双方当事人协商一致后才能签订。在订立劳动合同时，劳动者注意以下常见的法律问题。

（一）劳动合同往往是用人单位早已经准备好了的格式合同

在劳动合同订立前，求职者可以要求用人单位提供合同文本，以便对合同文本内容有充分的了解。特别是对于双方协商约定的条款，应引起高度重视。在把握合同条

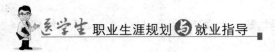

款的基础上，还应该重点了解劳动合同解除的违约责任和补偿标准，以及在什么情况下单位不得与劳动者解除劳动合同。

（二）谨慎交费

用人单位在与劳动者订立劳动合同时，不得以任何形式向劳动者收取定金、保证金(物)或抵押金(物)。

（三）劳动合同必须书面

现在有些用人单位不愿意与职工签订书面劳动合同，想以此逃避某些法律责任。但作为劳动者，有权要求与用人单位订立书面合同，并要求自己保留一份。

（四）必备条款不可缺少

劳动合同应当以书面形式订立，并具备以下条款：劳动合同期限、工作内容、劳动保护和劳动条件、劳动报酬、劳动纪律、劳动合同终止的条件、违反劳动合同的责任等。

（五）附加条款要看清

求职者在签订前一定要让单位拿出原文，仔细审看无异议后，盖章留存，作为依据。要认真检查有无遗漏的约定事项或者附加说明，需要立即补齐的绝对不可拖延。

（六）数字一定要大写

合同签字后，有些用人单位会抓住时间空隙，将合同上的数字更改让求职者吃"哑巴亏"，所以，求职者在签订合同涉及数字时，一定要用大写汉字。

（七）仔细确认用人单位的签字盖章

求职者拿到合同，应该让用人单位及其负责人同自己一起当面签字盖章，以防某些用人单位利用先后签字的时间在合同上做手脚(更改数字、时间等)。同时，仔细鉴定单位所盖公章，看其是否与自己即将入职的单位一致。

（八）合同至少一式两份，双方各执一份，毕业生应妥善保管

如果发生劳动纠纷，《劳动合同》文本原件是最主要的证据。

（九）双方在订立合同时如有纠纷，应通过合法方式解决

如果出现了违反法律、行政法规的行为或者采取了欺诈、威胁等手段，该劳动合同是无效或者可撤销的。无效的劳动合同和撤销的劳动合同，自始没有法律约束力。由于用人单位的原因订立的合同归于无效，对劳动者造成损害的，应当承担赔偿责任。

四、劳动合同的主要内容

（一）合同期限与试用期

劳动合同的期限分为有固定期限、无固定期限和以完成一定的工作为期限等三种。大学毕业生就业时，通常都是订立有固定期限的劳动合同。试用期是用人单位和劳动者为了相互了解、选择而约定的考察期。

《劳动法》第二十一条："劳动合同可以约定试用期。试用期最长不得超过六个月。"

根据2005年4月通过的《公务员法》第三十二条规定："新录用的公务员试用期为一年。试用期满合格的，予以任职；不合格的，取消录用。"第九十八条规定："聘任合同应当具备合同期限，聘任合同期限为一年至五年。聘任合同可以约定试用期，试用期为一个月至六个月。"在实践中应当注意防范以下问题。

1. 试用期过长，超过法律规定的最长期限

进入同一个用人单位、同一的系统或集团，试用期只能有一次，最长不得超过六个月。

2. 要求毕业生在试用期内承担违约责任

劳动法规定劳动者在试用期内可以随时解除劳动合同，不承担违约责任。当然如果给用人单位造成损失的，应负损害赔偿责任。

3. 在试用期内无正当理由辞退毕业生

《劳动法》规定，用人单位在试用期内单方解除劳动合同，必须是劳动者被证明"不符合录用条件"。比如，在试用期内发现并经有关机构确认患有精神病的，可以解除劳动合同。

4. 以见习期代替试用期

试用期与见习期是两个不同的概念，见习期是对应届毕业生进行业务适应及考核的一种制度，不是劳动合同制度下的概念，而是人事制度下的做法。根据相关规定，用人单位招收应届医学毕业生后，原则上都要安排见习，期限为一年。见习期满如果合格，则对该职工办理转正手续。对表现特别不好的，经批准后，予以辞退。

在实行劳动合同制度后，见习期制并没有被废除，而是与试月期共同存在。这样就出现了既规定了见习期，又规定了试用期的混合局面。在废除见习期制度之前，如果用人单位仅仅规定了见习期，则见习期内的待遇及劳动关系，仍然按照国家人事部门及高等院校有关见习期的规定执行。如果用人单位既规定了见习期，又规定了试用期，则在试用期内执行劳动法有关试用期的规定，试用期结束后的见习期内，按人事部及高等院校关于见习期的规定执行。

5. 约定两个试用期

进入同一个用人单位，试用期只能有一次。试用期满后，用人单位不得以任何理由再延长试用期。有些用人单位以试用期过短，达不到考察目的为由，在试用期满后要求再增加一个试用期，这是违反法律规定的。续签劳动合同，工作岗位没有发生变化的，也不能再约定试用期。

6. 试用期工资低于当地的最低工资标准

试用期工资虽然可以低于正常工资，但不能低于当地的最低工资标准。

7. 试用期内单位不交纳社会保险费

试用期是包含在劳动合同期限内的，劳动者在试用期内所享有的权利义务与试用满后享受的权利义务应该是一致的。因此，即使在试用期内，用人单位也必须依法为劳动者缴纳社会保险费。

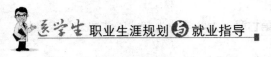

8. 没有规定合同的生效时间

劳动合同没有规定劳动合同生效时间的，当事人签字之日即视为该劳动合同生效时间。劳动合同期满后，劳动者仍在原用人单位工作，原用人单位未表示异议的，视为双方同意以原条件继续履行劳动合同。

（二）劳动时间与报酬

1. 工作与休息时间

依照劳动法有关规定，劳动者每日工作时间不超过8小时，每周平均工作时间不超过40小时，用人单位应当保证劳动者每周至少休息2日。因工作性质或生产特点的限制，不能实行每日工作8小时的，可以实行不定时工作制或综合计算工时工作制等其他工作和休息办法，但应办理审批手续。用人单位由于生产经营需要，经与工会和劳动者协商后可以延长工作时间，一般每日不得超过1小时；因特殊原因需要延长工作时间的，在保障劳动者身体健康的条件下，延长工作时间每日不得超过3小时，但是每月不得超过36小时。

2. 加班报酬

安排劳动者延长工作时间的，用人单位应支付不低于工资的150%的工资报酬；休息日安排劳动者工作又不能安排补休的，支付不低于工资的200%的工资报酬；法定休假日安排劳动者工作的，支付不低于工资的300%的工资报酬。

3. 工资

医疗事业单位工资总额由下列部分组成：①岗位工资；②薪级工资；③绩效工资；④其他保健性津贴、技术性津贴及其他津贴等；

4. 最低工资保障

国家同时还实行最低工资保障制度。最低工资是指劳动者在法定工作时间内提供了正常劳动的前提下，其所在企业应支付的最低劳动报酬。最低工资标准应高于当地的社会救济金和失业保险标准，低于平均工资。最低工资的具体标准由省、自治区、直辖市人民政府规定，报国务院备案。

5. 社会保险和福利

法律规定，劳动者依法享有社会保险和福利的权利，用人单位必须为劳动者办理的社会保险有五种：工伤、养老、医疗、失业、生育。有的地方还要求办理住房公积金以及其他险种。

五、劳动合同的解除及其法律责任

（一）劳动合同的解除

劳动合同的解除，是指劳动合同订立后，合同期限尚未履行届满，由于某种原因导致劳动合同一方或双方当事人提前消灭劳动关系的一种法律行为。劳动合同的解除，只对未履行的部分发生效力，不涉及已履行的部分。劳动合同的解除分为法定解除和约定解除两种。根据劳动法的规定，劳动合同既可以由单方依法解除，也可以双方协商解除。经劳动合同当事人协商一致，可以以任何合法方式解除劳动合同关系。单方解除合同必须符合《劳动法》规定的条件和程序。以下介绍单方解除劳动合同的两种情况。

1. 用人单位单方解除

（1）在试用期间被证明不符合录用条件的，用人单位可以单方解除劳动合同。用人单位应对劳动者"在试用期间被证明不符合录用条件"负举证责任。由于劳动者本身存在过失，劳动者因过失而被辞退时，用人单位可以不支付经济补偿金。

（2）严重违反劳动纪律或用人单位规章制度的；严重失职、营私舞弊，对用人单位利益造成重大损害的；被依法追究刑事责任的，用人单位可以单方解除劳动合同。

（3）提前30日以书面通知解除的事由。有下列情形之一的，用人单位也可以单方解除劳动合同，但是应当提前30日以书面形式通知劳动者本人，并按国家规定向劳动者给付经济补偿。

劳动者患病(非工伤)，医疗期满后，不能从事原工作也不能从事由用人单位另行安排的工作的。用人单位应按其在本单位的工作年限，每满一年发给相当于1个月工资的经济补偿金，同时还应发给不低于6个月工资的医疗补助费。患重病和绝症的还应增加医疗补助费，患重病的增加部分不低于医疗补助费的50%，患绝症的增加部分不低于医疗补助费的100%。

劳动者不能胜任工作，经过培训或者调整工作岗位，仍不能胜任工作的，用人单位解除劳动合同。用人单位应按其在本单位工作的年限，工作时间每满1年，发给相当于1个月工资的经济补偿金，最多不超过12个月。

劳动合同订立时所依据的客观情况发生重大变化，致使原劳动合同无法履行，经当事人协商不能就变更劳动合同达成协议，用人单位解除劳动合同的。用人单位按劳动者在本单位工作的年限，工作时间每满1年发给相当于1个月工资的经济补偿金。

用人单位经济性裁员条件：第一，确需裁减人员；第二，提前30天向工会或者全体员工说明情况，听取意见；第三，向劳动行政部门报告。以上三个条件必须同时具备。

（4）用人单位不可单方解除的事由。劳动者有下列情形之一的，用人单位不得解除劳动合同。

①患职业病或者因工负伤并被确认丧失或者部分丧失劳动能力的。

②患病或者负伤，在规定的医疗期内的。

③女职工在孕期、产期、哺乳期内的。

④法律、行政法规规定的其他情形。

2. 劳动者单方解除

（1）提前30天书面通知　劳动者提出解除劳动合同，应当提前30日以书面形式通知用人单位，无需征得用人单位的同意。劳动者提前30日以书面形式通知用人单位，既是解除劳动合同的程序，也是解除劳动合同的条件。超过30日，劳动者向用人单位提出办理解除劳动合同的手续，用人单位应予以办理。但由于劳动者违反劳动合同有关约定而给用人单位造成经济损失的，应依据有关法律、法规、规章的规定和劳动合同的约定，由劳动者承担赔偿责任。

（2）可随时通知单方解除的事由。有下列情形之一的，劳动者可以随时通知用人

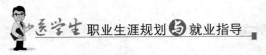

单位解除劳动合同。

① 在试用期内的。

② 用人单位以暴力、威胁或者非法限制人身自由的手段强迫劳动的。

③ 用人单位未按照劳动合同约定支付劳动报酬或者提供劳动条件的。

六、违反劳动合同的法律责任

违反劳动合同，即劳动者与用人单位订立劳动合同关系后，又违反劳动合同的约定，解除劳动合同的行为，最常见的是用人单位的任意解雇和劳动者随意跳槽。违反劳动合同所应承担的法律责任，往往是违约或者侵权。如果构成了犯罪，还应当承担刑事责任。

（一）用人单位的法律责任

1. 违约责任

用人单位不履行、不适当履行、迟延履行劳动合同都会导致违约责任。用人单位违约有以下常见情形：

（1）用人单位故意拖延不订立劳动合同：即招用后故意不按规定订立劳动合同或劳动合同到期后故意不及时续订劳动合同的。

（2）由于用人单位的原因订立无效劳动合同，或订立部分无效劳动合同的。

（3）用人单位违反规定或劳动合同的约定任意解聘劳动者的。

（4）未按照劳动合同约定支付劳动报酬或者提供劳动条件的。

（5）克扣或者无故拖欠劳动者工资的。

（6）拒不支付劳动者延长工作时间工资报酬的。

违约责任的主要承担方式就是按照合同的约定支付违约金。

2. 侵权责任

用人单位有上述情形，对劳动者造成损害的，应赔偿劳动者损失。根据《违反〈劳动法〉有关劳动合同规定的赔偿办法》，赔偿损失的执行依照下列规定：

（1）造成劳动者工资收入损失的，按劳动者本人应得工资收入支付给劳动者，并加付应得工资收入25%的赔偿费用。

（2）造成劳动者劳动保护待遇损失的，应按国家规定补足劳动者的劳动保护津贴和用品。

（3）造成劳动者工伤、医疗待遇损失的，除按国家规定为劳动者提供工伤、医疗待遇外，还应支付劳动者相当于医疗费用25%的赔偿费用。

（4）造成女职工和未成年工身体健康损害的，除按国家规定提供治疗期间的医疗待遇外，还应支付相当于其医疗费用25%的赔偿费用。

3. 其他责任

用人单位以暴力、威胁或者非法限制人身自由的手段强迫劳动，侵害女职工或未成年工合法权益等非法手段迫使劳动者提出解除劳动合同的，用人单位及其负责人除应当支付劳动者的劳动报酬和经济补偿，并支付损害赔偿金之外，还要承担行政责任，接受有关部门的处罚，构成犯罪的，还应承担刑事责任。

（二）劳动者的法律责任

大学毕业生工作不久就跳槽已是一种常见的社会现象，其原因多种多样。有的毕业生直接表明：当初之所以签约，是因为急于找工作、解决户口问题；有的毕业生则是因为另觅高薪职位，是一种正常的"人往高处走"现象；也有不少毕业生则是因为考研或者出国而不得不提前解除劳动合同。总体上讲，大学毕业生的法律意识、合同意识比较薄弱，对违反劳动合同所导致的法律责任的认识不够深刻，因此，随意缔约和随意违约的现象屡见不鲜。等待他们的是"进入社会第一课——违约"。

1. 违约责任

违约责任就是违反合同所应当承担的法律后果。"跳槽"是劳动者的自由，但是同样必须遵守合同的义务——支付合同约定的违约金。

2. 侵权责任

如果劳动者违反规定或劳动合同约定解除劳动合同给原用人单位造成经济损失，应当赔偿用人单位的下列损失：

（1）对生产、经营和工作造成的直接经济损失。

（2）用人单位招收录用其所支付的费用。

（3）用人单位为其支付的培训费用(指有支付货币凭证的情况)，双方另有约定的按约定办理。

劳动者提出与单位解除劳动关系的，如果在试用期内，则用人单位不得要求劳动者支付该项培训费用；如果合同期满，劳动者要求终止合同，用人单位也不得要求劳动者支付该项培训费用。

3. 其他责任

劳动者违反竞业禁止，在任期内或者跳槽后兼营相关行业，泄露商业秘密，诋毁单位信誉，将受有关部门处罚。构成犯罪的，还要承担刑事责任。

第三节　识别求职陷阱，规避求职风险

近年来，由于就业竞争日趋激烈，加上大学毕业生往往认为自身"底气"不足，容易导致就业心切、盲目相信虚假招聘广告。而非法职介机构和个别用人单位往往就利用这一点，设置种种陷阱引诱毕业生上当。受害者们不但没有找到工作，还为此赔了许多冤枉钱。因此，希望毕业生擦亮自己的眼睛，不要轻信虚假招聘广告、非法中介或个别用人单位的"花言巧语"。

一、全面解读招聘广告

（一）招聘广告的法律性质

用人单位在招聘有关岗位人员时，正是通过招聘广告的形式，对所需人员提出了要求。同样，劳动者通过招聘广告了解了用人单位的性质、招聘的岗位、人数及相关的薪酬福利待遇等信息。招聘信息已经成为求职的首选渠道，那么招聘广告到底是什么性质?劳动者要注意些什么呢?

对于一般广告，法律认为它不具有合同效力，而只是希望别人来与自己签订合同的一个邀请，所以一般广告对发出人并不产生法律约束力。但是法律同时规定，如果广告内容十分具体、明确，就应该认为是"要约"，而不再是"要约邀请"，即合同中的主要条款、内容已经具备。

此外，根据劳动和社会保障部门的有关规定，用人单位的招聘行为是受到劳动保障行政部门监管的。主要有两种方式：

一是委托职业介绍所发布招聘信息；二是经劳动保障部门同意，自行发布。

用人单位如委托职介机构发布招聘信息，需要出示单位介绍信、劳动保障年检手册、营业执照(副本)或其他法人登记文件、招聘简章和经办人身份证件。其中，招聘简章必须具备：

（1）单位的所有制性质；

（2）工种岗位要求；

（3）用工形式、劳动报酬、福利待遇和劳动保护；

（4）单位的固定和法定地址、电话、联系人等信息。

（二）招聘广告的证据作用

现在各种人才类报刊的招聘广告是求职者索取求职信息的重要来源，可许多求职者一旦求职成功，这份招聘广告往往就随手丢弃了。但是劳动争议中它是一个有用的证据。一旦发生劳动争议，无论劳动者还是用人单位都可以此为据，证明已经承诺的信息。因此，对所有通过招聘广告求职的毕业生来说，保留招聘广告都具有非常重要的证据作用。一是可以证明自己与用人单位的雇佣关系；二是可以证明用人单位的录用标准。

根据《劳动法》的有关规定，用人单位在试用期内解除与劳动者的劳动关系，就必须证明其不符合录用标准，而招聘广告的内容也可作为"录用标准"。因此，劳动者应注意保留招聘广告，并充分了解其中的内容；尤其在试用期内，要严格照章行事。

有些用人单位在招聘的时候，有各种各样的承诺，如出国培训、住房补贴等。但在正式签订劳动合同的时候，往往就拒不认账了。因此，毕业生在就业后应保留招聘广告，以后与用人单位交涉的时候，招聘广告是个非常有力的证据。

（三）谨防招聘广告陷阱

在"满天飞"的招聘广告中，挑选一个称心如意的工作真不容易，更有甚者一不留神，还会堕进五花八门的广告陷阱中，下面简单介绍一些常见的招聘广告陷阱。

1. 过期或虚构的招聘信息

有一些职介机构，为求壮大声势，在职位推介中，刊登一些已经过期的所谓"招聘"，有些职介机构甚至把报纸上、电线杆上抄来的招聘广告凑在一起，让求职者"交了中介费就可以多个职位随便挑"，而求职者往往在交了钱之后才大呼上当。

2. "高薪"招聘

招聘广告上常常铺天盖地的"高薪诚聘"，开出的薪金越高就越能吸引求职者的眼球。但是，等到求职者过五关斩六将接触到实质待遇问题时，职介或用人单位又玩起了数字游戏。求职者应当先衡量在没有业绩提成的情况下，固定底薪是否达到可接受的水平，不要让广告误导。

3. 夸大头衔

一些公司为了提高入职要求，或吸引较高学历的应聘者，将职务头衔粉饰得光彩照人，有别于一般惯用的职务称号。明明招的是推销人员，却非要用"业务主管"、"部门经理"等来诱惑求职者；明明是打杂文员，却一律说成是"储备干部"；明明做的是最底层的推销工作，可偏要说成是"做一回自己的老板"。

4. 掩饰危机

某些公司会在报刊、职介或者人才网站大量刊登广告，给人不断发展的错觉，目的是掩饰裁员危机，以避开债权人的追逐压力。另外，一些单位做广告仅仅是为了提高单位知名度。

5. "不限男女"

碍于有关禁止性别歧视的规定，招聘广告中不能列明"非男不用"或"非女不聘"，但实质上某些行业特性就是如此，例如秘书、厨师等。毕业生应当预先冷静探析，切莫浪费没必要的时间和精力。

6. "长期招聘"、"急聘"

某些不法用人单位在招聘广告上冠以"长期招聘"、"急聘"、"大量求聘"等字眼，目的是借助广告大量吸纳新鲜血液，在录用后的短期内再淘汰不合适的员工。求职者可能只领到试用期的工资就会"下岗"，有的甚至借试工之名欺骗求职者为其提供无偿的劳动。"长期招聘"使这些不法用人单位一直都有可以剥削的廉价劳动力。

7. 语言歧义

某报曾经刊登被指责有性别歧视的招聘广告，经法庭裁定，由于文句中无任何标点符号，使人可得出两种不同的理解，而成功脱罪。由此可见，雇主可以利用一长句而避开有关法律的限制。求职者应当仔细推敲广告语言的含意，以免浪费宝贵时间和精力。

8. 泄露个人信息

求职者在应聘时还需提防"暗箭伤人"。有些不法分子在报纸上刊登招聘信息，却是"醉翁之意不在酒"。他们的目的不在于招聘人才，而是诱使应聘者递上个人资料，然后假冒他人身份到银行申办信用卡，最后拿着卡进行疯狂透支消费；或者对应聘的女性进行性骚扰；更有甚者，成为犯罪分子的"猎物"。因此，求职者千万不要心存"撒大网捞大鱼"的心理，要有目的、有针对地应聘，对自身资料要加强保密。

二、正确认识与合理利用中介机构

（一）职介的法律地位

从合同法的角度来讲，中介与当事人的关系属于中间合同关系，中介是一种以委托人名义为其提供定约机会的中间人，是生产力发展过程中出现的一种合理配置人才

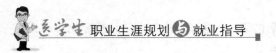

资源的劳动组织形式，在现代市场体制下是求职者联系社会、走向职业岗位的桥梁和纽带。

由于职介的重要社会作用，在《劳动法》、《劳动保障监察条例》等法律法规的指导之下，各省、自治区、直辖市也相继出台了专门的《人才市场管理条例》，对职介做了比较详细的规定。

职介组织提供有偿服务，其收费项目和标准应按《中华人民共和国价格法》的有关规定向价格行政管理机关申请核定，不得擅自增加收费项目或提高收费标准。职介组织应当在其服务场所醒目位置悬挂许可证及其他登记证件，公布服务内容、收费项目、收费标准、监督机关名称及监督电话。

从上面的规定可以看出，法律对职介的管理是比较严格的，目的是防范虚假职介对求职者就业权利的侵害。上述法律法规实施以来，取得了较好的效果。

（二）常见的职介陷阱

1. 无照无证、打游击

最明显的非法职业介绍机构一般均为无《企业法人营业执照》、《职业介绍许可证》，只是所谓的"租一间房、一张办公桌、一部电话"，甚至假身份证、假公章，深藏小巷出租楼骗人的"双无"机构，这样的违法职介行为很易被人们辨认。

2. 有照无证、走偏门

非法职介中，已有相当一部分具有了独立的法人资格，它们大多注册在郊区私营经济开发区，在各大开发区或劳动密集型用人单位的周边地区租用一定的办公场所，同时注册的"工商营业执照"上也多注有"劳务信息咨询"、"人力资源信息咨询"、"劳务输出"等经营范围，如此借"信息咨询"之名，行职业介绍之实，因而更具欺骗性，一般求职者因难以识别而容易上当受骗。

3. 滥广告、假信息

非法职介大多以张贴马路广告、派发小卡片等形式招揽求职者，而有的非法职介竟然还在专业性招聘报纸或刊物上刊登广告，有的更是利用互联网发电子邮件，信息量大、影响面广、具有极大的欺骗性。

4. 多名目、乱收费

非法职介的收费也日趋提高，以武汉市为例，过去违法职介收费一般在几十元到二三百元不等，现在已发现收费最高的竟达千元以上。非法职介往往要求求职者支付的诸如信息费、报名费、登记费、资料费、推荐费、注册费等名目繁多的费用。

5. 职介与用人单位勾结

职介机构和用人单位勾结，欺骗、欺诈求职者。一些中介和单位共同创造出子虚乌有的岗位，作为骗取钱财的工具。如果有应聘者前往，就不仅要在职介所支付介绍费，到用人单位进行"面试"或被"录用"时还要缴纳报名费、手续费、培训费、考试费等。而且是不言而喻的结果——要么"面试"都不过关，要么被压榨完了试用期的廉价劳动力之后再因"考核不合格"而被"辞退"。

在这种情况下，求职者应当学会保存证据，职介机构开出的收据和用人单位的合同等文件都应该妥善保存，至少要备份复印件。要积极利用法律武器，向劳动部门、工商部门或者公安部门举报或者直接向法院起诉。

（三）怎样识别职介陷阱

1. 上门就看"四证"

要识别职介机构的性质，首先就要看其是否合法，也就是"四证"是否齐全。在营业场所的明显位置一定同时挂有各行政主管部门颁发的《企业法人营业执照》、《职业介绍许可证》或《人才中介服务许可证》、《税务登记证》、《收费许可证》等证照原件。

2. 注意职介的设施

合法职介所都有规范的名称，大门外无一例外地要写上职业介绍所或市区职业介绍中心等字样。合法职介所周围都有管理部门批准的、正式固定、面积数平方米以上的信息广告栏。规范的职介所营业面积一般不少于100平方米，而且一般在3楼以下。

3. 注意职介的服务

合法职介所不兼营其他业务，还应在经营场所公布劳动部门的举报和投诉电话，其工作人员也应佩戴由劳动部门统一制作的工作牌，同时在向求职者提供合适的岗位时还应出示用人单位委托其代为招聘的委托书。

4. 注意职介的收费

求职者需掌握的一个重要的判断标准就是看这个机构是否违规收费。根据湖北劳动保障部门的有关规定，正规职介机构在正式给求职者推荐工作之前只能收取数额不多的建档费，并在一年内为其提供求职机会。而且，推荐成功所收取的费用一般不高于所提供工作月工资的10%，如果对方收取过高的中介费就应当引起警觉。

5. 及时向有关部门查询、报告

如果遇到无证照或证照不全的中介，应及时向相关的劳动保障部门、工商管理部门或公安部门反映，有关部门可以根据相应管理条例规定对其进行处罚，所收介绍费等费用应退还给本人。

（四）识别用人单位招聘陷阱

1. 地点偏僻，员工诡异

若面试地点地处偏僻，最好能有友人陪同并在外等候；而面试时若发现其他员工不像在工作，面试官态度轻佻时，女性求职者务必提高警觉，最好尽快结束面谈离开。

2. 还没工作，就先收钱

还没有正式上班，雇主便先要求预付工作保证金、材料费、培训费、拍照费或意外保险费等，要当心陷阱。如果需支付费用，一定要索要发票或收据，并应当留意发票上财务专用章的单位名称与公司实际名称是否一致。

3. 每天在招聘人员

公司的招聘广告长期刊登，且每次都以征求储备干部、兼职助理含糊带过，去电询问又对具体工作岗位待遇和长期福利等实质问题阐述不明的，要当心陷阱。

4. 索取身份证件

一些非法公司常借口办理各类手续，索取身份证和印章，以应聘者的名义从

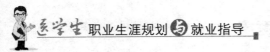

事各种违法犯罪活动，使求职者糊里糊涂沦为违法犯罪、偷税漏税甚至抵债的"替罪羊"。

5. 高薪急聘，轻易被录取

声称待遇优厚、工作轻松、免经验，去面试时发现根本没有问什么，甚至连毕业证都没有仔细鉴别，就被轻易录取时，要当心陷阱。

6. 不要随便和公司签署协议

每一份签字都意味着一定的法律后果。此外，不缴纳任何不知用途的费用，不购买公司以任何名义要求购买的有形或无形产品。如果在应聘的过程中感觉有不合理的要求，应该明确拒绝。

7. 该公司为不曾听闻过的企业

面试前可利用相关管理部门、亲朋好友的信息或者利用互联网查阅资料，确认是否为合法企业。最好能了解到公司的资质和规模，比如到工商行政机关去查询其注册资本额。如果发现其规模很小，就需要提高警惕。

（五）谨防合同陷阱

大学生就业已是完全的"自主择业、双向选择"的今天，合同已成为规范就业市场的重要法律依据，是合同当事人双方维护自己权利的法律武器。但是，如果求职者与对方签订的是一份不利于自己的不平等合同，那么反过来，合同也许就成了对自己具有极大杀伤力的陷阱，下面介绍几种常见的合同陷阱。

1. 格式合同

一些用人单位在劳动部门制定的合同示范文本基础上事先拟好劳动合同，表面看起来，这种合同似乎无可挑剔，可是具体条款却表述含糊，甚至可以有几种解释。一旦发生纠纷，招聘方总会振振有词地拿出这种所谓的规范合同来为自己辩护，并称自己依照合同享有最终解释权等，最后吃亏的往往是应聘者。

2. 单方合同

一些企业利用应聘者求职心切的心理，只约定应聘方有哪些义务，如遵守单位的各项规章制度，若有违反要承担怎样的责任，毁约要交纳违约金等，而合同上关于用人单位的义务几乎一字不提。这是最典型的不平等合同，如果接受这样的合同，无疑是任人宰割。

3. 口头合同

依照《劳动法》的规定，劳动合同必须采用书面的方式。许多用人单位与求职者就权、责、利达成口头约定，并不签订书面正式文本。一些涉世未深的大学毕业生极易相信那些诱人的许诺，以为对方许诺的东西就是真能得到的东西，毫不怀疑对方的诚意。可是，这种口头合同是最靠不住的，如果碰上对方不讲诚信，那些许诺就会像肥皂泡一样破灭，并且难以追究其法律责任。

4. 生死合同

一些危险性行业的用人单位为逃避承担的责任，常常在签订合同时，要求应聘方接受合同中的"生死条款"，即一旦发生意外事故，企业不承担任何责任。有的求职者为了得到工作，违心地签了合同，却不知这样做的结果也许是用人单位更无视劳动者的安全，如果真的发生了意外，也许连讨个说法的机会也没有。

5. "两张皮"合同

有些用人单位慑于劳动主管部门的监督，往往与应聘方签订两份合同。一份合同用来应付劳动部门的检查，另一份合同才是双方真正履行的合同。用来应付检查的合同常常是用人单位一手炮制的，连签名也是假冒的，应聘者不但见不到这份合同，甚至不知道有这份合同的存在。而双方真正履行的那份合同，是不能暴露在阳光下的，因为那份真合同一定是只利于用人单位的不平等合同。

第四节　依法维护大学毕业生就业权益

一、毕业生的就业权益

普通高校毕业生就业制度改革逐步走向市场化、法制化。

但毕业生就业过程中还存在信息独占、不公平录用等侵犯毕业生权利的情况。大学毕业生在其整个择业求职过程中应增强法律意识，自觉遵守市场规则，并运用法律武器保护自己的合法权益。根据目前就业法律法规和政策的有关规定，在就业求职过程中主要享有以下几个方面的权益。

（一）平等就业权

毕业生在参加就业求职过程中，享有平等就业权。就业时遵循平等、公平、公正的原则，根据国家有关规定，应届大学毕业生在国家就业方针、政策指导下自主择业，只要符合国家的就业方针、政策，就可以平等、自主地选择用人单位，学校、其他单位或个人均不得干涉。

（二）获取信息权

就业信息是毕业生择业成功的前提和关键，只有在充分占有信息的基础上，才能结合自身情况选择适合自身发展的用人单位。毕业生获取信息权，应包括两方面含义。

1. 信息公开

即所有用人信息向全体毕业生公开。各地根据当地实际情况，信息公开的范围、程度有所不同。

2. 信息准确

即毕业生有权获得准确的就业信息，以便对用人单位有全面的了解，从而做出符合自身要求的选择，而不是盲目的迷从。

（三）被推荐权

高等学校在就业工作中的一个重要职责就是向用人单位推荐毕业生，也是毕业生享有的基本的权益。主要包含以下几方面内容：

1. 公平、公正、平等地被推荐

学校对毕业生进行推荐应做到公平、公正，应给每一位毕业生以平等的就业推荐

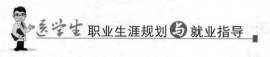

的机会，不能厚此薄彼。

2. 实事求是、择优推荐

学校在公正、公开、平等的基础上，还可以择优推荐，用人单位在录用毕业生时也应坚持择优标准，真正体现学以致用、人尽其才。这样才能调动广大毕业生和在校生学习的积极性。

（四）选择权

大学毕业生在国家就业方针、政策指导下自主择业。毕业生只要符合国家的就业方针、政策，可以自主地选择用人单位、学校，其他单位或个人均不得干涉。可结合自身情况自主与用人单位协商，要求学校予以推荐，直至签订就业协议以及被学校派往用人单位报到。

（五）接受就业指导权

我国《高等教育法》中规定，"高等学校应当为毕业生、结业生提供就业指导和服务"。由此可以看出在学校接受就业指导和服务是毕业生的一项重要权益。各高校应成立专门的学生就业指导服务机构，配备专门人员对毕业生进行就业指导与服务工作。

（六）公平待遇权

用人单位录用毕业生的过程中，应公平、公正、一视同仁。目前，在就业实践中，毕业生的公平录用权受到很大的冲击，也最令人担忧。由于各项配套措施滞后，完全公平的就业市场尚未真正形成，用人单位录用毕业生还不同程度存在不公平、不公正的现象，如女生就业难仍然是困扰女毕业生就业的一大问题。公平待遇权是毕业生最为迫切需要得到维护的权益。

（七）违约求偿权

毕业生、学校、用人单位三方签订《就业协议》后，或者毕业生与用人单位双方签订《劳动合同》后，合同当事人都应严格履行协议。任何一方提出变更或解除协议，均须得到其他当事人的同意，并应承担违约责任。对于用人单位无故要求解除就业协议的，毕业生有权要求对方严格履行就业协议或者要求对方承担违约责任，按照合同约定取得求偿权。

二、就业权益的法律保护

毕业生在就业过程中，应学会运用法律手段维护自身的合法权益。针对侵犯自身就业权益的行为，毕业生有权向用人单位上级主管部门和学校进行申诉并听取他们的处理意见，同时也可提交给当地的劳动争议仲裁机构进行调解和仲裁，也可以向人民法院提起诉讼。

（一）保护就业权益的法律法规

与大学毕业生就业相关的法律、法规主要有《中华人民共和国高等教育法》、《中华人民共和国合同法》、《中华人民共和国劳动法》、《劳动保障监察条例》、

《中华人民共和国公务员法》等。近年来我国政府和有关部门制定了一系列的就业政策和法规。主要可以分为以下几类：一是教育部及有关部委关于毕业生就业的规范，如《普通高等学校毕业生就业暂行规定》、《国家促进普通高校毕业生就业政策公告》；二是各地方就业主管部门根据本地方实际情况出台的有关毕业生就业的规范性文件，用于规范指导本地方的毕业生就业；三是高等学校结合学校实际，根据国家的就业方针、政策和规定以及主管部门工作意见制定的本校工作实施办法、实施细则。

（二）就业权益的自我保护

毕业生的就业权益遭受侵害后，可以请求学校保护或者劳动保障监察机关保护。除此之外，毕业生权益保护的一个重要方面就是毕业生自我保护，主要体现在以下方面：

1．熟悉和了解有关法律常识及规定，自觉提高个人法律意识

毕业生应了解目前国家关于毕业生就业的有关方针、政策和规范以及它们之间的关系，熟悉毕业生在就业过程中的权利和义务，这是毕业生权益自我保护的前提。如果在就业过程中因为所谓的公司规定或部门规定与国家政策法规有抵触，侵犯了自己的权益，则可以依据法律维护自己的合法权益。

2．诚实守信，谨防侵害自身合法权益的求职陷阱

毕业生在就业求职过程中，无论是自荐、应聘、面试、笔试、洽谈就业意向，都应本着诚实守信、平等优先的原则，以自身实力参与竞争。同时，要有风险意识，对于有些用人单位招聘人员时，夸大优厚条件，以欺骗手段吸引人才的陷阱要有提防戒备心理，预防侵害就业权益行为的发生。

3．签好就业协议、劳动合同，重视合同的作用

就业协议是明确毕业生、用人单位、学校在毕业生就业工作权利义务的书面文本，是由教育部制定的统一格式。毕业生必须认真签订就业协议。而在用人单位与毕业生、学校签订"三方协议"后，还要与毕业生再签订一份比较详尽的正式确立劳动关系的劳动合同。在缔约当中，一定要高度重视合同条款的约定，讲究诚信，不要违约。

4．用法律手段维护自身合法权益

（1）毕业生有权向就业主管部门、劳动保障主管部门或者学校进行申诉并听取他们的处理意见。

（2）毕业生可直接向用人单位的主管部门投诉。若被投诉对象有营业执照，可向劳动保障部门投诉；若是无证照经营，可向工商部门投诉；若情节特别严重，诈骗金额大，可向公安部门报案。

（3）毕业生同时也可将劳动纠纷提交给当地的劳动争议仲裁机构进行调解和仲裁，对仲裁不服，还可向人民法院提起诉讼。

三、劳动纠纷的解决

毕业生进入工作岗位发生劳动争议后，当事人应该按法定程序解决。根据《中华人民共和国企业劳动争议处理条例》第六条规定"劳动争议发生后，当事人应当协商

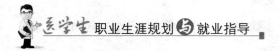

解决；不愿协商或协商不成的，可以向本企业劳动争议调解委员会申请调解；调解不成的，可以向劳动争议仲裁委员会申请仲裁。对仲裁裁决不服的，可以向人民法院起诉。"

（一）调解

调解是指在查明事实、分清是非、明确责任的基础上，依照国家劳动法的规定以及劳动合同约定的权利和义务，推动用人单位和劳动者之间相互谅解，解决争议的方式。企业调解委员会是解决劳动争议的第一道防线。劳动部于1993年11月5日颁发了《企业劳动争议调解委员会组织及工作规则》，对劳动争议的调解组织、调解原则、调解程序做出了具体的规定。

劳动争议调解委员会可以设在用人单位内部，也可以由各地方的工会负责组织。劳动争议调解委员会应当由职工代表、用人单位代表和工会代表组成。劳动争议调解委员会主任由工会代表担任。

劳动争议的调解应当遵循当事人双方自愿的原则。调解委员会只能起调解作用，它本身并无决定权，不能强迫双方接受自己的意见，也无权做出对双方具有法律约束力的文件。但是如果双方经调解达成了调解协议的，调解委员会应当制作调解协议书，对于双方签字(盖章)、送达之后的协议书，对当事人具有法律约束力，当事人应当自觉履行。

（二）仲裁

仲裁是根据法律规定或者当事人之间的协议，由一定的机构以第三者身份，对双方发生的争议在事实上做出判断，在权利义务上做出裁决。我国劳动仲裁是指劳动争议仲裁委员会以第三者身份为解决劳动争议而做出裁决的劳动执法活动，因此兼有行政和司法的双重性质。

劳动争议仲裁委员会不主动介入劳动争议，发生劳动争议的当事人应在劳动争议发生之日起60日内提出仲裁申请，仲裁委员会在受理案件后，经过开庭审理，在确定事实后，应先进行调解，如调解不成或双方不愿进行调解，可以做出仲裁裁决，该裁决具有强制执行力。如当事人双方未在裁决书送达之日起15日内向法院起诉，则裁决生效，当事人必须履行，如一方不履行仲裁裁决，另一方可以请求强制执行。

当事人申请仲裁应向有管辖权的仲裁委员会申请，即劳动争议发生的县、市、市辖区的仲裁委员会提出申请。发生争议的用人单位与劳动者不在同一个仲裁委员会辖区的，由劳动者工资关系所在地仲裁委员会受理。

当事人对仲裁裁决不服的，自收到裁决书之日起15日内，可以向人民法院起诉。当事人起诉后，原裁决即无约束力，人民法院有权对该劳动争议独立审判，并做出判决。

（三）诉讼

诉讼程序是处理劳动争议的最后一道程序。关于违反劳动法的诉讼与一般的民事诉讼有很大的不同。劳动争议产生后，劳动者不能直接向法院提出诉讼，必须先经过劳动争议仲裁程序。依据我国《民事诉讼法》的规定，人民法院适用的普通程序审理的民事案件，应在立案六个月内审结。有特殊情况需要延长的由本院院长批准，可延长六个月，还需要延长的须报请上级人民法院批准。当事人若不服地方人民法院第一审判决的，有权在判决书送达之日起15日内向上一级人民法院提起上诉。二审法院做出的裁判为终审裁判，不能上诉。

 思考 与 练习

1. 就业协议与劳动合同的区别是什么？
2. 订立劳动合同时，应注意常见的法律问题有那12个方面？
3. 签订就业协议时应注意的法律问题有那4个方面？
4. 几种常见的合同陷阱有那些？
5. 毕业生就业权益有那7个方面？
6. 毕业生从那4个方面实现就业权益的自我保护？
7. 劳动争议的解决有哪些程序，各自有什么特点？

第八章　医学生的社会适应与发展

学习目标

1. 了解医疗卫生行业的特点
2. 认识大学生在社会适应上存在的问题
3. 帮助大学生顺利的适应社会要求
4. 正确对待和处理医患关系

第一节　大学生的社会适应能力

爱因斯坦曾经说过："学校的目标始终应当是：青年人在离开学校时，是作为一个和谐的人，而不是作为一个专家。"大学与其他教育阶段的目标不同，不仅是学习知识，更重要的是培养自学能力和社会适应能力。作为一个医学生，还要有良好的动手能力，高尚的职业道德，接受挑战的勇气，这样才能成功地步入社会，从而更好地发展自己。

高校教育的根本目的在于促成大学生的社会化，发展其一定的认知结构和信念，由于个体与环境交互作用之间的不平衡性，促使个体心理水平呈现一定的差异性，其主要表现为认知方式和情绪体验的差异性。这种内隐的不同心理状况通过外显的社会行为得以显现，从而体现出大学生社会化程度和心理健康状况。所以，对大学生社会适应的探讨有利于更好地把握认知与情绪之间的关系，有利于促进大学生的心理健康，帮助大学生提高适应社会的能力。

大学生社会适应是个体在与社会环境的交互作用中，追求与社会环境和谐平衡关系的过程。大学生社会适应从根本上说是人际适应，人际适应能力是体现社会适应能力的重要标志之一。大学生的社会适应主要是社会角色的扮演，从而形成自我意识，实现个体社会化的过程。大学生社会认知水平的发展及其局限在一定程度上导致其社会认知偏见和情绪发展的不稳定性，容易在社会化过程中产生角色冲突和自我意识的矛盾性。

一、大学生人际适应中的社会认知偏见

社会认知是个人对他人的心理状态，行为动机和意向作出推测与判断的过程。社会认知的过程，是依据认知者过去的经验及对有关线索的分析而进行的，社会认知还

必须依赖认知者的思维活动，包括某种程度上的信息加工、推理、分类与归纳。人们对他人的行为进行推测与判断时，往往是根据自身的经验与体会来认识他人当时潜在的心理状态，即所谓以己度人。所以，社会认知受主观因素的制约。

社会认知的基本过程包括社会知觉——社会印象——社会判断。社会知觉是社会认知的第一步，它是关于他人和自我所具有的各种属性与特征的一种整体性知觉，在此基础上形成社会印象和社会判断，并进一步对他人和社会行为进行归因。社会印象是人们通过与认知对象的接触和知觉，在头脑中形成并留在记忆里的认知对象的形象。社会判断则是在社会印象的基础上，对认知客体的评价与推论。

在认知过程中，个体的某些偏见时时影响认知的准确性，使认知发生偏见。大学生常见的社会认知偏见主要有：

（1）首因效应　又称"第一印象"，是指在社会认知过程中，最先的印象对人的认知有极其重要的影响，它具有前摄和泛化的作用。第一印象具有表面性、片面性和先入为主的特征，使人容易形成一种心理定势，产生负面效应。

（2）近因效应　是指后来的印象对人的认知有重要的影响，它具有后摄作用。

（3）晕轮效应　又称光环效应或目晕效应，是指当我们对一个人的特征形成一定的印象后，无论是好的还是坏的，都被赋予一种光环笼罩着，容易以点盖面，以偏概全。

（4）社会刻板效应　是指人们对某个社会群体形成的一种概括而固定的看法。按照预想的类型将人分成不同种类，然后贴上标签，按图索骥。这种沿袭已久的固定的看法，容易积淀为一种心理定势，这种偏见严重影响大学生的正常交往。

（5）相似假定作用　是指在认识活动中，人们有一种强烈的倾向，即假定对方与自己有相同之处。

（6）类化原则　是指认知者总是按一定的标准将他人分类，把他人归属于一些预设好的群体范畴之中。在认知具体个人时，一旦发现对方所属的群体类别，就会将群体的特性加在对方身上。

（7）积极偏见　是指认知者表达积极肯定的估价往往多于消极否定的估价，这种倾向又叫宽大效应。

（8）隐含人格理论　是指每个人在成长过程中，都发展了自己的人格理论，一套关乎个人各种特征是怎样相互适应的、未言明的假定，这种理论之所以是隐含的，是因为它很少以正式的词汇表达出来，甚至个人自己也并没有意识到它的存在。伯曼等人把这种理论又称作相关偏见。这种偏见为人们提供了一种方法：把认知到的各种特性有规则地联系起来。每个人都依照自己有关人格的假定，把他人的各种特性组织起来，形成一种总体形象。

二、大学生的社会角色冲突

角色是描述一个人在某位置或状况下，被他人期望的行为总和。每一种角色只是一个人的某一个方面，一个人可以同时担负多种角色。角色意识是指个体对自己在社会生活中所扮演的角色的认知，以便使自己的行为符合社会对该角色的要求。社会生活的多样性，决定了社会关系的复杂性。任何一个人，当他进入某一社会位置后，就与一系列的行为模式联系起来，其言行举止都受一定社会对这一位置的规定或制约。大学生对自己角色的认知很大程度上影响着其相应的社会角色的扮演。

社会角色的扮演，是大学生社会化的一个重要内容。社会化的根本目的在于培养合格的社会成员。在社会化过程中，大学生不断将社会要求转化为社会角色的心理内容，即通过个人的内心活动或亲自体验，真正相信并接受社会主导价值、行为规范，把它纳入个体的价值体系之中；同时，又不断将调适了的社会角色内容表现为个体的行为。这实际就是社会角色的学习与扮演过程。角色冲突是当一个人扮演一种社会角色或同时扮演几个不同的角色时，发生的内心矛盾与冲突。

（一）角色冲突的类型

一是同一社会角色的冲突。如老师对学生期望值过高、过低或过多等；社会角色改变时，新旧角色间发生的矛盾与冲突等。二是多种社会角色的冲突。当一个人身兼几种社会角色时，各方面对他提出不同的行为模式标准，他感到无法满足各方面的要求而产生的内心矛盾。三是社会期望与个人真实角色的冲突，指社会角色规定的人格与真实人格间的矛盾。

（二）大学生角色冲突的表现

一是从稳定的中学生角色转变为大学生的角色而出现的冲突。一个人的角色不是一成不变的。当一个人扮演新角色时，新旧角色间会发生矛盾。许多新同学在由中学生转为大学生的过程中，常常一时不能适应，感到压抑、孤寂、苦闷，认为自己不行、差劲，并为此而苦恼。

二是由失落心理而引起的角色冲突。其包括由学习成绩不理想而引起的冲突，因同班同学、好友评上三好学生或各方面强于自己，感到失落、怨恨而产生的嫉妒心理。

三是实际角色和理想角色的差距。一些大学生对自己有很高的期望值，但自己没有特长，学习成绩也不优秀，因此长期处于自卑的心理状态中。

四是多重角色心理冲突。这类角色冲突主要发生在担任学生干部的同学中。对于这一类学生，无论是自己还是老师和同学都有一种求全的心理倾向。他们既要学好功课，又要干好工作；既要在同学中有威信，又要得到老师的信任；既要工作学习好，又要娱乐玩耍兼顾。这种多重角色的心理压力常使他们筋疲力尽而顾此失彼，思想包袱日积月累，出现角色冲突。

五是因家庭经济条件差而引起的角色冲突。这主要表现在部分来自农村的大学生身上。在大学"争强好胜"的环境中，家庭经济条件的好坏，也成了衡量一个人强弱的标准。家庭生活条件困难的大学生易受到冷落，失落感、自卑心理比较强。

六是社会角色"超前"而引起的角色冲突。当代大学生往往对国家和民族表现出强烈的忧患意识，这是值得肯定的，但一些大学生由于过高估计了自我作用，往往难以摆正自己在社会中所处的位置。一些学生受辨别能力的限制，爱用西方的先进来比较我国的落后，往往以一个社会觉醒家的形象自居，想通过自己的人生奋斗来改变国家的现状，而在实际生活中一旦遇到困难和挫折，又很容易垂头丧气。

（三）角色冲突的原因分析

导致大学生社会角色冲突的原因既有主观的，也有客观的。主要有以下两个方面：

一是在社会角色的学习过程中出现了心理适应不良。社会角色的学习包括：学习角色的责任与职权和学习角色的态度与情感。社会角色的学习是在人与人、人与社会的关系中进行的，并随着角色的改变而无止境地进行着。

二是理想角色与现实角色的差距。理想角色包括社会对某一角色的理想要求，它的权利和义务是社会认可的或正式条文规定的，是一种完美的行为模式。人们也正是从理想角色中知道社会对角色的要求。但是个人担任某一角色时，有其实际表现，这种实际表现就构成了现实角色。在人们的社会生活中，由于主观方面（如角色意识问题）和客观方面的多种原因，现实角色和理想角色总是有差距的，这种差距被称为角色差距。严重的角色差距可导致角色冲突，使心理失衡，出现角色障碍。

三、大学生自我意识发展的矛盾性

个体社会化的结果之一是形成自我意识。自我意识指个人对自己存在的意识，对自己以及自己周围事物关系的意识。即指个人对自己身心状况、人我关系的认知、情感以及由此而产生的意向。自我意识包含三种成分：自我认知，即对自己各种身心状况、人我关系的认知；自我情感，即伴随自我的认知而产生的情感体验；自我意向，即伴随自我认知、自我情感而产生的各种思想倾向和行为倾向，自我意向常常表现为对个体思想和行为的发动、支配、维持和定向，因而又称自我调节和自我控制。

大学生自我意识发展的矛盾冲突主要有：

（一）独立意向的矛盾性

1. 独立意向强烈

独立意向是大学生在成长和发展过程中摆脱他人监督、支配和管教的一种自我意识倾向。他们希望自己独立自强，成为一个有独立见解、能决定自己命运的人。主要表现为反抗权威，不愿遵循传统，总想标新立异。

2. 逆反心理和依赖心理同时存在

大学生因为经济上尚未独立，生活来源依赖家庭，但又急于摆脱家庭的束缚。大学生心理上没有完全成熟，社会地位还未确立，其独立性常表现为非理智性和盲目性。大学生逆反心理具有独立意向的盲目性和突出自我的典型特征。如对正面宣传作反向思考；对先进人物无端否定；对不良倾向产生认同；对思想政治教育和校规校纪产生抵制。

（二）自我评价的矛盾性

1. 自我评价更加深刻

大学生拓展了自由空间、交际面和活动空间，急于在新的环境里认识自己，评价自己，找到自己的位置。这种认知和评价既重视外貌仪表，更在乎对自己的能力、性格、品德、人生价值等深层次问题的探讨，自我认识的内容更加丰富和深刻，常出现

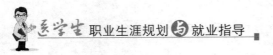

矛盾倾向。

2. 自我评价易出偏差

大学生由于受自身认识水平的限制，在认识、评价自我时缺乏必要的客观性和正确性，对自我的理解和判断流于表面，易出现自我否定、自卑或自负、盲目自大。

（三）自我体验的矛盾性

1. 自我体验敏感、丰富、深刻

大学生自我体验的强度大，具有敏感性、丰富性、深刻性等特点。随着自我认识的发展，大学生开始重视自己在集体中的地位与权威，对他人的言行与态度十分敏感，对涉及自己的名誉、地位、前途、理想及异性交往等方面的问题，更易引起强烈的自我情绪体验。

2. 内心闭锁与情绪波动

有些大学生由于独立欲望与自尊心比较强，爱面子，所以不愿向别人袒露自己的内心世界，会有意无意地掩盖自己的缺点。这种闭锁心理妨碍新的友谊关系的建立，易产生莫名的孤独感，造成心理压力。若其心理困扰不能及时得到解决便可能导致心理障碍。大学生自我体验还会随着情绪的波动表现出波动性，如情绪好的时候自我肯定多一些，充满了自信，一旦情绪低落，自我否定就多些，容易产生自卑、内疚。

（四）自我控制的矛盾性

1. 控制愿望强烈

大学生自我控制的自觉性与独立性显著增强，自我控制的水平显著提高，大学生自我控制的愿望十分强烈，力图摆脱社会传统的约束，按照自己的意愿行事；他们也能够自觉地根据社会的要求来调节、改变自己不切实际的目标和动机，能够在较高水平上驾驭自我。

2. 控制能力仍然不足

有些大学生自我控制水平不高，不善于及时、迅速地调整自我追求的目标和行为，也不善于用理智控制自己的行动，其打架斗殴、破坏公物等现象就是不善于控制自我的结果。

在大学生社会化的过程中，社会认知和情绪状况都会直接或间接地影响其社会角色的扮演和自我意识的构建。情绪对社会认知的影响：一是会影响到社会认知的归因分析，不能冷静地、客观地分析事件发生的来龙去脉和因果关系，造成某种偏见，主观武断。二是情绪也会影响认知信息的整合。例如，过分紧张和激动的情绪会抑制记忆信息的提取和对参照标准的选择。三是个体的社会认知方式所引发的情绪体验在某种程度上表现为强弱的不同和积极与消极的区分。

四、大学生社会适应心理误区的几种表现类型

（一）孤独与抑郁

不能接受新环境，或是对新环境期望值过高，现实不尽如人意；或是缺乏人际交往的技巧，不能建立自己的人际支持系统；或是生活中受到重大挫折，自己没有能力

解决等，这些都会使个人在心理上感到孤独与抑郁。

（二）失落与沮丧

对学习、生活、工作所定的目标与自己的实际情况相距甚远，或是在前进的道路上遭到了意外的失败与打击，情绪一落千丈，一蹶不振，自暴自弃，怨天尤人。这种情绪只能挫伤自己继续努力的信心。

（三）自卑与退缩

由于自我估计过低，夸大自身的弱点，看不到自己的长处；或是过于自卑，在某一次行为中遭到一点挫折，比如认为自己的学习成绩不如别人，能力不如别人等，就自愧无能，自叹弗如，在现实环境中胆怯畏惧，踟蹰不前。

（四）恐惧与逃避

害怕竞争中的失败，担心选择带来的风险，畏惧探索中的困难。做事瞻前顾后，忧心忡忡，不敢给自己提出更高的标准，不敢超越常规一步。躲避一切可能给自己带来损失的事情，永远选择"安宁"和"稳定"。

（五）浮躁与烦恼

在利益的驱动下，匆忙地追求社会时尚。当个人实力和外界条件所限不能如愿时，又陷入无尽的烦恼之中。长期在这种状态下生活，内心的和谐和宁静被打破，会出现情绪的紊乱状态。

（六）紧张与焦虑

由于缺乏独立生活能力，到了新的生活环境，不会安排自己的生活；或是由于担心成绩不如别人；或是社会变化太快，竞争太激烈等，因而心理不敢放松，时时处于紧张、焦虑之中。高度的紧张、焦虑导致精力不能集中，甚至常常失眠和头痛。

（七）愤怒与冲动

青年人情绪不稳定，年轻好胜，在某种情况下，碰到不顺心的事，容易勃然大怒，甚至动武。冲动使人失去理智，容易出现打伤人或其他犯罪问题。

（八）空虚与怠倦

有些同学因"雄心大志"一次次受到打击，感到前途无望，目标渺茫；或是对自己太没信心；或是遭受了不公平的待遇等等，于是对什么都失去兴趣，精神十分怠倦，自认为"活得太累"。这些学生，以对付的态度看待学习，以应付的方式对待工作，每天懒懒散散，任光阴流逝，表面上看起来很"潇洒"，实际上内心十分痛苦。

以上各种适应心理问题常常使人的能力受到抑制，养成很多不良的行为和习惯。例如，注意力不集中，记忆力下降，交往能力受到限制等。除此而外，还会使人的生理功能发生障碍，如头痛、头昏、消化功能紊乱等，严重地影响个人身心健康发展。

五、大学生心理适应的不良表现

（一）大学生环境适应不良

1. 环境的改变

即由原来的中学环境变为大学环境，由家庭生活变为集体宿舍生活。

2. 关系的改变

即人际关系的广度和复杂性增加，由家庭成员为主或比较单纯的师生、同学关系变成较为复杂的师生、同学和社会关系；其次学生缺乏自己管理自己的能力，又不太愿意接受学校的管理。

（二）学生社交适应不良

（1）学生内向、文静、胆小、多虑等性格造成不敢主动与人交往，显得不和群，独来独往，心事重重。

（2）学生因害羞而缺乏主动与人交往的能力，在陌生人和异性面前显得面红耳赤，神色紧张，讲话吞吐，因此常回避他人；其次不愿与他人接触交往，很少参与集体性、公开性的活动。

（三）学生学习适应不良

（1）有明确的学习目标，但缺乏学习动机，行为懒惰，生活作风散漫，学习兴趣不高，不愿上课，易分心，独立性差。

（2）方法不当，不善于科学用脑，不注意劳逸结合，学习无计划，不能很好地管理自己的时间，未形成必要的知识结构。

（3）基础不扎实，学习效果不好，临考紧张焦虑，大脑神经活动兴奋与抑制功能失调，身体不适和失眠，注意力难以集中，记忆力下降，考试水平得不到正常发挥，成绩不理想。

（四）学生性心理适应不良

（1）面对性知识好奇，想探索，另一方面又因缺乏性知识教育而性无知，以至产生心情焦躁，丧失信心，产生自我否定的评价。

（2）面对异性爱慕和吸引，疏远、回避，造成性压抑而产生内心的自责、焦虑、紧张、矛盾、困惑。

（3）面对性欲和性冲动的产生，另一方面受学校制度和社会法律道德的约束而产生心理冲突、矛盾、苦闷。

（4）面对性幻想，惶恐不安，感到羞耻、自卑、自责。

六、大学生要超越自我——提高适应社会发展的能力

在校大学生是一个比较特殊的群体，他们所处的年龄阶段是人生中较为敏感，又不太稳定的时期，而社会对于他们来说已近在咫尺。这个时期的大学生，表面上看身体的各种机能都已成熟，而实际上内心却非常脆弱。习惯了校园生活的他们在即将步入社会的时候，往往准备不足，内心中会产生烦躁不安的情绪，严重的会患上社会不

适应症，持续出现焦虑、压抑、愤怒、狂躁等不良情绪的反应，导致疾病发生的可能性进一步提高，并且会抑制人的能力的发挥，养成很多不良的习惯。但是这也是无法避免的，我们只有去发现它，面对它，社会适应能力才能提高。我们只要在日常生活中注重以下几个方面，便会逐渐适应社会。

（一）多参与社会活动

从社会实际出发，正确认识客观现实。不逃避现实也不做无根据的幻想，将自己置身于社会实际中，了解现实，认识生活，调整心态以适应社会。

（二）积极调整，选择对策

对社会现实生活保持良好的接触，不回避现实，主动面对现实生活中的各种挑战，当个人需要与社会现实矛盾时，能充分发挥主观能动性，积极妥善处理环境与自身的关系，创造条件使自己始终处于有利的环境中。从主观上采取积极的态度而不是消极的等待；在选择对策上要审时度势，有条件地选择改造环境的策略，无条件地选择改造自身的办法，这样才能既不想入非非，又不自暴自弃，从而找到最佳方案。

（三）采用心理防御措施

不论改造环境还是改变自己，都要有一个转变和考虑的过程，在这个过程中，会有某种困扰，为解决这种窘境，不妨采用心理防御，来达到解脱的目的。

（四）保持身心健康

人生活中除了需要营养、体育锻炼、休息等生理方面的满足外，也需要家庭、友谊、支持、理解、尊重，需要通过人际关系获得心理上的满足。在日常学习、工作中，和谐的人际关系是生命的滋补品。为了提高人的生活质量，应该提高和培养为人处事的能力。

（五）加强体育锻炼

通过体育锻炼可以接触更多的人和事，通过运动与人交往，增强大脑兴奋与抑制的调节功能，改善神经系统，使人忘却烦恼和痛苦，消除孤独感；锻炼可以唤醒人们的精神情绪，使人精神振奋，心情轻松愉快，使人们焕发青春的激情，提高自己的社会适应性。

总之，大学生首先要做到的就是超越自己，要想在社会中有自己的一席之地，就必须去不断地努力，不断地超越，你面前的最强的对手不一定是别人，很可能是自己，所以在超越别人之前要先超越自己。有本书上记录了这样一个故事：一个娇生惯养，从未出过远门的孩子，从今早开始，每天要坐三个多小时的车子，穿过肮脏黑暗而强盗出没的地区，到曼哈顿的高中上学……以下是他父亲的日记："今天是你上高中的第一天，虽然早晨我没有起来送你，却很清醒地听见你匆忙的脚步声，也知道你似乎有些胃不舒服，想必是因为紧张所引起的。我知道，你必须先走到巷口去搭Q17A，再转Q44A公共汽车，而后坐F号的地铁，穿过半个皇后区、曼哈顿中城的河底隧道，经过五十三街向南行，到十四街转L号车到学校。从前两天我带你试坐的经验，这单程就需要一个小时四十分钟，难怪你的祖母整天坐立不安了。我也知道纽约的地铁，是世界上最乱而不安全的地方之一，每天报上总有抢劫甚至杀人的新闻，前两日一个中国人被精神病患者推下铁轨辗死，上星期又有一个女人被车子拖了几十英尺而死。至于你所经过的地方，虽然有世界最繁华的第五街，也有最肮脏下流的四十二街，说你每天穿过毒蛇猛兽出没的森林去上学，是绝不为过的。问题是，对于你这个从未一人离开家门超过三英里的孩子，我为什么放着门前的高中不上，却让你冒那么大的危险，每天奔波于曼哈顿呢？这一方面固然因为你考上了世界名校，有小哈佛之称的史岱文森高中，一方面更由于我认为这已是教你出去历练的时候。在人生的旅途上，我们都要走这样的路，穿过这样的危险，去追求自己的理想。甚至应该说，人生的道路是更危险的，因为它只有去，没有回，走的是过去都不曾经历，且只可能经历一次的路，如此说来，你未来四年的通学，又有什么可怕呢？大概还是不放心吧！怕你在回程时找不到公共汽车站的位置，我特别算准了时间，到地铁的出口等你。知道吗？当我看到你惶惶恐恐地走出站时，心中百感交集，兴奋得有如多年不见的父子重逢。而你那惊喜的眼神中，竟也含着泪光。回程的公车上，你向我抱怨地铁最后两站之间的距离好长，还以为是坐错了车。而上次我带你试走时没能记下的站名，你居然今晚全能如数家珍地背出来。是的，年轻人！你渐渐会发现，当你一人独行的时候，会变得更聪明；是的，年轻人！崎岖而黑暗的道路，将使你真正地成熟！"

这个孩子做到了，做到了以前从未做过的事情，而且做得非常好，他适应了周围环境的变化，迈出了坚强的一步，也为以后踏入社会积累了一份宝贵的财富。在未来的未知数的日子里这份精神上的财富会给他智慧和勇气，让他不断地去超越自己，成为一名优秀的社会成员。这个故事对于正在成长中的大学生有很典型的启示作用。

第二节　医学生上岗前的准备工作

一、了解医疗卫生行业的特点

医疗卫生事业关系到人民群众的身体健康和生老病死，是社会关注的热点，是贯彻落实科学发展观，实现经济与社会协调发展，构建社会主义和谐社会的重要内容之一，是实现小康社会的重要标志之一。

党和国家一直高度重视医疗卫生事业的发展，国家中长期发展规划更是把医疗保障体制的建设作为重大民生工程来抓。近几年，医疗卫生行业得到了长足的发展，但医疗卫生资源，特别是优质的医疗卫生资源，仍主要集中在大中城市的大医院；基层医疗卫生机构，虽然得到了大力的发展，但仍不能满足广大人民群众的需求。

医疗卫生行业作为行业分类里的一个重要组成部分，它除具备行业的一般特点外，也有它本身的内在特点。

（一）医疗卫生行业的宏观特点

如果把医疗卫生行业当成一个产业，那么，卫生服务就是一种商品；如果我们把医疗卫生行业当成国家的福利事业，那么，人们的期望就会越来越高；如果人的健康是一种基本的人权，那么人们就希望他们的家庭和社区能够得到保护，免受健康威胁的侵害。在《2008年世界卫生报告——初级卫生保健：过去重要，现在更重要》中，世界卫生组织对目前医疗卫生行业所关注的问题进行的分析认为，卫生公平、以人为本的卫生保健、以患者为中心、保护社区健康是大众最关心的问题。

1. 卫生公平性越来越受关注

2000年世界卫生组织在191个国家中，把我国卫生公平性排在第188位。这也是一些研究机构认为我国医疗改革失败的一个论据。2008年10月14日发布的《关于深化医药卫生体制改革的意见（征求意见稿）》中，就特别强调"着眼于实现人人享有基本医疗卫生服务的目标"。卫生服务的公平性是指每一个社会成员都能有相同的机会获得卫生服务，而不因为其所拥有的社会特权不同而出现差别。"当社会变得越来越富有，人们也更加普遍支持获得公平的卫生保健和社会保障，以满足人们基本的卫生和社会需求。"卫生公平性包括卫生政策公平、卫生改革公平和卫生行为公平。

2. 以人为本的卫生保健

以人为本的人文精神或人文主义，是人类的共同财富。它不只是泛指一般对人的关怀，而且还包括对人的基本权利的尊重。当前在卫生保健服务中妨碍以人为本思想的实践，不仅有技术至上的唯技术主义，还有以皇权思想为特征的各种特权及与权力相结合的商权。清除特权思想的影响，防止商业利润凌驾于病人健康利益之上，是保健服务实践以人为本思想的必需。但是，现在的一些卫生服务机构，往往从自身的角度来考虑服务的有效性和方便性，所以，就很少关注或了解对患者来说什么是重要的。

在以人为本的卫生保健系统里，人们显然都希望在得病或受伤时能够得到有效的医疗救治。他们希望服务提供者能够从整体角度考虑他们的最佳利益，公平、诚信，具备足够的知识和能力。人们对专业医疗日渐增长的需求正推动着卫生经济的发展。

3. 以患者为中心

2008年世界卫生报告认为："人们幻想商业医疗更加积极有效，却往往为此付出沉重的经济和健康的双重代价。卫生服务只有以患者为中心，才能够减少社会排斥，避免人们受到不规范的商业医疗的侵害。"

当你身体不适给医院打电话时，接线护士不仅能知道你的名字、年龄、健康情况等基本个人健康信息，而且还能根据你的不适情况结合你过去就诊看病等相关病历信息，为你提供一些简单的医护建议，并帮你预约专家；同时将预约的就诊时间、科室地点、专家姓名、注意事项等信息通过手机短信、电子邮件等方式迅速传递到你的手中；当你到医院后，接待护士直接将你带到需要就诊的科室和主治医生面前；而主治医生通过你的个人基本信息和你的不适状况，为你提供专业、到位、快捷有效的诊疗方案，直至到药房取药时你会发现相关药品已经为你准备好了等。

这是理想的"以患者为中心"的信息服务模式，如果我们一切都以患者为中心，那么，医疗行业需要改变的东西就太多了。医疗机构给患者提供的应该是一个舒适的环境，非常方便就可以去到自己要去的地方，没有漫长的等待，医生会耐心给患者讲解疾病的知识等。

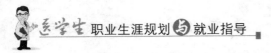

4. 值得信赖的回应型卫生当局

《关于深化医药卫生体制改革的意见（征求意见稿）》指出，要坚持政府主导，强化政府在基本医疗卫生制度中的责任，加强政府在制度、规划、筹资、服务、监管等方面的职责，维护公共医疗卫生的公益性的同时，充分发挥市场机制的作用，促进有序竞争机制的形成。

现代政府越来越重视医疗卫生工作，逐渐被纳入政府的公益事业。在整个的医疗卫生体系内，政府以及卫生部门将要发挥更加重要的作用。人们想到健康问题时不仅仅考虑到疾病或伤害，而且关心他们认为可能威胁到自身健康和所在社区的各种因素。尽管对健康威胁的文化和政治理解有很大差异，但人们越来越普遍地认为，卫生主管部门应承担起保护人们免受威胁或快速应对此类威胁的责任。

5. 有更多的人参与到医疗卫生的决策

在我国医改方案的征求意见稿发布时，前所未有地公开征求意见，国家发改委总结了一个月征求意见的情况，共收到通过网络、传真、信件等方式各类反馈意见35260条。社会各界广泛参与了本次征求意见活动，从农村到城市，从中央到基层，从医务人员到普通百姓，各个方面的群众都提出了自己的观点和建议，充分体现了广大群众对于医药卫生体制改革的关心和支持。其中，以医务人员为主的医药行业人员占发表意见总数的55%；农民、农民工、企业员工等基层群众占总数的20%。发表意见的群众以中低收入的工薪阶层为主，年收入在五万元以下的占总人数的95%左右。通过网络发表意见的群众以青壮年为主，15岁~59岁人群占总数的97%；通过信件渠道发表意见的人群则以老年人居多。全国各省、自治区、直辖市的群众均参与到征求意见活动中，一些来自港、澳、台地区和海外的群众也发来意见建议。很多群众表示，对医改这样重大的指导性意见，政府公开向社会征求意见，在我国还是首次，充分显示了对民意的尊重，也表达了国家要解决"看病难、看病贵"这一民生问题的决心和诚意。同时，也有很多群众指出，医药改革涉及面广、情况复杂，是我国改革的重点和难点，医改的成功与否重点在落实，期待医改能够尽快出台有效的配套文件和落实措施。

（二）医疗卫生单位分布特点

1. 集体单位和国有单位占了半壁江山

从医疗卫生行业法人单位的所有制形式来看，集体单位大约占31.2%；国有单位大约占30.1%，两者比例基本相当；私营单位大约占19.4%，其他内资单位大约占13.3%，股份合作单位大约占2.6%，其他有限责任公司、其他类型的内资单位大约占2.3%。近几年，民营资本和外资进入医疗卫生行业非常迅速，比重也在不断增加。

2. 事业单位数量最多

从医疗卫生行业法人单位的机构类型来看，事业单位大约占52.3%；医疗卫生企业大约占37.7%；民办非企业大约占7.2%；其他组织机构大约占2.8%。

3. 综合医院是医院中的主要力量

从医院的类型来看，综合性医院单位数最多；专科医院排在第二；依次为中医医院、中西医结合医院、疗养院、民族医院。

（三）医疗卫生行业地域分布特点

1. 城区每千人口拥有的床位数高于全国每千人拥有床位数的平均水平

从医疗卫生资源在我市的分布来看，众多的大医院都集中在城区，城市的医疗卫生资源配置水平明显高于郊区和县、乡（镇）。2008年末，大中城市拥有床位大约占总床位的58.3%；郊区和县、乡（镇）的医疗卫生单位拥有床位大约占总床位的41.7%。城市平均每千人拥有床位6.55张，大约高于全国平均水平2张；郊区和县、乡（镇）拥有床位数低于全国平均水平。值得注意的是，越是经济发达地区，医疗卫生行业发达程度越高，医疗水平越强，医疗保障体制越健全。

2. 城区每千人口拥有的执业（助理）医师人数高于全国平均水平

从医疗卫生力量的分布来看，城区集中了主要的医疗卫生力量。2008年末，每千人拥有执业（助理）医师和卫技人员7.88人，城区每千人拥有执业（助理）医师和卫技人员12.56人，高于全国平均水平4.68人；郊区和县、乡（镇）每千人分别拥有执业（助理）医师和卫技人员4.26人和2.93人，远低于平均水平，医疗卫生力量比较薄弱。

（四）医疗卫生行业从业人员素质结构特点

1. 医疗卫生行业人员的学历高于社会总体从业人员的平均水平

在医疗卫生行业中，每万人拥有研究生以上学历400人、本科学历2056人、大专学历2556人；而社会总体从业人员的学历结构是，每万人拥有研究生以上学历184人、本科学历1178人、大专学历1818人。

2. 医院从业人员中高学历和高级职称的结构比高于医疗卫生行业总体水平

从医疗卫生行业各组成部分从业人员的学历和职称来看，医院从业人员中研究生以上学历占5.1%，本科学历占23.8%，高于医疗卫生行业从业人员中研究生以上学历和本科学历结构比的1.1个百分点和3.2个百分点。医院具有高级职称从业人员占11.3%，高于医疗卫生行业具有高级职称从业人员比例的1.7个百分点。

（五）医疗卫生资源分布特点

1. 医院的床位数最多

从医疗卫生单位的床位数看，医院拥有床位数占医疗卫生单位全部床位数的74.1%；社区医疗卫生服务中心占9.1%，医疗卫生院占7.5%；其他医疗卫生机构占4.5%；疗养院和专科疾病防治所均占1.5%。

2. 执业医师人数最多

在医疗卫生行业医疗卫生技术人员中，执业医师12759人，占38.9%；注册护士11495人，占35.0%；其他医疗卫生技术人员3063人，占9.3%；执业助理医师1172人，占3.6%；药剂和检验人员4368人，占13.2%。

（六）医疗卫生行业存在问题

1. 基层医疗卫生机构数量不能满足需求

尽管国家高度关注基层医疗卫生工作，加大财政扶持力度，全面实施新型农村合作医疗制度。据医疗卫生年鉴提供的资料显示，参加新型合作医疗的农民人数在不断增加，覆盖率也在不断提高；新建社区服务中心数量增加，但还不能满足基层医疗卫

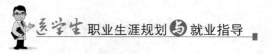
生工作的需求。

2. 基层医疗单位从业人员文化程度不高

在医疗卫生行业中，作为基层医疗卫生单位的医疗卫生院和社区服务中心具有本科以上学历的从业人员只占4.3%，大专学历以上从业人员不足一半，高中学历占据多数；村医疗卫生机构从业人员中，高中以下学历的乡村医生占总数的78.5%，基层医疗卫生机构从业人员文化程度普遍偏低。

3. 基层医疗卫生机构接诊能力弱

2008年，社区医疗卫生服务中心接诊人次不足医院接诊人次的四分之一，卫生服务中心病床使用率为48.5%，医院的病床使用率达81.6%；社区医疗卫生服务中心病床周转次数为13.42次，医院病床周转次数达20.6次，比医院低7.18%。

针对目前医疗卫生资源的配置不平衡，优质资源（三级医院）基本都集中在城市，基层医疗卫生工作基础仍比较薄弱，体制改革滞后，资金投入不足，医疗卫生人才匮乏，基础设施落后等现状，为了认真落实以人为本和全面、协调、可持续的科学发展观，我们应着力继续大力发展基层医疗卫生机构，保障公共医疗卫生安全，适应广大人民群众日益增长的医疗卫生需求，提高人民群众健康水平。

为实现这一目的，国家加快了推进新型农村合作医疗制度建设的速度，加大了农村医疗卫生工作的力度，增加了对农村医疗卫生工作的投资建设，实行了城市医疗卫生人员定期到农村服务的制度。加快了推进新型农村合作医疗制度建设的步伐，逐步提高了农民的合作医疗费用；大力发展了城市社区医疗卫生服务，加强了人才培养，鼓励优秀的医学人才到基层工作，努力在提升社区医疗卫生机构的从业人员的业务水平；将符合条件的社区医疗卫生服务机构纳入了城镇基本医疗保险定点范围，进行了社区首诊制度试点；构建了以社区医疗卫生服务为基础，社区医疗卫生服务机构与医院分工协作、双向转诊的城市医疗服务体系。

作为一名医学生，特别是一名医学专科生，我们要清醒地认识自己，仔细地分析形势，牢固树立到农村、到城市社区的基层就业思想；应该根据个人职业发展规划，树立为人民、为祖国基层医疗卫生事业发展做贡献的理想。

二、熟悉用人单位的基本情况

当你为寻找到一份工作而满街奔走，磨穿鞋底四处叩门时，一句"我们要你"也许是世界上最动听的语言。但是，当你满心欢喜接过聘书前，最好再问问自己，这是我要找的工作吗？这个医疗卫生单位适合我吗？我能将自己的生活投身于此吗？

了解即将录用你的用人单位的具体情况，是我们每个毕业生必须面临的重要问题，从下面几个方面，你可以自己去观察并作出判断。

（一）"我得到的报酬是否与我的价值相当？"

假如回答令你满意，那就为自己庆祝；假定你得到一份钟意的工作，那么较高的工资将能提升你的自尊和你在职场上的价值。你的工资起点还将直接影响到你下一阶段的提薪。除工资之外，还应注意，是否还有社会基本保险、住房补贴或培训费用等。

（二）"这个单位真的适合我吗？"

谋职就像找对象。有坚实的经济基础，固然是一个好的方面，但你还必须考虑你们是否般配。听听该单位如何评价自身。在"因特网"上访问一下该单位的网址，找到一些该单位的自我宣传资料和年度总结、报告之类，你能发现单位的目标及他们的种种活动，用你的眼光仔细思量一下。

实地考察，掌握第一手资料。如果可能，最好先去该单位瞧一瞧，单位的规模、设备、床位数、入住率、门诊量等怎么样？办公室是否井井有条、整洁干净？一名护理专业毕业的学生回忆她的一次求职经历："尽管人事科长竭力吹嘘那个职位对我非常适合，可当我看见她们的办公桌上竟然零乱地放着一些洗发用具、报刊杂志时，我就不想再呆下去了！"

（三）"从单位领导那里我能学到什么？"

一个出色的领导能使你的才能上一个新台阶，还能为你提供施展才能和提职晋升的机会。而一个糟糕的领导，可能会永远将你踩在脚下，盗走你的思想，监视你的一举一动，将你当仆役使用。了解领导一方面可以从面谈中获知一些信息。你未来的领导对你的提问是如何反应的？如果他老是不厌其烦地重复诸如"我决定这"或"我制定了那"，则他有独断专行的倾向。另一方面是研究单位的历史。该单位是如何发展的？研究一下单位的历史对你会大有裨益。另外还可以和未来的同事交流。你要是能够与即将共同工作的人推心置腹地谈一谈，那就最好不过了。因为最了解你直接领导的人莫过于在他（她）手下工作的人。这个人能告诉你许多关于单位鲜为人知的真实情况。

（四）注意你与新同事打交道的第一印象

即使是将你介绍给新同事的这一简单的行动也能给你诸多信息：他们向你微笑吗？他们看你出现时是否窃窃私语？或者，他们看起来是否生硬和无礼？自然，你也可以观察一下科室的氛围：他们是呆在各自的工作间里，还是四处游走？他们之间是友好还是冷漠？

（五）"我有提升的机会吗？"

了解在这个岗位上呆了较长时间的员工的想法和离开了这个岗位的员工的想法，看看现任主管是否有曾在你谋得这个职位呆过的人。如果回答是肯定的，表明你将来提升的可能性大一些。

（六）"这份工作对我的未来发展有帮助吗？"

你的寻职动机不应该只是停留在眼前利益，一份真正的好工作能够使你学会不少新的东西，使你在未来的发展中增加竞争的筹码。

在你迈进新的工作岗位之前再考虑一次，也许这份工作并不是你梦寐以求的理想工作，但它至少可以使你学到一些以后发展所必须的新技巧，促进你向理想迈进一大步。

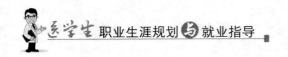

第三节　工作初期的角色适应

一、从医学生到医务工作者的角色转变

从医学生到医务工作者的转变过程，是一个渐进的漫长过程。

怎样才能尽快从医学生转变为合格的临床医务工作者呢？作为一个医学生，应该进行包括思想、工作、学习、服务等多方面的锻炼与提高。

（一）遵守职业道德规范，提高服务意识

医疗服务的主体是患者。为人民健康服务是卫生工作者的基本信念与行为准则。准备从事医疗卫生服务的医学生应该时刻遵守职业道德规范，不断加强学习，提高自身素质和修养，树立以人为本、无私奉献的服务意识。为了达到这一个目标，应该做到以下几点：

1. 培养良好的医德

高尚的医德是医务工作者提高医疗服务技术的内在动力。作为人类社会道德观念组成部分的医德，是医务工作者在生活和医疗实践中不断培养和形成的。"医乃仁术"，这是中国古代对医学道德最著名的概括，既表明医学技术是"生生之具，活人之术"，又体现了中国古代医生的道德信念，通过行医施药实行仁者爱人、济世救人的高尚理想。医学生在开始进入临床工作时，就应当树立一个信念——一切为患者，不计名利、不计得失，为医学事业发展和患者健康做出毕生贡献。

2. 树立正确的服务意识

对待患者要树立正确的服务意识和奉献精神，应围绕"为了一切患者，一切为了患者，为了患者一切"开展医疗工作。在医疗过程中，始终视患者为亲人，急患者之所急，想患者之所想，关怀并体贴患者，努力培养出良好的敬业精神和服务态度。

3. 培养高度的责任感和使命感

人命关天，生命重于泰山，任何生命对于家庭来说都是擎天柱。作为医务工作者更是责任重大，面对患者必须认真对待，科学诊断，用药合理而准确，治疗及时有效，决不能因为我们的工作疏忽和失误而延误对患者的诊治。因此必须要有高度的责任心和强烈的使命感，勤奋工作，刻苦钻研，为患者早日康复做最大的努力。

4. 严格遵守纪律，培养良好的工作习惯

作为医学生应该从参加工作开始就要严格要求自己，培养自己的自律性，遵守单位的工作制度，坚守岗位，不迟到不早退，尊重上级医师，团结同事，具备良好的团队意识和协作精神。

（二）强化"三基"训练，建立知识平台

医学是实践性很强的学科。医学知识浩如烟海，诊疗过程涉及多个学科知识。医学生刚进入临床工作时会有茫然不适感，究其原因，主要是知识面狭窄，基础理论不扎实和缺乏临床经验。因此需要医学生有计划、有重点、有针对性地加强对专业基础理论、基础知识和基本技能的训练和相关知识的继续学习。通过"三基"训练，使自

己不断熟练和规范基本操作技能，提高实际动手能力，增强综合判断、分析和解决问题的能力，迅速提高业务技术能力和水平。

（三）加强医患沟通，提供优质服务

医患沟通是根据患者的健康需要进行的，可使医患双方充分、有效地表达对医疗活动的意愿和要求。良好的医患沟通不仅能使医生更全面了解患者的整个病史，做出准确的诊断和及时的治疗，还能使患者更好地配合医疗活动，从而使患者得到满意的服务。怎样才能达到和谐的医患沟通呢？首先，理解入院患者焦虑不安的心理，真诚地关心和问候患者，让患者有被关注、被重视的感觉。其次，医务工作者工作时应该着装得体，仪态庄重，交流时讲究语言艺术，表达清晰，交谈亲切。由于患者对医学知识缺乏认识和了解，因此在沟通中语言应通俗易懂，尽量不用医学术语，使患者容易理解和接受。采集病史时要认真、耐心的倾听患者的述说，并不时应答、复述，使患者从医生的回答中知道医生在认真听、想，不要因为患者的陈述冗长，杂乱而不耐烦或简单臆断，尽量不要干扰患者对身体症状和内心痛苦的述说。另外，在诊断过程中，必须尊重患者的选择权和知情权，让患者明白检查、诊断、用药、治疗及预后情况等，并详细提供各种不同的诊疗方案的优点和缺点，让患者做适当的选择。

（四）规范病历书写，培养严谨作风

病历是医务人员在医疗活动中形成的文字、符号、图表、影像、切片等资料的总和，包括门（急）诊病历和住院病历。病历的记录与疾病的诊疗过程是同步进行，它客观、完整、连续不断地记录了患者的症状、体征、检查结果、治疗效果、病情变化等，因此病历是伴随着疾病诊疗过程而形成的。病历不但能反映医疗服务的水平和医务人员的基本素质，而且也是医疗、教学、科研的第一手资料和评估医院医疗质量的重要依据，同时还是医疗纠纷和医疗保险理赔的重要法律依据。病历书写是指医务人员的问诊、查体、辅助检查、诊断、治疗、护理等医疗活动过程中获得有关资料，并进行归纳、分析、整理形成医疗活动记录的行为。通过病历书写能锻炼、培养医生的综合思维能力和诊断能力。而目前处理医疗纠纷中的举证责任倒置更要求医务工作者要学会收集证据，特别是病历中的知情同意书。患者对治疗的自主决定签字、急危重症患者的通知和签字等。因此，医学生应该提高对病历书写的重视程度，以高度负责的敬业精神、实事求是的科学态度，适时、客观、准确、完整地写好每一份病历。

二、建立良好的人际关系

人际关系是我们生活中的一个重要组成部分。倘若不能正确处理好人际关系，将对我们的工作、生活及心理健康产生不良的影响。在现实社会中，由于各人的性格、禀赋、生活背景及目的等等的不同而产生的思想上的一定隔阂，这是正常的，也是可以理解的。我们不能说一个具有良好人品的人就一定拥有良好的人缘，但我们可以肯定的是，一个道德品质低下，人品低劣的人绝对不会拥有好人缘。俗话说：物以类聚，人以群分。人品好坏是人际关系好坏的决定因素，当然，还必须掌握一些交际艺术。

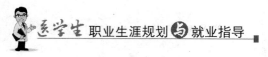

（一）处理人际关系的原则

处理好人际关系的关键是要意识到他人的存在，理解他人的感受，既满足自己，又尊重别人。建立良好人际关系的原则有：

1. 真诚原则

真诚是打开别人心灵的金钥匙，因为真诚的人使人产生安全感，减少自我防卫。越是好的人际关系越需要关系的双方暴露一部分自我。也就是把自己真实想法与人交流。当然，这样做也会冒一定的风险，但是完全把自我包装起来是无法获得别人的信任的。

2. 主动原则

主动对人友好，主动表达善意能够使人产生受重视的感觉。主动的人往往令人产生好感。

3. 交互原则

人们之间的善意和恶意都是相互的，一般情况下，真诚换来真诚，敌意招致敌意。因此，与人交往应以良好的动机出发。

4. 平等原则

任何好的人际关系都让人体验到自由、无拘无束的感觉。如果一方受到另一方的限制，或者一方需要看另一方的脸色行事，就无法建立起高质量的心理关系。

还要指出，好的人际关系必须在人际关系的实践中去寻找，逃避人际关系而想得到别人的友谊只能是缘木求鱼，不可能达到理想的目的。

（二）处理人际关系的基本方法

1. 确立"以和为贵"的观念

在中国的处世哲学中，中庸之道被奉为经典之道，中庸之道的精华之处就是以和为贵。同事是你工作中的伙伴，难免有利益上的或其他方面的冲突，处理这些矛盾的时候，你第一个想到的解决方法应该是和解。毕竟，同处一个屋檐下，低头不见抬头见，如果有人破坏了你的心情，影响了你的工作，吃亏的可能是你自己，而不是他人。与同事和睦相处，在领导眼中，你的地位将会又上一个台阶，因为和谐的人际关系不仅仅是一种生存的需要，更是工作上、生活上的需要。和谐的同事关系让你和你周围同事的工作和生活都变得更简单，更轻松、更有效率。

要想拥有和谐的同事关系，还必须记住一句话："君子之交淡如水"。大家在同一个单位工作，每个人之间的交情不可能完全相同，远近亲疏自然是存在的。问题的关键就在于应该如何处理这"远近亲疏"的关系。我们可以回想一下，平常我们容易对哪些人产生意见。其实我们并不会对谁与谁关系密切，谁与谁关系疏远产生异议，因为对于我们自己来讲，也存在着和有的人关系比较亲近，而和有的人关系比较疏远，甚至对于同事中为自己的好友找理由搪塞错误，我们认为也是人之常情。但是当我们发现，这种远近亲疏的关系开始因为共同的利益扩大化，甚至出现了营私舞弊、相互倾轧的时候，我们就开始反思了。这种状况是一个优秀团队内部的大忌，甚至可以说是一个团队瓦解分化的开端，结果就是导致整个团队的瘫痪或崩溃。

为了避免此类事情的发生，我们就要控制好与同事之间的远近亲疏的关系。我们应该这样想，无论你与一个同事的关系是亲还是疏，这都是你们私人之间的关系，而这种关系更是工作以外的关系，不应该对你们的工作产生任何的影响。道理虽然很简单，但实际上人与人之间的感情并非如书面所描述的那般容易控制。尽管你的心里知道："我一定不能把私人关系带到工作中来。"但是更多的时候，很多行为都是个人喜恶的自然流露，连你自己都感觉不到。那么，究竟应该怎么办呢？那就是，应该控制好远近亲疏的程度，最好的办法莫过于"君子之交淡如水"。

良好人际关系的形成和维持都是需要条件的。说得具体一点，要成为好朋友，情投意合固然重要，但是还有一点，那就是两个人之间不能存在着明显的利益冲突。两个人存在明显的利益冲突，无论是显性的还是隐性的利益竞争，是很难成为好朋友的。即使是已经成为好朋友的两个人，在面临明显的利益冲突和竞争的时候，也常常会使感情陷入僵局。因为人是有自私本性的。正是因为如此，与同事相处还是"君子之交淡如水"好。因为单位也是一个充满了竞争和冲突的场合，影响和干扰人与人之间的亲疏远近关系的因素实在是太多了。好朋友之间太容易出现矛盾和裂痕，而这种矛盾和裂痕基本上是不可能避免的，就算人的主观上有再好的希冀也难以避免。

2. 学会尊重同事

在人际交往中，自己待人的态度往往决定了别人对自己的态度，因此，你若想获取他人的好感和尊重，必须首先尊重他人。研究表明，每个人都有强烈的友爱和受尊敬的欲望。由此可知，爱面子的确是人们的一大共性。在工作上，如果你不小心，很可能在不经意间说出令同事尴尬的话，表面上他也许只是颜面受损，但其内心可能已受到严重的挫伤，以后，对方也许就会因感到自尊受到了伤害而拒绝与你交往。

一位哲人曾提出过这样的问题：将军和门卫谁摆架子？答案是门卫。因为将军有着雄厚的资本，他不需要架子作支撑。现实生活中也是如此，拥有优势的人常常胸怀大度，其自尊和面子足矣，无须旁人再添加。而与你同一阶层甚至某方面不如你的人，很可能因为自卑而表现出极强的自尊，他仅有的一点儿颜面是需要你细心呵护的，如果你能以平等的心态与人沟通，对方会觉得受到尊重，而对你产生好感。因此，要谨记，没有尊重就没有友谊。

要做到尊重同事，就必须自觉保守同事的秘密。我们知道有关同事的秘密，无非有两个渠道：一个是这个人亲自告诉我们的，一个就是除他亲自告诉我们以外的一切途径。如果是别人亲自告诉我们的，我们可真的是"打死也不能说"。别人这么信赖我们，我们怎么可以把别人的隐私随便地散布出去呢？如果是我们通过其他的途径，得知了这样的消息呢？那就让消息在我们这里终止，散布通道在我们这里彻底被截断。

虽然上述道理我们都很明白，但是有的时候，我们的嘴巴还是不经意的就走漏了风声。比如，和大家玩得高兴，玩得开心的时候，兴奋之下，就什么都忘记了，想起什么就说什么，反正大家都很高兴嘛！再比如，和人闹了别扭，自己心生闷气，什么朋友交情，江湖道义，统统闪到一边去，我给你来一个大穿帮、大揭密。这样的情况太有可能发生了。怎样才能避免呢？一个最好的办法，就是听过了别人的事情就干脆咽下去，烂到肚子里面。一天烂不干净，就花两天的时间来烂掉它。总之，一句话，就是不能让嘴巴给自己惹祸。古人说"祸从口出"，在人际关系圈子里面，这句话应

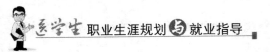

该被每一个人写在自己的办公桌上，时刻警醒自己！

3. 尽量避免与同事产生矛盾

同事与你在一个单位中工作，几乎日日见面，彼此之间免不了会有各种各样鸡毛蒜皮的事情发生。每个人的性格、脾气禀性、优点和缺点也暴露得比较明显，尤其每个人行为上的缺点和性格上的弱点暴露得多了，会引出各种各样的矛盾、冲突。这种矛盾和冲突有些是表面的，有些是内在的，有些是公开的，有些是隐蔽的，种种的不愉快交织在一起，便会引发各种矛盾。

同事之间有了矛盾，仍然可以来往。第一，任何同事之间的意见往往都是起源于一些具体的事件，而并不涉及个人的其他方面。事情过去之后，这种冲突和矛盾可能会由于人们思维的惯性而延续一段时间，但时间一长，也会逐渐淡忘。所以，不要因为过去的小意见而耿耿于怀。只要你大大方方，不把过去的事当一回事，对方也会以同样豁达的态度对待你。第二，即使对方仍对你有一定的成见，也不妨碍你与他的交往。因为在同事之间的来往中，我们所追求的不是朋友之间的那种友谊和感情，而仅仅是工作。

总之，处理好人际关系是一门艺术。所有的人都需要不断地学习和实践，才能臻于娴熟。希望你能根据自己的具体情况，作一个自我分析，从而冲破自我封闭的思想，虚怀若谷，去建立一个和谐的人际关系。

三、正确处理医患关系

"医患关系"已成为当今媒体关注的焦点。作为一个准医务工作者，你对这四个字的了解又有多少呢？从世界范围来看，医学或医疗活动在社会中所起的影响力越来越大、越来越明显，成为左右人们社会生活"巨大的力量"；从我国目前的现实状况看，医疗纠纷呈现快速上升趋势，医患之间的信任急剧滑坡，医患关系已经成为社会焦点问题、热点问题。无论是何种情况、何种问题，对其理解和解决的关键都不能离开医疗活动中最基本的关系单位——医患关系。医患关系是贯穿整个医学发展、医疗活动开展始终的核心，对医患关系的把握不能仅仅从概念获得，还必须分析医患关系的性质、特点，以及医患关系的发展趋势。

（一）医患关系的内涵

医患关系是人类文化特有的一个组成部分，是医疗活动的关键、医疗人际关系的核心。著名医史学家西格里斯曾经说过："每一个医学行动始终涉及两类人群：医生和病人，或者更广泛地说，医学团体和社会，医学无非是这两群人之间多方面的关系。"所以医患关系是指以医务人员为一方，以病人及其社会关系为另一方在医疗诊治过程中产生的特定人际关系。现代医学的高度发展更加扩充了这一概念的原有内涵，"医"已由单纯医生、医学团体扩展为参与医疗活动的医院全体职工；"患"也由单纯求医者、病人扩展为与之相联系的社会关系比如家属、单位甚至朋友。

（二）医患关系的特点及性质

对医患关系的把握主要通过医患关系的特点及其性质来实现。目前社会学的研究相对清楚地分析了医患关系的特点，而对医患关系性质的研究在理论上则尚无十分令人信服的结论。

1. 医患关系的特点

美国功能学派社会学家帕森斯和福克斯认为医患关系和父母与子女的关系有相似性，故此他们将医患关系的特点归纳为四点：支持、宽容、巧妙地利用奖励和拒绝互惠。

（1）支持　在医患关系中，由于接受了对病人提供保健照顾的义务，医生变成了在病人生病期间依靠的支柱。支持包括使自己可以被病人利用，并且尽力为处于依赖状态的病人提高所需要的保健照顾。

（2）宽容　在医患关系中，病人被允许有某种方式的行为举止，而这些举止在正常情况下是不允许的。病人的某些行为和举止之所以得到宽容是因为，生病期间病人对他的疾病不负责任，只要他继续承担病人角色并承担希望和尽力恢复健康的义务。

（3）巧妙地利用奖励　在医患关系中，为了在获得病人的服从时提供另外的支持，医生有能力建立并巧妙地利用一种奖励结构。通过控制病人非常重视的奖励，就可以增加医生的权威和病人的依赖性。

（4）拒绝互惠　在医患关系中，尽管医生给病人以支持，并且比较宽容患者的偏离常规的行为，但医生通过在人际反应中保持一定的距离来保证医患关系的不对称性。也就是说，医生了解病人的真实感情，但不以病人了解自己的真实感情作为回报。

2. 医患关系的性质

医患关系既是一种人际关系，也是一种历史关系。医患之间建立的人际关系在社会发展的不同历史时期，所呈现给人们的及人们对其性质的认定是不一样的。从最初服务于氏族部落的巫医，到具有独立行医能力的职业者，再到失去部分独立性而形成医院，承担社会医疗服务功能的职业群体，医生和患者之间的关系始终处在不断变化的状态中，基于这种变化，人们对医患关系的性质也在作出不同的解释。例如：将医患关系定位为信托关系或契约关系等等。医患关系绝不是、也不等同于消费关系，作为一般人际关系存在的医患关系有其特殊性，特别是特殊的道德要求。

（三）医患关系的内容及模式

在医疗活动中医患关系的内容由技术性关系和非技术性关系两大部分组成。技术性关系是指在医疗过程中以医务人员提供医疗技术、病人接受医疗诊治为纽带的医患之间的人际关系。非技术性关系是指求医过程中医务人员与病人（及其家属）之间在社会、心理、伦理、法律等诸多非技术方面形成的人际关系。技术关系是构成医患关系的核心，非技术关系是在技术关系的基础上产生或形成的。技术关系对诊疗效果起关键性作用，而非技术关系在医疗过程中对医疗效果同样有着无形的作用。

1. 技术关系及其模式

针对医患之间的技术关系，国内外学者基于医务人员和患者之间的不同地位和角色以及权利和责任等提出对医患关系的不同划分方式，称之为医患关系模式。目前比较公认的关于医患关系模式的理论主要有三种：萨斯——荷伦德模式、维奇模式和布朗斯坦模式。

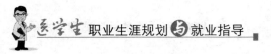

2. 非技术关系及其内容

在传统医学中技术关系和非技术关系是非常紧密地融和在一起，但是随着医学的发展，非技术关系渐渐从技术关系中分离出来，具有了一些相对的独立性，并且具有了自己的内容。现代一般认为非技术关系包括：道德关系、价值关系、法律关系、文化关系和利益关系等。

（1）道德关系　医患关系是人际关系中的一种特殊关系，人际关系的协调需要道德原则和规范的约束，医患关系由于其信息的不对称性等特点，需要双方特别是医务人员更高水平上对道德要求的遵守。诊疗的效果如何，医疗工作完成好坏有时并不完全取决于医务人员的技术水平，医患双方特别是医务人员的道德品质状况有时甚至对医疗结果和医患关系的和谐起决定性作用。所以说，医患之间的关系又是道德关系。

（2）价值关系　在医疗过程中，医患双方通过医疗活动本身都在实现着各自价值。对医生而言，这一点是非常明显的，医生通过自己的技术给患者提供高质量的医疗服务以期患者恢复健康，医生的价值即可得以实现；而患者价值的实现则必须是建立在上述活动顺利完成的基础上，否则其价值就无法实现。所以，医患关系建立的同时也奠基了医患之间的价值关系。

（3）利益关系　医疗活动本身为医患双方满足各自的需要——物质利益和精神利益提供可能。对医生而言，通过医疗行为活动而从患者处获得报酬并得到自身价值实现的满足感就是医务人员的利益；对患者来说，通过医生提供服务而恢复健康就是患者的利益。故此医患关系包含着利益关系。

（4）文化关系　医疗活动中的医生和患者都是一定文化中的个体，当这种关系建立时，必然形成一种文化关系，并影响着医患关系的进一步展开和医疗行为的结果。由此可见，医患关系不可避免地也是一种文化关系。

（5）法律关系　之所以说医患关系同时也是法律关系，是因为现代的医患关系不仅依靠道德调节，也越来越依赖法律的调节力量，有越来越多的医患关系中的细节被纳入到法律规约的范围之内。这一点是现代医学与传统医学的显著区别，虽然在传统医学中也存在着对医疗活动的法律形式的制约情况，但是这种现象并不普遍化，而医患关系的法律化则已是当代的普遍现象。医患关系又是法律关系，是当代社会和医学发展的产物。

（四）医患关系的发展趋势

随着整个社会生活领域中的一些根本性变革以及医学科学技术的突飞猛进与经济生活的日益市场化，身处其中的医患关系也在发生着一些实质性的变化。从目前的情况看，医患关系的发展趋势呈现出如下几个特点：

1. 医患关系不断技术化

医学高技术应用于临床治疗，大大提高了医学对疾病的诊治能力，使医学朝着认识疾病内在机制的方向迈进，但是人们在享受医疗技术进步所带来的好处时，也走向了对医疗技术运用的另一个极端：一些医学工作者对先进技术，由倚重发展到顶礼膜拜，认为医疗服务不过是药物、手术的混合物。美国著名医生刘易斯·托马斯说："触摸是医生最为古老而且也是最为有效的一种动作……在众多至今仍不断出现的新医疗技术中，听诊器是设计用来加大医生和病人之间距离的第一个设备"。新技术的出现使医生对患者的关心、爱好和亲密快速减少了，医生忽视了对患者生命的关爱，淡化了对病人的理解和尊重，使医患关系演化成了医生——机器——患者的关系。

2. 医患关系不断市场化

尽管从世界范围来看，无论是发达国家还是发展中国家都否认医疗服务是商品，但是市场对医疗领域的渗透却是日渐增强。市场为医学发展带来了巨大的推动力，特别是医药科技研发方面，但是市场干预医疗活动也带来了非常大的负面影响。特别是在我国目前医疗卫生体制处于改革和不完善的情况下，少数医务人员把市场经济的"等价交换"原则移植到医患关系中来，使本来纯洁的救死扶伤神圣职责变成了与病人交换的筹码。尽管将医疗服务变成商品是非常困难的，但随着整个社会市场化的不断加强，医患关系的市场化似乎是一种必然的趋势。

3. 医患关系不断民主化

传统的医患关系是医生凭借着对医疗技术的精通而具有权威性，而病人对其只能绝对服从。但是随着医学的发展和社会生活领域的诸多变迁，现在医患关系中医生的权威在不断下降，而患者的权利则在不断增长。在医疗活动中医患之间已衍变为共同参与医疗决策和选择的情形。在诊疗过程中，患者不再是被动的接受体，而是在知情同意的前提下，主动参与治疗。在对待疾病的问题上，医患双方地位越来越平等，医患关系变得越来越民主化。

4. 医患关系不断法制化

想想希波克拉底誓言，当今法律意识与医患关系的结合就似乎带有一丝讽刺意味了。传统的医患关系中，医患双方的权利义务是约定俗成的，在很大程度上完全依赖于医患双方的道德自律。在此基础上，医患之间形成了以绝对负责——信任为纽带的人际关系。但是随着上述纽带的不断解体，在当代医疗活动中，再期待仅仅通过道德自律来实现医患双方的权利和义务的可能性已经非常小了，所以当今医患双方的权利和义务更多地是以法律的形式出现。目前的医患关系虽然含有道德关系，但是将更多地表现为法律关系，医患关系的法律化同样是医患关系演化的必然趋势。

随着整个社会生活和医学科学的发展，医患关系的发展还会展现其他的发展趋势，仅从目前状况来说，医患关系在发展趋势方面上述趋势将会不断增强，成为未来医患关系的几个突出特征。

思考与练习

1. 大学生常见的社会认知偏见有哪些？
2. 大学生角色冲突的表现有哪些？
3. 大学生如何提高社会适应的能力？
4. 处理好人际关系有哪些基本方法？
5. 医患关系有哪些发展趋势？

第九章　创业教育与实践

学习目标

1. 通过本章的学习，了解创业的基本要素
2. 帮助有创业冲动和创业潜能的学生做好创业前的准备
3. 帮助毕业后走上创业道路的毕业生在创业过程中少走弯路，完成创业理想

21世纪，创业成了一个神奇的字眼，谈论其概念者多，付之于行动者少，走进其误区者众，理解之真谛者寡。究其原因，不是对"创业"二字缺乏深度思考，就是将创业的概念"恐龙"化了。这是因为我们平时看到的案例，动辄就是某某成功了，实现了数百万、数千万甚至数亿元的创业梦想，致使有创业激情、有创业欲望者不敢试足，自己把自己拒之于门外。

当然，不是每个人都适合创业，但是，创业精神适合每个人，即使你不想创业，也有必要认真地学习创业知识。当今社会需要每一个人用创业的思维开展工作，这有助于脱颖而出。

为了便于众多大学生创业，我们将创业分成三个阶段：初级创业、中级创业、高级创业。而大学生创业，在很大程度上都属于初级创业范畴。之所以这样划分，就是告诉每一个想创业的人，首先定位自己是初级创业者，不要强求特别高远的目标，而要适应自己当时的环境和条件。刚创业能做到"自己满意、别人认同"就可以了。这样，你就会自然而然地拥有成功的感觉，为实现中级创业和高级创业奠定基础。

现代管理之父、"大师中的大师"彼得·德鲁克曾告诫创业者："创业不是一种天赋，是可以组织，并且需要组织的系统性的工作。"这就是说，在创业路上是没有专家的，同时，每一个成功的企业家也不是哪一个专业学校培养出来的。创业者既不能盲目模仿成功者，又不能盲目崇拜某一个专家。因为市场是瞬息万变的，当环境发生变化时，任何人的原有优势都可能没有多大的价值了。

创业是一条漫长而艰辛的路。成功与否，除了与创业资金、创业机会有关外，还与创业者的自身素质、机会识别、创业理念、创业方法密切相关。因此，创业者事先要考虑到各种要素，做好创业前的准备是很有必要的。来看一个小故事《你带雨伞了吗？》。

一年大旱，百姓都到寺里求雨。和尚告诉他们："除了在寺里祈雨，你们回家还要接着祈祷。下个礼拜大家回到这里，做好感谢上天为我们普降甘霖的准备。"

所有人都按和尚布置的去做了。礼拜那天，他们都按时回到寺里。预想不到的事情发生了。

和尚看到他们后不禁大怒："今天我们都不用祈祷了，你们根本就不相信今天会下雨。"

大家都很纳闷："我们每天都祈求上天了，我们相信今天会下雨的！"

"你们相信？"和尚冷笑道："那你们带的雨伞在哪里？"是的，我们每个人心里都有自己的梦想，都觉得自己什么都是对的，但很少有人为梦想的实现做准备，更不用说为之奋斗了。

准备好创业了吗？快带上你的雨伞付出行动吧！

第一节　自主创业意识的培养与必备的基本素质

为什么首先要培养创业意识？因为创业意识是人们从事创业活动的出发点与内驱动力，是创业思维和创业行为的前提，是创业的先导。

一、自主创业意识的培养

所谓创业意识，是指一个人根据社会和个体发展的需要所引起的创业动机、创业意向、创业愿望，是以提高物质和精神生活的需要为出发点，这种需要在很大程度上取决于具体的社会历史条件。创业意识的激发、产生是受历史条件制约的，具有社会历史的制约性。科学家对人类大脑的研究表明，不同人的大脑潜能几乎是相同的。我们必须明白，每个人都具有创业的潜能，这是自然属性。但是，从创业实践中不难看出，人与人创业能力的差异很大，既受各种社会环境、家庭环境和个人环境的影响，又受社会机制和历史条件的限制。这就是说，创业意识又分为显意识和潜意识，它好比一座冰山，浮出水面的部分属于显意识范围，约占整个意识的1/8，而剩下的7/8隐藏在水面以下，这就是我们常说的潜意识。每个人的潜意识是自己的"自然资源"，这种"资源"与地球上的自然资源截然不同。地球上的自然资源是你开发利用了（包括浪费了）它才能耗尽；而我们每个人的"自然资源"就不同，只有你没发现或发现了

知识链接

小测试

一是"安全"感，你能不能处理不确定性事件，比如固定的薪水对你很重要吗？

二是"精力"，你有没有充沛的精力和健康的身体去工作？

三是"自信"，你相信自己的能力吗？相信自己吗？

四是"逆境"，能不能很好地、灵活地对逆境作出反应，遇到挫折会退缩吗？

五是"热情"，对自己的目标和愿景充满热情吗？

六是"信任"，让别人信任你，你能信任别人吗？你善于与人相处吗？

七是"适应"，你的适应变化性如何？能承担合理的风险吗？

以上七条不必全都满分。如果你能满足四项以上，对另外几项持正数态度，你就可以行动了。

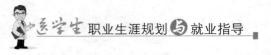

而未被利用时，才是真正的浪费。

二、创业者应具备的基本素质和条件

由于创业的背景、动机、资源以及所具备的条件不同，我们对初级创业者应具备的基本素质所提出的要求也不同。但是，通过大量的成功案例分析发现，成功的创业者们具有多种共同的特质。其中，适合初级创业者借鉴的也是最为重叠和最为重要的素质有七项：欲望、自信、人脉、忍耐、眼界、谋略、资源。

1. 欲望——成功创业的原动力

首先要明确什么是"欲。"欲实际就是一种生活目标，一种人生理想。创业者的欲望在很大程度上是为了体现自身的人生价值，为了回报社会，为社会创造更多的就业机会和财富。当然，创业者的欲望与普通人的欲望也有不同之处，那就是创业者的欲望往往超出他们的现实，有许多是来源于现实世界的刺激，是在外力的作用下产生的。因为他们想展示自己的才能，想拥有财富，想出人头地，想获得社会地位，想得到别人的尊重。而凭自己现在的身份、地位和财富是得不到的，所以要去创业，要靠创业"改变身份，提高地位，积累财富"，这便构成了许多创业者的人生"三部曲"。因为强烈的欲望而不甘心，而行动，创业，成功，这是大多数白手起家的创业者走过的共同道路。一个真正的创业者一定是具有强烈欲望的人。所以，创业者的欲望往往伴随着行动力和牺牲精神。

2. 自信——成功创业的心理支柱

经常有人问第一桶金怎么来，从哪里得到？其实，人生第一桶金是自信。即使你没钱也不要怕，自信就是你的资本。之所以不敢自信，是因为在我们还很小的时候，就把"自己"理解成"自我"，"自我"是一个贬义词，"自私"就更不是什么好词了。于是，就有人把自信误以为是自我和自私。其实，与自我有关系的词语还很多，比如，自信、自强等。自信是使无穷智慧配合明确目标的一种适应表现，自强是一种困难压不倒、厄运不低头、危险无所惧的拼搏精神。自信自强的创业者才有激情、有冲动，才能勇往直前赢得成功。所以，一个人不能自卑，千万不要划分什么层次，更不要把自己归为很低的层次来限制自己的能力。

自信从哪里来？自信是从去掉胆怯开始的。美国第26任总统罗斯福曾经说过："很多事我起初都很害怕，可是我假装不害怕去做，慢慢地，我真的不害怕了。"

在动画片《花木兰》中，花木兰的爸爸对花木兰说："树上开的花，每一朵都是独特的，你可能是最晚开的那一朵，可是一定是最漂亮的。"这句话说得非常有道理。

创业犹如一条直线，没有始点和终点，只要你想创业，任何时候起步都不算晚。当你错过了一次创业机会，并不等于错过了一生的机会。"你没有摘到的，仅是春天里的一朵花，别忘了整个春天还属于你。"这句话送给自信的创业者。

3. 人脉——成功创业的必要基础

创业者需要外部资源，其中最重要的一点是人脉资源的创建，即创业者构建其人际网络或社会网络的能力。一个创业者如果不能在最短时间之内建立自己最广泛的人际网络，那么他的创业之路一定会非常艰难。即使初期能够依靠领先技术或者自身素质，比如吃苦耐劳或精打细算获得某种程度上的成功，我们也可以断言他的事业不会长久。

创业者的人际资源，按其实效性来看，第一是同学资源。同学之间因为接触比较密切，彼此比较了解，同时因为少年时不存在利害冲突，成年后则大多数从五湖四海走到一起，彼此也甚少存在利害冲突，所以友谊一般都较可靠，纯洁度高。周末的时候，到北大、清华、人大等校园走走，会发现有很多看上去不像学生的人在里面穿梭。其中有许多人是高学费从全国各地来进修的。他们学知识是一方面的原因，交朋友是更重要的原因。

拥有同学资源，将是你一生不可忽视的宝贵财富。与同学相似的是战友，可以与同学和战友相提并论的是同乡。共同的人文地理背景，使老乡有一种天然的亲近感。中国历史上最成功的两大商帮——徽商和晋商，不管走到哪里，都是老乡成群结伙的做生意。正是同乡之间互为犄角，互为支援，才成就了晋商和徽商历史上的辉煌。可以说，同学资源和同乡资源，是创业者最重要的两大外部资源。

《科学投资》通过对几千个创业者成功案例的研究，发现众多成功者的身后都能看到同学的身影，有少年时代的同学，有大学时代的同学，更有各种成人班如进修班、研修班上的同学。荣登《福布斯》中国富豪榜的南存辉和胡成中就是最好实例，他们两个就是小学和中学时的同学，一个是班长，一个是体育委员，后来两人合伙创业，在企业做大以后，分别成立了正泰集团和德力西集团。可见同学资源对于创业者来说，是多么值得珍惜的重要的外部资源。

第二是职业资源。对创业者来说，效用最明显的首推职业资源。所谓职业资源，即创业者在创业之前，为他人打工时所建立的各种资源，主要包括项目资源和人际资源。从职业资源入手创业，符合创业活动"不熟不做"的教条。尤其是在我国目前还没有执行"竞业避止"法则的情况下，选择从职业资源入手进行创业，已经成了许多创业成功的捷径和法宝。

《福布斯》榜上有名的中国富豪宋郑，是"好孩子"童车的创始人，他原是一名中学数学教师，通过一位学生的家长，得到了第一批童车订货，这才知道世界上原来还有童车这样一个赚钱的大市场。同时，宋郑做童车的第一笔资金也是通过一位在银行当主任的学生家长获得的。如果没有学生家长的帮助，宋郑很可能会一事无成。

第三是朋友资源。朋友应该是一个总称，同学是朋友，战友也是朋友，老乡是朋友，同事一样是朋友。一个创业者，交往的朋友要有层次，谈得来，交得上，就好像十八般兵刃，到时候不定要用上哪般。朋友尤如资本，对创业者来说是多多益善。歌词唱得好，"结识新朋友，不忘老朋友"，"朋友多了路好走"。一个创业者如果不交朋友，或者没有几个朋友，其创业结果可想而知。

4. 忍耐——成功创业的必备品德

成语里有一句"艰难困苦，玉汝于成"，还有一句"筚路蓝缕"，意思都是说创业不易。不易在哪里呢？首先是要忍受肉体上和精神上的折磨。

国内英语培训的头牌学校新东方的创始人俞敏洪是"忍者"的代表，曲折的经

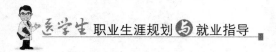

历使俞敏洪具备了忍受孤独、忍受失败、忍受屈辱的三种能力。俞敏洪的人生与创业经历本身就是一部励志教材，他能成功就在于，每次遇到困难与绝望，都能再次站起来，这也是新东方的精神——从绝望中寻找希望。

俞敏洪成功创业的过程，体现了一个成功者艰难的创业和奋斗历程。在某种意义上，俞敏洪对于希望创业和正在创业的年轻人而言，并不在于他身价多少，而在于贯穿了他整个新东方创业过程的种种难能可贵的精神：

忍受孤独是成功人士的必经之路；

忍受失败是重新振作的力量源泉；

忍受屈辱是成就大业的必然前提。

对一般人来说，忍耐是一种美德，对创业者来说，忍耐却是必须具备的品格。欲想创业，一定要先在心里问一问自己，面对从肉体到精神上的全面折磨，你有没有那样一种宠辱不惊的"定力"与"精神力"。如果没有，那么一定要小心。

【案例】

小儿麻痹的王江民

王江民40多岁到中关村创业，靠卖杀毒软件几乎一夜间就变成了百万富翁，几年后又变成了亿万富翁，他曾被称为"中关村百万富翁第一人"。王江民的成功看起来很容易，不费吹灰之力，其实不然。王江民困难的时候，曾经一次被人骗走了500万元。王的成功，可以说是偶然之中蕴含着必然。王江民3岁的时候患过小儿麻痹症，落下终身残疾。他从来没有进过正规大学的校门，20多岁还在一个街道小厂当技术员，38岁之前不知道电脑为何物。王江民的成功，在于他对痛苦的忍受力，从上中学起，他就开始有意识地磨炼意志，比如说爬山，"我经常去爬山，五百米高很快就爬上去了"。

残疾的王江民下海学游泳，从不会游泳到会游泳，即使是很冷的天也要下水游泳，他就是这样坚持不懈地去锻炼自己，提高忍受力。别人能游到一二千米，他也要游到一二千米，以此来锻炼自己，磨炼自己的意志。当他40多岁辞职来到中关村，面对欺骗，面对商业对手不计手段、不遗余力的打击，都能够坦然面对。所以，中关村能人虽多，倒让这样一个外来的残疾人拔了百万富翁的头筹。

5. 眼界——成功创业的思路源泉

俗话说，"读万卷书，行千里路。"行路，就是到外界去走走，去看看，这是开阔眼界，"见多识广"说的就是这个道理。创业者需要有敏锐的眼光。一个创业者是要带领一个团队打天下的人；是一个事事冲在最前线的人；是一个与形形色色的现象打交道的人；是一个能审时度势，透过现象看本质的人。这就需要创业者用敏锐的目光去区别是非、辨别真伪、洞察秋毫、预算未来。眼界的作用，不仅表现在创业者的创业之初，它会一直贯穿于创业者的整个创业历程。一个创业者的眼界有多宽，他的事业也就有多大。

杨致远的雅虎浏览器问世时，他还是耶鲁大学的学生。关于浏览器的知识，他并不是了解最多的人，但他能够敏锐地发现英特网上的问题，及时编出一套搜索软件，从而获得了极大的社会效益和经济效益。这就是眼界，这就是眼界带来的财富。

6. 谋略——成功创业的发展基石

创业的人总是喜欢把谋略和智慧联系在一起，是因为创业不只是一个斗体力的活动，更是一个斗心力的活动。尤其是在目前产品日益同质化、市场有限、竞争激烈的情况下，创业者不但要能够守正，更要有能力出奇，奇从谋中来。

著名经济学家吴敬琏写过一篇文章《何处寻找大智慧》，对初级创业者来说，无所谓大智慧小智慧，能把事情做好，能赚到钱就是好智慧。智慧是不分等级的，它没有好与坏之分和高明与不高明之分，只有适用与不适用之别。我们不妨把创业镜头回放到红桃K的谢圣明，当年红桃K的创始人谢圣明带着一帮人在农村的猪圈、厕所上大刷广告时，遭到了多少人的嘲笑。但是，如今的谢圣明已经成了亿万富翁，这个亿万富翁是在猪圈上"刷"出来的，而当年那些讪笑他的人，如今依然没成功。所以说，创业者的智慧是不拘一格的，守正还要出奇才能制胜。

【案例】

让洗浴变成时尚

奥普浴霸现在是国内浴室取暖产品的第一品牌。其创始人、杭州奥普电器有限公司董事长方杰，在1993年将浴霸产品引入中国的时候，国人尚没有在浴室吊顶的概念。方杰想了一个办法，将浴霸定位为时尚产品，并且专门针对那些二十来岁的漂亮姑娘进行营销。方杰的说辞是：我是国外留学回来的海归派，在国外作为一个白领，能在家洗个澡，是一个时髦的生活方式，是家庭生活状态的一个标志。海派小姑娘的标志就是崇洋媚外，瞧不起自己人，如果有任何东西能够将她们同周围土里土气的自己人区分开来，她们愿意付出任何代价。方杰就巧妙地利用了上海人的这种海派心理，将奥普浴霸在上海滩一炮打响。这是谋略而不是欺诈。

7. 资源——成功创业的活水之源

创业不是引"无源之水"，也不是栽"无本之木，"每一个创业者都肯定有其可凭依的创业条件，也就是说每一个创业者都拥有自己的资源。一个成功的创业者，应是整合社会资源的高手。创业者的资源整合，是不但不能让资源流失，而且还要将各种有一定联系的或者没有联系的资源在一定的经营思想支配下，有机地整合在一起，让其产生乘数效应。

第一，人力资源是资本而不是成本。创业中的人力资源一般分为内部资源和外部资源两种。内部资源主要是创业者个人的能力，包括其所占有的生产资料及知识技能（有形和无形资源），创业者的家族成员也可纳入内部资源之列。而外部资源则重点体现人脉资源，即创业者所构建的个人人际网络或社会网络。在资本的转换与增值过程中，人的作用始终是第一位的，人是有形资产与无形资产的纽带，是使工业资本、金融资本与商业资本相互转换的动力。人本身就是构成资本的重要组成部分，富有创

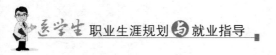

造性的人才，是企业的第一资本。

总之，一个创业者如果不能在最短的时间内建立起自己最广泛的人脉网络，那他的创业一定很艰难。创业者需要有人帮助和支持，不断扩大朋友网络和搞好人际关系是创业者成功创业不可缺少的基本条件。

第二，心理资源也是财力资源。财力资源是创业运营的起点，资金运动是现代投资运营的主体。任何一个创业者首先要考虑的就是所需资金额度以及用何种方式来筹集所需资金。众所周知，创业需要资金，但资金不一定都是物化的东西。对于成功的创造者来说，有效地将心理资源转化为资金不是不可能的。比如，个人的信誉可以在银行贷款，利用同学、老乡、亲戚、朋友关系也可以筹集一部分资金，这些都可以成为创业的启动资金，且是不可忽视的并一定能起到作用的财力资源。

巨人集团的创始人史玉柱，1989年（27岁），作为一名刚毕业的硕士研究生，从4000元资本起步，一年成为百万富翁，三年成为亿万富翁。1995年巨人集团发展到在全国拥有228个子公司，涉足电脑、生物工程、房地产等许多行业，从业员工达到2000多人。当时全国正值房地产热，史玉柱决定抓住这一时机，涉足房地产业。史玉柱想以小搏大，但由于投入资金过大，导致资金链断裂，1997年1月，危机总爆发，巨人集团大势已去，史玉柱负债3个亿。大难虽然临头，但他坚信巨人不会就此趴下，终有东山再起之日。于是，他利用心理资源借到50万，终于救活了"巨人"，现在身价超过500个亿。

同理，心理资源与社会资源也是密不可分的，社会资源的价值，取决于它的可调度性，如果拥有的社会资源是不可调度的，那么它除了为我们提供思考的线索外，就没有多大的价值了。在社会关系积累中，关系的建立是第一步，更重要的是关系的维护，通过维护来确保社会资源的可调度性。

第三，物力资源也是成本来源。企业的物力资源是企业生产经营活动的物质技术基础，它起着十分重要的作用。物力资源包括两大类：一类是劳动手段，即固定资产；一类是劳动对象，即流动资产。这两类物力资源构成了企业的有形资产。企业的物力资源，除厂房、建筑物、构筑物等设施和机器设备装备外，在企业建成后，其他资源就成了企业的物质技术基础。对创业者来说，对物力供应的决策很重要，比如，是对物力资源的自主采购还是向外采购？是租赁厂房、土地、设备还是购买？是购买新设备还是改造旧设备等等。

第四，信息资源是潜在的经济资源。信息是指企业创新信息，是潜在的经济资本，是财富的代名词。信息是机会也是资源，信息资源的利用关键在"整合"二字，整合就是要处理、筛选和加工所收集到的各种信息。应该明白，整合这些信息只是一种手段而不是最终目的，最终目的是对信息资源的科学利用。

第二节　自主创业准备

人生虽然漫长，但关键处只有几步。其实，每个人都会碰到许许多多的机遇，所不同的只是有准备的人能抓住机遇，而没有准备的人会错失良机，或者根本就没发现它。这是因为错过机会的人只把注意力花在了梦想上，而根本没有作好把握机遇的准备。古人云："凡事预则立，不预则废。"这里的"预"在很大程度上就是提前做"准备"。

每一个创业者，要把每次机会都当作最后一次机会，尽早地做准备，要备足知识粮草和经验粮草。做好心理、心态、观念及思想意识诸多方面的准备。

一、心理、心态准备

广告学理论认为，概而论之，广告投入一半是无效的，问题是不知道哪一半是无效的。其实不仅广告投入效应是这样，创业投入效应也是这样。可以这么说，天下唯一能够确定的事就是种种事情的不确定性。创业者应该明白，虽然我们每个决定都基于对机率的研判和权衡，但创业自始至终都存在着不确定性，不是所有的努力都能全部化为有效的成果。如果仅仅把创业当成结果而不是过程来享受，创业将不再是一件令人怦然心动的事情。一个创业者，要体会创业的全过程，就要先做好心理准备，要有一个健康的心态，做好忍受折磨的准备。

如果你想创业，一定先要在心里问一问自己，面对从肉体到精神上的全面折磨，自己的心理能平衡吗？纵观世界各国的劳动法规，没有哪个国家规定私有企业老板的工作时间。我国颁发的《国务院关于职工工作时间的规定》，其中第三条是"职工每日工作8小时，每周工作40小时。"但没有规定"老板"的工作时间。作为一个初级创业的老板（高级创业老板除外），绝对没有工作8小时的概念，8小时之外不再属于自己。就是躺在床上还要总结和回忆是否还有什么事情没处理完；当别人下班后也许还要在办公室里处理各种事务，也许还在跟客人进行艰难的谈判，也许还在市场上做调查、搞铺市、走终端……当朋友和家人问起吃饭了没有时，也许要用善意的欺骗来搪塞关心你的人。

创业初期，你还要有短期内经济收入和生活水平会下降的心理准备。这个平静的心态必须要有，眼下的收入下降了，但你不能抱怨别人，也找不到抱怨的人。因为，你既是创业者又是企业员工之一，有责任也有义务为企业做出牺牲、做出贡献。

俗话说，心态决定看世界的眼光，行动决定生存的状态。创业者的心理准备就是用事业打败时间，然后明证自己，最终惠及他人。

二、耐心、态度准备

在创业前，创业者大都事先做过种种主观策划，相信照此路线行走下去必定成功，但实际情况经常是诸事未必随愿。于是初级创业者不免心烦，如果再遇到麻烦，有的人恐怕就会心情沮丧了。如此几个回合下来，当初的豪情说不定会消失得无影无踪。"在人生的每个阶段，我都知道什么是对的，什么是错的，但每一次我都选择了错的路，因为走对的路实在是太难了！"这句著名的电影台词倒是可以用来形容初级创业者的心态。

对于一个身处市场变化中的创业者来说，除了端正态度外，耐心更是不可忽视的，因为，耐心甚至重于信心。耐心是一种伟大的平凡，谁有耐心谁就会成功。

每一个初级创业者要铭记：不是井里没有水，而是挖的不够深。能不能挖出水

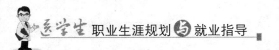

来，除了环境和条件外，并不完全取决于能力问题，而主要取决于挖井的态度。

三、思想、观念准备

通过对创业失败者的分析，得出了这么一个结论：表面上缺的是金钱，本质上缺的是观念，骨子里缺的是思想，行动上缺的是改变！

观念障碍是初级创业者的通病，初级创业者不是不接受新观念，而是不愿抛弃旧观念。一个学生，大学毕业后决定自己创业。可是刚刚开始，街坊就流言四起了：看看张家那孩子，还什么名牌大学生呢，连工作都找不到，听说在北京自己混饭吃。他父母听了特心寒，两天三个电话百般拷问。而同一个村的另一个孩子，毕业学校虽一般，可毕业后在政府部门工作，虽说不是正编，但每月工资一千多。家庭的压力，社会的压力，心理的压力，经营上的压力，让那个创业的孩子不胜重负，经营之外多了很多没必要的烦恼，由于自己观念的陈旧，加之思想没解放，最后选择了放弃。俗话说：给人金钱是下策，给人能力是中策，给人观念是上策。财富买不来好观念，但好观念能换来亿万财富。世界上最大的市场在人的脑海里！"解放思想，黄金万两"已是现代商界的流行语，道出了思想开放对事业的成功有巨大影响的真谛。

【拓展阅读】

不换思想就换位

甲和乙是一起长大的好朋友。很多年前，甲买了一辆汽车跑运输，并聘请乙当助手。

有一天，两人在路上进行了一段精彩的对话：

乙：老板，给你开车真爽。

甲：兄弟，我俩都是司机，职业一样，不能这样叫我老板。

乙：不一样，身份不一样，您是老板，是雇主；我是员工，是雇员，尊重老板是员工应有的品质。

甲：怎么不一样，我俩都是为了"挣钱"这一共同的革命目标走到一起来了。

乙：是一起挣钱，但不一样，我的钱是您给的，而您的钱是赚来的。

甲：这我就不明白了，你的钱不也是我们一起赚来的？

乙：您应该明白，我俩的工作性质不一样，钱的来历当然不一样了。

甲：你开车我也开车，怎么性质就不一样了？

乙：您要知道，您现在从事的是运输行业工作，叫投身入行，工作性质是行业运作；我现在的工作是驾驶汽车，工作性质是机器操作，一个是"运作"，一个是"操作"，它能一样吗？

甲：……

乙：我这样跟您说吧，我们的车子到任何地方去，您都得联系货源，收取运费，得加油修车，还得给我安排行程，这叫业务管理、财务管理、人事管理，这需要行业经验、营销策略、管理知识等来进行运作。而我呢，尽心尽力开好车，这叫技术操作。您的工作叫从业，叫创业，所以您的钱叫利润。而我的工作叫就业，叫职业，所以我的钱叫工资。明白了吗？

甲始终未能明白。

几年后的某天，甲和乙还干着同样的工作且还是亲密朋友。所不同的是两人换了个位置，乙成了一家运输公司的总裁，拥有数百辆的车队，同时也收购了甲的公司。甲在乙的高级轿车上，才明白了这个道理：在当今社会，"不换思想就换位"。

四、竞争意识准备

草原牧民看到自己所驯养的羊常常被狼吃掉，就想尽办法把草原上的狼除掉，以为这样就可以安心度日，可是羊群却变得老弱病残。相反，一些野生羚羊或野鹿为了生存而长期奔跑，不仅拥有强健的四肢而且能躲避狼的捕杀。显然，有无对手带来的结果截然不同。所以，我们要感谢竞争对手，感谢所有给我们压力的人，没有他们，我们就不可能快速成长，不可能变得强大，不可能经得起风雨。当你暂时成功时，不要骄傲自负，而应该感谢曾经的竞争对手，感谢给你制造麻烦的人；当你暂时失败时，不要灰心丧气，同样应该感谢竞争对手给你上了生动的一课，感谢制造麻烦的人对你的毫无保留。

一个参加过二战的英国老兵去日本旅游，看到3个日本孩子在玩一种叫"生存"的游戏，一张张卡片上分别印有虎、狼、狗、羊、鸡、猎人等图案，3个孩子各执一副。游戏规则是：虎能通吃，两个猎人可以打死一只虎，一个猎人可以打死一只狼，两只狼可以吃掉一个猎人；虎和狼被消灭后，一只羊能吃掉一只狗。他大惑不解，怎么会有这样的逻辑？日本孩子的回答是："没有了虎和狼，狗就会处在放松状态，这时，不但羊能吃掉它，两只鸡也能将它消灭。"

五、规律、法律准备

创业者必须要熟悉两律——规律与法律。

1. 什么是规律

规律就是事物运动过程中固有的本质的必然的联系，只有同时符合"固有、本质、必然"三联系才可以称之为规律，否则就不是规律。

规律告诉我们，当一定的条件存在时，某种结果就会出现。

规律是事物运动过程中固有的本质的必然的联系，它不同于规则，规则是人们规定出来供大家共同遵守的制度或章程。如果一个初出茅庐的创业者，把自己认为成功的规律当作自己的救生圈，那是很可怕也是很危险的。

请看一个古老而又传统的故事："宋人有耕田者，田中有株，兔走触株，折颈而死。因释其耒而守株，冀复得兔，兔不可复得。而身为宋国笑。"

这个宋人究竟错在哪里？

世界上的现象有重复出现的，也有出现一次绝无再重复的，重复出现的是受某种本质的、必然的联系支配；不重复出现的则是一种巧合，与事物发展没有本质的必然的联系。兔子有生有死，这是必然的，这是由生物体内新陈代谢的规律决定的，但是兔子撞在这棵桩上死去则是偶然的。宋人错把偶然的现象当作必然的规律，所以被天下人耻笑。反映到创业上，对于你的产品或所选行业，不能随意把规律放大，不能照搬和仿造，更不要学守株待兔的宋人。

2．法律是什么

法律告诉我们，当某一预设（假定）的条件存在时，某种行为就可以做出（许可）、必须做出（命令）、或者不得做出（禁止）。

法律的制定是为了保证每一个人都能自由发挥自己的才能，而不是为了束缚他的才能。法律上的授权本身就是对自由的确认，法律上的禁止和义务也是为确保自由而设立。作为创业者，应该有自己的自由，但整个经营过程都必须要遵守社会的规范、法律。只有遵守这些规范和法律，企业才能得到健康发展。为了使企业更好的发展，为了员工共同的利益不受侵犯，需要制定一些条例、规章以规范员工的行为。

3．什么是新企业的法律形式

什么是新企业的法律形式？什么是新企业的法律环境？这两个问题是每一个创业者必须要迈过的两道门槛。

在创业前，需要了解我国的基本法律环境，还要了解我国法律法规的环境，这是创业要做的第一件事。在我国，目前许多领域还有一些计划经济的痕迹，所以，政府对经济的管制、行政检查还比较多，许多经营项目需经审批，收取税外费用的情况也时有发生。随着政府经济管理水平和企业自律能力的提高，上述问题将逐步得到解决。

企业设立后，并不是万事大吉，你还必须了解"新企业的法律环境"，选择一个新企业的法律形式是你的自由，而经营中的法律环境是你不能自由选择的。

4．知识产权问题

知识产权问题是创业者最容易忽视的。你的企业既不能侵犯别人的知识产权，又要及时建立自己的知识产权保护体系。这就需要你要了解著作权、商标、域名、商号、专利、技术秘密等各自的保护方法，要提高保护知识产权的意识。如果我们中国人早有知识产权的意识，中国就是世界上最富的国家了。有人算过，仅专利费就能够养活我们中国人。为什么？那就是"火药、印刷、指南针"的专利费。"火药、印刷、指南针"都是我们老祖宗发明的，可偏偏成了资本社会战胜封建社会的三大武器。正因为我们没有知识产权的意识，就这样白白地"送"老外了。所以，要舍得在知识产权上投点资！

第三节　把握创业机会

创业的本质就是把有价值的机会与富有创业精神的个体结合起来。要想创业成功，你必须学会识别机会，但机会首先必须存在。

我们在这里讲的创业，是以企业为载体，而不是从政，从军，从事科学研究，开创个人政治、学术等事业。创业机会的存在应分内因和外因两大方向，内因是因为人们拥有不同的信息而产生的，如某人知道一项新的技术发明，而另一个人知道在某条路上还有空闲商位；外因是由技术变革、政治与管制变革、社会与人口变革等产生的。

一、创业机会的来源及形式

创业要善于发现并抓住机会，把握住每个稍纵即逝的投资创业机会，就等于成功了一半。发现创业的机会，可在以下几个方面进行思考和借鉴：

1. 机会在变化中

环境的变化，会给各行各业带来商机，人们透过这些变化，就会发现新的前景。变化包括：① 产业结构的变化；② 科技进步；③ 通信革新；④ 政府管制调整；⑤ 经济信息化、服务化；⑥ 价值观与生活形态化；⑦ 人口结构变化。

2. 机会在问题中

所谓"问题"就是着眼于那些大家"苦恼的事"和"困扰的事"。在顾客的需求被满足之前，总会以某种问题形态存在着，人们总是迫切希望解决。如果能提供解决的办法，实际上就是找到了机会。所以，要善于寻找和发现问题，并试图为问题寻找到解决的最佳方案。

3. 机会在创新中

随着市场竞争日趋激烈，商业创新越来越急迫和重要，但也很难。于是，很多企业的做法是模仿别人，然后进行同质化的竞争。在国内，经常看到这种景象：某人在某地开一家店赚了钱，那么，随后便有接踵而至的人开设同类店，并将价格打折，大有千军万马闯独木桥的气势。由于恶劣竞争的企业没有科学定价能力，胜者只能维持微薄的利润，败者只有出局。

第一个犹太人在美国西部淘金，第二个来此地的犹太人不去淘金，就想方设法做起了出售淘金工具的生意，第三个犹太人会主动做黄金分销的生意。这样，原先分散的个体，就形成了一条完整的价值链，这就是创新，这就是商业形态的创新。

4. 机会在新产品和服务中

新产品创造商机是众所周知的，利用服务来创造商机则常常被创业者忽视。徐波和张勇光就是利用服务而创业成功的。

徐波是从湖南来到广州的打工仔，张勇光是他的朋友。两个人坐在一起商量想做点生意。徐波说，广州有很多的湖南人，也有很多湘菜馆，但是馆子不是所有人都下得起的。对于大多数人来说，大多数时间还是得自己在家里做饭吃。湖南人的口味比较特殊，做饭用的原材料也比较特殊，乡土观念较重，而广州看不到专门经营湖南土特产的商店，如果我们做这一行，说不定会有钱赚。两个人说干就干。

在徐波和张勇光的店里，处处突出的都是"湖南味道"，所售货物都是地道湘产自不必说，连员工都是非纯正湖南人不用。走进徐波和张勇光的店里，触耳一片"湘音"。湖南人爱嚼槟榔，不停嚼着槟榔的老板看见顾客进来，会问你要不要也来上一颗。几乎没有经过什么曲折，徐波和张勇光的小店从第一个月就开始赢利，如今"湖南味道"在广州的湖南老乡中尽人皆知了。

像这样利用乡情来赚钱，不仅限于餐饮、土特产，其中可供开发的利益点很多，利润空间很大，如组织家乡同胞联谊会，为初到本地的同乡提供各种咨询和资讯服

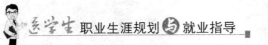

务，为家乡产品打开本地市场提供服务，为家乡到本地办事的人员提供住宿、向导、关系疏通服务等等。随着国内人口流动的加剧，这个市场将会越来越大。

利用老乡的乡土之思来赚钱，只是移形换位的一种形式。移形换位的意思说到底，就是利用人和物在不同空间表现出来的不同价值差别来获取利润。不同地域之间、城乡之间可以交流和交换的东西很多，只要存在交流与交换，就存在着商业机会。

5. 机会在新知识和新技术中

假如有许多条道路四通八达，连接到世界的每一个角落，方便了每一个人，而这个庞大的网络的每一条路的每一寸都与某一个人有关，那么，你会想到是谁呢？我们会不约而同地说：是"光纤之父"高锟。

高锟早在1966年，就在一篇论文中首次提出用玻璃纤维作为光波导体用于通信的理论。这个理论引起了世界通信技术的一次革命。1981年第一个光纤系统的成功问世，使高锟"光纤之父"的美誉传遍世界。2009年10月6日，瑞典皇家科学院宣布，将2009年诺贝尔物理学奖授予英国华裔科学家高锟以及其他两位美国科学家。

【案例】

欧洲的果篮

以色列人口515万，淡水仅16亿立方米，属于严重缺水国。然而，以色列人凭借其独特的智慧，利用新知识、新技术，勇于创新，在这样严重缺水的土地上，开发出节水灌溉和遗传工程，在沙漠和戈壁滩上种出了世界最好的庄稼，创造了举世闻名的"农业奇迹"。占全国劳动力5%的农业从业人员，提供了全国95%的所需食物，一些农产品还远销海外。以色列占据了40%的欧洲瓜果、蔬菜市场，享有"欧洲果篮"之称。此外，以色列还成为仅次于荷兰的欧洲第二大花卉供应国。有世界农业专家统计，按照以色列的节水效率，地球可以多养活3倍的人口。

6. 机会在无意中

在人类历史上总是出现这样的事实，针对某种用途或某个市场研制开发的产品，却被发现在另外的市场和用途上获得了成功。也就是说，有很多伟大的创新之举都是源自当初的无心之作。很多优秀的项目实际上来自于我们的生活，商机随时都存在，就看如何去发现它。世界医疗卫生用品公司——强生的一名员工在一次工作时，无意把自己的手指划破，血流不止，于是顺手拿起纱布把手指包住，但包住后觉得影响了工作，便拿起身边的胶布缠住手指。这样好像又不很舒服，他就在纱布上加点药，再用胶布缠好。后来，同事偶有受伤，这名员工就把这种方法介绍给他们。再往后，这件事被强生公司高层注意到，并启发了产品开发人员，才进一步演变成今天我们所看到的邦迪创可贴。

就是这样一个不经意的发明创新，为强生公司赚来了数以亿万计的效益，而当初提出建议的那名员工也得到了数十万美元的奖励。

7. 机会在"无"中生有

在众多创业成功案例中，有一部分人是在"无"中生有的，他们将商业智慧发挥到最大限度，抓住了商机。他们选择产业过剩产品，就像当年牟其中用生活用品换俄罗斯飞机一样，以有限达到了无限，最终实现了盈利目的。

实现"无"中生有，是因为市场经济的假设基础人都是自私的，每个人都想将自己的个人利益最大化，而结果是人们在利己的同时达到了利人的目的，个人利益与社会效益都达到了最大化。

【案例】

ITAT的零投入盈利

汇集当今世界各国知名服装品牌的ITAT集团，采用零货款和零商场租金战略，不付一分钱，就实现了三赢目的。其模式是这样的：ITAT不先支付货款，而是将销售额与服装生产厂分成，服装厂占销售额的60%。当他们要进驻商场时，也不交租金，而是用销售所得销售额与商场分成，商场占销售额的10%，ITAT净利润为销售额的30%。这种盈利模式极大地降低了企业的运营风险，以最小的投入，实现服装生产厂、商场、终端运营商的资源整合。ITAT采用零货款和零商场租金战略便是无中生有的典范。

二、创业机会识别

机会识别是创业过程的开始，更是创业过程的关键一步，而这关键一步的核心又是信息的获取与有效的使用。那么，我们如何确定外界是否真正存在值得我们注意的东西呢？这是任何一个创业者都必须经过的一道关口。准创业者面临的主要任务就是判定机会是否真正存在。

1. 机会识别的工具

创业机会识别工具从哪里来？信号察觉理论给我们提供了机会识别的工具。信号察觉理论指出，人们试图明确刺激是否存在时有四种可能性，如坐标的四个象限。

象限的横轴反映的是机会本身的存在形式，纵轴反应的是判断机会是否存在的个人行为。第一象限是机会存在，而且观察者也认为它存在，我们称其为"命中"；第二象限是机会并不存在，但观察者错误地认为它存在，我们称其为"错误警觉"；第三象限是机会不存在，而且观察者也正确地认为它确实不存在，这是另一种命中，我们称其"正确拒绝"；第四象限是机会存在，但观察者没有认识到机会的存在，我们称其"错过"。

出现不同识别结果的因素很多，一些因素可能是物理属性的，与机会的特性有关，例如，它有光、有声、有形，这类相对来说能提高我们识别和判断的准确率。还有一些因素是我们自身的，包括正在做判断的人的当前状态，比如，这个人可能很疲劳、兴奋、痛苦、愉快等，就会出现对机会判断的动机有强有弱。

还有一种情况会影响我们的判断，那就是每一个人对该任务使用的"主观标准"。任何一个创业者在决定机会是否存在时，都会自觉或不自觉地将个人的"主观标准"自动设定，于是，就会出现两种标准，一是更关心获得命中，一是更关心避免错误警觉和避免错过机会。出现了两种标准，仅靠信号察觉理论是很难决定的。于是，又出现了另一种理论——焦点调节理论。

焦点调节理论告诉我们，在调整行为以实现渴望的结果时，人们会采取两种截然相反的观点。一种是"以改进为中心"的观点，另一种是"以预防为中心"的观点。

为了能正确地将机会进行识别和判断，我们不妨将信号察觉理论和焦点调节理论合在一起进行讨论。如果采用"以改进为中心"的手段，就将成就强调了再强调，识别出真正的机会，以期获得"命中"，从而避免错过机会；如果想把实际不存在的机会识别出来并加以拒绝，就采用"以预防为中心"的手段，推行拒绝了再拒绝，把注意力放在"避免错误警觉"上，不去追求实际不存在的东西。

那么，到底哪一种更优于另一种呢？这完全取决于自己的基础素质，取决于自己的环境。其实，选择哪种都各有利弊。常言道："骏马能历险，犁田不如牛，坚车能载重，渡河不如舟。"纵观中外所有成功识别有价值机会的创业者们，似乎都是两者兼顾！他们渴望让"改进"帮他们识别真正的机会，但又喜欢"预防"为他们避免错误警觉的发生。这种现象的出现，帮创业者建起了很好的认知系统和稳定的构架，让"改进"去识别机会，让"预防"去评估机会，评估机会的潜在经济价值。相比较而言，那些没能成功地识别有价值机会的创业者，大多都是采用了单纯的"以改进为中心"的观点。他们只关心如何获得"命中"，而不太关注"错误警觉"的危害。实践证明，成功和失败的创业者的区别就在于选择调节焦点类型，这里并不存在谁轻谁重的问题，只存在谁先谁后的问题。一般来讲，先"改进"后"预防"。开始时先采用"以改进为中心"的观点，因为"改进"的态度很乐观，即使在没有预期合理的根据情况下，依然会相信好的结果会出现，这就促进创业者对机会的寻找。尔后，改用"以预防为中心"的观点，因为这样能发现乐观背后的偏见，能帮助创业者避免盲目追求错误警觉带来的毁灭性结果的发生。

值得注意的是，几乎所有的初级创业者都面临着一个潜在的问题，那就是在"错误警觉"上浪费时间、精力和金钱。避免错误的虚假警觉的一条重要途径，就是让不同背景的精明人一起分析你所识别到的潜在机会。用对"错误警觉"的担忧来缓和对"命中"的渴望。

2. 提高识别有价值机会的能力

作为一个潜在的创业者，可以采用一些措施来提高识别有价值机会的能力。如构建广博丰富而有组织的知识基础，扩宽信息获取渠道，积极寻找机会，提高实践智能等。

有这样一个群体，他们每天去上班都要越过一个水塘，这个水塘有些地方结冰很厚，有些地方结冰很薄。在厚冰面上行走很安全，而在薄冰面上行走，稍有不慎就会掉进冰冷的水中。一部分人（以预防为中心）无论什么时候，总是集中精力考虑如何避免失败，而不是考虑如何越过这个水塘，他们战战兢兢，小心翼翼地往前走。每走一步，都仔细试探冰面薄厚，轻轻地落下脚步，弄清冰面确实结实之后再踩下去。然后，犹犹豫豫地再前进一步。这样一步一步地走，不惜一切代价避免失败。他们一刻不停地担心犯错误，担心掉进冰水里。如果不慎掉进水中，就痛骂自己。

另一部分人（以进攻为中心）则在没到水塘之前，先研究有关冰层的问题，找遇到过类似情况有经验的人讨论，读有关类似问题的资料。真正过水塘的时候，集中精力考虑要解决的问题，就是怎样走过去，而不是幻想掉进冰水里的可能性。因为失败的可能性很大，他们会穿上一套不怕落水的衣服。他们不停地走，即使真的掉进了冰水里，他们会赶快爬上来，接着继续往前走，决不动摇。

在生活和创业中，不管走到哪里，都会有"薄冰"的地方。成功者不管面临什么样的水塘，总是着眼于他的最终目的。

商机就是识别出有价值的机会，商机无论大小，从经济意义上讲一定是能由此产生利润的机会。商机表现为需求的产生与满足的方式在时间、地点、成本、数量、对象上的不平衡状态。旧的商机消失后，新的商机又会出现。这就需要我们不断地培养识别有价值机会的意识，提高识别有价值机会的能力。

没有商机，就不会有"交易"活动。商机转化为财富，必定满足七个"合适"：合适的产品、合适的服务、合适的客户、合适的价格、合适的时间、合适的区域、合适的渠道。

三、如何提高识别有价值机会的能力

历史学家、心理学家曾指出："我们阅读广告……为了发现和扩大我们的需求。我们总是乐于从一个新产品中发现我们一直想要但还不真正了解的东西。"通常，人们都不善于描述我们的需求，换句话说，我们还不善于识别影响自身行为的因素。例如，人们都知道自己喜欢或不喜欢一些事物——一种新产品、一个新的创意或一个很有前途的好职员，但是，并不清楚为什么会有这样的反应；知道想做什么事，但不能确定为什么要这样做。这就需要认真识别关键的产品维度。

你是否有过这样的经历：将钥匙、眼镜、手机或其他小东西遗忘在家里或公寓里的某一个地方，很长时间找不到它。可以说这种情况几乎大多数人都经历过。那么，这是不是就意味着可以开发一种新产品，并将这种新品定名为：失物定位装置。

这个"失物定位装置"是这样的：在钥匙、眼镜等物品上安装一个微型装置，人们可以通过一个手持的控制器来引发它发射听觉信号（或视觉信号），你是否感觉非常有趣并且非常有市场。事实上这个创意并不新，具有这种功能的若干产品早已存在了，但市场都不是很理想。这种问题的出现，使广大的初级创业考感到了迷惑，为什么不成功呢？

要解开"失物定位装置"失败这个谜团，还需要另一种工具。这种工具的名字叫"认知图"，用它来帮助初级创业者设计产品。

顾名思义，认知图是一种反映潜在顾客认知的图表，通过认知图可揭示顾客在感知和评估产品时所考虑的关键维度。核心思想是，当人们从现有的竞争性产品中进行选择时，人们会自觉或不自觉地将依据不同的维度进行比较，然后选择他们觉得在一些或所有维度上表现最好的产品。那么，产品的维度是如何表现的呢？准确地说，有些维度很明显，如价格、感知质量以及产品外观等方面；但是，有些维度是很难分辨的。以"失物定位装置"为例来分析：对"失物定位装置"的认知，潜在顾客可能根据尺寸、所发信号的响度（或光度）、将产品附着在不同物体上的容易程度等进行考量。但是这些仅仅是猜测，除非做了详细的市场调查，否则，我们并不真正知道潜在客户是根据这几个维度还是其他我们没有掌握的维度来比较和评价产品的。为了发现产品的关键维度，我们需要认知图，更需要学会如何绘制、分析、利用认知图。这又需要一个组织完成——焦点小组。

【案例】

焦点小组

焦点小组一般由8~12人组成，其中一名组长做主持人，其他成员类似于潜在的消费者，相互会面2个小时以后，组长激发、引导组员发表各种不同的观点，描绘他们各自对产品的看法和反应。

主持人要创造一个友好轻松的讨论气氛，并确保所有参与者都有机会表达自己的观点。同时，主持人还要思考各自陈述的含义，包括言语背后的思想、创意和反应。目的是识别小组成员感知和评价不同产品所依据的关键维度。为了便于和简化操作，我们借鉴凯利方格的方法，将每一个被考察的产品列在单独的目录卡片上，然后洗牌。并由焦点小组的每一个参与者依次选出三张卡片。接着，主持人让其描述任意两种产品之间的相似之处以及这两种产品与第三种产品的不同之处。这样做的目的就是首先识别出人们用来感知该产品的一个维度。比如，对于失物定位装置来说，尺寸可能就是一个维度，重量可能是另一个维度。焦点小组可以通过新的卡片来重复这个过程，直至没有新的维度出现。然后，在关键维度被识别出来之后，参与者根据每个维度对产品进行分级，并对这些产品进行讨论直至达成共识，并通过数据整理成图。

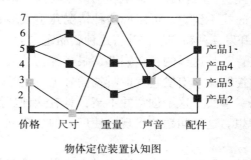

物体定位装置认知图

由"物体定位装置认知图"可以看出，对失物进行定位的产品，在几个关键维度（价格、尺寸、重量、声音、配件、信号的响度等）上存在不同，但是，没有一种产品在各个维度上都是最好的。也就是说没有明显的赢家。

第四节　创业团队

《西游记》中的师徒四人能成功地完成西天取经任务，功劳属于佛祖甄选的西游团队以及每个人在团队中所扮演的角色：唐僧在团队中的任务是指挥，就"发号施令"；孙悟空需要管紧，就要经常给他念念"紧箍咒"；八戒毛病多，但不会犯大错，就要经常地不疼不痒地批评批评；沙僧踏实肯干，就利用他调解矛盾，要经常鼓励鼓励。

真正的团队是把正确的人，在正确的时间，放在正确的位置上，使团队成员各自的角色越清晰越好，《西游记》就是团队角色配置最清晰的典范。

2006年4月28日，马云在母校杭州师范学院演讲时说："我马云不会写程序，到今天为止还搞不懂这个计算机程序是怎么回事，不懂财务，但这个公司发展起来了。我唯一做的工作就是讲话。"

任何人要创业成功都需要创建自己的核心团队，史玉柱、马云也不例外。为了便于初级创业者在组建团队时少走弯路，我们将创业团队建设大体归纳为四类：

一、互补型的团队

互补的方式是在创业初期选择有差异性的合作伙伴，以便让对方提供自己所缺少的知识、技术或能力。这样选择，是因为在许多情况下，互补可以为新企业提供一种强有力的和多样化的人力资源。从现实的角度看，多数新企业都是由在一起密切工作的创业团队所创建的。合作与工作往往使大家能够完成他们独自无法完成的任务。这样的团队会出现"整体优于各部分之和"的效应。

史玉柱的成功是用自己高超的团队领导能力，汇聚了一大批忠实的人才，充分发挥了团队和自身力量，推进了事业的发展，创造了一个又一个的商业奇迹。史玉柱是一个战略型人才，所以，他希望自己的团队是一个战术型的执行团队。他这样组建的目的，是在有意识地用团队来弥补个人的不足。

所以说，创建互补型的团队对初级创业者的"最高首领"是一个考验，由于团队在重大方面缺少相似性，就等于缺少了参谋，决策就显得苍白、吃力。

二、相似型的团队

生活中的一个基本事实是，由于细微的相似性，人们就喜欢其人。这是因为双方在某些方面（包括背景、教育、经验等）与自己具有一定的相似性，就会感到很舒适，于是就趋向于喜欢对方。无数事实证明，当人们在不同维度具有相似性时，会对彼此的仪态感到更加舒适，觉得相互之间更加了解，而且更加自信地对彼此未来的反应和行为加以预测。简而言之，如果其他所有方面都一样，那么，往往愿意同在许多方面具有相似性的人交往，选择他们作为自己的朋友或合作伙伴。

这样的结果往往会过低评价和自己不同类型的人，反而会无意识地喜欢与自己在某些方面有相似性的人。如果真的这样做了，认为因这种相似性所认识、所喜欢和所信任的人就是自己生意上合伙人的最佳人选，那么，这种行为的结果是弊大于利；如果仅仅因为他们是你的朋友就一起创业，就好像是在赌马时仅仅因为喜欢那匹马的名字就在它身上下赌注一样，失败的风险会很大。

当然，选择相似型的合作伙伴不是完全不可取，而是不适合初创业者。一个初创业者，即便选择了相似型的团队，也要尽力减少冗余的资源重叠。因为相似性的人数越多，他们的知识、培训、技能和欲望重叠的程度就越大，社会网络的重叠性也会很大。

奥美广告公司的总裁曾经给每个高层主管送了一套俄罗斯套娃，他在最小的套娃里写了一张纸条：如果你们招聘跟你们个性相似且能力比你们弱的人，我们的公司将会变成最小的套娃（就是侏儒）；假如你们招聘跟自己互补且有一技之长的人，我们的公司将会变成最大的套娃（就是巨人）。

三、相似互补型团队

初级创业者应该寻找什么样的团队更便于成功呢？是相似型好还是互补型好呢？问题的答案应放在所考虑的维度上，并且要正确评估各自个性的五大维度。那么，个人特性需要和五大维度是什么呢？简单地说，就是尽职性、外向性—内向性、友好性、情绪稳定性、经历开放性。在成功者身上发现，团队成员在尽职性、友好性、内向性和情绪稳定性等方面的平均得分越高，团队绩效也就越好。一般来说，尽职性和情绪稳定性在所有的商业环境中都是推动力。

初级创业者选择相似互补型团队时，在个人特征和动机方面可以先考虑相似性，但要避免创业团队成员在各重要方面具有高度的相似性。选择了相似性团队成员后，要增加互补性的团队成员，并重点在知识、技术和经验方面体现出互补性。在团队中，任何一种相似性，包括态度、兴趣、价值观以及人口统计学方面的如年龄、性别、血型、职业、种族、教育背景等，几乎都会对创业过程中的事情产生影响。作为一个创业团队，要根据自身当时的实际情况，在团队的互补性和相似性之间确定维度，最终达到"整体优于各部分之和"的效果。

【拓展阅读】

个人特性的五大维度

尽职性。个体所表现出来的努力工作、组织化、可靠性以及坚忍性的程度，或者惰性、非组织化和不可靠的程度。

外向性—内向性。个性所表现出来的喜欢群居、过于自信以及善于交际的程度，或者保守、胆小和安静的程度。

友好性。个体所表现出来的合作、谦恭、可信以及易于相处的程度，或者不合作、不易相处以及好胜的程度。

情绪稳定性。个体所表现出来的平静自信以及安全的程度或者不安全、焦虑、沮丧以及情绪化的程度。

经历开放性。个体所表现出来的创造性、好奇以及具有广泛兴趣的程度，或者现实以及只有狭隘兴趣的程度。

四、失败的团队

1. 兑酒型

有四个老汉平时总在一起聊天，久而久之，在别人眼里他们是四个好朋友，他们也为别人的评价而高兴。一天，甲老汉突发奇想，他应约与乙、丙、丁老汉来家中兑酒痛饮，并提前通知他的三个朋友，告诉他们本次饮酒的规则——将每人所带来的酒都倒在同一个酒坛里，混合后共饮，三老汉都痛快地答应了。

甲老汉想：如果我提的是白水，掺入众人提的酒中岂不是神不知鬼不觉？

四个老汉都到齐后，按甲老汉的要求，陆续将各自带来的酒倒入酒坛中。于是举杯入肚，意想不到的事情发生了。其他三个老汉并不比甲老汉水平低，他们的思路是如出一辙，所提来的全是白水。结果，众老汉饮着兑在一起的白水，同时心照不宣地都在说：好酒！

这个故事引出了经济学中的合成谬误，也就是整体并不等于局部之和。如果一个创业团队也想和兑酒痛饮的四老汉那样，创业成功的几率绝对是零。

2. 螃蟹型

在海边我们都会看到钓螃蟹的人身边都有一个篾条编的篓子，这没什么好奇的，放螃蟹用。使人们感到不解的是这个篓子从来不盖盖子。但是，我们却从来没有见过螃蟹能从未盖盖子的篾条篓子里爬出来逃生的。

当篓子里只有一只螃蟹的时候，它肯定会爬出来逃生，因为篾条篓子具备使螃蟹能爬出来的有利条件和没人看管的外界条件。问题的关键是钓蟹的海民从来不在篓子里单放一只螃蟹，而是放两只以上才那样放心地不盖盖子。

问题又出来了。如果篓子里有两只以上（含两只）的螃蟹，爬出来的可能性应该更大啊。事情恰恰相反！当篓子里有两只以上（含两只）螃蟹时，总有某只螃蟹或更多只螃蟹想脱逃，于是，它或它们就拼命地往上爬，这时，立即会有其他螃蟹爬在前面的螃蟹的背上爬，想不费力就出来，其结果是一同掉下去；再试再掉，这就是螃蟹永远也爬不出去的缘由。

螃蟹型的团队是不可能成功的团队。

3. 鸽子型

有这么一只鸽子，它总是频繁地搬家。它搬家的原因是每次住了没多久，窝内就有一种浓烈的怪味，让它喘不上气来，不得已只好一直搬家。它也觉得很困扰，于是向一只经验丰富的老鸽子诉说。老鸽子说："你搬了这么多次家根本没有用啊，因为那种让你困扰的怪味并不是从窝里面发出来的，而是你自己身上的味道啊。"

这个故事的寓意是说：与团队格格不入，问题来自于自己！每一个创业者不要在自己的伙伴面前太过于自以为是，或经常听不进别人的意见固步自封。要想想与别人意见相左的根源是不是来自自己。

俗话说，一个好汉三个帮。这也是创业搭档选择的顶级智慧。经过长期的研究和观察，发现TOPK组合——tiger（老虎）、owl（猫头鹰）、peacock（孔雀）与koala（考拉）四种动物的组合，即可助创业者找到他的黄金搭档。

"老虎"的口号是，"我们现在就去做，用我们的方式去做"。他们做事当机立断，大部分根据事实进行决策，敢冒风险，在决策前会找几个代替方案；更多地关注现在，忽视未来与过去；对事情非常敏感，而对人不敏感，属于工作导向型，注重结果而忽视过程，工作节奏非常快，很容易与下属起摩擦。

"猫头鹰"的口号是，"我们的证据在这里，所以我们要去做"。他们非常崇尚事实、原则和逻辑，做事情深思熟虑、有条不紊、意志坚定、很有纪律性；很系统地分析现实，把过去作为预测未来事态的依据，追求周密与精确，没有证据极难说服他们，对事情非常敏感，而对人不敏感，也属于工作导向型，但注重工作证据，决策速度比较缓慢，为人很严肃，难以通融；遇到快速变化的环境时，很容易与下属起摩擦。

"孔雀"热情奔放，精力旺盛，容易接近；有语言天赋，善于演讲，经常天马行空，做事比较直观，喜欢竞争；对事情不敏感，而对人很敏感并很感兴趣；他们更关注未来，会把时间和精力放在如何去完成自己的梦想，而不关注现实中的一些细节；行动虽然迅速，但容易不冷静而改变注意；喜欢描绘蓝图而不愿给员工实在的指导与训练；决策时主要依据自己的主观和别人的观点，与员工谈工作时，思维属于跳跃式，员工经常难以跟上；员工得到的是激励，而得不到具体指导。

"考拉"喜欢与别人一道工作，营造人与人相互尊重的气氛；他们决策非常慢，决策时总是寻求与他人达成一致意见，总是试图避免危险；办事情不紧不慢，对事情不敏感，而对人的感情很敏感，属于关系导向型，很会从小处打动人，为人随和与真诚；非常善于倾听，属于听而不决的，也很少对员工发怒，员工很喜欢找他倾诉，但他们优柔寡断。

每种类型的人都可以创业，也都可以获得成功。如老虎型的宗庆后、猫头鹰型的鲁冠球、考拉型的徐传化与孔雀型的马云。

柳传志创业，在1984年核心组合搭档是三个人：柳传志（孔雀、老虎）、倪光南（猫头鹰）、李勤（考拉）。在1988年吸收了一批大学毕业生，其中有两位成为现代联想的领军人物。其中杨元庆属于老虎型猫头鹰，而郭为属于老虎型孔雀。

微软的创业搭档组合：比尔·盖茨（猫头鹰）、保罗·艾伦(考拉)、史蒂夫·鲍尔默（孔雀）与杰夫·雷克斯（老虎）。

携程网的创业团队，他们一开始就寻找四人组合团队。梁建章：偏理性，眼光很远，喜欢用数据说话，为猫头鹰型风格；季琦：偏感性，有激情，锐意开拓，直爽，讲义气，为孔雀型风格；沈南鹏：风风火火，老练果断，为老虎型风格；范敏：方方面面的关系处理得体，为考拉型风格。

如果说过去的二十世纪是IT时代，二十一世纪将是健康产业的时代。美国《财富》杂志预言：健康产业时代为社会创造的财富将是IT时代的至少五十倍，甚至更多。各位医学生，你们是健康的使者，面对不断涌现的机会，你们准备好了吗？

思考与练习

1. 创业者应具备哪些基本素质和条件?
2. 大学毕业生应从哪些方面做好创业准备?
3. 创业团队有哪些类型?

附录

大学毕业生就业程序

一、相关表格的填写

（一）填写《毕业生就业推荐表》

《毕业生推荐表》（以下简称《推荐表》），是学校对毕业生在校期间情况的反映，供毕业生向用人单位推荐就业时使用。因此要求毕业生、各系部严肃认真对待，保证填写质量。在系部加盖公章后，以班或系为单位到学校就业指导中心加盖"同意推荐"的公章。《推荐表》为每一位毕业生一份，学生推荐就业时一般使用《推荐表》的复印件。

（二）填写《高等学校毕业生登记表》

《高等专科学校毕业生登记表》（以下简称《登记表》）是毕业生在校期间情况汇总，也是毕业生档案中一份重要的材料，因此要求毕业生严肃认真地对待，保证填写的质量，各系部要做好填写的指导与督促工作，严格把关。

（三）签订大学毕业生就业协议书

1. 毕业生和用人单位达成协议并在就业协议书上签名盖章，用人单位应在协议书上注明可以接收毕业生档案的单位名称和地址。

2. 用人单位须经主管部门同意，则应报上级主管部门批准。

3. 用人单位或毕业生将协议书于当年6月初送到学校毕业生就业工作部门，由就业工作部门向省就业指导中心上报派遣计划，办理毕业生《报到证》。

4. 如有其他约定事项可在协议书"备注"内容中加以补充确定。

二、毕业生报到与改派

（一）毕业生报到

学生毕业时到学校就业指导办公室、保卫处和有关组织部门领取就业《报到证》、户口迁移证明、组织关系介绍信等。《报到证》、户口迁移证明都写有明确的有效期限，必须在有效期内到《报到证》上指定的单位报到。逾期，《报到证》、户口迁移证明将失效。

1. 回生源地报到的毕业生

毕业生在规定的时间内（7月1日~9月30日）到生源所在地人事局报到，并于当年内到人事局确认是否已收到档案，如未收到，要与学校就业指导办公室联系。户口在学校者，必须到保卫处领取《户口迁移证》，回生源地入户。

2. 已经申请"暂缓就业"的毕业生

妥善保管《暂缓就业协议书》，凭协议书办理相关手续，如有遗失，无法补办。

暂缓就业期间，严格按照《暂缓就业协议书》相关规定处理。

申请了暂缓就业的学生，在暂缓就业两年期限内，根据协议书规定办理相关手续。需要取消暂缓就业的，凭《暂缓就业协议书》，自行到本省毕业生就业指导中心办理相关手续，打印《报到证》。户口仍保留在学校的，凭报到证复印件到学校保卫处办理《户口迁移证》。凭《报到证》、《户口迁移证》到接收单位或生源地人事局办理报到、入户手续。

3. 已落实接收单位（能接收档案、户口，并已签订有效《普通高等学校毕业生就业协议书》）的毕业生当年6月初把已签订的《普通高等学校毕业生就业协议书》交到学校就业指导办公室，由就业指导办公室上报派遣计划。毕业生离校前领取普通高等学校本专科毕业生就业《报到证》到接收单位报到；凭《报到证》回户口所在地迁移户口。户口在学校的，到户籍管理部门领取《户口迁移证》到单位入户。

4. 专升本或考研究生被录取的学生

6月份向就业指导办公室交《录取通知书》复印件，办理档案转寄或调档手续。

5. 档案查询

回生源地报到的毕业生，请在当年内查询生源地人事部门是否收到档案，如未收到，及时到学校就业指导办公室查询。申请了"暂缓就业"毕业生到省就业指导中心查询。

6. 报到证丢失

如果《就业报到证》不慎丢失，必须补办。首先应在当地市（或市以上）级报纸登报声明丢失《就业报到证》，应注明报到证编号，再持登有声明的报纸原件和《就业报到证》（《推荐书》）附件（学生的档案内有），交由学校就业指导办公室到省高校毕业生就业指导中心补办。

（二）报到证改派手续

毕业生因特殊原因要离开原报到单位到新单位工作，需要办理改派手续，将签有原就业单位的报到证、户口迁移证明改往新的工作单位。

1. 改派须准备的材料

退函：原接收单位及其上级主管部门同意改派并出具的书面材料。

接收函：新接收单位出具的经其上级主管部门批准同意接收的书面材料。

毕业生本人申请改派的书面材料和原就业报到证、户口迁移证明。

2. 改派程序

本省内省直或省直以上单位之间调整的，持退函、接收函或协议书到省大中专毕业生就业指导中心审批并办理改派手续。

本省内由地市级单位改派到省直或中央驻省单位的，持地市级毕业生主管部门盖章的退函和接收单位的协议书，到省就业指导中心办理改派手续。

本省内两个地市之间调整的，持原单位所在地毕业生主管部门盖章的退函、就业报到证和接收函到就业指导中心办理改派手续。

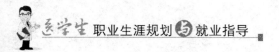

跨省区调整的，退函和接收函必须经过单位所在地省级毕业生就业主管部门盖章同意，否则无效。

三、人事代理手续的办理

1. 单位办理委托人事代理，须向当地人才流动机构提交下列证件：

（1）委托人事代理申请书。

（2）企业营业执照（副本）复印件、企业章程复印件。

（2）事业单位成立的批件复印件。

（4）委托代理人员的履历表、身份证复印件。

（5）代理项目相关的材料。

2. 个人办理委托人事代理

根据各自情况的不同，须向当地人才流动机构分别提交下列有关证件：

应聘到外地工作的，须提交委托人事代理申请、聘用合同复印件、身份证复印件、聘用单位证明信（证明其单位性质、主管部门、业务范围）等。

辞职、解聘人员尚未落实单位的，须提交委托人代理申请及辞职、解聘证明、身份证复印件等证件。

自费出国留学人员，须提交委托人事代理申请，原单位同意由人才流动机构保存人事关系的函件、出国的有关材料等。

3. 凡需要毕业生的代理单位均需按照其委托代理的县以上人才交流机构的要求填报毕业生需求信息，由人才交流机构统一向毕业生就业主管部门申报，经核准的需求信息即作为该单位的需求计划。

4. 代理单位经"双向选择"将已接收的毕业生情况报当地人才交流机构，经批准后，代理单位可与毕业生、学校签订统一规定的就业协议书，并纳入省毕业生调配计划。

5. 毕业生凭调配部门签发的报到证等有关材料办理报到和户口关系迁移手续。

6. 对尚未落实单位的毕业生和要求自谋职业的毕业生，可以向生源所在地县以上人才交流机构申请办理人事代理。

参考文献

［1］刘华山，程刚. 高等教育心理学. 武汉：湖北人民出版社，2006.

［2］冷余生，解飞厚. 高等教育学. 武汉：湖北人民出版社，2006.

［3］北京协和医院护理部. 护生就业指南. 北京：中国协和医科大学出版社，2007.

［4］吴丽荣，护士职业生涯规划. 南京：江苏科技出版社，2009.

［5］吴梦军，王立国. 高职大学生就业与创业指导. 北京：中华书局，2009.

［6］戴国强，张曙光，张凤成. 大学生就业与创业指导. 武汉：湖北科学技术出版社，2007.

［7］李菊顺. 大学生职业发展与就业指导. 长春：吉林大学出版社，2008.

［8］陈传德. 大学生职业发展与就业指导. 北京：人民出版社，2008.

［9］柳君芳，姚裕群. 职业生涯规划. 北京：中国人民大学出版社，2009.

［10］陈济. 职业生涯规划教师参考用书. 北京：中国人民大学出版社，2009.

［11］彭晓玲. 大学生职业生涯导航. 长春：吉林大学出版社，2009.